中国中古史集刊

第二辑

张达志　主编

商务印书馆
创于1897　The Commercial Press
2016年·北京

图书在版编目(CIP)数据

中国中古史集刊. 第2辑 / 张达志主编. — 北京：商务印书馆，2016
ISBN 978 - 7 - 100 - 12039 - 5

Ⅰ. ①中… Ⅱ. ①张… Ⅲ. ①中国历史—中古史—文集 Ⅳ. ①K240.7-53

中国版本图书馆CIP数据核字(2016)第042777号

中国中古史集刊

第二辑

张达志　主编

商　务　印　书　馆　出　版
（北京王府井大街36号　邮政编码 100710）
商　务　印　书　馆　发　行
三河市尚艺印装有限公司印刷
ISBN 978 - 7 - 100 - 12039 - 5

2016年3月第1版　　开本 710×1000　1/16
2016年3月北京第1次印刷　印张 31 1/4

定价：85.00元

《中国中古史集刊》(第二辑)

编 委 会

本辑由华中师范大学历史文化学院资助出版

本刊主旨

《中国中古史集刊》是中国中古史前沿论坛的学术阵地。论坛由陕西师范大学历史文化学院与华中师范大学历史文化学院共同发起，致力于团结国内外中国中古史学界同仁，打造优异的交流平台与对话空间。论坛常设机构由中国中古史前沿论坛筹委会与《中国中古史集刊》编委会组成。集刊每年出版一辑，以会议论文为支撑，同时接受公开投稿，并严格遵守匿名审稿制度。我们期待同道携手，兼收并蓄，砥砺争鸣，充分展示杰出中青年学者的最新研究成果，促进学术事业的薪火相传与传统文化的开拓创新。

目 录 Contents

论 文

书　评

编后记

论文

何谓“中古”？*

——“中古”一词及其指涉时段在中国史学中的模塑

谢伟杰（香港理工大学中国文化学系）

近代中国学术界在西方学术的冲击之下，多方面均产生了深刻的变化。在新学科出现的同时，新概念也伴随而至；而旧有的学问为了回应挑战，也利用从西方输入的学术工具，重新自我包装，以求在学术界的新局面中保有一席之地。[1]新的、西方的学术概念与词汇被大量引介至中国，或从欧美直接翻译引进，如严复（1854—1921）翻译诸多西方著作[2]；又或透过日本作为中介，利用日本的汉

---

* 本文为香港理工大學所提供研究基金（编号 1-ZE3S）之部分研究成果。在撰写过程中，曾分別在华中师范大学召开的第二届中国中古史前沿论坛与于杭州西湖国学馆举办的第五届中国古文献与传统文化国际学术研讨会做扼要报告，获得诸位学界师友的宝贵意见。初稿蒙同事翟志成教授慷慨审阅一过，研究助理张璠璟小姐细心校阅，襄助甚多。在此一并致谢。

[1] 有关现代中国人文学科如何在西方学术的影响下发展、传承和创新，可参考最近出版的三部论文集中的相关讨论：Brain Moloughney and Peter Zarrow eds., *Transforming History: The Making of a Modern Academic Discipline in Twentieth-Century China*, Hong Kong: Chinese University Press, 2012; John Makeham ed., *Learning to Emulate the Wise: The Genesis of Chinese Philosophy as an Academic Discipline in Twentieth-Century China*, Hong Kong: Chinese University Press, 2012; Arif Dirlik, Guanan Li, and Hsiao-pei Yen eds., *Sociology and Anthropology in Twentieth-Century China: Between Universalism and Indigenism*, Hong Kong: Chinese University Press, 2012。

[2] 王汎森：《时间感、历史观、思想与社会：进化思想在近代中国》，见陈永发编：《明清帝国及其近现代转型》，台北允晨文化出版公司 2011 年版，第 370—371 页。

字组合表达新式学术语言和概念[1]。许多我们现在习以为常的词汇，例如“经济”、“历史”、“宗教”[2]等均从日本转手而来。

本文的焦点在于中国史学上“中古”一词的运用。当今学界中，“中古”一词被普遍运用于指称魏晋南北朝和隋唐时代，相当于3至9世纪。然而，这样的用法是从什么时候开始的呢？中国传统史籍中本有“中古”一词，其意义与学界现时习用的“中古”又有何异同？现代中国史学中运用的“中古”概念，又是否受到外国的影响？针对这些问题，学界的系统讨论似不多见。[3]本文不揣浅陋，以此为题，进行概括的考察。

---

[1] 最早对此一现象做出系统论述的，是身预此潮流之中的王国维于1905年所著《论新学语之输入》，见傅杰、邬国义编：《王国维全集》第1卷，浙江教育出版社、广东教育出版社2009年版，第126—130页。近年有关日本词汇在近代中国思想界，以及东亚社会、文化所起之作用的研究，参见冯天瑜：《新源探源——中西日文化互动与近代汉字术语生成》，中华书局2004年版，第420—524页；陈玮芬：《近代日本汉学的“关键词”研究：儒学及相关概念的嬗变》，台湾大学出版中心2005年版，第83—189页。

[2] 刘禾称这类以中国古典字词经由日本汉字运用而重新组合，并回流中国的词汇为“return graphic loans”，见Lydia H. Liu, *Translingual Practice: Literature, National Culture, and Translated Modernity China, 1900-1937*, Stanford: Stanford University Press, 1995, pp.302-342。对于“宗教”一词，陈熙远曾做了一番梳理的功夫，参见陈熙远：《“宗教”——一个中国近代文化史上的关键词》，《新史学》2002年第4期，第37—64页。

[3] 学术界对于中国历史中的“现代性”（modernity）的讨论已如汗牛充栋，但对于“中古性”（medievality）的讨论，从数量和质量上来说，均明显不足。近年中国学者中注意到此问题的，参见孙英刚：《西方学术话语与东方史学脉络——以“Medieval”为例》，《人文杂志》2010年第2期，第147—157页，当中介绍了欧洲史学中的“中世纪”（medieval/middle ages）在西方史学中出现的过程，以及如何传至东亚，影响日本和中国史学界。西方学者的相关讨论，参见Timothy Brook, “Medievality and the Chinese Sense of History”, *The Medieval History Journal* 1.1（1998）:pp.146-164。此外，沈国威：《近代关键词考源：传统、近代、现代》，《东亚观念史集刊》2013年第4期，第417—437页，对于了解日本词义在中国近代史学对时间概念的划分，甚有参考价值；陈硕文：《“现代”：翻译与想象》，《东亚观念史集刊》2012年第2期，第339—352页，也对近代中国在“近代”与“现代”作为时间观念有所探讨。

一、传统典籍中“中古”一词的运用

“中古”在时间意义上，顾名思义，是指“中间的古代”。既是处于中间，必然有上、下，或前、后，方能有所区隔，把它作为“中间”（in-between）的位置显现出来。因此，相对于“中古”，在其前应有更早的古代，在其后也有比较接近论者时代的古代。简言之，在两个古代中间的时段，就是“中古”。至于如何界定这三段古代，在于评论者从什么时段和立场来考虑。

中国传统典籍中以“中古”作为时间概念的例子不少。以下略举不同时代之例，以见古人对“中古”的认识和运用。

先秦典籍例如《周易》，就运用了“中古”一词。例如《系辞下》云：“易之兴也，其于中古乎？作易者，其有忧患乎？”[1]当中认为《周易》之作，起于中古之时。那么，这“中古”是什么时候？同篇又云：“易之兴也，其当殷之末世、周之盛德邪？当文王与纣之事邪？是故其辞危。”[2]

因此，《系辞》中之“中古”就是殷商后期与西周之初。一般相信，《系辞》为战国时代形成的文献。从《系辞》所言，可见当时有“中古”为商末周初之说。

战国时代文献《孟子》中也有“中古”一词。孟子在与别人谈论棺椁制度时说道：“古者棺椁无度。中古棺七寸。椁称之。”[3]

处身于战国初年的孟子所说的“中古”又是指什么时候？孟子并未明确说明，但后代学者对此有所推论。东汉赵岐注《孟子》，认为“中古谓周公制礼以来”，说的就是西周建立后。清代的孔广森在

---

[1] 周振甫：《周易译注》，香港中华书局 2006 年版，第 267 页。

[2] 同上书，第 272 页。

[3] 杨伯峻译注：《孟子译注》，中华书局 1984 年版，第 99 页。

《经学卮言》中则认为："中古尚指周公以前，周公制礼，则自天子至于庶人皆有等。"[1] 推究孟子言制度之意，则孔氏之解释较合理。如是，孟子所言之"中古"指西周初年以前。

若就《易·系辞》与《孟子》二例言之，则战国时人所说"中古"泛指商代后期至西周初年的一段。

至秦王政扫平六国，肇建秦朝之时，曾与一众廷臣议帝号。廷尉李斯等说："古有天皇，有地皇，有泰皇，泰皇最贵"[2]，因而劝秦王取"泰皇"为号。秦王否决，并自以"皇帝"为号，云："朕闻太古有号毋谥，中古有号，死而以行为谥。如此，则子议父，臣议君也，甚无谓，朕弗取焉。"[3] 遂下令废谥法。始皇说太古无谥法，而中古始有谥法。以谥法之有无为断，其所言之太古大体为西周以前，而中古则为西周建立之后。

至于东汉时编纂的《汉书》，在《艺文志》中讨论《周易》的成书历程时，有"世历三古"一语。此"三古"何所指？三国时人孟康注解谓："《易·系辞》曰：'易之兴，其于中古乎？'然则伏羲为上古，文王为中古，孔子为下古。"[4]

根据孟康，似东汉至三国之时，对古代划分为上、中、下三段时间，而当中的中古即为周文王时代，也就是殷末周初之时，并以孔子的时代，也就是春秋晚期为中古下限；自孔子开始，已进入下古时代。

其实孟康的解释有其来源。所谓上、中、下"三古"之说，东汉末年大儒马融和郑玄均有发挥。马融注《尚书》，解释"三世"

---

[1]　杨伯峻译注：《孟子译注》，第 99 页。

[2]　《史记》卷 6《秦始皇本纪》，中华书局 1982 年版，第 236 页。

[3]　同上书，第 236 页。

[4]　《汉书》卷 30《艺文志》，中华书局 1996 年版，第 1703 页。

云：“伏羲为上古，文王为中古，孔子为下古。”[1]郑玄的解释则推向更古的时代，谓：“结绳同时为上古，神农为中古，五帝为下古。”[2]

马融以传说中的伏羲氏时代作为上古，西周初年为中古之始，至于春秋后期、孔子在生之时为下古之开端。郑玄把时段推得更早，以原始蒙昧之时为上古，传说中的神农之时为中古，同为传说时代的五帝之时则为下古。当然，马、郑二氏对上、中、下三古的解释是基于他们对《尚书》和其他古典编纂之时的历史时间观念的解释。

其后，在西晋惠帝朝廷中任职三公尚书的刘颂上疏论法制云：“上古议事以制，不为刑辟。夏及殷周，书法象魏。三代之君齐圣……今时论敦朴，不及中古。”[3]在其后的往复讨论中，门下的官员也说：“昔先王议事以制，自中古以来，执法断事。”[4]

西晋官员指出，在理想的上古之世，所谓先王“议事以制”，不用刑辟。至于“昔先王议事以制”更是引述春秋时郑国大夫子产铸刑书，叔向与子产争论时所说的话。[5]上古与中古在法制上的最大差别就在于上古之时议事以制，而中古以来则执法断事，这说的是春秋以后的时期。更具体就是战国时期多国推行法制改革的结果。这一中古指的是战国以来，秦汉之时。

西晋时人以秦汉为中古，尚有一佐证。左思作成《三都赋》后，遍请名家为其赋作序揄扬。刘逵为之作序有言：“观中古以来为赋者多矣，相如《子虚》擅名于前，班固《两都》理胜其辞，张衡《二

[1] 《影印阮刻十三经注疏》上册《尚书正义》卷1，台北文化图书公司1970年版，第3页。
[2] 《尚书正义》卷1，第115页。
[3] 《晋书》卷30《刑法志》，中华书局1974年版，第937页。
[4] 同上书，第938页。
[5] 杨伯峻编著：《春秋左传注·昭公六年》，中华书局2000年版，第1274页。

京》文过其意。"[1]刘《序》中指的中古为赋者是西汉大文豪司马相如、东汉名家班固和张衡。显然，此一中古指的就是两汉时期。南朝刘宋时，著名文士鲍照作《河清颂》中有言："察之上代，则奚斯、吉甫之徒，鸣玉銮于前；视之中古，则相如、王褒之属，施金羁于后。"[2]鲍照以上代和中古对言，上代所举者为周代公子奚斯和尹吉甫，中古所举则为汉代司马相如与王褒。可见，此中古亦即两汉。北朝方面，就史传所见，北魏太武帝时的术艺之士殷绍在一篇上表中云："又史迁、郝振，中古大儒。"[3]当中所言史迁为司马迁，郝振虽不知为何许人，但要之所言涉及汉代当无疑问。北魏后期，大臣崔光为了劝谏灵太后，"乃表上中古妇人文章"。其后，崔光又向灵太后进谏，举《春秋》所纪陈、宋、齐、卫女为例，又举西汉昭帝上官皇后为例。[4]以此推断，其"中古"包括了春秋时代至于汉代。崔光此一中古时段似乎甚为宽泛。此外，也有以中古指涉更早时期的例子。另一北魏官员崔楷在上疏论水患时，提出了一系列的建议，并总结云："其实上叶御灾之方，亦为中古井田之利。"[5]井田之制为中国古代文人的理想之制，而被认为施行于周代盛时，则"中古井田之利"所言当泛指周代。

及至唐代，"中古"仍然有着宽泛的指涉。初唐著名学者颜师古在注释《汉书》时，不止一次运用"中古"一词，例如在注《地理志》时，说到"中古以来，说地理者多矣"[6]，此一中古，说的是汉代或其以后的时代。

---

[1]《晋书》卷92《文苑传》，第2375页。

[2]《宋书》卷51《鲍照传》，中华书局1974年版，第1479页。

[3]《魏书》卷91《术艺传》，中华书局1974年版，第1955页。

[4]《北史》卷44《崔光传》，中华书局1974年版，第1615页。

[5]《魏书》卷56《崔辩传》，第1254页。

[6]《汉书》卷28上《地理志》，第1543页。

唐中宗时，武三思用事，魏元忠为朝中重臣，然无所匡正，陈郡男子袁楚客以书规谏，当中有云："阉竖者，给宫掖扫除事，古以奴隶畜之。中古以来，大道乖丧，疏贤哲，亲近习，乃委之以事，授之以权。故竖刁乱齐，伊戾败宋。君侧之人，众所畏惧，所谓鹰头之蝇、庙垣之鼠者也。后汉时用事尤甚，晚节卒乱天下。"[1]

袁楚客批评中古以来，阉宦受到重用，因而乱政，而其首先举出的例子，即为齐桓公重用竖刁而致祸，后汉末年卒因宦祸而失天下。由此而言，袁氏所言之中古始于春秋而至于后汉时代。盛唐文士李华评论其友萧颖士时，谓“颖士当以中古易今世”，并进一步指“颖士尤罪子长不编年而为列传”。[2]就中萧颖士对司马子长（司马迁）深有看法，而李华指涉与萧颖士有关的中古，就是指汉代。中唐以后的名臣陆贽在谏表中称述商周二代的圣君贤相，然后与之对比，指“中古以降，其臣尚谀，其君亦自圣”[3]。陆氏所言之中古则是周代以后，指秦汉以降。

至于唐代的释部著作中，也可见运用“中古”作为一个历史时间概念之例。《续高僧传》记载来自新罗国的僧人时提及“中古之时，辰韩、马韩、卞韩，率其部属，各有魁长”[4]，当中所述朝鲜半岛上的三韩，其存在时间大约为公元100—300年，相当于中国东汉至西晋之时，则此一中古所指为何时，非常明了。另一释部著作，释道宣所编之《广弘明集》中，收录了唐初沙门释明槩反驳傅奕反佛之论，谓："槩闻三皇统天、五帝御寓，道含弘而远大，德普覆而平

---

[1] 《新唐书》卷122《魏元忠传》，中华书局1975年版，第4339页。

[2] 《新唐书》卷194《卓行传》，第5563页。

[3] 《新唐书》卷157《陆贽传》，第4917页。

[4] 释道宣：《续高僧传》卷25《唐新罗国大僧统释慈藏传》，上海古籍出版社1995年版，第238页。

均；敷善教以训民，布慈心而育物。逮乎中古，其道弗亏。故汉武钦明，见善而弗及；显宗睿圣，体道而不居。遂能纡屈尊仪，甘泉礼金人之瑞。”[1]释明檠述及汉武帝与汉明帝，其所言之中古显然为两汉时期。

唐代宗广德年间（763—764），道士李国祯上书言及“太古天皇、中古伏羲、女娲”[2]，如此，其太古、中古更是远至虚无缥缈之世。

从以上诸例可见，在现今被称为中古的魏晋南北朝隋唐时期，时人指称的中古多在周代以降，尤以秦汉为主。

至于宋代，其中一例为朝廷讨论荐享之礼时言：“又古者祭祀，兼荐上古、中古及当世之食，唐天宝中，始诏荐享每室加常食一牙盘。”[3]之后，在神宗元丰年间，礼官吕希纯就此问题建言云：“先王之祭，皆备上古、中古及今世之食。所设礼馔，即上古、中古之食，牙盘常食，即今世之食。”[4]

综合而言，当中所言的中古之下限为唐代，即可理解为唐以前的时代。宋代去唐未远，以唐代以前为中古，当然很容易理解。

元代理学家吴澄自述其学问之继承先圣道统，就以《易经》“元亨利贞”之概念解释道统传承：“上古则羲、黄其元，尧、舜其亨，禹、汤其利，文、武、周公其贞乎！中古之统：仲尼其元，颜、曾其亨乎，子思其利，孟子其贞乎！近古之统：周子其元，程、张其亨也，朱子其利也，孰为今日之贞乎？未之有也。然则，可以终无所归哉！”[5]

---

[1] 释道宣：《广弘明集》卷12《辩惑篇第二之八·决对傅奕废佛法僧事并表》，台湾中华书局1965年版，第1页。

[2] 《新唐书》卷109《王玙传》，第4107页。

[3] 《宋史》卷108《礼志》，中华书局1977年版，第2597页。

[4] 同上书，第2598页。

[5] 《元史》卷171《吴澄传》，中华书局1976年版，第4011页。

吴澄于此重构道统，当然意在标榜以自身为当世传承与发扬道统第一人，而其划分上古、中古与近古，当然也有儒门系统的历史分段的考虑。不论如何，吴澄于此以孔子及其门人，以至于孟子属于中古之统，而近古则在周敦颐及其之后之北宋大儒。由此可见，吴澄对历史进行分期时，以春秋后期至于北宋以前为中古一段。另一元代例子为李冶《敬斋古今黈》卷 5 云：“前人论三古各别者，从所见者言之，故不同。然以吾身从今日观之，则洪荒太极也，不得以古今命名。大抵自羲、农至尧、舜，为上古；三代之世，为中古；自战国至于今日以前，皆下古也。盖吾目之所睹者今也，古今相对为辞，自非否身之所接，莫非古矣。不待千载之上，始得谓之古也。”[1] 如此，在李冶眼中的中古为三代之世。

姑再举一些明清时代的例子，如吕柟（1479—1542）于《与裴伯修书》中言：“盖上古之时，葬之山野，不封不树，而孔子始封之。自秦汉以来，始有山陵原庙之礼，而中古迎神立主之义遂忽焉不讲，乃专于块壤之上求风水之合。”[2] 吕氏所言之中古位处秦汉以前。又如郑纪在一篇序文中云：“予观上世之人，有数百岁者；中古时犹有白余岁者。秦时有人避乱入山中，不通人世，亦有二三百岁者。今之人至七十而上，则闾里传夸，以为稀年而寿之。”[3]

此中古为与上世相对而言，并没明确指明时段。唯合上下文观之，似乎在秦代以前。清人卢文弨在《抱经堂文集》中谈到当代的劝善书时，历数“尧、舜、禹、汤、文、武、周公、孔子、孟子”，然后说“中古以来劝善之书不一，而就其约而易晓者，往

[1] 李冶：《敬斋古今黈》卷 5，商务印书馆 1935 年版，第 64 页。
[2] 吕柟：《泾野先生文集》卷21《书一•与裴伯修书》，上海古籍出版社2002年版，第95页。
[3] 郑纪：《东园文集》卷 7《寿履素陈先生七十序》，上海古籍出版社 1991 年版，第 794 页。

往能令民鼓舞踊跃，震动恪恭”[1]。卢氏所言之中古，当为战国以后之事。

从以上中国史不同朝代的文献例子，可知在近代以前“中古”作为一个历史时间观念已经存在。至于中古是何所指，其具体时段在于论者所身处的时代、论者言及中古的目的，以及其讨论内容的需要。“中古”一词，可以在不同的语境中运用，其意思可褒可贬。作为历史时段来划分，更不如朝代般明确和固定。可以说，“中古”作为一个历史时段，是一个被建构的知识，也是一个理论上的判断。从以上的例子可见，“中古”是一个富有弹性的对时间的安排。对此，东汉末年的郑玄已经有深刻的认识：“唐虞以上曰太古，然世代推移，后之仰先皆为古矣。古有远近，其言无常，故《易》以文王为中古，《礼记》以神农为中古。各有所对。为古不同，则太古之名亦无定限。”[2] 其实不单太古之名无定限，中古亦无定限。

二、近代中国史学的“中古”

现在中国史研究中惯用的“中古”作为史学时间概念，基本上源自欧洲史学中对“中古”（medieval）或是“中世纪”（middle ages）的认识，并将其安排在一个从“中古”走向“近代”的历史演进框架之中。

中国学人最晚在晚清时期就已经对西方历史上存在中世纪/中古这一时段有所认识。在当时翻译介绍西方情况的著作中就以中国固有的“中古”一词来对应西方史上的中世纪。然而，这只是以

---

[1] 卢文弨：《抱经堂文集》卷 5《李东升劝善书序》，商务印书馆 1935 年版，第 65 页。

[2] 《影印阮刻十三经注疏》上册《毛诗正义》卷 14，第 473 页。

“中古”来翻译欧洲史的历史时段。在中国近代史学中，以“中古”来指称中国史上的某一固定时期，特别是魏晋南北朝隋唐，实始于近代中国历史教科书。

这得先追溯到日本学者那珂通世（1851—1908）因教学需要而写的《支那通史》（1888）一书。该书成为近代日本首本影响巨大的中国通史。中国学者柳诒徵就受其启发，于1903年出版《历代史略》，成为近代中国早期的国史教科书之一。那珂氏《支那通史》将中国历史从时间上分为三段：殷周为“上世”、秦汉以至宋亡为“中世”，元明清为未完的“近世”。[1]但以“中古”作为时段运用于中国历史分期中的，则为桑原骘藏（1871—1931）于1898年出版的《中等东洋史》。该书把中国历史划分为四期：“上古期”——汉族膨胀期，从太古以至秦之一统；“中古期”——汉族优势时代，自秦始皇至唐之灭亡；“近古期”——蒙古族最盛时期，从契丹兴起至于明之末世；“近世期”——欧人东渐时代，从满洲之兴起至于中日甲午战争。[2]桑原氏此书成为当时日本重要的中国通史教科书。那珂氏后来出版《那珂东洋小史》，作为《支那通史》的简本，对历史分期做出了修改，把秦汉至宋改称“中古”，又把元明称为“近古”，清代为“近世”，或受桑原氏影响所致。[3]桑原氏之书以其在当时来说崭新的历史分期而在中国引起极大震动。[4]此书不久便被樊炳清翻译为《东

[1] 〔日〕那珂通世：《支那通史》，东京中央堂1888年版。

[2] 〔日〕宫崎市定编：《桑原骘藏全集》第4卷，岩波书店1968年版，第1—290页。书中所附年表从公元前2460年黄帝建国开始，至于1895年“三国干涉还辽”事件，见第275—290页。至于对《中等东洋史》一书在日本出版的背景及其在日本东洋史教科书中的意义，可参考〔日〕宫崎市定：《解说》，《桑原骘藏全集》第4卷，第755页。

[3] 〔日〕那珂通世：《那珂东洋小史》，日本图书株式会社1903年版。

[4] 有关清末民初的“新史学”思潮，可参考王汎森：《晚清的政治概念与“新史学”》，见氏著：《近代中国的史学与史家》，香港三联书店2008年版，第6—48页。

洋史要》(1899)，经罗振玉主持的东文学社出版，并成为当时中国历史教科书的新标准，故时人傅斯年评论当时的中国文史教科书均据其四个历史时期进行划分。[1]

稍后，夏曾佑（1865—1924）为商务印书馆编写《最新中学中国历史教科书》，于1904年出版第1册，又于两年后出版第2、3册。该书其后被列入“大学丛书”，更名《中国古代史》(1933) 重新出版。此书被誉为中国史上第一部新式国史教科书。夏氏在“凡例”中言：“分我国从古至今之事为三大时代，又细分之为七大时代。”[2]唯夏氏并未条列“三大时代”与细分之“七大时代”为何。又因该书作为通史未能完成，内容只从上古至于隋代，其构思中的时代划分并未充分呈现。仅就该书现有体例和架构来看，其书分上古史（内细分为传疑时代［太古三代］、化成时代［春秋战国］）和中古史（内细分为极盛时代［秦汉］和中衰时代［魏晋南北朝］)。夏氏划分中古时期为秦汉至隋代，虽没有明确解释何以用“中古”称呼此一时期，但他指出此一时期与此前之不同在于“中国由单纯之种族、宗教（汉以前之种族、宗教亦不得谓之单纯，惟较汉以后为单纯耳）转入复杂之种族、宗教”[3]。夏氏在书中又讲述研习魏晋南北朝历史要旨，言种族与宗教“此二者之变幻，自魏晋以后，五代以前，大率如此。故本篇所述，必合第四篇有唐一代观之，始知其全。及宋以后，则又为一世界，与古人如二物矣”[4]。夏氏认为唐代在种族与宗教问题上与魏晋南北朝一脉相承，应合而观之，则其所划定之

---

[1] 王汎森：《“思想资源”与“概念工具”——戊戌前后的几种日本因素》，见氏著：《中国近代思想与学术的系谱》，河北教育出版社2001年版，第162—163页。

[2] 夏曾佑：《中国古代史》，东方出版社2012年版，第2页。

[3] 同上书，第3页。

[4] 同上书，第387页。

中古似应包括唐代。夏氏从种族与宗教二项着眼，将秦汉、魏晋南北朝、隋唐纳入中古时期，与桑原氏划分一致。

此外，夏氏以秦汉前为一时代，秦汉至隋唐为另一时代，宋代至于清代又为一时代，此历史三期论中，位居中间的为“中古”，符合了传统中国文献中固有对“中古”一词的运用。尤有进者，夏氏之运用“中古”一词，也可能是受到晚清今文经学思想的影响。晚清拥护今文经学者，有所谓三世进化之说：“据乱世”、“升平世”、“太平世”。又如魏源（1794—1857）便认为三世即太古、中古、末世，其气运不断循环，由太古演变至中古，而后为末世，又由末世回到太古之世。[1] 这些可能也影响到夏氏对“中古”一词的运用及理解。

运用“中古”一词，如果是利用了西方史学中的古代、中古、近／现代三段论的话，不但超越了中国传统以王朝为时代划分的传统，其背后更是一个线性的、进步／进化的历史发展观念：由“黑暗”、“落后”的“中古”升进至开明的“现代”。正如王汎森在研究近代中国知识分子的历史观时指出：“在传统中国，循环观或黄金古代的观念很具势力，两者也常常交织存在。尤其政治哲学中，传统士大夫有一种不曾明言的思想倾向，认为最好的时代乃是三代。”[2] 然而，在近代社会达尔文主义的冲击下，“进化”成为风靡一时的思想。从中古演进至现代的线式发展、向上进化的历史模式也恰好符合当时中国知识分子的需要。[3] 在夏曾佑的《中国古代史》中，也

[1] 王汎森：《时间感、历史观、思想与社会：进化思想在近代中国》，第 377 页。

[2] 同上书，第 373 页。

[3] 对于近代中国的“线性历史观”的分析，见王汎森：《近代中国的线性历史观——以社会进化论为中心的讨论》，见氏著：《近代中国的史学与史家》，香港三联书店 2008 年版，第 50—108 页，以及 Luke S. K. Kwong, “The Rise of the Linear Perspective on History and Time in Late Qing China c. 1860-1911”, *Past & Present* 173（Nov., 2001）, pp.

表达了受此一进化观念的影响："循夫优胜劣败之理，服从强权，遂为世界之公例。威力所及，举世风靡，弱肉强食，视为公义，于是有具智仁勇者出，发明一种抵抗强权之学说，以扶弱而抑强。此宗教之所以兴，而人之所以异于禽兽也。佛教、基督教，均以出世为宗，故其反抗者在天演。"[1] 虽然夏氏之意在于希望发明一种抵抗强权的学说，但从其针对天演之论来阐发自身主张，正可见该思潮之强大。

要之，在中国史上出现了"中古"这一时段，正可把中国历史置于以西方为中心的世界历史演进的"公例"和"通则"之中。中国既有"中古"，过此当然也进至"近古"或"近代"而进入"现代"。不论是桑原骘藏，还是夏曾佑，都以秦汉至隋唐划为中古一段，两书对当时这样的历史分期的定型当有很深的影响。

从学理上来说，桑原氏和夏氏均没有具体缕述中国"中古"的时代特性和给予确实的定义。不过，桑原氏强调各个时段之民族代兴，而夏氏强调种族与宗教为中古时期之特色，同时代的治史者也有类似的认识，如陈寅恪在其中古史（魏晋至隋唐）的研究中，便强调种族与文化之重要。时至今日，种族与宗教的变异仍为研治中国中古史的重要课题。然而，中国学人虽然已于20世纪初参照自西欧中世纪而来的"中古"概念，并运用在史学著作中，却没有继续对中国"中古"时期的"中世纪性"做出更深入探讨和比较，其后中国史学中"封建主义"的构建和争论，更迅速掩埋了对于"中古"

（接上页）157-190。这种以进化为前提来理解，以线性化轨道描述中国历史发展的思想在马克思主义历史阶段论传入中国以后，更有愈演愈烈之势。参见逯耀东：《历史发展的基本线索问题》，见氏著：《史学危机的呼声》，台北联经出版有限公司1987年版，第83—94页。

[1] 夏曾佑：《中国古代史》，第375页。

概念可能有的讨论。[1]

“中古”一词虽被广泛应用于中国史学中，却缺乏深入的学理讨论，探讨中国“中古”的性质，以及中国是否存在一个“中古”阶段。[2] 当今学界普遍将中国的“中古”划定为魏晋南北朝隋唐时段，但亦非尽然，例如近年出版的《白寿彝史学二十讲》，其中古时代即涵盖从三国魏晋时期至元代。[3] 至于中国中古的内容更非毫无可议。一般以东汉覆亡、五胡十六国之乱局比附西欧史上罗马帝国之崩溃和蛮族入侵，以说明中国与西欧中古之相类。西欧基督教之兴盛也等同佛、道二教在中国之壮大。然而，若从政局分裂来看，魏晋南北朝与隋唐为何同置于中古阶段？前者为分裂之世，后者为统一帝国。将3—9世纪概括为中古，是否合适？这些都有待进一步的讨论。

20世纪80年代以后，中国大陆史学界有较为开放的发展，学术交流也日益频繁，又受到另一波日本史学研究的影响。日本学界在20世纪初以内藤湖南的古代、中世（中古：六朝隋唐）、近世三分架构来解释中国历史的演变，以此超越中国的朝代传统的划分。内藤氏的三段论，是受到日本史学者如原胜郎、内田银藏等对于日本史时代划分的框架的影响而来的。[4] 内藤氏比较关心的其实是从中世到近世的演变。透过比较中国中世与近世的诸多方面，内藤氏及其后

[1] 陈学霖：《从“封建”到“封建主义”——古词新释与国史研究》，见氏著：《宋明史论丛》，香港中文大学出版社2012年版，第383—389页；逯耀东：《“儒法斗争”解释体系的形成与批判》，见氏著：《史学危机的呼声》，第25—68页；逯耀东：《“史学危机”的呼声》，见氏著：《史学危机的呼声》，第69—82页。

[2] 有学者就认为中世纪是属于西欧历史发展的特有产物，在世界其他地区，如拜占庭帝国就没有经历西方的中世纪，至于东亚社会其实更类似于拜占庭，而有别于西欧的发展，从而也质疑源自西欧的中世纪观念是否适合套用在东亚的历史中，参见T. H. Barrett, “China and the Redundancy of the Medieval”, *The Medieval History Journal* 1.1（1998）, pp.73-89。

[3] 白至德编：《白寿彝史学二十讲》，中国友谊出版公司2011年版。

[4] 孙英刚：《西方学术话语与东方史学脉络——以“Medieval”为例》，第152页。

学的研究揭示出他们对于六朝隋唐贵族政治在中世地位的强调。这些研究对于中国学界的中古史讨论深有影响。不少中文著作在谈到中国中古时期时，甚至径直运用“中世”一词。对其定义，亦往往在京都学派的框架内进行讨论。

至于为何以魏晋南北朝隋唐时期为中古中国，西方学者尚缺乏对此的深入讨论。卜正民（Timothy Brook）曾撰文从宏观角度分析中古属性在中国历史中的扞格不通。[1] 但认真针对中国中古的特点，以及如何与西方，甚至世界其他文明的中古属性进行比较，则仍有待讨论。近年有美国学者南恺时（Keith N. Knapp）曾在一篇短文中尝试比较西欧、中国与阿拉伯世界三者的中古时代。[2] 南氏从中提炼出的共同点为：文化混合的统治精英群体（以中国历史而言即为胡汉糅合）、地主／庄园主力量的强大、自主性的宗教组织的出现。共同点印证三地文明在相近的时间内面对类似的问题，并均给予相似的回应，因而可视为共处同一中古时段。南氏之说确当与否，尚有讨论空间，但其尝试正好为将中国的中古置于世界史中思考提供了范例。

三、小结

总括而言，中国近代史学中运用的“中古”一词，最初在中国传统典籍中广泛运用为历史上某一中间、过渡时期，带有流动性质；在近代中国历史书写中，受西方史学观念（经日本引入）的影响，“中

---

[1] Timothy Brook, “Medievality and the Chinese Sense of History”, *The Medieval History Journal* 1.1（1998）, pp.146-164.

[2] Keith N. Knapp, “Did the Middle Kingdom Have a Middle Period? The Problem of ‘Medieval’ in China’s History”, *Education about Asia* 12.3（2007）: pp.12-17.

古”一词由流动的时间概念被定格为“秦汉魏晋南北朝隋唐”或“魏晋南北朝隋唐”。其作为中间时段的特性不变，而在线性发展的历史观框架中，成为中国历史演进的一个阶段。“中古”一词虽被广泛应用于历史著作之中，但对于中国中古的属性似乎尚需进一步讨论。

汉晋北魏末幽州道教史事钩沉

吴 羽（华南师范大学历史文化学院）

一、引言

20世纪以来，经过学者不懈的努力，魏晋南北朝时期巴蜀、关中、江南的道教史实已经空前明晰。事实上，幽州也是一个道教徒及道教团体活动的重要区域，东汉末张角创立太平道，幽州便是受太平道影响的重要区域。可惜的是，受限于史料，一方面，学界极少关注太平道之后幽州的道教活动；另一方面，国内外学界对寇谦之身后北方道教的发展所知有限，少量出土的道教造像、碑刻也仅限于河南、陕西、山西，以至于致力于研究寇谦之身后北方天师道的学者也难以说明幽州的情况[1]。这正是本文试图探索的问题。

陈寅恪先生在《天师道与滨海地域之关系》[2]中考证了东晋末孙恩、卢循的家世信仰，认为两晋时期清河崔氏、范阳卢氏“皆天师道世家”，而南北朝时期，范阳卢氏在幽州一直有重要的影响，这就启发我们思考是否可以通过范阳卢氏重新审视幽州的道教。方诗铭先生在研究晋南北朝的“汉祚复兴”谶记时则指出北魏末尔朱荣麾

---

[1] 刘屹：《寇谦之身后的北天师道》，《首都师范大学学报（社会科学版）》2003年第1期。
[2] 陈寅恪：《金明馆丛稿初编》，上海古籍出版社1980年版，第6—35页。

下的重要卜士刘灵助在尔朱荣死后举兵，“是为‘汉祚复兴’这个谶记而起兵的”，并云“刘灵助应该是一个原始道教的杰出人物”。[1] 刘灵助就是在幽州起兵的，这是一个重要的论断，可惜的是，“汉祚复兴”谶记起于王莽时，似乎并不专属道教。尽管据此判断刘灵助是道教徒尚显证据不足，但是启发我们挖掘史料并进一步思考。

有鉴于此，我们想做的工作是，努力发掘道教经典、传世文献与碑刻的材料，试图证明汉魏南北朝时期的幽州是一个重要的道教流行区域，对当时的道教发展有着不宜忽略的影响。当然，囿于史料，论断不当之处，尚祈方家不吝赐教。

二、汉晋时期在幽州的修道氛围

有迹象表明汉晋时期，除太平道之外，幽州有修道者，而且这些曾在幽州修道的人对当时及后来的道教发展曾经有重要影响。

陈国符先生曾经考证过帛家道，指出帛家道的创始人帛和是辽东人，帛家道对东晋南朝的著名道教信徒郑隐、葛洪，甚至上清派的许迈家族、周子良家族都有重要的影响，而帛和曾在无终山合神丹，《水经注》有明确记载。[2] 我们想强调的是，无终山正在幽州，《水经注》记载此事，说明北魏时期北方广大地区仍然流传着帛和在无终山修道合丹的传说，从一个侧面表明幽州仍有修道的氛围。

东晋干宝《搜神记》卷 8 也载有无终山的道迹仙踪：

---

[1] 方诗铭：《“汉祚复兴”的谶记与原始道教——晋南北朝刘根、刘渊的起义起兵及其他》，《史林》1996 年第 3 期。

[2] 陈国符：《道藏源流考》，中华书局 2012 年版，第 274—275 页。

后汉阳公字伯雍，洛阳县人。少以侩卖为业。至性笃孝，父母终殂，葬之于无终山，遂家焉。……山高八十余里，而上无水。公以往返辛勤，乃行车汲水，作义浆于阪头，以给行路。行者皆饮之。居三年，有一人就饮之，饮讫，怀中出石子一升与公，使至高平好地有石处种之，谓曰："种此可生好玉。"公未娶，又语云："汝后当得好妇。"言毕不见。公乃种其石。数岁，时时往视，见玉子生石，人莫知。时有徐氏者大富，为右北平著姓，有好女，甚有名行，时人多求之，不许。公有佚气，乃试求焉。徐氏笑以为狂，因戏媒人曰："雍伯能得白璧一双来，当听为婚。"媒者致命。公至所种石中，索得五双白璧，以赀徐氏。徐氏大惊，遂以女妻公。天子异之，拜为大夫。于种玉处，四角作大石柱，各一丈，中央一顷之地，名曰"玉田"，至今相传云。……北平阳氏，即其后也。[1]

虽然事涉神怪，难以信从，但是可以从侧面表明，东汉无终山有神仙修道之士活动，而且这种传说一直延续到东晋。

东晋时流行于江南并对后世有深远影响的上清经典中，也能看到时人对汉晋幽州修道之事的追忆。约出南北朝的《上清仙府琼林经》引《大洞雌一太极五老帝君镇生五藏上经》载南岳真人曰：

吾昔有入室弟子仙人赵成子者，初受吾《镇生五脏上经》，乃案为之。成子后欲还入太阴，求改貌化形，自故死亡于幽州上谷玄丘中石室之下。[2]

[1] 干宝、陶潜撰，李剑国辑校：《新辑搜神记·新辑搜神后记》卷 8，中华书局 2007 年版，第 140—141 页。
[2] 《道藏》第 34 册，文物出版社等 1987 年版，第 297 页。

赵成子为先秦时人，此经之说荒诞，难以信从，但是道经将其称作上清经传人，尸解于幽州上谷玄丘中石室之下，这从某种程度上说明幽州有道教信仰氛围。《真诰》卷 13《稽神枢第三》曰：

> 赵素台在易迁宫中已四百年，不肯徙，自谓天下无复乐于此处也。赵素台是赵熙女，汉时为幽州刺史。[1]

《真诰》卷 14《稽神枢第四》，曰：

> 九疑真人韩伟远，昔受于中岳宋德玄。德玄者，周宣时人。服此“灵飞六甲”得道，能一日行三千里……
>
> 其女子有郭芍药、赵爱儿、王鲁连等，并受此方法而得道者，复数十人，或游玄州，或处东华方诸台，今见居也。
>
> 南岳夫人言此云：“郭芍药，汉度辽将军东平郭蹇女也。……赵爱儿者，幽州刺史刘虞别驾、渔阳赵该姊也。……王鲁连者，魏明帝城门校尉范阳王伯纲女也。……此事乃出灵飞六甲经中，长史抄出之。”[2]

“长史”为许谧，东晋人，这些史料表明，在东晋上清派经典的追忆中，曾有一批和幽州相关的人修上清道法得道。同时，也说明这些与幽州相关的上清道经修习者被上清派的宗师陶弘景承认。当然，

---

[1] 陶弘景撰，〔日〕吉川忠夫等编，朱越利译：《真诰校注》卷 13，上海古籍出版社 2006 年版，第 404 页。

[2] 陶弘景撰，〔日〕吉川忠夫等编，朱越利译：《真诰校注》卷 14，第 458 页。这些内容又见《太上琼宫灵飞六甲箓》，《道藏》第 34 册，第 168 页。

我们很难将之当作信史，不过可以说明，即使在南方人眼中，幽州也是道教信仰氛围浓厚的区域，这恐怕并非空穴来风。

上清经典与幽州的关系并不仅仅局限于上述女仙。据东晋时期最早的上清经传授者魏华存撰《清虚真人王君内传》记载，其师王褒字子登，是范阳襄平人。[1]《真诰》卷 1、卷 12 载修道成仙者中有幽人范伯华，涿郡人赵祖阳、李叔升。[2]也说明幽州有道教信仰氛围。

和幽州地理位置接近的辽西、辽东也有修道传说。《真诰》卷 13 记载："范幼冲，辽西人也，受胎化易形，今来在此，恒服三气。"《云笈七签》卷 110 引六朝人撰《洞仙传》曰：

> 丁令威者，辽东人也。少随师学得仙道，分身任意所欲。尝暂归，化为白鹤，集郡城门华表柱头，言曰："我是丁令威，去家千发今来归。城郭如旧人民非，何不学仙离塚纍？"夫左元放为羊，令威为鹤，斯并一时之迹耳，非永为羊鹤也。辽东诸丁谱，载令威汉初学道得仙矣。[3]

《新辑搜神记》卷 1 亦载此事，唯云"今辽东诸丁，云其先世有升仙者，不知名字"[4]，与《洞仙传》略有不同，足以说明《洞仙传》所载并非向壁虚构，必有相关依据。尽管丁令威化鹤之事断不可信，然而《洞仙传》引用了辽东丁氏的族谱，说明丁令威修道之事在南北朝时期仍然存于当地的记忆中，而且引以为荣，可侧面表明南北朝

[1] 张君房撰，李永晟点校：《云笈七签》卷 106，中华书局 2003 年版，第 2288 页。

[2] 陶弘景撰，〔日〕吉川忠夫等编，朱越利译：《真诰校注》，第 7、8、384 页；李叔升、赵祖阳又见《无上秘要》卷 83、84，唯李叔升作李叔胜，见《道藏》第 25 册，第 238、242 页。

[3] 张君房撰，李永晟点校：《云笈七签》卷 110，第 2411 页。

[4] 干宝、陶潜撰，李剑国辑校：《新辑搜神记·新辑搜神后记》卷 1，第 39—40 页。

时期的辽东，仍然有浓厚的修道氛围。

总而言之，和汉晋时期幽州道教相关的史料虽然不像巴蜀、关中、洛阳、江南那样多而清晰，但是相关史料足以说明，幽州在魏晋南北朝道教发展史上也有一席之地。可以断定，幽州及其周边有较为浓厚的道教信仰氛围。

随着西晋的覆灭，南北分治，广大北方地区进入了一个较长时间的动荡期，由于流传至今的北朝道教经典甚少，世俗文献的记载又颇暧昧，致使我们对北方道教发展的认识还很初步，尤其是幽州，作为一个道教颇为流行的区域，罕有学者关注，下面我们将利用已掌握的材料，进行一些力所能及的考证。

三、北魏末的范阳卢氏和刘灵助教团

陈寅恪先生前揭大作已经阐明，西晋末年赵王司马伦集团中孙秀、崔玄伯、卢谌均有道教信仰，也揭示了东晋末道团首领卢循即是卢谌的重孙。值得注意的是，卢谌本人和其族人大多数并未南迁，留在了涿郡老家和北方，范阳卢氏在幽州本地的势力极大，历仕石勒后赵、慕容燕政权及之后的北魏、东魏、北齐，地位崇高。对此，前人多有研究[1]，这里不必重复叙述。我们想特别强调的是，如上所考，幽州、辽西、辽东这些范阳卢氏活动的重要区域，均有较为浓厚的道教信仰氛围，卢氏也较易保持其信仰传统。

有迹象表明，范阳卢氏不仅保持了其道教信仰传统，而且与道

[1] 唐长孺：《门阀的形成及其衰落》，见《山居存稿续编》，中华书局2011年版，第20—21页；高诗敏：《北朝范阳卢氏形成冠冕之首的诸因素》，《首都师范大学学报（社会科学版）》1997年第2期；韩涛：《中古世家大族范阳卢氏研究》，曲阜师范大学硕士学位论文，2009年。不胜枚举，此不具列。

教信仰者的交往密切。北魏时，卢邈之子卢玄名显于世，曾出使南朝，见过宋文帝刘义隆，乃协助、推动寇谦之清整道教的重要人物崔浩之外兄。陈寅恪先生前揭大著已经揭示出，崔浩之母为卢谌孙女，而且崔浩有道教信仰，并能和寇谦之思想契合，“最主要因实在少时所受于其母之家庭教育”[1]，卢玄及其姑母应该均是信道者。尤其值得注意的是，卢玄有子名度世，度世有孙名道亮，道亮之子名思道，思道有子名赤松，范阳卢氏极重礼法，而卢思道与其父名中均有“道”字，且其子与仙人同名，显然应该按照陈寅恪先生所云“道”字代表其宗教信仰故不需避讳来理解[2]。而且道亮之弟道虔后娶妻元氏，元氏“常升高座讲《老子》。道虔从弟元明隔纱帷以听焉”[3]。显然是因为范阳卢氏一直保持着道教信仰，所以才容得下妇人升高座讲《老子》，而且从弟可以旁听。当然，不能认为范阳卢氏家族的所有成员都是纯粹的道教徒，比如有人认为在北齐非常有名的卢景裕，乃卢玄族子卢辅之孙，便与佛教颇有瓜葛，甚至可能是一个佛教徒。[4]不过，不能据此便否定卢氏家族的家传学术和信仰，正是这个可能对佛教有一定信仰的卢景裕，仍然保留了极强的家族学术与信仰传统。著名学者蒙文通先生发现，卢景裕曾注《老子》，且有遗文存留于现在的道教经典。[5]北朝佛风极盛，目前有遗文存世的北魏《老子》注文，仅有卢景裕和刘仁会两家，且卢景裕的注解与

---

[1] 陈寅恪：《天师道与滨海地域之关系》，见《金明馆丛稿初编》，第 15 页。

[2] 陈寅恪：《天师道与滨海地域之关系》，见《金明馆丛稿初编》，第 9 页；陈寅恪《崔浩与寇谦之》，见《金明馆丛稿初编》，第 108、110 页。

[3] 《北史》卷 30《卢玄传附卢道亮、卢思道、卢道虔传》，中华书局 1974 年版，第 1075—1078 页。

[4] 韩涛：《中古世家大族范阳卢氏研究》，第 38、135 页。

[5] 蒙文通：《晋唐〈老子〉古注四十家辑存附诸家考略及遗文索引》，见《道书辑校十种》，巴蜀书社 2001 年版，第 247 页。

魏晋时期的何晏、钟会、杜元凯、王辅嗣、张嗣、羊祜类似，“皆明虚无理家理国之道”[1]，也就是说卢景裕是魏、西晋学风在北方流传的铁证和代表之一，如陈寅恪先生已经指出的，东汉以后学术文化，“其重心不在政治中心之首都，而分散于各地之名都大邑。是以地方大族盛门乃为学术文化之所寄托”[2]。卢道虔之妻讲老子，卢元明旁听，卢景裕注《老子》，且与魏、西晋时期的学风一脉相承，说明北朝时期范阳卢氏家族传承了魏晋以来的学术，有力地证明了范阳卢氏家族长期顽强地保持了自己的家族学术与信仰，故而可以认为范阳卢氏和幽州的道教信仰传统并未中断。

众所周知，东晋末范阳卢氏中的卢循曾和孙恩的道教教团紧密联系在一起；学界很少注意的是，北魏末，卢循的族人——远在幽州的范阳卢氏家族——也曾与刘灵助教团融为一体。由于记载隐晦，需较多分析，现不避冗长，先引《魏书》卷 91《刘灵助传》如下：

> 刘灵助，燕郡人。师事刘弁，好阴阳占卜，而粗疏无赖，常去来燕恒之界，或时负贩，或复劫盗，卖术于市。后自代至秀容，因事尔朱荣。荣性信卜筮，灵助所占屡中，遂被亲待，为荣府功曹参军。
>
> 建义初，荣于河阴王公卿士悉见屠害。时奉车都尉卢道虔兄弟亦相率朝于行宫，灵助以其州里，卫护之，由是朝士与诸卢相随免害者数十人。荣入京师，超拜光禄大夫，封长子县开国伯，食邑七百户，寻进爵为公，增邑通前千户。后从荣讨擒葛荣，特除散骑常侍、抚军将军、幽州刺史。又从大将军、上

[1] 蒙文通：《晋唐〈老子〉古注四十家辑存附诸家考略及遗文索引》，第 242 页。

[2] 陈寅恪：《崔浩与寇谦之》，见《金明馆丛稿初编》，第 147 页。

党王天穆讨邢杲。时幽州流民卢城人最为凶捍，遂令灵助兼尚书，军前慰劳之。事平而元颢入洛，天穆渡河。灵助先会尔朱荣于太行。及将攻河内，令灵助筮之。灵助曰："未时必克。"时已向中，士众疲怠，灵助曰："时至矣。"荣鼓之，将士腾跃，即便克陷。及至北中，荣攻城不获，以时盛暑，议欲且还，以待秋凉。庄帝诏灵助筮之。灵助曰："必当破贼。"诏曰："何日？"灵助曰："十八、十九间。"果如其言。车驾还宫，领幽州大中正，寻加征东将军，增邑五百户，进爵为燕郡公，……寻兼尚书左仆射，慰劳幽州流民于濮阳、顿丘，因率民北还。与都督侯渊等讨葛荣余党韩娄，灭之于蓟。仍厘州务，加车骑将军，又为幽、平、营、安四州行台。

及尔朱荣死，庄帝幽崩。灵助本寒微，一朝至此，自谓方术堪能动众。又以尔朱有诛灭之兆，灵助遂自号燕王、车骑大将军、开府仪同三司、大行台，为庄帝举义兵。灵助驯养大鸟，称为己瑞，妄说图谶，言刘氏当王，又云"欲知避世入鸟村"。遂刻毡为人象，画桃木为符书，作诡道厌祝之法。民多信之。于时河西人纥豆陵步藩举兵逼晋阳，尔朱兆频战不利，故灵助唱言："尔朱自然当灭，不须我兵。"由是幽、瀛、沧、冀之民悉从之。从之者夜悉举火为号，不举火者诸村共屠之。以普泰元年三月，率众至博陵之安国城，与叱列延庆、侯渊、尔朱羽生等战，战败被擒，斩于定州，传首洛阳，支分其体。……而齐献武王以明年闰二月破西胡于韩陵山，遂灭兆等。永熙二年，赠使持节、散骑常侍、都督幽瀛冀三州诸军事、骠骑大将军、尚书左仆射、开府仪同三司、幽州刺史，谥曰恭。[1]

[1]《魏书》卷91《刘灵助传》，第1958—1960页。

不难看出，刘灵助本寒族，以阴阳占卜事尔朱荣起家。以其门第，凭其一己之力，断不能在幽州立足，之所以能如此者，关键在于尔朱荣在河阴诛杀大臣时，刘灵助救助了卢道虔兄弟及其他幽州的一些大族，从而为其在幽州立足积累了政治资本，两次安抚幽州流民又进一步积累了实力。在尔朱荣死后，又以幽州为中心，通过“妖术”、利用“刘氏当王”谶言，加以“诡道厌祝”，建立起了严密的组织。史实表明，刘灵助之所以能建立这样的组织，与范阳卢氏的支持密不可分，《北齐书》卷22《卢文伟传》记载：

卢文伟字休族，范阳涿人也。为北州冠族。……及北方将乱，文伟积稻谷于范阳城，时经荒俭，多所赈赡，弥为乡里所归。寻为杜洛周所虏。洛周败，复入葛荣，荣败，归家。时韩楼据蓟城，文伟率乡闾屯守范阳，与楼相抗。乃以文伟行范阳郡事。防守二年，与士卒同劳苦，分散家财，拯救贫乏，莫不人人感说。尔朱荣遣将侯深讨楼，平之，文伟以功封大夏县男，邑二百户，除范阳太守。深乃留镇范阳。及荣诛，文伟知深难信，乃诱之出猎，闭门拒之。深失据，遂赴中山。

庄帝崩，文伟与幽州刺史刘灵助同谋起义。灵助克瀛州，留文伟行事，自率兵赴定州，为尔朱荣将侯深所败。文伟弃州，走还本郡，仍与高乾邕兄弟共相影响。属高祖至信都，文伟遣子怀道奉启陈诚，高祖嘉纳之。中兴初，除安东将军、安州刺史。时安州未宾，仍居帅任，行幽州事，加镇军、正刺史。时安州刺史卢曹亦从灵助举兵，助败，因据幽州降尔朱兆，兆仍以为刺史，据城不下。文伟不得入州，即于郡所为州治。太昌初，迁安州刺史，累加散骑常侍。[1]

唐长孺先生据此指出，这里充分说明，魏末的范阳一直掌握在卢氏手中，卢氏的著名人物一直控制着宗族乡里，随时能够组织武装。[2] 我们想说的是，刘灵助在攻灭韩楼（即韩娄）之时得到了范阳卢氏的全力支持，为孝庄帝起“义兵”反对尔朱兆时也得到了范阳卢氏的鼎力相助，这就意味着，刘灵助所建立的富有宗教意味、极端排他的组织，显然借助了以范阳卢氏为核心的幽州大族的军事实力和宗族组织。

结合前揭我们对北魏范阳卢氏家传道教信仰的考察，有理由推断，以刘灵助、范阳卢氏和其他幽州大族为核心建立的这一组织，应该是一个道教团体。

当然，仅凭刘灵助的“妖术”、“画桃木为符书，作诡道厌祝之法”及范阳卢氏的道教信仰传统便说这是一个道教教团，似乎显得证据单薄。下面，我们试图提出更多的证据。

（1）方诗铭先生前揭文指出，刘灵助利用了“刘氏当王”的谶言。虽然这个谶言在王莽时已经存在，不宜认为是道教独有，但是有证据表明，北魏时期，以刘举为名的起义与“刘氏当王”谶言有关[3]，而这一谶言及相关的刘举起义已经与当时的道教结合起来了，寇谦之《老君音颂诫经》借老君之口曰：“称刘举者甚多，称李弘者亦复不少。吾大嗔怒，念此恶人，以我作辞者，乃尔多乎？！世间

[1] 《北齐书》卷22《卢文伟传》，中华书局1972年版，第319—320页。

[2] 唐长孺：《门阀的形成及其衰落》，见《山居存稿续编》，第20页。

[3] 唐长孺：《史籍与道经中所见的李弘》，见《魏晋南北朝史论拾遗》，中华书局2011年版，第216页。

愚痴之人何乃如此！”[1]北魏寇谦之时代和刘举相关的起义或动乱，其实是假托老君之“辞”的。刘灵助利用的谶言很可能正是如此，这恰好又可以和卢氏家族的道教信仰传统相契合。

（2）道教经典《洞神八帝元变经》的末尾有一段前人极少注意的记载：

> 魏永平元年，有幽州人刘助、高荣祖、颜恶头等三人于幽州西山中学道，经已七年，忽然大雪尺余，有一仙人自云：“我姓呼延，字道僧。”即教荣祖上备，教恶头役鬼，教刘助使此八神。助因与朱天柱作帷幄，其洛京即天柱，除助作仆射，寻作幽州刺史。助教乐崇欣，欣教雁门王旭道人，旭教永泰寺静悊，悊教弟子僧儒，儒教刘徽、祖积，积再于儒边口诀具足得之，今故传之。[2]

此“朱天柱”显然是“尔朱天柱”之讹，刘助显然就是刘灵助，至于刘灵助为何被称为刘助，下面我们还有疏证。由于明确说刘灵助为修道之士的材料仅见于此，因此有必要对这则材料进行力所能及的分析。

首先，须考察这则材料的成书年代。施舟人、傅飞岚主编的《道藏通考》认为永泰寺之名最早见于唐代的《中岳永泰寺碑》，因此本经应该是8—9世纪的作品。[3]这个结论并不十分可靠，因为魏晋南北朝时期北方佛教极盛，寺院众多，大部分不见于现存文献，

[1]《道藏》第18册，第211—212页。

[2]《道藏》第28册，第406页。

[3] Kristofer Schipper and Franciscus Verellen ed., *The Taoist Canon: A Historical Companion to the Daozang*, The University of Chicago Press, 2004, p.503.

北朝时未必没有永泰寺。刘灵助死于北魏末，乐崇欣亦当在刘灵助死前受法，且必定并非幼儿，即使三十年一传，至僧儒也不过九十年，则本则传经录的撰写年代上距刘灵助被杀不过百年左右，是在唐前期，定此则材料于8—9世纪显得过晚。

其次，即使此则材料作于唐代，仍然具有一定的可信度。在叙述刘灵助之前，这则史料先讲了向秀、嵇康、释道安、佛图澄，说他们得到了此经，但是“徒有摄生之志，终无延寿之真”，所以要记载“先贤曾经验者，著之篇目”，之后便记下了上述文字。其实，我们知道刘灵助虽然在北齐曾被昭雪，但属于利用妖术却战败被杀之人，在许多人眼中形象不佳（详后），除官方史书和相关碑刻之外，罕有刘灵助的记载。时隔百余年，传经者实在不必编造故事突出一个战败被杀又名声不佳的刘灵助，而本经强调刘灵助，反而可以证明传经者对刘灵助非常敬重，和刘灵助的法术有师承关系，故而本则材料具有可信度。

再次，此则材料可与正史相互印证，因为材料中的高荣祖、颜恶头确有其人，且均与刘灵助辅佐的尔朱家族有关。《北史》卷48《尔朱荣传》曰：

> 北人语讹，语“尔朱”为人主。上又闻其在北言，我姓人主。先是，长星出中台，扫大角。恒州人高荣祖颇明天文，荣问之曰：“是何祥也？”答曰：“除旧布新象也。昔长星扫大角，秦以之亡。”荣闻之悦。[1]

高荣祖为恒州人，当然有可能在幽州西山修道。颜恶头也活动在同

---

[1] 《北史》卷48《尔朱荣传》，第1760页。

时期，且与尔朱家族有关。《北史》卷 89《颜恶头传》载颜恶头乃章武郡人，妙于《易》筮，“后游东郡，逢彭城王尔朱仲远将伐齐神武于邺，召恶头令筮。恶头野生，不知避忌，高声言：‘大恶。’仲远怒其沮众，斩之”[1]。章武郡治在今河北大城县，故颜恶头完全有可能在幽州修道。《魏书》卷 91《耿玄传》甚至说：“浮阳孟刚、饶安王领郡善铨录风角，章武颜恶头善卜筮，亦用耿玄林占，当时最知名。范阳人刘弁亦有名于世。”我们知道，刘灵助曾师从刘弁。可以说，颜恶头、刘弁、高荣祖、刘灵助本就是幽州及其周边卜筮群体中的著名者，同在幽州西山修道，实在不足为奇。至于该经所述刘灵助仕宦，基本可与前揭《魏书》本传印证，仅所载刘灵助之师与《魏书》刘灵助本传所载师从刘弁不同，然而那时的修道之士转益多师很常见，不足为怪。有鉴于此，我们认为此则材料是可信的。

最后，《洞神八帝元变经》中确实体现出了北方的一些特点。这可以从两方面进行论证。一方面，其中祭神的供品为北方出产，该经《布坐奠肴第十》曰：

> 术者当以……白茅为荐……凡召役鬼神及祈祷皆用此香。此香，鬼神之所歆响，余香非是所用也。世人又名此香为茅，田野之间，偏饶此香，晋阳山中，最是所出……杷别安好枣，枣安四枚，当用青州东阳所出之者……若无东阳，可求随乡所出，亦得充用……杷别安栗，栗安四枚，当取幽州固安所出者……若无固安者，随所出亦得行事。[2]

---

[1] 《北史》卷 89《颜恶头传》，第 2931—2932 页。
[2] 《道藏》第 28 册，第 402 页。

全经祭神所用物品中，唯独强调了这三种物品的产地，晋阳、青州东阳、幽州固安均在刘灵助、范阳卢氏的活动区域。

另一方面，从《洞神八帝元变经》的内容来看，该经中有一些内容可与东晋末年成书于南方的灵宝经《太上无极大道自然真一五称符上经》对比，两者有着共通的内容，但是又有着重要的差别，表明有着类似的学术渊源，但却没有因袭关系，是分别传播的经典。

相同之处在于，两者都重视八卦神，在《洞神八帝元变经》中称为八大鬼神、南斗史佐，在《太上无极大道自然真一五称符上经》中被称为八卦之精、八史；均强调在“月宿东井日”斋戒沐浴，而“月宿东井日”沐浴的信仰直接来源于魏、西晋时期已经流行的道教经典《东井图》。[1] 这说明两者有着相同的理论来源，即魏、西晋时期的道教传统。

但是两者又有重大不同，《太上无极大道自然真一五称符上经》最核心的是关于“灵宝赤书五篇真文”、“五称文”的信仰，八卦之精并非全经的核心[2]；《洞神八帝元变经》却并无这种信仰，八大鬼神（即八卦神）、步虚才是该经的核心，说明后者并未因袭前者，而是单独传承的经典。

迄今所知，南方上清、灵宝、正一系统经典均不像《洞神八帝元变经》这样重视八卦神，而且《洞神八帝元变经》对“月宿东井

---

[1]　《太上无极大道自然真一五称符上经》，见《道藏》第 11 册，第 637 页；《洞神八帝元变经》，见《道藏》第 28 册，第 395 页。关于“月宿东井日”，参见吴羽：《从“月宿东井日”看晋唐道教时间观念的构造》，见武汉大学中国三至九世纪研究所编：《魏晋南北朝隋唐史资料》第 30 辑，2014 年。

[2]　最新对该经的研究参见王承文：《敦煌本〈灵宝经目〉与古灵宝经的分类及其内在关系考释——以〈灵宝五篇真文〉与〈道德经〉的关系为中心》，《敦煌学辑刊》2012 年第 3 期；《中古道教“步虚”仪的起源与古灵宝经分类论考——以〈洞玄灵宝玉京山步虚经〉为中心的考察》，《中山大学学报（社会科学版）》2014 年第 4 期。

日”的宗教解释与南方经典并不相同。[1] 加以此经强调与刘灵助的关系，足以证明《洞神八帝元变经》是北方传承有序的经典。

（3）刘灵助的名字。陈寅恪先生指出谢灵运名字中的“灵”字，实因其寄养天师道靖室，乃从其信仰命名，又云：“六朝天师道信徒之以‘之’字为名者颇多，‘之’字在其名中，乃代表其宗教信仰之意……故‘之’字非特专之真名，可以不避讳，亦可省略”，又云：“其实‘灵育’与‘道育’‘灵宝’之类皆是天师道之教名。”[2] 我们在文献中确实能见到刘灵助的名字被省略掉了“灵”字。除前揭道经之外，还有几例。周祖谟先生发现杨衒之《洛阳伽蓝记》卷 1“永宁寺”条所载刘助即刘灵助[3]，说明北魏末东魏时已有人将刘灵助称作刘助。《齐故仪同尧公墓志铭》曰：

> 君讳峻，字难宗，上党长子人也。……普太年中，刘助扰攘，游魂幽蓟，私署位号，擅立君臣。君与兄雄戮力均心，登时擒剿。[4]

如前所考，刘灵助在幽州自号燕王，正是“私署位号”，且《北齐书》卷 20《尧雄传》记载尧雄“从叱列延讨刘灵助，平之”[5]，与此碑正合，故此碑中之刘助乃刘灵助无疑，这说明同时代人亦称其为刘助。《梁书》卷 32《陈庆之传》记载：

---

[1] 关于“月宿东井日”的宗教解释，参见吴羽前揭文，有详细梳理，此不赘述。

[2] 陈寅恪：《天师道与滨海地域之关系》，见《金明馆丛稿初编》，第 9 页；陈寅恪：《崔浩与寇谦之》，见《金明馆丛稿初编》，第 108、110 页。

[3] 杨衒之撰，周祖谟校释：《洛阳伽蓝记校释》，中华书局 2010 年版，第 24 页。

[4] 朱全升：《河北磁县东陈村北齐尧峻墓》，《文物》1984 年第 4 期。

[5] 《北齐书》卷 20《尧雄传》，第 267 页。

魏天柱将军尔朱荣、右仆射尔朱世隆、大都督元天穆……挟魏主元子攸来攻颢。颢据洛阳六十五日……荣将退，有刘灵助者，善天文，乃谓荣曰："不出十日，河南大定。"荣乃缚木为筏，济自硖石，与颢战于河桥，颢大败，走至临颍，遇贼被擒。[1]

中华书局点校本校勘记云"灵"字各本脱，据《南史》及《通鉴》补，与《魏书》合。我们认为，对照前揭《洛阳伽蓝记》及碑刻，此处刘助不误，当时人便如此称呼，不补亦可。这说明不仅仅北方人将刘灵助称作刘助，南方人也将刘灵助称作刘助。《王基及妻刘氏墓志》曰：

君讳基，字鸿业，太原祁人也。……魏永安之末，尔朱构乱，仆射刘助建义旗于河北，乃引君车骑府城局参军。

罗新和叶炜先生据《魏书》卷91《刘灵助传》指出"疑此刘助即刘灵助"[2]。参诸前揭材料，可以肯定是刘灵助，这说明和刘灵助同一阵营的人也如此称呼刘灵助。因此，可以推断，刘灵助名字中的"灵"字应该是代表其道教信仰，诚如陈寅恪先生所云"非特专之真名"，"亦可省略"。

（4）卢仲礼教团。如唐长孺先生前揭文已经揭示的，刘灵助被杀之后，范阳卢氏在幽州的影响力仍然很强大，并没有因刘灵助被杀而消失。唐长孺先生发现东魏初孝静帝天平四年（537）至元象元

[1] 《梁书》卷32《陈庆之传》，第463页。

[2] 罗新、叶炜：《新出魏晋南北朝墓志疏证》，中华书局2005年版，第488—489页。

年（538）间，范阳卢氏的卢仲礼和河间邢氏的邢摩纳又有一次大型的暴动，更重要的是唐先生发现这次起义与《金石萃编》卷30《敬使君碑》一段记载相关，其文曰：

又燕司失驭，编荒作逆，连黑山之众，峙黄巾之势，纵横海表，陆梁幽冀，震感皇衷，命公是讨。[1]

唐先生说，论时间、地点，卢仲礼、邢摩纳暴动均与碑文相符，“但邢摩纳、卢仲礼均河北大姓高门，这次暴动是在高欢沙苑败后，乘机起兵响应西魏，与碑文所云‘黑山’、‘黄巾’性质不合”[2]。唐先生的论断非常重要，我们想补充的是，“黄巾”一词在北魏经常与利用宗教、方术影响并组织民众有关，而不仅是下层民众起义的代名词。现举两例如下，《魏书》卷22《清河王传》曰：

时有沙门惠怜者，自云呪水饮人，能差诸病。病人就之者，日有千数。灵太后诏给衣食，事力优重，使于城西之南，治疗百姓病。怿表谏曰：“……昔在汉末，有张角者，亦以此术荧惑当时。论其所行，与今不异。遂能眩诱生人，致黄巾之祸，天下涂炭数十年间，角之由也。”[3]

也就是说，只要是运用宗教、方术，影响巨大，便会让人联想到汉末的黄巾起义，目之为当下的张角，不必非是下层民众。《魏书》卷47《卢玄传附卢渊传》曰：

---

[1] 《金石萃编》卷30《敬使君碑》，见《续修四库全书》第887册，第348页。

[2] 唐长孺：《跋敬使君碑》，见《山居存稿》，中华书局2011年版，第114—115页。

[3] 《魏书》卷22《清河王传》，第591—592页。

> 及高祖议伐萧赜，渊表曰："……又闻流言，关右之民，自比年以来，竞设斋会，假称豪贵，以相扇惑，显然于众坐之中，以谤朝廷。无上之心，莫此之甚。愚谓宜速惩绝，戮其魁帅。不尔惧成黄巾、赤眉之祸。"[1]

利用斋会这一宗教活动聚集民众，便让范阳卢氏中的卢渊联想到了黄巾起义。如前所考，刘灵助也是在幽州，借助同地域与家族力量，利用妖术组织民众，卢仲礼、邢摩纳这次军事暴动，与刘灵助被杀仅相隔六七年，之所以被目为"黑山之众"、"黄巾之势"，显然是他们继承了刘灵助时业已形成的宗教组织。综合考虑，此暴动也可侧面证明，从刘灵助到卢仲礼、邢摩纳纠集的组织其实就是一个道教教团。

四、结语

通过以上对相关史料的梳理与考证，我们有以下认识：

首先，汉晋时期，幽州及其周边一直有较为浓厚的修道氛围，相关的仙人传说、修道事迹一直见于各种文献的记载，而且这些传说对江南和北方的道教经典与世俗文献都有不宜忽略的影响，应该引起我们足够的重视。

其次，魏晋北朝时期，幽州的道教信仰传统一直没有中断，崔浩与寇谦之联合清整道教之后，刘灵助与有道教信仰传统的范阳卢氏等世家大族联合，曾在北魏末、东魏初建立起道教与宗族相结合

---

[1] 《魏书》卷 47《卢玄传附卢渊传》，第 1047—1048 页。

的军事政治组织，对当时的社会与政治产生过重要的影响。

最后，刘灵助、卢仲礼教团借用宗教与宗族势力组成军事集团，与过江的卢循、孙恩集团颇有相类之处，而且其信教渊源均可上溯至西晋末年赵王伦、刘琨集团的道教信仰，这使我们认识到，西晋末年道教赵王伦集团的某些道教信仰传统一直到东晋南北朝时期仍有重要的影响。

值得进一步探索的是，西晋末年的赵王伦、刘琨集团的道教信仰在晋亡之后分流南北，在不同的环境下，究竟如何各自发展，有何差别?

尤其令人感兴趣的是，南方卢循、孙恩道团和之后的刘灵助、范阳卢氏集团利用道教反对当时政权，均告失败，之后这一系统的道教信仰传统在现存文献中罕见记载。相比而言，在江南兴起的上清、灵宝、三皇派以及江南化了的天师道虽历经演变，但其影响直至今日。这背后的深层原因何在?恐怕不是仅仅从政治、军事层面就可以解释清楚的了，这值得我们进一步思考。

六朝建康都城圈的形成与江右地区 *

〔日〕小尾孝夫（日本大东文化大学文学部）

六朝时代的主要帝都——建康（今江苏南京）的都城圈研究，是学界近年来逐步展开的课题。[1] 作为揭示建康都城圈整体印象的前期研究，在之前的论文中，笔者在考虑到建康城与流民关系密切、带有军事色彩这一历史特质的基础上，详细讨论了如下问题：东晋南朝之际，在权力结构的变更及与之连动的国家军事体制重组发生以后，时人对于以建康作为中心的"中央"[2] 的范围，是怎样认识的。在文中，笔者推论南朝时代，尤其是南齐时，时人所认为的以建康为中心的"中央"，其范围扩大至建康周围约三百里内。在考虑建康的都城圈时，上述"中央"的范围，应当可以作为一个基础。[3]

以该范围为前提，逐步描绘出由各种要素共同构成的都城圈，

---

* 本文原系日文撰写，由南京大学历史学院博士研究生陆帅译成中文，在此表示诚挚谢意。

[1] 本文是平成 24—26 年度日本科学研究费补助金基盘研究（B）"关于魏晋南北朝时代主要都城的'都城圈'社会地域史的研究"（基金代表人：中村圭尔）的成果之一。笔者作为项目成员之一，主要负责建康方面的研究。

[2] "中央"是作者提出的一个概念，指六朝人意识中以建康为中心、处于朝廷影响力之下的一片范围。如后文所论，随着南朝以来权力结构的变更及其带来的国家军队体制的重组，以建康作为中心的"中央"，其影响力在不断扩大。为便于行文与读者的理解，译文中直接使用这一概念。——译者按

[3] 参见〔日〕小尾孝夫：《建康历史的性格与都城圈的形成》，见大阪市立大学大学院文学研究科东洋史学专修研究室编：《对中国都市论的挑动》，汲古书院，近期即将刊发。

是笔者今后的课题所在。作为先行研究，本文打算对之前的讨论略加回顾，与此同时就前人学者尚未措意的长江对岸区域（文中皆称为江右地区）与建康都城圈的关系试加考察（图 1）。

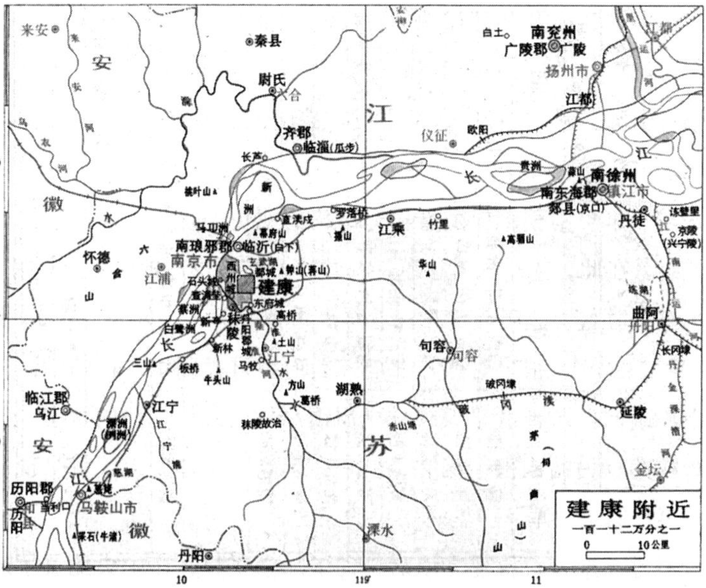

图 1　建康近郊远郊图

资料来源：谭其骧主编：《中国历史地图集》第 4 册“建康近郊远郊图”，中国地图出版社 1982 年版，请读者酌情参考。

一、南朝时代建康都城圈的形成

由于行文论证的需要，本文前两章先就之前考察过的南朝以来“中央”影响力的扩大、时人对于以建康为中心的“中央”的认识范围等问题略做概述。

从孙吴到南朝，建康作为都城、城市，在发展上具有相当的延续性，然而其过程也颇有周折。孙吴时，建业（即之后的建康）尚未充分具备首都的职能，随后的西晋统一战争，又让建业的发展一时陷入停滞。随着西晋末年琅琊王司马睿镇守于此以及流民的不断南渡，作为都城的建康，其发展才迎来了新局面。[1]

在考虑建康及其都城圈的发展时，流民问题是非常重要的一个方面，与之相关联的军事问题自然也不可忽视。可以说，六朝都城建康虽给人一种“贵族之都”的强烈印象，但实际上还带有浓厚的军事都市色彩。

东晋末至南朝，伴随着权力结构的变更而发生了国家军事体制的重组。在此，想首先就该事件与建康都城圈形成的关系进行讨论。

东晋时代，建康周边存在着军事重镇北府（主要在京口）、西府（主要在姑孰）。很多时候，北府、西府都督盘踞于各自的辖区内干预中央政治。这种世家大族分享州镇军权、维持均势的状态，与东晋政权的权力结构密切相关，反映在国家军事体制上，就呈现出各个军事重镇屯驻军队、辅翼中央的局面。

不过，刘宋政权建立以后，为了加强皇权，在中央配置了远比州镇强大的军队，并以中央军为核心对国家军事体制进行重组。[2]这种军事体制在刘宋孝武帝时得到了彻底贯彻，一直延续至南齐时代。[3]上述从东晋至南朝国家军事体制的重组，与建康都城圈的形成有着极为密切的关系。

---

[1] 据张学锋著，〔日〕小尾孝夫译：《六朝建康城研究——发掘与复原》，见新宫学编：《近世东亚细亚比较都城史的诸相》，白帝社 2014 年版：建康城的范围确定为“四至，二十里十九步”并由此作为都城的基础并非发生在孙吴时代，而是在东晋成帝重修建康城时。

[2] 参见〔日〕小尾孝夫：《南朝宋齐时期国军体制与侨州南徐州》，《唐代史研究》第 13 号，2010 年。

[3] 参见〔日〕小尾孝夫：《南朝宋齐时期国军体制与侨州南徐州》，《唐代史研究》第 13 号，2010 年；同氏著：《刘宋孝武帝对州镇政策与中央军改革》，《集刊东洋学》第 91 号，2004 年。

在此，不妨以东晋末刘裕所主持的义熙土断与北府、西府关系试加说明。

北府原本所辖的晋陵郡（即之后的南徐州），在义熙九年（413）的土断后仍有许多无实土的侨郡县。换言之，尽管晋陵郡境域内的诸多侨郡县也对侨户进行了控制与整理，但还是维持了东晋时代的状态，保持着大量的军事力量。这种状况，与当地侨民作为刘裕的军事支撑，并在之后的南朝宋齐时期成为中央军的兵源不无关系。[1]其结果，北府逐渐融入中央。南齐时代北府不再置都督，就是一个表现。《南齐书》卷35《桂阳王铄传》云："桂阳王铄字宣朗，太祖第八子也。永明二年，出为南徐州刺史，镇京口。历代镇府，铄出蕃，始省军府。"永明二年（484），桂阳王铄（齐高帝第八子）仅以单车刺史出镇南徐州，不带都督、将军号。此后直到建武二年（495）的十二年间，这种状况在一直持续。[2]能够想见，这一现象反映了如下事实：刘宋以来，伴随着权力结构的变更与国家军事体制的重组，中央影响力在不断扩大，设都督于北府的必要性由此不复存在。如此一来，防卫北方的据点也从京口移往广陵乃至更北的地区。

另一方面，西府督将出刺的豫州[3]，在东晋时代并无实土，义熙土断后则完成了实土化。不仅如此，丹阳郡内以于湖为中心的这片区域，作为西府基础所在，也完成了实土化，设立淮南郡，归属扬州。

此后豫州刺史不再出镇姑孰，实土化的淮南郡或归南豫州辖，或归扬州辖，时有反复。其结果，姑孰地区逐步内地化，防御北方的据点也移至长江对岸的历阳乃至更北的地区。对于西府之地采取

[1] 元嘉八年（431）在原晋陵郡境内设置南徐州时，当地的诸多侨郡依然处于无实土的状态。

[2] 参见万斯同：《齐方镇年表》，见《二十五史补编》，中华书局1955年版。

[3] 关于当时的豫州，请参见〔日〕中村圭尔：《关于东晋南朝豫州与南豫州》，见《六朝江南地域史研究》，汲古书院2006年版。

如此政策，根源于刘宋以来，伴随着权力结构的变更与国家军事体制的重组，中央影响力在不断扩大。

二、“中央”的扩大及其范围

如前一章所述，南朝以后“中央”的影响力逐步扩大，而原北府、西府的所在地则不断内地化。如果能够认为，由此所形成的“中央”的范围与建康都城圈的形成具有密切关系的话，那么以建康为中心的所谓“中央”，究竟涵盖有多大范围呢？考虑这一问题时，散见于正史等文献史料中关于“京邑曲赦”、“皇帝听讼”[1]的记载，应可作为一个参考。

元嘉三年（426），宋文帝诛杀徐羡之（东海郯）、傅亮（北地灵州）、谢晦（陈郡阳夏）等废杀宋少帝的大臣，终止了即位后政局混乱的状态。关于其后的曲赦，《宋书》卷5《文帝纪》云：“（元嘉）四年春正月乙亥朔，曲赦都邑百里内。辛巳，车驾亲祠南郊。”如上，此次曲赦的范围是“都邑百里内”。之后的宋孝武帝，在讨伐弑杀宋文帝的“元凶”皇太子刘劭后，于元嘉三十年（453）五月再次进行曲赦。《宋书》卷6《孝武帝纪》载：“（元嘉三十年五月）甲午，曲赦京邑二百里内，并蠲今年租税。”可知此次曲赦的范围是“京邑二百里内”。

又，大赦之际对建康周边的恩赦，同样也是曲赦的一种。《南齐书》卷3《武帝纪》云：“（永明三年春正月）辛卯，车驾祠南郊，大赦。都邑三百里内罪应入重者，降一等，余依赦制。劾系之身，降遣有差。赈恤二县贫民。”可见齐武帝永明三年（485）恩赦的范围

[1] 关于当时的“皇帝听讼”，参见〔日〕辻正博：《魏晋南北朝时代听讼与录囚》，《法制史研究》第55号，2005年。

是“都邑三百里”内的犯人。以上这些曲赦的范围，是否因相关事件的重要性、规模不同而有所变化，还有待进一步讨论。不过至少能够看出，从宋文帝到孝武帝时代，曲赦的范围在不断扩大。

此外，“皇帝听讼”的范围，与上述“京邑曲赦”一样，也可作为考虑时人所认识的“中央”范围的参考。《南齐书》卷3《武帝纪》载：“（永明三年）秋七月辛丑，诏丹阳所领及余二百里内见囚，同集京师。自此以外，委州郡决断。”“（永明六年春正月壬午）诏二百里内狱同集京师，克日听览。自此以外，委州郡讯察。三署徒隶，详所原释。”如上，齐武帝在永明三年（485）及六年，将周边两百里内案件判决集中至建康，展开听讼。

至齐明帝时，如《南齐书》卷6《明帝纪》云：“（建武二年）夏四月己亥朔，诏三百里内狱讼，同集京师，克日听览。此以外，委州郡讯察。三署徒隶，原遣有差。”同事还见于《南史》卷5《齐本纪下·明帝纪》：“（建武二年）夏四月己亥朔，亲录三百里内狱讼，自外委州郡讯察。三署徒隶，原遣有差。”其范围扩展到了三百里。由此能够确认，南齐建武年间，皇帝能够展开听讼的范围与前叙齐武帝永明三年的恩赦范围同样，扩大至都城三百里内。

据上能够窥知，进入南齐时代，“京邑曲赦”与“皇帝听讼”的范围皆扩大至三百里。这种扩大，与前一章所述刘宋以来权力结构的变更、国家军事体制的重组所带来的“中央”影响力的伸展所形成的时人对于“中央”的认识范围，应皆具有密切联系。

在此，顺便将“三百里”与建康至周边诸都市的距离试做对比讨论。京口距建康水路二百四十里、陆路二百里。与京口隔江相对的广陵距建康水路二百五十里，陆路一百八十里。于湖大致位于姑孰附近，距建康水路一百七十里、陆路一百四十里。姑孰江对岸的历阳则距建康水路一百六十里，陆路无载。[1]

换言之，与北府相关的京口、广陵，与西府相关的于湖、历阳，皆位于距建康水路二百五十里、陆路二百里的范围内，正与南齐时代“京邑曲赦”、“皇帝听讼”的范围相符合。由此可以推知，这些地点皆包含在时人所认识的“中央”的范围之内（图2）。[2]

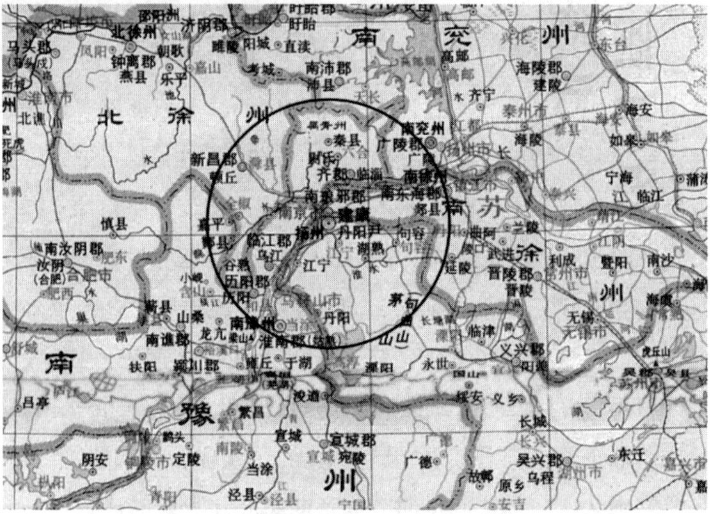

图2　建康周边图[3]

[1] 以上里程数皆见于《宋书》卷35《州郡志》。

[2] 本章及上一章内容的详情请参见前引《建康历史的性格与都城圈的形成》一文。又图2中，笔者以建康为圆心，建康至京口的距离（水路二百四十里、陆路二百里）为半径画出圆形。当然，“京邑曲赦”与“皇帝听讼”的范围未必是按照当代的距离标准而设定的。这一点，从广陵去建康陆路距离比京口近（一百八十里）却未被包含在圆内的事实中也能够窥知。又于湖的所在地，还有进一步检讨的必要。图2底图所据谭其骧《中国历史地图集》从杜佑之说，将于湖定在姑孰以南，位于圆外不远之处。而如本文所见，如果以于湖距建康水路一百七十里、陆路一百四十里这一认识为基础，或可考虑在当时人的印象中，于湖的位置应比京口到建康的距离更近。长江对岸的诸多区域虽被包括在圆内，然而它们是否属于“京邑曲赦”、“皇帝听讼”的二百里、三百里的范围，还需慎重判断。我们必须注意的是，图中的圆形（现代的距离）与六朝人的距离认识并不相同。

[3] 以谭其骧主编《中国历史地图集》第4册图为底图做成。

三、建康都城圈与江右地区——再论瓜步的地位

如前文所述，在之前的研究中，笔者曾推断，南朝时期，随着“中央”影响力的扩大，时人对“中央”的认识范围在南齐时也扩展至建康约三百里内。且同时能观察到，这一“中央”的范围与当时的建康都城圈具有密切联系。[1]那么，在“中央”的影响力及其范围不断扩大的过程中，建康与长江对岸的江右地区具有怎样的关系呢？这是本章，也是本文想主要讨论的问题。

在考虑建康与江右的关系时，渡江地点无疑必须加以注意。一般认为，历阳（横江）—姑孰、广陵—京口是建康的周边主要渡口。尤其是历阳—姑孰一线，历史相当久远。如项羽战败于垓下，被追兵迫于历阳附近的乌江。项羽逃奔乌江，当然是为了前往当地江面较窄的渡口。

另一方面，永嘉之乱后，不少南渡避难的流民则利用广陵—京口这条渡江线迁入晋陵郡境内。由于这两条渡江线颇为著名，因此它们以外的渡口，尤其是建康与长江对岸的关系，迄今似尚未引起关注。

过往研究者们不太关注建康与江右地区的关系，还有另一个原因：一般认为，六朝时代，建康北面的长江江面过于宽阔，以当时的交通手段而言，两岸之间很难有频繁的人口往来。[2]

如此说来，连接建康与江北的渡江路线是否就不存在呢？考虑

[1] 以该范围为基础，在揭示当时的交通网络的同时，细致描绘出由多种要素综合构成的建康都城圈，将作为笔者今后继续开展的课题。

[2] 据许辉、邱敏、胡阿祥主编：《六朝文化》，江苏古籍出版社 2001 年版，第 685 页，当时建康北面的长江江面非常宽阔，达 40 华里。

该问题时，刘宋元嘉二十七年（450）北魏太武帝南侵至长江北岸之际，选择瓜步作为渡江地点一事，无疑值得加以注目。如《宋书》卷95《索虏传》云："（拓跋）焘至瓜步，坏民屋宇，及伐蒹苇，于滁口造箄筏，声欲渡江。"到达瓜步的拓跋焘（太武帝），在滁水口（滁水在瓜步汇入长江）造大筏，计划由此渡江。

那么，瓜步之地，是否为北魏太武帝新发现的渡江点呢？其实不然。西晋末，陈敏（庐江）反乱于江南，顾荣（吴国吴县）等江南名族皆受其官爵。东海王军咨祭酒华谭（广陵）听闻此事后，便去信给顾荣等人，予以痛斥。该书信载于《晋书》卷100《陈敏传》，其中一节叙述了攻伐建康的大致路线："然后发荆州武旅，顺流东下，徐州锐锋，南据堂邑，征东劲卒，耀威历阳。飞桥越横江之津，泛舟涉瓜步之渚。威震丹杨，擒寇建邺，而诸贤何颜见中州之士邪。"按华谭所言，荆州、徐州两方同时进击。荆州的军队顺江而下，直指建康。同时徐州的军队南下占据堂邑，此后一分为二，一路由历阳渡"横江之津"（即历阳—姑孰）追近建康，另一路则由瓜步南渡，一同攻打建业。华谭籍贯广陵，祖、父两辈仕吴，属南人。[1] 他对建业周边的状况自然是比较熟悉的。

从以上史料能够认识到，西晋末时，瓜步同样是长江北岸渡往建康的一个地点。陈敏之乱后的东晋时代，文献中找不到与瓜步相关的记载。不过进入南朝，瓜步又不时地出现在史乘中。这一事实自然与南朝以来"中央"影响力的扩大，进而形成的建康都城圈具有密切关系。

以下，笔者计划对位于长江对岸的瓜步的重要性进行再检讨，借此重新考察建康都城圈与江右地区的关系。

---

[1]　参见《晋书》卷52《华谭传》。

北魏太武帝对瓜步颇为措意。而北魏军队南下并驻扎于瓜步一事，也让宋文帝清晰地认识到瓜步的重要性。如《宋书》卷5《文帝纪》载："(元嘉二十八年春正月)丁亥，索虏自瓜步退走。丁酉，攻围盱眙城。……二月丙辰，索虏自盱眙奔走。……壬午，车驾幸瓜步，是日解严。三月乙酉，车驾还宫。壬辰，征北将军始兴王浚解南兖州。"元嘉二十八年(451)北魏军队撤退后，宋文帝亲赴瓜步巡视。又《宋书》卷99《二凶刘浚传》云："(元嘉)二十六年，出为使持节、都督南徐兖二州诸军事、征北将军、开府仪同三司、南徐兖二州刺史、常侍如故。二十八年，遣(刘)浚率众城瓜步山，解南兖州。"宋文帝在巡视瓜步的同时，命始兴王刘濬(宋文帝第二子)筑城于瓜步山。

作为守备建康的军事要地，宋文帝无疑对瓜步的重要性开始给予高度关注。又《宋书》卷5《文帝纪》云："(元嘉二十八年)是冬，徙彭城流民于瓜步、淮西流民于姑孰，合万余家。"宋文帝在是年冬天，将彭城流民徙往瓜步、淮西流民徙往姑孰，是一次合计万余家的大规模徙民。关于此次徙民，《宋书》卷77《沈庆之传》亦有记载："(元嘉)二十八年，使(沈)庆之自彭城徙流民数千家于瓜步，征北参军程天祚徙江西流民于南州，亦如之。"可知侨居彭城的数千家流民在沈庆之的主持下被徙往瓜步。

瓜步筑城后接踵而来的大规模移民活动，决定了瓜步在建康防卫体系中的重要位置，也决定了以瓜步为中心的江右地区逐渐融入建康都城圈。自此以后，瓜步与建康不断关联，屡屡出现在史乘中。例如《宋书》卷51《刘遵考传》载："(元嘉)三十年，复出为使持节、监豫州刺史。元凶弑立，进号安西将军、遣外监徐安期、仰捷祖防守之。遵考斩安期等，起义兵应南谯王义宣。义宣加遵考镇西将军。夏侯献率众至瓜步承候世祖，又坐免官。"元嘉三十年(454)

皇太子刘劭弑杀宋文帝，担任豫州刺史的刘遵考（宋武帝族弟）起义兵，派遣夏侯献前往瓜步，呼应讨伐元凶的江州刺史刘骏，即后来的孝武帝。显然，刘遵考的这一指令是让夏侯献由瓜步前往建康。

又《宋书》卷68《南郡王义宣传附徐遗宝传》载："初以新亭战功，为辅国将军、卫军司马、河东太守，不之官。迁兖州刺史、将军如故，戍湖陆。封益阳县侯、食邑二千五百户。（南郡王）义宣既叛，遣使以遗宝为征虏将军、徐州刺史、率军出瓜步。"南郡王刘义宣（宋武帝第六子）的参军徐遗宝（高平金乡）在讨伐元凶刘劭后，以辅国将军、兖州刺史镇湖陆。之后刘义宣起兵反对孝武帝，徐遗宝一同响应。他被任命为征虏将军、徐州刺史，同时被指示出兵瓜步。与前例相同，从该事实中能够再次确认，刘宋孝武帝初期，瓜步到建康的路线已经得到了军事战略层面上的认知。

此外，宋孝武帝也是极为关注江右地区的皇帝之一。他于大明七年（463）二月巡幸南豫州与南兖州，同时视察瓜步。《宋书》卷6《孝武帝纪》载："（大明七年）二月甲寅（9日），车驾巡南豫、南兖二州。……丁巳（12日），车驾校猎于历阳之乌江。己未（14日），车驾登乌江县六合山。庚申（15日），割历阳秦郡置临江郡。……壬申（27日），车驾还宫。"以上文字清晰传达了当时的情况。其行程如下，孝武帝应是由姑孰—历阳一线渡江，之后在历阳的乌江举行军事演习，即"校猎"，之后登上乌江的六合山，次日在其地设临江郡（以乌江县、怀德县置），之后返回建康。孝武帝登六合山后的活动，见于《南史》卷2《宋本纪中·孝武帝纪》："（大明七年二月）癸亥（18日），行幸尉氏，观温泉。壬申（27日），车驾至都。拜二庙，乃还宫。"孝武帝巡幸了尉氏县并"观温泉"。又癸亥与壬申之间的活动，见于《资治通鉴》卷129《宋纪十一·孝武帝纪·大明七年二月》："壬戌（17日），大赦。甲子（19日），如瓜步山。壬申

（27 日），还建康。”宋孝武帝视察瓜步、登瓜步山是在巡视尉氏县的次日。

东晋皇帝出宫巡幸的记录几乎没有，进入南朝后，皇帝巡视城外、郊外之事却增多了。个中背景，一方面与当时权力结构的变更密切关联；另一方面如前文所论，“中央”影响力的扩大也应是其背后动因之一。宋孝武帝巡幸江右，正从一个侧面暗示江右地区被逐渐包含在“中央”影响力的范围内，成为建康的远郊。宋孝武帝亲自视察该区域，也能够从这个方面加以考虑。[1] 而他以瓜步山作为巡行的终点，自然不能忽视。从宋孝武帝登瓜步山至其回到建康，计有七日。这段时间内他由哪条路线巡幸并返回建康，目前并不明了。因有七日之久，故不排除宋孝武帝经历阳—姑孰一线回到建康的可能，虽然无法断言，但由瓜步渡往建康的可能性也当存在。以下所引宋前废帝的事例，就充分显示了上述推测的可能性。《宋书》卷 7《前废帝纪》云：“（永光元年九月）己酉，车驾讨征北将军、徐州刺史义阳王昶，内外戒严。昶奔于索虏。……（戊午）是日解严，车驾幸瓜步。开百姓铸钱。”宋前废帝即位后，欲亲率中央军攻打徐州刺史义阳王刘昶（宋文帝第九子），刘昶奔北魏。前废帝在解严后巡幸瓜步、视察当地。他应当是由建康的水军、陆军驻扎地之一白下出发前往瓜步的。中央军由白下前往瓜步，再进军至徐州的出征路线，也可从中得以窥知。[2]

---

[1] 据《宋书》卷 6《孝武帝纪》，大明七年十月至十二月，宋孝武帝再次巡幸南豫州，校猎于姑孰，在梁山开展水军演习，之后到达历阳。在考虑建康都城圈这一问题时，南朝时代的皇帝巡幸是非常重要的一方面。关于南朝的皇帝巡幸以及皇帝巡幸与建康都城圈的关系，将作为笔者今后进一步探讨的课题。

[2] 顺带一提，《宋书》卷 92《王歆之传附王悦传》云：“太宗世，琅邪王悦亦莅官清正见知。……悦泰始中为黄门郎、御史中丞。上以其廉介，赐良田五顷。迁尚书吏部郎、侍中，在门下尽其心力。五年卒官，追赠太常。初，悦为侍中，检校御府、太官、太

此外，《宋书》卷88《薛安都传》载：“景和元年（465，9月），代义阳王昶督徐州豫州之梁郡诸军事、平北将军、徐州刺史。太宗即位，进号安北将军，给鼓吹一部。（薛）安都不受命，举兵同晋安王子勋。初，安都从子索儿，前废帝景和中，为前军将军，直阁，从诛诸公，封武安县男，食邑三百户。太宗即位，以为左将军，直阁如故。安都将为逆，遣密信报之，又遣数百人至瓜步迎接。”如上，宋明帝初年，薛安都（河东汾阴）在徐州起兵呼应晋安王刘子勋（宋孝武帝第三子），派遣军队前往瓜步迎接在建康任职左军将军[1]、直阁的从子薛索儿。如果考虑到当时薛索儿担任中央军的武官，很可能试图利用位于白下的渡口。那么该事例同样能够说明由建康到瓜步的渡江路线在当时为人所熟知。

透过对以上史料的分析，能够窥知在北魏太武帝南侵以后，位于长江对岸的瓜步逐渐确立了它的地位。不难推断，在瓜步不断确立其地位的过程中，与如前所述“中央”的影响力及其范围的扩大、建康都城圈的形成密切关联，江右地区与建康也由此产生了诸多联系。前文已确认过的宋孝武帝江右巡幸，即可作为推测其具体展开的事例。

那么，南朝时期由建康一侧前往瓜步的主要渡江点位于何处呢？以下就该问题加以探讨。

考虑该问题时，前文述及的白下无疑是首先能够指出的渡口。不过它作为军事要地，民间能否随意使用尚不明了。前述宋前废帝

（接上页）医诸署，得奸巧甚多。及悦死，众咸谓诸署说诅之。上乃收典掌者十余人，桎梏云送淮阴，密令渡瓜步江，投之中流。”这虽是宋明帝时代的事例，但亦可见当时瓜步与建康之间的渡江线仍然存在。

[1] 按《宋书》作“左将军”，但左将军是外号将军，不可能兼任近侍宫中的直阁将军。故此处当为“左军将军”，《宋书》误作“左将军”。

的巡幸、《宋书·薛安都传》中薛安都迎接薛索儿之事，都是由白下渡江，或很可能试图从白下渡江。那么，在无法由白下渡江的情况下，建康周边还有哪些渡口呢？

当时，建康周边为人熟知的渡口自西南起依次有新林浦、新亭、石头津、白下、五马渡、江乘浦等。而位于建康北面、瓜步对岸、幕府山前的五马渡以及江乘县内的江乘浦等无疑是必须关注的渡江点。关于五马渡，如《六朝事迹编类》卷5《江河门·五马渡》所言："《图经》云，在县西北二十三里幕府山之前，晋元帝与彭城等五王渡江处。"五马渡是晋元帝等五王渡江之地，位于幕府山前（今南京燕子矶镇西）。江乘浦则是江乘县内的古渡口（现名九乡河，位于今南京栖霞镇），为秦始皇渡江之地。[1]

据上，当时建康一侧存在着诸多渡口。能够想见，人们由建康前往瓜步时，就是以白下或建康北面的渡口为中心，利用它们往来于江面。因此，南朝时代建康周边的主要渡江路线，能够重新指出历阳—姑孰、广陵—京口、瓜步—建康三线。从中也能够确认，当时建康与长江对岸的关系并没有断绝。

不仅如此，到了中央影响力扩大至周边三百里内的南齐时代，位于长江对岸的瓜步，其地位也在逐渐提高。《南齐书》卷53《刘怀慰传》载："齐国建，上欲置齐郡于京邑，议者以江右土沃，流民所归，乃治瓜步，以（刘）怀慰为辅国将军、齐郡太守。上谓怀慰曰：'齐邦是王业所基，吾方以为显任。经理之事，一以委卿。'又手敕曰：'有文事者，必有武备。今赐卿玉环刀一口。'怀慰至郡，修治

[1] 从位于今幕府山前的燕子矶镇的西边至栖霞镇的这片沿江区，除笔者已列举的五马渡与江乘浦，似尚有其他一些古渡口存在。关于这些遗迹，参见杨新华、王宝林主编：《南京山水城林》，南京大学出版社2007年版，第499—500页。又江乘浦的所在地及其重要性承蒙南京大学历史系张学锋教授告知。

城郭，安集居民，垦废田二百顷，决沈湖灌溉。不受礼谒，民有饷其新米一斛者，怀慰出所食麦饭示之，曰：'旦食有余，幸不烦此。'因著《廉吏论》以达其意。太祖闻之，手敕褒赏。进督秦、沛二郡。妻子在都，赐米三百斛。"以上收录于《南齐书·良政传》中的《刘怀慰列传》，为我们思考时人对于瓜步的认识及其周边状况提供了资料。

刘宋末年，建立齐国并随后即位的萧道成（齐高帝）计划将南齐王室根基所在的齐郡由北方侨置于建康，都下却无合适之地。"议者"以为江右地区土地肥沃，寓居有诸多流民，可侨置当地，以瓜步为治所，萧道成采纳此议。于是在侨置齐郡的同时，以刘怀慰（平原郡平原县）为太守。[1] 从萧道成嘱咐刘怀慰的言语中能够看出，他对齐郡颇为重视。刘怀慰亦不负所托，于瓜步修筑城郭、安集居民，致力于废田开垦与水利灌溉。而他在赴任时，"妻子在都"。从萧道成对齐郡的措意，到"议者"的提案，再至该议被采纳这一过程，清楚表明了南齐时代瓜步在建康周边区域中的位置。换言之，以瓜步为中心的江右，已被时人视为京邑的远郊，成为建康都城圈的一部分。[2]

当时江右地区的状况，具体又是如何呢？如"议者"所言，该地因土地肥沃而寓居了大量流民。这些数量众多的流民当然包括宋文帝时期迁入瓜步者，但也不尽如此，实际上江右还寓居有不少其

---

[1] 《南齐书》卷14《州郡志·上·青州》载："建元初，徙齐郡治瓜步。"则以瓜步为治所侨立齐郡在建元初，即萧道成即位后。本文遵循《南齐书》卷14《州郡志·上·青州》的这一纪年。

[2] 瓜步位于距建康二三百里的范围内，考虑到当时中央影响力的扩大，很有可能在"京邑曲赦"、"皇帝听讼"的范围内。不过处于建康二三百里内的全部江右地区是否都确实被包含在这一范围，或者换言之，是否被包含在"中央"的范围内，还有待进一步探讨。

他地区的流民。

齐郡侨置之处，是原秦郡之地。秦郡则是为以秦国为主的北方流民所设的侨郡。《宋书·州郡志》编纂时，秦郡辖秦、义成、尉氏、怀德四县，皆为侨县，且已有实土。[1]瓜步位于秦郡南部正对长江的区域。建元初（479），割以瓜步为中心的秦郡南部地，侨立齐郡。永明元年（483），秦郡被并入齐郡，齐郡遂有旧秦郡全地。[2]

如上所述，南齐时代对瓜步的开发活动，为土地肥沃、流民寓居的江右地区与建康产生紧密联系起到了重要作用。

此外，今长江以北的南京市六合区、浦口区及南京市栖霞区对岸的仪征市都曾发现过大量的古代墓葬。如试举南朝相关墓葬而言，自西南起依次有浦口的赵家山墓群、三檀墓群、高华墓群、李家山墓群、楼庄墓群，六合区的樊集南朝墓，仪征市的胥浦墓群等。[3]顺带一提，今浦口、六合区都发现有汉代及西晋墓葬。又上述墓群中的李家山、楼庄墓群中亦发现有汉墓。此外仪征市的胥浦墓群中有孙吴、西晋墓 7 座，东晋南朝墓 13 座，东晋之前的墓葬亦有发现。由此可知，浦口区、六合区以及仪征市在南朝以前就有居民生活、营葬于此。另一方面，浦口区的赵家山、三檀、高华墓群以及六合区的樊集墓皆为纯粹的南朝墓群及墓葬。这些考古发现的纯粹南朝墓群、墓葬，不止一处，值得加以注意。又分布于沿江地带的仪征市胥浦墓群中，东晋南朝墓葬在数量上占据了大多数。这些墓葬群的发现，也揭示了东晋南朝时代有大量人口流入、定居于建康对岸

---

[1] 参见《宋书》卷 35《州郡志一·南兖州刺史秦郡太守》。又秦郡沿革，参见马伯伦主编：《南京建置志》，海天出版社 1994 年版，第 78—80 页。

[2] 参见《南齐书》卷 14《州郡志上·青州齐郡》。

[3] 参见国家文物局主编：《中国文物地图集·江苏分册》，中国地图出版社 2008 年版；王志高、蔡明义：《江苏六合南朝画像砖墓》，《文物》1998 年第 5 期。

的江右地区，他们对当地的开发起到了积极的作用。

南齐末，筑有郡城的瓜步完全成为建康防卫的要地之一，似可作为印证上述推论的事例。《梁书》卷1《武帝纪·中兴元年》载："初，义师之逼，东昏遣军主左僧庆镇京口，常僧景镇广陵，李叔献屯瓜步。及（南豫州刺史）申胄自姑孰奔归，又使屯破墩以为东北声援。至是，高祖遣使晓喻，并率众降。"萧衍（梁武帝）于襄阳起兵，迫近中央，此时东昏侯分令军主左僧庆镇京口、常僧景镇广陵、李叔献（交趾）驻屯瓜步，以巩固中央的防卫。[1] 以建康为中心的中央防御据点包括了位于江北的广陵、瓜步之地，由这一事实能够确认，建康都城圈时已延展至江北地区。

四、结语

东晋时代，随着大量侨流人口的进入，建康的都市空间也随之扩展。一方面，在由东晋发展至南朝的过程中，出现了权力结构的变更与涉及建康及其周边在内的军事体制的不断重组。其结果，"中央"的影响力随之不断扩大，与周边军镇紧密地结合起来，建康都城圈亦逐渐形成。

另一方面，东晋义熙年间的刘裕北伐，将版图扩张至淮北，江淮地区随之内地化。刘宋末年尽管失去了淮北四镇，但此后仍然维持着以淮水为界的边境线。

笔者推测，与上述形势不断相关联，位于长江以北沿岸的江右地区也与建康建立起了联系。也能够确认，在当时江右地区与建康

[1] 《南齐书》卷7《东昏侯纪》："（永元三年九月甲辰）是日，义军至南州，申胄军二万人于姑熟奔归。"可知，南豫州刺史申胄（魏郡魏县？）虽率两万军队镇守军事要地姑孰，但未经交战便"奔归"。顺带一提，位于姑孰对岸的历阳，在当时属南豫州所管辖。

的互相往来中，瓜步的位置十分重要。

一直以来，由于考虑到六朝时代建康前的长江江面过于宽阔，因此江右地区与建康的直接往来并不太受研究者的关注。当然，由于文献史料有限，今后的考古发现无疑更为值得期待。不过，依据此次的史料辨析及现有的考古学成果，能够推定长江对岸的江右地区与建康不仅存在着密切联系，而且是建康都城圈的组成部分之一。

文武分区
——南朝的空间结构与政治演变

权家玉（陕西师范大学历史文化学院）

朝代创立与国家治理因局面的不同，往往在文武任用上有所区别。西汉初年陆贾云："居马上得之，宁可以马上治之乎？且汤武逆取而以顺守之，文武并用，长久之术也。"[1] 陆贾虽指出文武因时而别，但亦指出二者并用的重要性。西汉时既有山东出相、山西出将之说[2]，东汉时期虽然出现武将文化以及文臣武化趋势[3]，但这两种人的特点仍然较为明确，且在京城亦基本可以并立。然至东晋南朝时期，这种状况发生改变，由此引起的文武分区深刻地影响着南朝政局的发展。

建康，自东晋之初既已成为江左的文化中心，进入南朝，其中心地位仍在不断加强。[4] 以此为中心的扬州作为南朝政治的核心地区，

[1] 《史记》卷 97《郦生陆贾列传》，中华书局 1959 年版，第 2699 页。

[2] 《汉书》卷 69《赵充国传》，中华书局 1962 年版，第 2998 页。

[3] 参见邢义田：《允文允武——汉代官吏的一种典型》，见《"中研院"历史语言研究所集刊》第 75 本第 2 分册，2004 年，第 223—282 页。

[4] 参见刘淑芬：《建康与六朝历史的发展》，见《六朝的城市与社会》，台湾学生书局 1992 年版，第 3—33 页。《陈书》卷 24《周弘正传》，中华书局 1972 年版，第 309 页，载梁元帝欲定都江陵时，周弘正上言："至如黔首万姓，若未见舆驾入建邺，谓是列国诸王，未名天子。今宜赴百姓之心，从四海之望。"

表现出突出的经济与文化的优势，尤其是文化，几乎完全凝聚在建康区域，但在军事上却一直弱于江北各镇及上游诸镇，这就形成南朝突出的地域性特点。军事区与文化区判然分明，并出现相对的脱离乃至对峙，成为推动南朝军镇入主的根源。建康浓郁的文化与壁垒高筑的排外心理推动着南朝文化区域与藩镇军事区域间分野的明朗化，军镇豪族仕途的受阻促使军事区对建康的离心乃至敌对，而此类人对仕途的欲求更推动着军镇一次次发起针对建康的冲击。正是这股潮流成为南朝政局的决定力量，使逐渐孤立的南朝政权，最终难逃被取代的命运。[1]

目前对于东晋南朝时期文武区域差异的研究尚未全面开展，而其地域性及地方控制问题开始逐步受到关注[2]，对武将歧视及武将弃武从文的研究，亦仍停留在现象层面[3]。总体而言，对于建康士族轻

---

[1] 陈寅恪提出南朝文化士族与武力豪族相结合以成统治局面一说，参见《楚子集团与江左政权的转移》，见万绳楠整理：《陈寅恪魏晋南北朝史讲演录》，黄山书社 1987 年版，第 172—192 页。

[2] 日本学者狩野直祯《后汉末地方豪族的动向——地方分权化与豪族》一文探讨了东汉后期的地方豪族与地方分权，见中国中世史研究会编：《中国中世史研究》，东海大学出版会 1980 年版，第 43—68 页。中村圭尔：《六朝江南地域史研究》，汲古书院 2006 年版，对南朝全境进行了地域性的划分。薛军力在《州的地方化与曹魏时期中央地方关系》一文中从州性质的演变探讨了曹魏时期中央与地方的关系，见《中国史研究》1992 年第 3 期。傅乐成在《荆州与六朝政局》一文中即指出荆州在东晋南朝政局演变中的特殊地位，见《汉唐史论集》，台北联经出版有限公司 1977 年版，第 93—115 页。赵立新探讨了东晋以前朝廷与军镇的关系，所论述涉及江东则仅限东晋，指出士族分散家族控制军镇与朝廷对峙的局面，见《西晋末年至东晋时期的“分陕”政治——分权化现象下的朝廷与州镇》，新北花木兰文化出版社 2009 年版。

[3] 早期吕思勉在《文臣轻视武人》一文中就已指出文臣轻视武人，见《吕思勉读史札记》，上海古籍出版社 1982 年版，第 860 页。苏绍兴在《论“江左世族无功臣”》一文中也就“世俗轻武”这一主题进行探讨，见《两晋南朝的士族》，台北联经出版有限公司 1987 年版，第 19—32 页。郑敬高在《南朝的将门》一文中，对武人弃武从文的现象有一定探讨，但在追溯其原因时，却将之归为武人对士族风气的钦慕，见《华中师范大学学报（哲学社会科学版）》1987 年第 6 期。

视武将的社会现象及其后果，目前研究尚显不足，而由此引起的文武分区，及文区与武区之间的相互脱离乃至走向敌对在南朝政治中的影响尚较少涉及。

一、东晋的历史遗留问题

东晋自立国江东，琅琊王睿以司马氏苗裔都督扬州不带刺史，其声望之有限可知。琅琊王氏在西晋虽有王戎、王衍在朝居要职，又有王祥、王览为道德楷模，然似乎与琅琊分支联系颇寡，故王导虽为王览之孙，仅长期居于琅琊王睿僚佐之地位。在此基础上建立的扬州都督府，初期在江南立足之艰难可知。

> 及徙镇建康，吴人不附，居月余，士庶莫有至者，导患之。会敦来朝，导谓之曰："琅邪王仁德虽厚，而名论犹轻。兄威风已振，宜有以匡济者。"会三月上巳，帝亲观禊，乘肩舆，具威仪，敦、导及诸名胜皆骑从。吴人纪瞻、顾荣，皆江南之望，窃觇之，见其如此，咸惊惧，乃相率拜于道左。[1]

吴人之不附，固然与琅琊王睿"名论犹轻"有关，这里掩盖了此时的王导名望也极为有限的事实。王导所以谐和南北士族共建东晋王朝，实际上借助了王敦的声望。[2]易言之乃以王敦武力威慑江东旧族，继以自己逐个拜访施以恩惠，以恩威并用的方式迫使江南旧族屈服，从而实现琅琊王势力在江南的奠基。

---

[1] 《晋书》卷65《王导传》，中华书局1974年版。

[2] 八王之乱后期，王敦已然居于要职，手握重兵，且其出任扬州刺史出于东海王越，虽为单车刺史，而其声望与武力均非琅琊王睿可比。《晋书》卷98《王敦传》。

江东政权从此确立了它的格局：以侨姓士族为基础，以荆州王敦武装为后盾，迫使江南旧族屈服与合作，确立了扬州都督府的地位，随后在此基础上建立东晋王朝，但武装力量尽在荆州也成为其不争的事实。然而荆州都督府本身亦为东海王越势力的分支，在地位上与扬州都督府对等，甚至更为威重[1]，这就形成了此后东晋"荆扬之争"的重要原因。自此可知，西晋末年长江中游荆州军镇的最后建立，乃在洛阳政权已无力统摄全局的状况下确立的。据此可以认定这时荆州军镇的经营，乃完全处于自主状态，亦即荆州军镇的建立独立于东晋政权。其后杜弢起义，王澄被逐，王敦排挤陶侃后以重兵镇之，遂形成了荆州以武力临建康之始。"初，晋氏南迁，以扬州为京畿，谷帛所资皆出焉；以荆、江为重镇，甲兵所聚尽在焉；常使大将居之。"[2]自此督区辖湘州乃至延伸至江州，军储自可独立解决，王敦的跋扈更是不断增强荆州的独立性。其地辖湘赣流域，物资有余，荆州内部完整的运作得以维持。此后荆州威胁建康的形势在王敦以后，与府主的变化似已关系不大。陶侃以寒人出身，犹有乘龙升天之梦，庾亮、庾翼以外戚出镇，亦不乏专擅之举，东晋政权为一改庾兄弟时期的专擅，而用门户较低的桓温，终于促成桓氏盘踞荆州近半个世纪的局面。

东晋前期东方的局势则为流民帅的舞台，流民武装大规模南下后，江淮之间几乎完全为此类势力占据，东晋政权虽分别赋予名号，却不敢有所倚重。直至郗鉴南下京口，方才在此基础上建立一支倾

[1] 《资治通鉴》卷 86，"晋怀帝永嘉元年"条，中华书局 1956 年版，第 2729 页："（七月）己未，以琅邪王睿为安东将军、都督扬州、江南诸军事、假节，镇建业。"两月以后王衍即以王澄主荆州、以王敦主青州，与洛阳组建狡兔三窟之谋，可知此时的荆州都督府地位高于扬州都督府，参见《晋书》卷 43《王衍传》。

[2] 《资治通鉴》卷 128，"宋孝武帝孝建元年"条，第 4020—4021 页。

向于朝廷的武装，摆脱了完全依赖荆州的窘境。[1]明帝死后全面整顿江北流民帅，引发苏峻之乱。朝廷反正后，此政策继续实施，遂于数年之内全面扫平流民武装，实现了对江北的统治。虽然在此后东晋陆续开展了两次整理编户的政策[2]，或可得知流民武装落籍为编户，但其内部结构并未解体，此后谢玄组建北府兵采取募将不募兵的方式，可知流民团落籍后内部联系仍然紧密。[3]北府兵建立以后，东晋政权从此在空间上形成了哑铃型布局：东西强大而建康羸弱的结构，从特点上也导致了文武区域判然分明的布局。

文武区域的整合一直是东晋未能全面解决的问题，对武力区域的掌控在孝武帝时期出现了短暂的变化。淝水之战使谢氏家族一时成为江南功臣，孝武帝在排挤谢氏出北府后，谢玄交出了北府兵权，其后因权力斗争使北府领导权几经易手，大致主掌者相继有朱序和谯王司马恬，接其踵者便是由北府兵而丧命的太原高门王恭。王恭的出镇，起因于孝武帝与会稽王道子间的权力斗争，“乃出王恭为兖州，殷仲堪为荆州，王珣为仆射，王雅为太子少傅，以张王室，而潜制道子也”[4]。从此造成两次东西军镇一起兵指建康的军事行动。

自北府兵建立到王恭出镇已十三年有余，这时的北府兵已非谢

---

[1] 参见田余庆：《东晋门阀政治·论郗鉴》，北京大学出版社2012年版。

[2] 成帝咸康四年（338）整理编户，分黄白籍，参见《晋书》卷7《成帝纪》、卷16《食货志》。另一次则为哀帝兴宁二年（364）由桓温组织的庚戌土断，参见《晋书》卷7《哀帝纪》。

[3] 田余庆在《北府兵始末》一文中对北府兵的演变状况有详细考述，见氏著：《秦汉魏晋史探微》，中华书局2004年版，第328—375页。另台湾学者吴慧莲在《东晋刘宋时期之北府》中对北府兵的发展状况亦有详细论述，台湾大学文学院1985年版。

[4] 《晋书》卷64《会稽文孝王道子传》。据《晋书》卷9《孝武帝纪》，王恭出镇在太元十五年（390）。《晋书》卷84《王恭传》，第2184页：“其后帝将擢时望以为藩屏，乃以恭为都督兖青冀幽并徐州晋陵诸军事、平北将军、兖青二州刺史、假节，镇京口。”对于孝武帝与会稽王道子间的权力争斗，田余庆在《东晋门阀政治》，第257—291页，“门阀政治的终场与太原王氏”一部分中有论述。

玄初建时的状况，由最初的招募将领与流民士兵，到现在已是经历长时间浴血奋战的军事集团，其内部的团结自然不在话下，并且北府兵从将领到士兵几乎完全来自徐兖地区之流民[1]，这种地缘上的共同背景，为他们的内部结合也提供了优势。北府起身之将门中，较为突出的刘牢之一系及乐安高氏[2]，在北府军事集团中影响极大，这两个家族也已出现紧密结合的趋势。总之，到王恭出镇时，北府兵已经是一个内部建立稳固关系的军事集团，具备牢固的根基，更重要的是作为东晋后期一支举足轻重的军队，他们自身也认识到了这一点。[3]刘牢之与王恭的矛盾在后者出镇之初即形成，而直到二次举兵时才兵戎相见，最关键一点乃在于司马元显的招抚——以刘牢之为北府统帅。[4]北府兵终于可以摆脱贵族佣兵的身份[5]，迎来自己将领的领导，并且作为一支独立的不再依附于士族的军事力量，出现在东晋政权中。王恭与谢氏所掌同为北府兵，前后成败各异，恐亦不能简单从王恭个人解释。《建康实录・安皇帝》载："时王恭、殷仲堪皆以才器，各居名藩，恶道子与国宝等乱政，屡有忧国之言。"可知二人在建康士族中亦属菁华，王恭与谢玄几乎处于同时代，若据此推论建康士族整体才能下降，未免失于偏颇。[6]

---

[1] 在可见记载中，唯孙无终为晋陵人，属南方将领，但此时业已全面融入北府系统。

[2] 田余庆在《刘裕与孙恩——门阀政治的"掘墓人"》一文中对乐安高氏有专节论述，见《东晋门阀政治》，第302—307页。

[3] 《资治通鉴》卷112，"晋安帝元兴元年"条，第3538页，载刘敬宣谏刘牢之语："今国家衰危，天下之重在大人与玄。"

[4] 王永平：《论刘牢之》，《扬州师范学院学报（社会科学版）》1990年第3期。

[5] 参见〔日〕川胜义雄：《六朝贵族制社会研究》，上海古籍出版社2007年版，第230页。王永平《论刘牢之》一文对此亦有探讨。

[6] 田余庆指出门阀政治依赖不废事功的士族存在，当轻武力的士族中不再产生统兵士族，这一体系就出现了危机，参见《东晋门阀政治》，第177—178页。日本学者宫崎市定亦指出军队的不满，以及军权与政权的脱离是东晋政权崩溃的重要原因，参见《宫崎市定全集7• 六朝》，岩波书店1992年版，第194页。

独立性质远较北府为早的荆州军府也出现了相似的情况。桓冲死后，由殷仲堪出镇江陵，在掌控这一军镇上，士族也遇到了困境。荆州军府与北府势力相比情况有所不同，一是桓氏的影响，二是杨佺期的流民势力。谯国桓氏于东晋之初并非高门，桓温镇荆州时影响甚大，但仍然只是一军事士族，与建康之高门不同。到殷仲堪出镇，桓氏在荆州盘踞已达四十八年[1]，在东晋一朝明显有着从建康低级士族到荆州地方化的转变过程，最终演变为荆州豪强。虽然以桓温兄弟之影响，桓氏有数人在建康任职[2]，却无法掩盖其已经转化为荆州地方豪族的实质，即所谓“桓氏世为荆土所附”[3]。殷仲堪所面对的情况比王恭更为严峻，“（桓）玄在江陵，仲堪甚敬惮之。桓氏累世临荆州，玄复豪横，士民畏之，过于仲堪”[4]。他仅依赖杨佺期之流民势力与桓氏对抗，杨佺期之流民势力在荆州面对强大的桓氏，不得不与殷仲堪联合，最终皆为桓玄所灭，士族同样也失去了对荆州的控制。

最终在桓玄举兵时，刘牢之临阵倒戈，在士族势力退出军镇后，风气及意识形态的差异，促使一直为建康所依赖的北府兵也走向了驱逐士族反对建康的道路。王夫之评论东晋空间格局对政治的影响时指出：“晋偏安于江左，而又分焉，建业拥天子以为尊而力弱，

---

[1] 据《资治通鉴》卷97，“晋穆帝永和元年”条，桓温出镇在此年（345），而殷仲堪出镇在孝武帝太元十七年（392），此前虽有王忱为荆州刺史，但桓氏在荆州的势力未受影响。到桓冲死于孝武帝太元九年（384），桓氏势力仍然由桓石民、桓石虔、桓伊分掌，可见那时桓氏于荆州地区之影响已不可忽视。

[2] 据《资治通鉴》卷112，“晋安帝隆安五年”条，桓玄起兵时，“元显欲尽诛诸桓”，第3533页。时桓修为中护军，桓谦为元显骠骑司马，桓嗣子桓胤亦一直居于建康。

[3]《资治通鉴》卷112，“晋安帝元兴元年”条，第3533页。直到南朝齐时桓氏在荆雍一带仍有相当影响力，参见《南齐书》卷38《萧景先传》载桓天生事迹。

[4]《资治通鉴》卷108，“晋孝武帝太元十七年”条，第3408页。

荆、襄挟重兵以为强而权轻，且相离以相猜，而分为二。”[1]事实上东晋后期东部北府兵也出现了这种状况，最终背叛建康正是在这一背景下形成的。

> 自德宗以来，内外乖贰，石头以外，皆专之于荆、江，自江以西则受命于豫州，京口暨于江北皆兖州刺史刘牢之等所制，德宗政令所行，唯三吴而已。恩既作乱，八郡尽为贼场，及丹阳诸县处处蜂起，建业转成蹙弱。[2]

东晋自安帝以后，帝国呈现出全面的分崩离析状态，最终刘裕重整帝国，使政权一定程度上得到强化，东晋的内外区域特点得以继承，甚至一定程度上受到强化。在这个格局下建立的南朝政权，继承了东晋的弊端，虽然政权力量有所强化，但这种文武区域的脱离却得以延续。而自桓玄始，豪族在东晋乃至整个南朝历史舞台上开始谱写属于自己的篇章，这更是东晋后期的一个重大变化。[3]

南朝士族对军镇失去统御固然有政权排挤的原因，但豪族力量的崛起才是士族最终失去对军镇统御的主要原因。东晋政权虽然在门阀掌控朝局的背景下长期羸弱，但维系了一百余年的历史，这相对于频繁更替的南朝稍显绵长。士族均植根于建康，而建康却始终不是某一门阀全面统御的状态，高门之间的相互牵制一定程度上实

[1] 王夫之：《读通鉴论》卷13《东晋穆帝八》，中华书局1975年版，第368页。

[2] 《魏书》卷96《司马睿传》。

[3] 关于豪强在地方的影响力及人望，谷川道雄有详细论述，参见《中国中世社会与共同体》，中华书局2002年版，第61—106页。北村一仁对边境的豪族问题有较多关注，参见《在南北朝国境地域的同姓集团的动向和其历史意义》，见牟发松主编：《社会与国家关系视野下的汉唐历史变迁》，华东师范大学出版社2006年版。

现了制衡。[1]因士族序列的稳定，任何一个士族均不可能取代政权，故政权虽然一直受到牵制，但只要士族社会稳定，司马氏王朝亦稳如泰山。从宏观上说，士族的出镇仍然是建康势力对其他区域的统治，而他们开始退出军镇后，在军事区与政治区或文化区逐步分离的背景下，联系两者的桥梁出现了短暂的中断，地方力量展开了一场针对建康政权的角逐，虽然最终刘裕借北府力量驱逐了桓玄，但这一幕在南朝仍然在不断上演。共同点是朝代的更替均为来自建康士族以外的力量，但这一序幕在东晋后期王恭与殷仲堪失败时就早已拉开。

二、武人的境遇及其由武转文的趋势

南朝在东晋的基础上，即秦岭—淮河一线形成了稳定的临敌防御区域，西部以雍州为中心，东部以徐兖为重镇，淮河流域则以豫州迎敌。而在长江南岸置第二道防线，分布益州、荆州、郢州、江州、南徐州，以京口为建康门户。由于第二道防线并不临敌，随着北面各军镇的稳定，其武力也在逐步衰减。这样在结构上就可以看出，由北向南军事力量依次递减的态势，这样就形成了南朝清晰的文武分区结构。为摆脱门阀控制皇权，以宗王出镇，充当联系两个区域的桥梁，这是南朝的共性。但随着政权的建康本土化与士族化，两个区域间的鸿沟不断扩大。

与北朝的对峙使武区的武风得以维持乃至增强，士族的活动维持在以建康为中心的扬州，使其文质化倾向更加巩固，两个区域的

---

[1] 这一点毛汉光有精深的判断，参见《五朝军权转移及其对政局之影响》，见《中国中古政治史论》，上海书店出版社2002年版，第347页。

碰撞在建康实现。作为东晋南朝的都城，这里是五朝文化的中心，也是江南政权各地出仕的首望之地。以武立身者历尽艰辛，荣登仕途，在其乡里实现了家门荣耀，进入建康却饱受轻视，不为整个建康社会所认可，这直接削弱军事区对建康政权的认可，加剧了建康政权的孤立。

对武人的轻视，在两晋南朝，一直呈强化趋势，李慈铭曾指出“南朝轻武人”[1]。这一状况虽然如吕思勉所说由来已久，然东晋至南朝有不断加剧的趋势。建康作为士族的中心，士族内部既存在严格等级，低等士族不能获得高门尊重，而高门与寒门的交往亦同样受上层士族的质疑。[2]武将大多出于寒门，其不为高门所重可知，同时由于其自身的特点，乃衍生出一个相对独立的遭受歧视的群体——武人。士族社会排斥武人分为两个层面，一是轻视武将，二是排斥家族成员习武。

南朝定居于建康的武将，多为政权创立时的建国功臣，随着政权的士族化，整个建康社会走向了武将的对立面。这一价值取向甚至为武将自身所接受，他们虽位高权重却难以获得尊重，这种政治地位与社会地位的落差使南朝将领不能泰然处之，为了改变境遇则不断摸索途径，他们不是试图改变社会风气而是削足适履，遂走向由武转文的道路。以寒门武将的身份结交建康之高门，虽然官阶甚高，亦不得不卑而下之。社会地位的卑微虽政治地位隆重亦无以弥补，这在南齐陈显达事迹最为典型：

---

[1] 李慈铭：《越缦堂读书记·史部·正史类·南史》，上海书店出版社2000年版，第311页。

[2] 《资治通鉴》卷128，“宋孝武帝大明二年”条，第4038—4039页，载裴子野语：“古者，德义可尊，无择负贩；苟非其人，何取世族！名公子孙，还齐布衣之伍；士庶虽分，本无华素之隔。自晋以来，其流稍改；草泽之士，犹显清途，降及季年，专限阀阅。自是三公之子，傲九棘之家，黄散之孙，蔑令长之室；转相骄矜，互争铢两，唯论门户，不问贤能。”

> （陈）显达谦厚有智计，自以人微位重，每迁官，常有愧惧之色。有子十余人，诫之曰："我本志不及此，汝等勿以富贵陵人！"家既豪富，诸子与王敬则诸儿，并精车牛，丽服饰。当世快牛称陈世子青，王三郎乌，吕文显折角，江瞿昙白鼻。显达谓其子曰："麈尾扇是王谢家物，汝不须捉此自逐。"[1]

据本传，陈显达时居官侍中、镇军将军、中领军，出为使持节、散骑常侍、都督江州诸军事、征南大将军、江州刺史，给鼓吹一部。其所任职武位代贴文职，这在南朝为最为清显之职[2]，然犹自感"人微位重"。陈显达责其子追慕建康士族清谈风流之举，可知其于士庶之隔仍不敢稍越雷池，而这一举动为史家评为"谦厚有智计"。赵翼评价："出自寒微，奋立功业，官高位重，而其自视犹不敢与世族较。"[3]这大体概括了武将在建康的境遇。将领以武力而自豪者寥寥可数，虽王敬则于齐武帝前以拍张为豪，也仍不得不屈己对人。[4]

武将受歧视这一观念亦为武人自己所认同，在这一前提下他们往往通过弃武从文的方式改变自身地位。

---

[1] 《南齐书》卷26《陈显达传》，中华书局1973年版，第490页。《资治通鉴》与《建康实录》均载此事，参见《资治通鉴》卷138，"齐武帝永明十一年条"，第4325页；《建康实录》卷15《列传》，中华书局1986年版，第605页。

[2] 参见周一良：《〈南齐书·丘灵鞠传〉试释兼论南朝文武官位及清浊》，见氏著：《魏晋南北朝史论集》，北京大学出版社2010年版。

[3] 赵翼：《廿二史札记》卷12《江左世族无功臣》，中华书局1984年版，第253页。赵翼在文中对南朝武将在士族门第界限外的自卑心理有较多论述。

[4] 王敬则拍张事，参见《南齐书》卷23《王俭传》；《南史》卷22《王俭传》，中华书局1975年版；《建康实录》卷15《列传》。其中，以《南史》记载最为完整。《南齐书》卷26《王敬则传》载："敬则名位虽达，不以富贵自遇，危拱傍遑，略不尝坐，接士庶皆吴语，而殷勤周悉。"

> 文季风采棱岸，善于进止。司徒褚渊当世贵望，颇以门户裁之，文季不为之屈。……遂言及虏动，渊曰：“陈显达、沈文季当今将略，足委以边事。”文季讳称将门，因是发怒，启世祖曰：“褚渊自谓是忠臣，未知身死之日，何面目见宋明帝？”世祖笑曰：“沈率醉也。”中丞刘休举其事，见原。[1]

吴兴沈氏，在东晋时即为将门，经刘宋至南齐，将领辈出，沈文季此时却以之为耻，即所谓“讳称将门”。之所以反应如此剧烈，或因将门乃其生平最为忌讳之耻。然而与陈显达、王敬则诸人不同的是，他通过自身的努力，具备了士族的优雅之风。他为褚渊道破其家族出身，而其弃武从文所做的改变均为徒劳，遂恼羞成怒。这恰说明将门的卑微非习得士族风气所能改变。南齐吕安国以获得文职而欣喜：“有疾，征为光禄大夫，加散骑常侍。安国欣有文授，谓其子曰：‘汝后勿作袴褶驱使，单衣犹恨不称，当为朱衣官也。’”[2]考吕安国其人，广陵人，“宋大明末，安国以将领见任，隐重有干局，为刘勔所称”[3]。本传记载多为其征伐之举，则其应为纯粹武将，齐武帝突然授予其文职，即非其始料所及。武将而居文职，使其在摆脱将门身份的道路上前进一大步，使之认为自此进入士族行列，其子日后即可任“朱衣官”，而抛弃身份低微的将门阴影。

南朝于建康始终未能出现持续三代以上之将门，众多以武功起身之将领乃至家族都出现了自武转文的趋势，吴兴沈氏即为突出一例，沈文季成为沈氏最后一个将领，然而“风采棱岸，善于进止”

[1] 《南齐书》卷47《沈文季传》。

[2] 《南齐书》卷29《吕安国传》。

[3] 同上。

的他，已非纯粹武将，相比其父沈庆之“手不知书，眼不识字”，吴兴沈氏由武转文的走向较为突出。[1] 彭城到氏亦走出一条相同的发展轨迹，其转化之快，更为沈氏所不及。“（梁武帝）高祖谓昉曰：‘诸到可谓才子。’昉对曰：‘臣常窃议，宋得其武，梁得其文。’”[2] 从刘宋的到彦之，到梁代的到洽兄弟，这一家族从纯粹的武将转化为纯粹的文臣。而张欣泰之事迹乃与此相似，《南齐书·张欣泰传》载：

> 欣泰少有志节，不以武业自居，好隶书，读子史。年十余，诣吏部尚书褚渊，渊问之曰：“张郎弓马多少。”欣泰答曰：“性怯畏马，无力牵弓。”渊甚异之。……欣泰通涉雅俗，文结多是名素。下直辄游园池，着鹿皮冠，衲衣锡杖，挟素琴。有以启世祖者，世祖曰：“将家儿何敢作此举止！”后从车驾出新林，敕欣泰甲仗廉察，欣泰停仗，于松树下饮酒赋诗。制局监吕文度过见，启世祖。世祖大怒，遣出外，数日，意稍释，召还，谓之曰：“卿不乐为武职驱使，当处卿以清贯。”除正员郎。[3]

---

[1] 唐燮军曾对吴兴沈氏由武转文的趋势给予深入探讨，参见《六朝吴兴沈氏及其宗族文化研究》，文津出版社 2006 年版，第 313 页。王永平也对吴兴沈氏的转变有探讨，参见《六朝江东世族之家风家学研究》第五章“从尚武到崇文：吴兴沈氏家风与家学的嬗变”，江苏古籍出版社 2003 年版；《东晋南朝吴兴沈氏之尚武及其地位的变迁》，《南都学刊（人文社会科学学报）》2005 年第 5 期。

[2] 《梁书》卷 27《到洽传》，中华书局 1973 年版，第 404 页。《梁书》卷 12《韦叡传》，第 225 页载：“（韦叡）时虽老，暇日犹课诸儿以学。第三子棱，尤明经史，世称其洽闻，叡每坐棱使说书，其所发擿，棱犹弗之逮也。”韦叡于梁代为武将出身，然亦其诸子习经读史。

[3] 《南齐书》卷 48《刘绘传》，第 842 页：“绘虽豪侠，常恶武事，雅善博射，未尝跨马。兄悛之亡，朝议赠平北将军、雍州刺史，诏书已出，绘请尚书令徐孝嗣改之。”刘绘要求改任，亦为不愿居武职。

张欣泰之父即为刘宋时期之张兴世，竟陵人，以家贫辗转至南郡依大族宗珍之为客，后随王玄谟伐蛮起家，自是寒人将领出身。此时张欣泰所任为直阁将军，步兵校尉，领羽林监，统领禁军，在朝中拥有举足轻重的地位，然其为区区正员郎而将之弃如敝履[1]，最终其得以任职清官，然此仅为政治认可，相对于社会认同，仍任重道远。

有关南朝武将转文趋势，或以为这是武将仰慕士族风气，免受门第排抑[2]，实则不尽然。将门习文主要在于其遭受歧视而被迫采取的方式，事实上这并不能从根本上改变其境遇。“时何敬容以令参选，事有不允，（到）溉辄相执。敬容谓人曰：‘到溉尚有余臭，遂学作贵人。’……溉祖彦之初以担粪自给，故世以为讥云。”[3]到彦之为宋文帝时武将，到溉于梁武帝时早已粲然文臣，与名士任昉亦有交往，然在与何敬容冲突时仍不免受讥。

武将立足建康之后形成所谓将门，其处境促使他们普遍由武转文，维持武风者亦颇有龙游浅沼之困，梁时曹景宗事迹极为典型。

> 景宗谓所亲曰：“我昔在乡里，骑快马如龙，与年少辈数十骑，拓弓弦作霹雳声，箭如饿鸱叫。平泽中逐獐，数肋射之，渴饮其血，饥食其肉，甜如甘露浆。觉耳后风生，鼻头出火，此乐使人忘死，不知老之将至。今来扬州作贵人，动转不得，路行开车幔，小人辄言不可。闭置车中，如三日新妇。遭此邑

[1] 南朝职官无正员郎，按正员应相对员外而言，其意应即为员内郎。《通典》对齐官秩未详述，据宋官秩，步兵校尉第四品，各部郎为第六品，就执掌而言亦不可与禁军将领相较。参见《通典》卷37《职官十九》，中华书局1988年版，第1007—1008页。

[2] 郑敬高：《南朝的将门》，《华中师范大学学报（哲学社会科学版）》1987年第6期。

[3] 《南史》卷25《到彦之传附沆从兄溉传》。

邑，使人无气。”[1]

武将难以适应建康生活方式，曹景宗语恰可反映两个区域的风气差异，然他在刘宋后期曾随父任职建康，“宋元徽中，（曹景宗）随父出京师，为奉朝请、员外，迁尚书左民郎”[2]。数十年后，其随梁武帝举兵再入建康，其地位已非先前可比，可知此前其在建康生存之郁郁。无独有偶，张敬儿在建康亦有相似情绪，“敬儿长自荒远，少习武事，既从容都下，又四方宁靖，益不得志”[3]。前揭王敬则虽以拍张自矜，然仍不得不低身以接文士，风气的差异，使任职建康的将领处境尴尬。

建康的士族及宗室对习武的抵制，主要源于南朝频繁的政变。一方面这两个群体仕途平坦无须习武求进，同时习武者往往卷入政变，甚至招致灭门之祸，有害无利，故而不为。《晋书·王导传附子恬传》载：“恬字敬豫。少好武，不为公门所重。导见悦辄喜，见恬便有怒色。”王恬虽贵为琅琊王氏之后，当朝宰相王导之子，犹以好武“不为公门所重”[4]。歧视武人的建康士族，自身也对从武极为抵制。于南朝政治风云变幻之际，为保家门长盛不衰，他们于帝王乃至朝代变更时，辞旧迎新，泰然处之。[5]但一旦手中掌兵，即不能不有所倾向，往往成为政变牺牲品。宋末之王蕴，即以连谋沈攸之

[1]《梁书》卷9《曹景宗传》。

[2] 同上。

[3]《南史》卷45《张敬儿传》。

[4] 唐长孺认为士族因鄙视武事而丧失指挥权，参见《魏晋南北朝隋唐史三论》，第156页。士族失去指挥权固然另有原因，但高门对武事的轻视却挥之不去。

[5]《资治通鉴》卷142，“齐东昏侯永元元年”条，第4453页：“枝江文忠公徐孝嗣，以文士不显同异，故名位虽重，犹得久存。”

举兵而为萧道成所杀[1]，而齐之王融亦以“好为将”，积极扶助竟陵王子良登基而遇祸[2]。东晋末年刘毅为将时，其从父弟刘损即云：“汝必破我家。”[3] 宋末王蕴习武，其叔王景文亦称：“阿益，汝必破我门户。”[4] 可知士族反对同宗习武而出此语，固然存在其歧视武风的习气，更主要在于家门利益。《陈书·王固传》载：“时高宗辅政，固以废帝外戚，妳媪恒往来禁中，颇宣密旨，事泄，比将伏诛，高宗以固本无兵权，且居处清洁，止免所居官，禁锢。”在此背景下，建康士族极端抵制同宗子弟习武。[5]

士族因门第优势，仕途既有保障，毋须习武以求升迁[6]，这一点与外镇豪族不同。《宋书·宗悫传》载：“悫年少时，炳问其志，悫曰：‘愿乘长风破万里浪。’炳曰：‘汝不富贵，即破我家矣。’”[7]这里宗悫习武相对于王蕴，则更添出仕之目的，然此亦非正常出仕途径，后文详述。建康士族既毋须借习武获取仕途升迁，则出于保身目的，其抵制习武可知。

在南朝军镇中扮演重要角色的宗王，亦因受政权限制而不能习武，这一点周一良在《刘义庆传之“世路艰难”与“不复跨马”》一文中有深入研究[8]，然所关注为宋文帝时期，对于梁南郡王大连事例

[1] 参见《宋书》卷 85《王景文传附兄子蕴传》。

[2] 参见《南齐书》卷 47《王融传》。

[3] 《宋书》卷 45《刘粹传附族弟损传》。

[4] 《宋书》卷 85《王景文传附兄子蕴传》。《南齐书》卷 1《高帝纪上》载此文而称为“阿答”，《南史》卷 23《王彧传附彧兄子蕴传》载此亦为“阿答”，未知何因。

[5] 毛汉光即指出士族抵制习武乃不愿涉足南朝政变，参见《中古士族性质之演变》，见毛汉光：《中国中古社会史论》，上海书店出版社 2002 年版，第 91 页。

[6] 《梁书》卷 7《皇后·太宗王皇后传附父骞传》，第 159 页：“（王骞）尝从容谓诸子曰：‘吾家门户，所谓素族，自可随流平进，不须苟求也。’”

[7] 《建康实录》卷 12《太祖文皇帝》，第 443 页，对此亦有记载。宗氏为南阳大族，更类似于豪族，故习武为将以求富贵乃其重要出仕途径，然仍有破门之险。

[8] 转引自周一良：《魏晋南北朝史札记》，中华书局 1985 年版，第 159—161 页。

“高祖幸朱方，大连与兄大临并从。高祖问曰：‘汝等习骑不？’对曰：‘臣等未奉诏，不敢辄习。’”[1] 他称：“未审是否即宋以后形成之制度。”[2] 这里可以确定梁代无此制度，《梁书·高祖三王·邵陵王纶传附子确传》载：“常在第中习骑射，学兵法，时人皆以为狂。左右或以进谏，确曰：‘听吾为国家破贼，使汝知之。’”萧确习武之阻力仅来自建康舆论，并无制度限制。刘宋以来每因政变屠杀宗王，积以成习，遂使宗王放弃习武。[3]“萧毅奢豪，好弓马，为上所忌，故因事陷之。河东王铉先以年少才弱，故未为上所杀。”[4] 宋明帝时期桂阳王休范亦以此得保全[5]，宗王以才干遇祸而以庸弱保全，成为频繁政变中之规律。建康士族抵制习武与宗王的不习武出于相同原因，齐高帝时“前豫州刺史刘澄之，遵考之子也，与褚渊善，渊为之固请，曰：‘澄之兄弟不武，且于刘宗又疏。’故遵考之族独得存”[6]。与前揭王固之获存皆出一因。

士族群体对武力的歧视与抵制，使建康乃至整个扬州区域无法产生优秀将领，而建康社会与军镇区域风气的不同，更使武将虽以开国元勋身份进入，亦无法获得生存空间。

---

[1] 《梁书》卷 44《南郡王大连传》，第 615 页。

[2] 周一良：《刘义庆传之“世路艰难”与“不复跨马”》，《魏晋南北朝史札记》，第 161 页。

[3] 日本学者越智重明对南朝的宗室群体有较多研究，参见《魏晋南朝的政治与社会》第 3 编第 1 章“皇亲”，吉川弘文馆 1963 年版，第 375—399 页。

[4] 《资治通鉴》卷 141，“齐明帝建武四年”条，第 4407 页。《南齐书》卷 35《长沙王晃传》，第 624 页亦载：“诸王在京都，唯置捉刀左右四十人，晃爱武饰，罢徐州还，私载数百人仗还都，为禁司所觉，投之江水。世祖禁诸王畜私仗，闻之大怒，将纠以法。”齐时对宗王武力的限制有明确规定。

[5] 《宋书》卷 85《王景文传》，第 2184 页：“时上既有疾，而诸弟并已见杀，唯桂阳王休范人才本劣，不见疑，出为江州刺史。”在宋明帝疯狂诛杀宗王时，庸弱无能者乃因此获得保全。

[6] 《资治通鉴》卷 135，“齐高帝建元元年”条，第 4229 页。

建康社会轻视武人之风早已根深蒂固，武将群体一直委屈生存，稍有根基之将门无不弃武从文以改善处境。《南齐书》作者萧子显为梁武帝时人，其评价张欣泰“不以武业自居”为“有志节”，则可知在建康价值观中，若世代习武似已被视为自甘堕落，这种趋势对于深居建康的南朝政权影响深远。领兵将领日渐匮乏[1]，武风衰弱导致建康武力不振，弱干强枝的局面使整个南朝的统治机器处于极度不稳的状态。军镇武人仕途发展的欲求成为帝国的不安因素，这种内外矛盾及内部武力的逐渐衰弱，推动着南朝政权频繁更替。[2]

三、建康武力的衰弱及与军镇的脱离

建康士族层普遍歧视武将，而士族及皇族出于不同的原因，亦强烈抵制或被限制习武。南朝选举唯门第的传统，使军镇武人在正常状况下无法出仕建康，建康禁军将领之职逐步为士族占领，推动了政权的文质化，从而在武力上日益衰弱，乃至无力抵御军镇的内向。

建康频繁的政变，使政权对武将的防范更增其政治压力。南朝自刘宋始，入都武将即频频以政治危机而遇祸，自檀道济被杀时语称“乃坏汝万里长城”[3]。《资治通鉴》记此事时即直接将之与南北对

---

[1] 《宋书》卷 77《沈庆之传》载沈庆之语：“萧斌妇人不足数，其余将帅，并是所悉，皆易与耳。东宫同恶不过三十人，此外屈逼，必不为用力。今辅顺讨逆，不忧不济也。”《资治通鉴》卷 127，“宋文帝元嘉三十年”条，第 3992 页亦载。可见在宋文帝死时，建康就已经遇到将领缺乏的问题，而沈庆之作为军镇将领，如此轻视建康所余诸将，亦可知在将领逐渐减少时，军镇对建康已有轻视之意。

[2] 唐长孺对贵族制封闭引起六朝的演进多有论述，参见《南朝寒人的兴起》，见《魏晋南北朝史论丛续编》，中华书局 2011 年版；另见氏著：《魏晋南北朝隋唐史三论》，中华书局 2011 年版，第 153—158 页。

[3] 《南史》卷 15《檀道济传》，第 447 页。

峙相连，此事引领之风气在南朝内部更具深远影响。此后，柳元景、沈庆之等，萧齐之垣崇祖、张敬儿等，入都旧将频频被杀，实为建康政权自戕武力。齐时王敬则、陈显达、崔慧景诸人，在齐明帝严密防范下，亦惶惶不可终日，最终均狼狈出镇。王敬则虽出镇会稽，“帝虽外厚其礼，而内相疑备，数访问敬则饮食体干堪宜，闻其衰老，且以居内地，故得少安”[1]。陈显达事迹则更凸显旧将在建康政变中之处境：

> 显达建武世心怀不安，深自贬匿，车乘朽故，导从卤簿，皆用羸小，不过十数人。侍宴，酒后启上曰：“臣年已老，富贵已足，唯少枕枕死，特就陛下乞之。”上失色曰：“公醉矣。”以年礼告退，不许。[2]

于政变之后，陈显达虽欲身退老死家中而不可得，建康风云变幻的政治环境，旧臣宿将虽多有因自身飞扬跋扈而遇祸者，然委曲求全者亦不免横死。《南齐书·陈显达传》载：“以显达为都督江州军事、江州刺史，镇盆城，持节本官如故。初，王敬则事起，始安王遥光启明帝虑显达为变，欲追军还，事寻平，乃寝。显达亦怀危怖。及东昏立，弥不乐还京师，得此授，甚喜。”建康每每政局变动，山雨欲来之势遂使朝中宿将胆战心惊，陈显达事迹恰可反映东昏侯时期萧齐诸将之心理，而将领一旦以此因出镇，在建康危殆之际，勤王之举遂无从说起。

扬州区域，建康风气已然如此，武力急剧下滑可知，而一直赖

---

[1] 《南齐书》卷26《王敬则传》，第485页。

[2] 《南齐书》卷26《陈显达传》，第491页。

以为基础的吴会地区却不能对此形势起到有效的补充作用。前文已涉及吴地寥寥可数之将门如吴兴沈氏由武转文事迹，这一地区武力色彩的衰弱，更无法孕育出杰出将领。因地处江南腹地，更为南朝的经济重心，虽有吴人号为天下精兵之说[1]，但于晋末至南朝，此地民风一直以怯懦著称[2]，对于此地民风的转变，曹文柱有深入的探讨[3]。晋末刘裕进攻孙恩时，“海盐令鲍陋遣子嗣之以吴兵一千，请为前驱。高祖曰：‘贼兵甚精，吴人不习战，若前驱失利，必败我军。可在后为声援。’”[4]“吴人不习战”在晋末就已经为社会所公认，终南朝宋齐梁陈，这种状况一直未变。

宋文帝元嘉末年面对元凶弑逆，随王诞于会稽欲举兵时，顾琛既曾言：“江东忘战日久，士不习兵。虽云逆顺不同，然强弱又异，当须四方有义举者，然后应之，不为晚也。”[5]齐武帝时，吴会地区声势浩大的唐寓之起义，在数千禁军的攻击下转瞬即灭[6]，然此地区居民素不习战。齐末梁武帝攻下建康，吴兴太守袁昂虽据城不降，亦

---

[1] 《吴郡志》卷2《风俗》，江苏古籍出版社1999版，第8页：“（吴之土风习俗）其人并习战，号为天下精兵。俗以五月五日为斗力之戏，各料强弱相敌，事类讲武。”《隋书》卷31《地理志下》，中华书局1973版，第887页，亦载吴会地区风俗劲悍与京口同。

[2] 《宋书》卷81《顾觊之传》，第2079页，载袁淑谓觊之曰：“卿南人怯懦，岂办作贼。”

[3] 曹文柱：《六朝时期江南社会风气的变迁》，《历史研究》1988年第2期。张彧专就吴兴一郡由武转文的过程有所探讨，参见《东晋南朝时期吴兴习战之风试析》，《首都师范大学学报（社会科学版）》2005年第6期。

[4] 《宋书》卷1《武帝纪上》。对此还有记载的参见《建康实录》卷11《宋高祖武皇帝》，第362页；《通典》卷153《兵六》，第3926页。《资治通鉴》卷111，“晋安帝隆安三年”条，第3498页，亦载：“（孙恩之乱）时三吴承平日久，民不习战，故郡县兵皆望风奔溃。”可知这一区域在东晋中后期武力就已出现严重退化。

[5] 《宋书》卷100《自序·沈渊子正传》，第2446页。

[6] 《南齐书》卷44《沈文季传》，第777页：“遣禁兵数千人，马数百匹东讨。贼众乌合，畏马。官军至钱塘，一战便散，禽斩寓之，进兵平诸郡县。”

不得不承认“三吴内地，非用兵之所”[1]。这不仅是地理位置的简单体现，吴会地区最终几近完全放弃了它原本擅长的武力，甚至建康在关津隘口检查时对东路也相对放松。[2]在这一地区拱卫下的建康，武力的衰弱不仅体现在对北朝的攻势和防御上，在北面边镇虎狼之师的威胁下同样失去抵抗能力。[3]《宋书·殷孝祖传》载：“（明帝时）时普天同逆，朝廷唯保丹阳一郡，而永世县寻又反叛，义兴贼垂至延陵，内外忧危，咸欲奔散。孝祖忽至，众力不少，并伧楚壮士，人情于是大安。”殷孝祖此次仅率二千人入都，政权之六军远过此数[4]，建康以十万禁军之众仰仗豫州两千人图存[5]，这大抵体现南朝中央与地方武力的对比。在武将纷纷为改善社会地位弃武转文的同时，建康政权所可依赖的将领逐渐减少，诚如陈寅恪先生所说：

南朝城市发达，商业繁荣，北人南来，多集中于都市。楚子如桓、刘、萧三家均居于都邑。此种人极易因都市的崩溃而

[1]《梁书》卷31《袁昂传》，第453页，载袁昂答梁武帝招降书。《资治通鉴》卷11，“齐和帝中兴元年条”，第4510页，亦载袁昂此语。

[2] 刘淑芬：《建康与六朝历史的发展》，见氏著：《六朝的城市与社会》，第23页。

[3]《南齐书》卷45《始安王遥光传》，第790页：“众军围东城三面，烧司徒二府。遥光遣垣历生从西门出战，台军屡北，杀军主桑天爱。”始安王遥光结三镇部曲举兵，禁军乃无以抵抗。崔慧景举兵时左兴盛之三万台军更是“望风退走”，事见《南齐书》卷51《崔慧景传》，梁末庾信、王质率领的建康禁军在面对侯景进攻时，亦是未战即走，事见《梁书》卷56《侯景传》。

[4]《梁书》卷9《王茂传》，第176页：“师次秣陵，东昏遣大将王珍国，盛兵朱雀门，众号二十万，度航请战。”《建康实录》卷17《高祖武皇帝》，第668页，对此亦有记载。此中自不乏东昏侯临时组建之部队，但即使对折算之，应亦在十万以上，据此推断，刘宋明帝时期，建康禁军规模亦不在小。

[5]《建康实录》卷16《列传》，第639页，载崔慧景围建康时：“帝密诏豫州刺史萧懿，军主胡松、李居士数千人自采石济岸，过顿越城举火，台城中鼓叫称庆。”据《梁书》卷23《长沙王业传》，萧懿此次入援所率兵力总共三千人，李居士诸人所领，自不会超过二千人。

> 削弱，与北方士族有深厚的地方根源，不易摧毁不同。梁武帝统治南朝近半个世纪，流寓于南朝境内的北人豪族将种，逐渐成为不善战的民族。[1]

武将为融入士族群体，放弃自身的特长，操起士族技艺，与此同时他们武力色彩的减退也印证了建康政权力量衰弱的过程。

南朝政权不断走向京畿化或扬州化，对武人的排斥遂使政权直辖武力日益衰弱，而其所依赖的扬州区域因地处内地，民风怯懦，不能实现有力补充。在军镇独立性逐步增强的趋势下，衰弱的建康政权在武力上不足以对军镇实现威慑，统御的困境成为主宰南朝运转的枢纽。

相对于建康对武力的抵制与削弱，北面诸镇武力一直得到维系乃至加强，且地方色彩极为浓厚。以裴叔业为例，即可看出豫州军镇的发展态势。裴叔业，本传未记载其为何地人，胡三省称："裴叔业本河东人，席法友安定人，不同州部；盖并侨居襄阳，遂为乡曲。"[2] 此论多为后人采用，河东裴氏南下或有迁居襄阳一支，却另有一支迁往寿阳，这里恰另有线索可证胡氏所言不实。《梁书·夏侯详传》载："齐明帝为刺史，雅相器遇。及辅政，招令出都，将大用之。每引详及乡人裴叔业日夜与语，详辄末略不酬。"据此可知夏侯详与裴叔业本为同乡，夏侯详本传亦未言其为何地人士，《资治通鉴》载梁武帝初年萧宝寅北逃至寿阳时提供一证据：

> 寿阳多其义故，皆受慰唁；唯不见夏侯一族，夏侯之族本

[1] 陈寅恪：《楚子集团与江左政权的转移》，见《陈寅恪魏晋南北朝史讲演录》，第 187 页。
[2] 《资治通鉴》卷 143，"齐东昏侯永元二年"条，第 4460 页。

谯郡谯人，居于寿阳。以夏侯详从梁王故也。[1]

这里可以确定夏侯详为寿阳人，则裴叔业亦为寿阳人。寿阳即寿春，一直为东晋南朝防御北朝攻势之重镇，其地民风彪悍自不待言[2]，自裴叔业举兵后，其部曲成分亦可稍窥北面诸镇武力状况。自前殷孝祖二千人、萧懿三千人回援建康数十万众可知缘淮诸镇军队战力状况，而军队强烈的本土化色彩更值得关注。

魏兵未渡淮，己亥，裴叔业病卒，僚佐多欲推司马李元护监州，一二日谋不定。前建安戍主安定席法友等以元护非其乡曲，恐有异志，共推裴植监州，秘叔业丧问，教命处分，皆出于植。[3]

裴植为裴叔业之侄[4]，裴叔业病逝后，以裴植监州，可知其部曲旧将多为豫州人，而李元护以司马未能监州恰亦出于此因。军队呈现出本土化倾向，且于关键时刻表现出强烈的排外思想。南朝建康对外镇诸军的震慑一直以领军将军和护军将军为主[5]，然这种辖制在军镇半独立化背景下，其效果已很难实现。

---

[1] 《资治通鉴》卷 145，“梁武帝天监元年”条，第 4516 页。

[2] 《南齐书》卷 14《州郡志上》，“豫州”条，第 250 页，载义熙二年刘毅镇豫州上表称：“忝任此州，地不为旷，西界荒余，密迩寇虏，北垂萧条，土气强犷，民不识义，唯战是习。逋逃不逞，不谋日会。比年以来，无月不战，实非空乏所能独抚。”

[3] 《资治通鉴》卷 143，“齐东昏侯永元二年”条，第 4460 页。

[4] 《南齐书》卷 51《裴叔业传》，第 871 页：“叔业兄子植、扬并为直合，殿内驱使。虑祸至，弃母奔寿阳，说叔业以朝廷必见掩袭。”

[5] 日本学者越智重明对领军将军和护军将军在对外兵的管辖上有较多讨论，亦认为州镇的独立运作方式使领护军将军无法实现这种辖制，参见《领军将军与护军将军》，《东洋学报》第 44 卷第一号，1961 年，第 9—12 页。

与此同时，外地对建康社会的敌对心理亦推动着这种分区局面的形成，这与建康士族对武人的排斥密不可分，外地人士仕途为建康士族所隔则是其根本原因。综观整个东晋南朝时期，外地人士若非随军镇入主建康则很难实现宦途发展。“地方豪族由低品官入仕，其上达颇受限制，士族与次一级的地方豪族间之冲突，构成中古统治阶层之中的主要事件。”[1]外地士人在选举唯门第为据的状况下为清途所隔，梁代之刘峻，境遇乃更为落魄，刘宋时被裹挟至北朝，齐时方脱身南下，然终齐梁两代郁郁不得志。虽然其学术为士族所倾慕，“峻居东阳，吴、会人士多从其学”[2]。却始终是仕宦不达，他在《自序》中称：“余声尘寂漠，世不吾知，魂魄一去，将同秋草。”[3]探其因，恐“峻本将门”亦为一重要因素。军镇区域人士习文虽硕学如刘峻，却始终仕宦不达，习武乃成为重要途径。[4]然而东晋南朝并未实施武选，习武出仕往往只能任职当地幕府，其推迁余地甚小。由此产生的军镇区域与建康士族之间对于“富贵”理解的不同，即可稍窥其隐情。

“富贵”一词在南朝一般即指在仕宦道路上有所成就，建康士族亦偶有以富贵为念者，此虽指其在仕途中颇具野心，终因仕途平坦，不过顺流平进。而在军镇区域这一概念却隐含另一层特殊含义。晋末刘穆之劝刘裕入主扬州时语：“刘、孟诸公，与公俱起布衣，共立大义，本欲匡主成勋，以取富贵耳。”[5]外地寒门所谓“富贵”，即始与军事相关。宋孝武帝登基不久，南谯王义宣即举兵相向，“且义宣

[1] 毛汉光：《中古统治阶层之社会成分》，见《中国中古社会史论》，第 57 页。

[2] 《梁书》卷 50《文学下·刘峻传》，第 707 页。

[3] 《梁书》卷 50《文学下·刘峻传》，第 707 页。

[4] 唐长孺指出自东晋后期综整个南朝，统兵将领多为寒人，参见《魏晋南北朝隋唐史三论》，第 161 页。

[5] 《宋书》卷 42《刘穆之传》。

腹心将佐蔡超、竺超民之徒，咸有富贵之情，愿义宣得，欲倚（臧）质威名，以成其业，又劝奖义宣"[1]。二人俱居藩府僚佐，欲求仕途发展，一力促成义宣举兵。东昏侯于建康诛杀顾命大臣时，裴叔业即萌此心："少主即位，诛大臣，京师屡有变发。叔业登寿春城北望肥水，谓部下曰：'卿等欲富贵乎？我言富贵亦可办耳。'"[2]军镇区域无论武人抑或文人，一旦心怀富贵之念，其所采取的即为兵指建康的非常手段。前揭宗悫习武时，其叔宗炳论云："汝不富贵，即破我家矣。"宗炳所称之富贵与破家乃在一线之间，可知所暗指自有其深层含义，成则富贵，败则破家。军镇豪族若欲仕途发展，随镇举兵攻入建康成为其默认途径。边境诸镇因南北对峙而武风颇盛，然既已形成如此观念，其于建康非止风气差异，这种敌对情绪随时可以引起军镇对建康的发难。

南朝的边境豪民在军镇亦起到至关重要的作用，这一点韩树峰有较为详细的论述[3]，而此类人亦大多出仕于本镇，沈文秀与随王诞的举兵因未获得豪民支持而失败，而萧道成与萧衍的举兵则因豪族的拥护而成功，边境豪民成为主宰军镇的决定力量。他们的出仕虽与军镇举兵密切相关，但南朝军镇突出的地域性特点，使这种非正常出仕途径并不能惠及本镇以外其他地区。宋齐两朝一直颇具地位的将门下邳垣氏，在其中期以后至南朝末，即逐渐湮没于史页中。平原刘氏亦于宋齐两朝武将迭出，然其与下邳垣氏几乎在同一时期逐渐退出历史舞台。究其因，应与南朝各政权崛起地区紧密相关。

---

[1]《宋书》卷74《臧质传》，第1915页。《宋书》卷42《刘穆之传》，第1304页，载其答刘裕语："刘、孟诸公，与公俱起布衣，共立大义，本欲匡主成勋，以取富贵耳。"盖寒门武将所云"富贵"，即指匡主举事，以成大业。

[2]《南齐书》卷51《裴叔业传》，第871页。

[3] 韩树峰：《南北朝时期淮汉迤北的边境豪族》，中国社会科学出版社2003年版。

刘宋奠基于徐兖地区，萧齐虽退居淮阴，然亦广泛吸收青徐豪民以为爪牙，而至梁武帝起兵雍州，从此东部未能崛起一个建立政权的军镇，徐兖地区豪强不能获得非正常出仕之契机，而在正常选官制度中，他们未能获得一席之地，遂从此消失于历史中。

四、军镇的觉醒及对建康的冲击

建康士族歧视将领，同时出于保家门的目的，自身亦抵制习武。刘宋以后屡次政变发生屠杀宗王的举动，更使南朝政治中占据特殊地位的宗王群体不得不放弃习武，使以此为都城的南朝政权，在武力上难以获得维系。随着政变的屡屡发生，能征惯战的将领逐渐减少。南朝内乱频频，一旦州镇举兵，则建康无退敌之力，只能坐以待毙。

东昏侯时期最为突出，继王敬则、陈显达之后，乃依赖豫州军镇之萧懿平定崔慧景、裴叔业，至萧懿诛后，更用陈伯之为豫州刺史，然后转为江州刺史于浔阳抵御萧衍。建康政权直辖武力的衰弱、领兵将领的匮乏，使之无力抵御军镇的内辱，借军镇以御军镇的政策在南朝各代中期以后频繁出现。侯景之乱时期，《魏书·岛夷萧衍传》:“衍每募人出战，素无号令，初或暂胜，后必奔背。(侯)景宣言曰：‘城中非无菜，但无酱耳’以戏侮之。”梁武帝在位期间，五十余年的安定，是南朝未发生政变的最长时期，元勋旧将亦因此多得善终，然至后期亦出现武将匮乏的局面。侯景兵临建康城下，城内可领兵之将仅羊侃一人。

> 侯景初入建业，台门虽闭，公私草扰，各部自全。太子左卫率羊侃坐东掖门，部分经略，一宿皆办，遂得百余日抗拒凶

> 逆。于时，城内四万许人，王公朝士，不下一百，便是侍侃一人安之，其相去如此。[1]

建康城中虽兵力强盛，但在侯景强大攻势下，仅赖羊侃维系建康百日城守。此前梁武帝举兵时，“（王茂）师次秣陵，东昏遣大将王珍国，盛兵朱雀门，众号二十万，度航请战”[2]。拥如此规模之兵力的建康，在梁武帝数万劲卒攻势下，数月之间身死城破。可见建康武力衰弱，在面对外镇举兵时，几无防御能力。

将领的逐渐减少，南朝帝王因短寿而不能观其全豹，而宋文帝与梁武帝为南朝在位时间相对较长的皇帝，都采取了相似措施，即吸引北朝降将。[3] 宋文帝后期直接以北朝降将臧质、薛安都、鲁爽兄弟担任要职，用为捍边武将。梁武帝之作为更为突出，其时恰逢北魏政局腐化、六镇起义时期，北魏宗室亦纷纷南下求存（这在《梁书》卷 2《武帝纪中》与卷 3《武帝纪下》中有突出反映），他们甚至直接被委任为边州刺史。到梁末侯景之乱时期，活动在历史舞台上的多为这些北朝降将，建康城的防卫乃至完全依赖降将羊侃一人。这时领兵对抗侯景的将领羊鸦仁、王僧辩、胡僧佑等无不曾于北魏朝中有任职经历，详见《梁书》各人本传，徐文盛亦是世为北魏将门。[4]

---

[1] 颜之推：《颜氏家训》卷 2《慕贤第七》，中华书局 1993 年版，第 136 页。羊侃事迹详见《梁书》卷 39《羊侃传》及《南史》卷 63《羊侃传》。

[2] 《梁书》卷 9《王茂传》，第 176 页。《资治通鉴》卷 144，“齐和帝中兴元年”条，第 4500 页载王珍国实领兵十余万人。

[3] 日本学者榎本あゆち就以兰钦为主线，详细探讨了归降北人在南朝社会中的地位，参见《归降北人与南朝社会——以梁将兰钦出身为线索》，《名古屋大学东洋史研究报告》1992 年第 16 号，第 92—114 页。

[4] 周一良也对梁武帝任用北朝降将问题有所注意，参见《南朝境内之各种人及政府对待之政策》，见《魏晋南北朝史论集》，第 67 页。陈寅恪亦指出：“梁时，北来将种豪家、文化高门，一齐腐朽。侯景之乱，只有依靠北来降人去抵抗与反击。”参见《楚子集团与江左政权的转移》，见《陈寅恪魏晋南北朝史讲演录》，第 192 页。

由于在不同的时期遇到了相同的困境，宋文帝与梁武帝采取了相似的政策。观梁武帝纳侯景之降，诸多记载称其所图为侯景可以“分魏土之半”[1]，然而侯景在高澄攻势下，实已近孤身南下，恐《南史·谢举传》记载更接近事实：“侯景来降，帝询访朝臣，举及朝士皆请拒之。帝从朱异言纳之，以为景能立功赵、魏。”纳侯景乃取其武用，重点不在分魏之国土。侯景南下所率仅部将八百人，却可以镇守重镇寿春，梁武帝之意图昭然若揭。[2]

在建康直辖武力不断衰弱背景下，边镇武力虽得以维持，却因军事区对建康的不满而不能为其所用。这种不满乃至敌对心理东晋时已露端倪，至南朝因政权力量的相对增强，如庾翼、桓温跋扈者甚少，然这种态度却未改变。《南齐书·垣荣祖传》载：

> 荣祖少学骑马及射，或谓之曰：“武事可畏，何不学书？”荣祖曰：“昔曹操、曹丕上马横槊，下马谈论，此于天下可不负饮食矣。君辈无自全之伎，何异犬羊乎。”[3]

下邳垣氏，宋齐两朝武将辈出，无一人以文臣形象出现，然而如此纯粹以武功崛起的将门，仍有人劝其习文，自垣荣祖之语，徐兖地区豪族对文人之贬斥，观其以犬羊之比建康士族的态度可知。

豪族敌对心理既已形成，由此引起的区域仇视在南朝政局演变中的作用就不容忽视。这种对立，突出表现为建康对军镇的冷漠。

---

[1] 《梁书》卷56《侯景传》，第862页。

[2] 任降将为边州，这一举动恰与宋文帝相同，《梁书》卷22《安成康王秀传》，第344页：“时司州叛蛮田鲁生，弟鲁贤、超秀，据蒙笼来降，高祖以鲁生为北司州刺史，鲁贤北豫州刺史，超秀定州刺史，为北境捍蔽。”司州叛蛮来投靠，梁武帝慷慨授官，然皆为北面边镇，亦可见其求将若渴之态度。

[3] 《资治通鉴》卷132，“宋明帝泰始三年”条，第4138—4139页，亦有记载此事。

宋孝武帝大明三年（459）平竟陵王诞之举兵，“同党悉诛，杀城内男京观，死者数千，女口为军赏”[1]。

据《魏书》卷97《岛夷刘裕传》及《资治通鉴》卷129“宋孝武帝大明三年”条，尚有“上聚其首于石头南岸为京观”之记载，此役本为王师平叛，却演变为一场屠杀，聚数千首级于京师以自标。广陵经此一役，其受打击之程度可知，而孝武帝此举即可窥见建康对军镇地区之态度。晋末刘裕北伐后秦，虽为域外之民，尚无如此残酷举动。“凡拔城破垒，俘四千余人。议者谓应悉戮以为京观。（檀）道济曰‘伐罪吊民，正在今日。’皆释而遣之。”[2]此后齐武帝平唐寓之起义，亦引发大规模屠杀。[3]王师平叛虽扬州宇内，尚有如此举动，其对军镇可知。故宋明帝初，刘勔平豫州，秋毫无犯之举遂为史家美谈。“刘勔克寿春，士民无遗刍委粒之叹，莫不扶老携幼，歌唱而出重围，美矣。”[4]此举在南朝实为稀见，更多的则是因军镇举兵，对域内编民痛下杀手之举。

面对政权如此态度，军镇之举动亦可与此相较。这种对扬州区域的不平乃至报复在东晋时期既已出现。[5]终南朝四代，荆雍武力进入建康共有三次，即宋孝武帝、梁武帝、梁元帝，到孝武帝时期雍州兵力实为北府兵之分支，故为建康之支流。梁武帝兵指建康时，“及平，城内出者或被剥夺，公则亲率麾下，列阵东掖门，卫送公卿

[1] 《宋书》卷79《竟陵王诞传》。又，《南史》卷14《竟陵王诞传》载：“帝命城中无大小悉斩，庆之执谏，自五尺以下全之，于是同党悉伏诛。城内女口为军赏，男丁杀为京观，死者尚数千人，每风晨雨夜有号哭之声。”

[2] 《宋书》卷43《檀道济传》，第1342页。

[3] 《资治通鉴》卷136，“齐武帝永明四年”条，第4207页：“台军乘胜，颇纵抄掠。”

[4] 《宋书》卷86《刘勔传·史臣曰》，第2197页。

[5] 《晋书》84《刘牢之传》载其平定孙恩起义时在三吴地区的肆虐。

士庶，故出者多由公则营焉”[1]。建康虽为公认之都城，然军镇诸势力对建康政权及公卿之冷漠却不容忽视，此次破城建康公卿赖杨公则一人护卫。而在萧绎平侯景之乱时，终于使这一情绪获得完全释放。

> 卢晖略闻景战败，以石头城降，僧辩引军入据之。景之退也，北走朱方，于是景散兵走告僧辩，僧辩令众将入据台城。其夜，军人采梠失火，烧太极殿及东西堂等。时军人卤掠京邑，剥剔士庶，民为其执缚者，袒衣不免。尽驱逼居民以求购赎，自石头至于东城，缘淮号叫之声，震响京邑，于是百姓失望。[2]

王僧辩以王师平叛之名入都，其正当性不下于宋孝武帝，然一入建康，这种武人对建康社会的情绪遂完全爆发。建康为政权的心脏，王僧辩所领为政府军队，且其并非专擅一方的诸侯，在回援建康后却出现如此举动，文武区的对立亦稍可知，一旦抓住契机，对建康的积怨遂彻底发泄。

虽在对抗北朝攻势时，诸镇成为保护建康之屏障，然在面对内辱时，则均作壁上观。南朝建康频频出现政局动荡，于此危难之际，诸镇稍强者即怀逐鹿之心，稍弱者亦生割据之念，长江淮河沿线虽方镇林立，然愿解建康危难者盖寡。

刘宋后期边镇对建康的态度就已经发生实质性改变，萧子显在论及此类事时云：“宋氏将季，离乱日兆，家怀逐鹿，人有异图，故蕃岳阻兵之机，州郡观衅之会。”[3]建康面对内辱，虽强镇林立，亦不为所用。这一点在宋明帝初期最为突出，义阳王昶投北魏时，北朝

---

[1] 《梁书》卷10《杨公则传》，第196页。

[2] 《梁书》卷45《王僧辩传》，第628页。

[3] 《南齐书》卷27《王玄载传》，第512页。

下书云：

> 今宗室衰微，凶难洊起，国有杀君之逆，邦罹崩离之难，起自萧墙，衅流合境。……伪江州刺史晋安王复称大号，自立一隅，荆郢二州刺史安陆、临海王刘子绥、子顼大擅威令，不相祗伏。徐州刺史彭城镇主薛安都、青州刺史沈文秀、冀州刺史历城镇主崔道固等，皆彼之要藩，惧及祸难，拥众独据，各无定主。[1]

建康政局的骤变引发全境的叛乱，而这恰为刘宋建国以来内外矛盾的集中体现。梁武帝举兵时，北魏车骑大将军源怀亦指出："萧衍内侮，宝卷孤危，广陵、淮阴等戍皆观望得失。"[2]荆雍联兵，缘淮诸镇与徐兖地区均怀观望，甚至连益州都督刘季连亦有割据之心[3]，帝国的心脏失去了四肢的维护，军镇对都城，亦即对政权的冷漠，与南朝建康的壁垒高筑关系颇深，每至中朝，这种"家怀逐鹿"的趋势就直接推动着整个南朝历史演进的脚步。

梁武帝以诸子出镇以实现对军镇的直辖，然侯景围困建康时，情况依然如此。虽然诸异姓将领领兵勤王，"时四方征镇入援者三十余万，莫有斗志，自相抄夺而已"[4]。侯景围城，联军于外围困侯景，然"自相抄夺"并无解围之举，最终坐观建康城破，皇权之权威于军镇都督眼中消失殆尽，这种地域性特征使其失去了统一的国家观念，每个军镇成为独立的利益集团，因蝇头小利而相互争夺，而不

[1] 《宋书》卷95《索虏传》。
[2] 《资治通鉴》卷144，"齐和帝中兴元年"条，第4504页。
[3] 《梁书》卷20《刘季连传》，第308页："季连闻东昏失德，京师多故，稍自骄矜。"
[4] 《南史》卷7《梁本纪中第七·武帝纪下》，第222页。

以帝国的存亡为念。非但异姓将领如此，亲如梁武帝诸子，亦少有救援者。《梁书·敬帝纪》载唐郑国公魏徵语："元帝以盘石之宗，受分陕之任，属君亲之难，居连率之长，不能抚剑尝胆，枕戈泣血，躬先士卒，致命前驱。遂乃拥众逡巡，内怀觖望，坐观时变，以为身幸。"军镇半独立于政权，武人区域对文化区域又有心理抵制，自身怀覆灭建康之念，故假人之手本其所望。勤王之心已息，自全之计自生。裴叔业于建康政局多变之际，及其受到建康压力，乃访之萧衍：

> 叔业遣亲人马文范至襄阳，问萧衍以自安之计，曰："天下大势可知，恐无复自存之理。不若回面向北，不失作河南公。"衍报曰："群小用事，岂能及远！计虑回惑，自无所成，唯应送家还都以安慰之。若意外相逼，当勒马步二万直出横江，以断其后，则天下之事，一举可定。若欲北向，彼必遣人相代，以河北一州相处，河南公宁可复得邪！如此，则南归之望绝矣。"[1]

胡三省在论及此事时称："裴叔业之问，萧衍之报，虽二人者所志有大小，而齐之边镇皆有异心矣，帝谁与立哉！"此一语实已道破齐末内外形势。建康稍有政局动荡，军镇即蠢蠢欲动，裴叔业生求富贵之心，萧衍亦怀坐称西伯之念[2]，时建康政变尚未展开，南朝两大重镇已怀此心，军事区对扬州区域的冷漠可知。自梁武帝举兵过程

---

[1]《资治通鉴》卷 143，"齐东昏侯永元二年"条，第 4459 页。

[2]《梁书》卷 1《武帝纪上》，第 3 页："东昏即位，扬州刺史始安王遥光、尚书令徐孝嗣、尚书右仆射江祏、右将军萧坦之、侍中江祀、卫尉刘暄更直内省，分日帖敕。高祖闻之，谓从舅张弘策曰：'……嫌隙若成，方相诛灭，当今避祸，惟有此地。勤行仁义，可坐作西伯。但诸弟在都，恐罹世患，须与益州图之耳。'"益州指时任益州都督之萧懿，萧衍此时已生谋逆之心，其志并非只在西伯。

可知，萧衍振臂一呼，则整个雍州区域应者云集，纷纷欲屠东昏侯而后快，这自非梁武帝一人之念。

军镇对建康的情绪实已形成共识，尤其以襄阳地区最为显著，所缺者唯一人振臂耳。南朝荆州经历一再分割后，其实力已大不如前，取而代之的是雍州军镇的崛起。仍以梁武帝举兵为例，以襄阳为中心的整个汉水区域即蜂拥而至，诸豪民郡守纷纷领兵而至，建康此时俨然公众之敌。考此时领兵以从萧衍诸人列表1于下（据各人本传）：

表1　领兵从萧衍诸人

人物	事迹
曹景宗	（建武）五年，高祖为雍州刺史，景宗深自结附，数请高祖临其宅。及义师起，景宗聚众，遣亲人杜思冲劝先迎南康王于襄阳即帝位，然后出师，为万全计。
韦　叡	义兵檄至，叡率郡人伐竹为筏，倍道来赴，有众二千，马二百匹。
冯道根	闻高祖起义师，乃谓所亲曰："金革夺礼，古人不避，扬名后世，岂非孝乎？时不可失，吾其行矣。"率乡人子弟胜兵者，悉归高祖。
康　绚	永元元年，义兵起，绚举郡以应高祖，身率敢勇三千人，私马二百五十匹以从。
吕僧珍	僧珍阴养死士，归之者甚众。
柳　惔	建武末，为西戎校尉、梁南秦二州刺史。及高祖起兵，惔举汉中应义。

以上除曹景宗为寒人，吕僧珍为萧衍故吏，其余诸人均为襄阳区域地方豪强，梁武帝义旗一建，则纷纷聚众来投，襄阳一带对建康政权之态度可知。冯道根"扬名后世"之心，实为雍州地区豪族之共同观念。谷川道雄在论及南朝军镇时，将之定位为地方性政权，并指出：

> 事实上，东晋、南朝的革命运动，就是这种地方政权想取代中央政权的一种运动。如此这般，六朝时代的政治与秦汉中央集权政治相比较的话，很显著的是属于地方分权的。这种地方分权的倾向，并非欧洲中世之封建领主制的地方分权。然而这种地方分权化，与地方豪族有很密接关系之事，是不可否认的。[1]

豪族对于建康的抵制情绪乃至仇视，并不局限于荆襄一带，在豫州这一情绪亦较为突出。梁武帝进入建康，欲诛齐诸王，萧宝寅狼狈逃至寿春，“寿阳多其义故，皆受慰唁；唯不见夏侯一族，以夏侯详从梁王故也”[2]。据《南史·鄱阳王宝寅传》，萧宝寅实未曾出任过豫州，齐明帝曾出任豫州，然其间经历裴叔业举兵，时在梁武帝天监元年（501），寿春已入魏，而此前永元二年（500），寿春诸豪帅尽随裴叔业反齐，所谓义故，实已无从说起。而此处夏侯氏一族之态度颇值深究，因夏侯详出仕梁武帝而无一人回应萧宝寅，可知寿春诸豪族每次附逆或举兵，所求者仅为出仕道路而已。而边镇豪族欲达此目的，其唯一途径即兵指建康。利益的冲突使军事区与建康所在的政治区抑或文化区，变成完全对立的两面。

建康一直在北面诸镇卵翼下生存，然盘踞于建康的高门贵胄却阻隔了边镇武人的出仕道路，这一点恰与北魏末年六镇起义相仿，利益的冲突推动着军事区与政治区抑或文化区走上对立的两面。每至中朝，在建康武力迅速退化的同时，军镇区域的这种反抗情绪亦与日俱增，所缺仅为一人揭竿而已。这中间亦表现出突出的地域性

---

[1] 〔日〕谷川道雄：《地域社会在六朝政治文化上所起的作用》，收于同名会议论文集，玄文社 1989 年版，第 16 页。

[2] 《资治通鉴》卷 145“梁武帝天监元年”条，第 4516 页。

问题，诚如谷川道雄所说，每个军镇基本是一个独立的地方性政权，故虽有着共同反抗建康的意愿，但基本仍属独立行为，较少出现联合的情况，梁武帝荆雍联兵，亦只是在荆州迫于雍州的压力下形成。

五、结语

自东晋立国江东，荆扬之争就在一定程度上体现出江东政权的文武对立，后期至整个南朝士族退出军镇掌控，建康区域士族价值的传播受到空间局限。在政权不断建康化过程中，使其完全为建康社会湮没，壁垒高筑的特点直接转嫁给政权，武力的衰弱不能得到有效补充。其在全境所能激起的认可度也在不断衰弱，直至最终近于演变为扬州地方政权。扬州区域无力在这一点上拱卫政权，而致宋齐梁各代定都建康以后无不走向弱干强枝的颓势，这种严重不稳的政治结构遂推动着帝国机器陷入一次次崩溃与重建的循环中。南朝采用的宗王出镇解决了门阀问题，然而这一群体身份的特殊遂使军镇对建康的冲击愈演愈烈，随后典签制度而至幼王出镇相继出台仅为解决宗王问题，军镇的统御被搁置，直至梁武帝拨乱反正，对军镇的统御又重新回到刘宋初年的状态。

北朝社会政治进程中的行政区划变动 *

毋有江（武汉大学历史学院）

一、引言

政治地理学是人文地理学的一个重要分支，它主要探究政治与冲突如何创造空间与地方，也研究地理实体的存在与特征如何影响到政治与冲突。政治总是与特定社会、人群的历史与文化纠缠在一起，尽管政治地理学家主要关心现实政治进程，但在政治地理学孕育与发展过程中，历史思维和地理思维一道帮助政治地理学家锻造出本专业的视角和分析语言，可以说，历史政治地理本身就是政治地理学的重要研究取向之一。[1] 西方政治地理学在20世纪初就已经被介绍到中国，历史政治地理研究的出现也比较早。对历史政治地理现象较早进行系统分析的是后来迁居中国台湾的沙学浚，他写的《从政治地理看胡人南下牧马》、《南渡时代与西迁时代》、《西安时代与北平时代》、《中国之中枢区域与首都》等论文，均是历

---

* 本文为2009年度国家社会科学基金青年项目“北魏政治地理研究”（批准号：09CZS002）阶段成果。

[1] Kevin R Cox, Murray Low, Jennifer Robinson edited: *The Sage Handbook of Political Geography*, SAGE Publications Ltd, 2008, pp.15-73. 另参见〔英〕杰弗里·帕克：《二十世纪的西方地理政治思想》，解放军出版社1992年版。

史政治地理分析的典范作品。[1] 中国历史地理学渊源于传统的沿革地理。沿革地理研究的内容主要有两大部分，一是河流水道的变迁，一是疆域政区的演变。可以说，中国历史地理有着从事政治地理研究的传统。20 世纪 80 年代以来，周振鹤成为中国大陆历史地理学界提倡历史政治地理研究最有力、建树最多的学者。在《建构中国历史政治地理学的构想》一文中，他认为观察中国古代的政治地理学可从三方面着眼：一是思想家对于理想政治制度中地理因素的阐述，二是历史学家或地理学家将地理要素作为政治体制一个组成部分的观点，三是政治家利用地理因素解决政治问题的具体操作过程。他主张历史政治地理的研究应该主要放在国家与地方两个尺度上面，“对国家尺度而言，则有疆域的伸缩、与邻国的地缘关系，有边疆区与核心区的变迁，有首都定位的地缘政治基础等。对地方尺度而言，重点则是行政区划与行政中心的变迁”。周振鹤进而指出，中国历史政治地理研究在行政区划方面应包括如下三个步骤：第一，应该仍以复原疆域政区历史变迁的全过程为目的；第二，应该就疆域政区本身的要素来进行分解式的以及政治学角度的研究；第三，工作的重点在于研究政治过程对地理区域变迁的影响，换言之，也就是研究中国历史上的行政区划为何有如此繁复的变迁过程。[2] 后来，他又先后发表《中国历史上自然区域、行政区划与文化区域相互关系管窥》、《中国历史上两种基本政治地理格局的分析》、《东西徘徊与南北往复——中国历史上五大都城定位的政治

[1] 沙学浚在中国台湾学术界被称为“中国政治地理学之父”，上列论文最初发表于 20 世纪 40—50 年代。参见沙学浚：《地理学论文集》，台湾商务印书馆 1972 年版，第 77—146 页。

[2] 周振鹤：《建构中国历史政治地理学的设想》，《历史地理》第 15 辑，上海人民出版社 1999 年版。

地理因素》，进一步揭橥历史政治地理研究的具体路径。[1] 周振鹤的理论阐释与具体研究示范，对中国历史政治地理研究的推进贡献巨大。他的学生余蔚有关两宋政治地理研究的论文，则反映了在其影响下历史政治地理研究进一步深化的趋势。[2] 在政区研究方面，除周振鹤主持的《中国行政区划通史》，国内其他历史地理学者也为此贡献良多。[3] 在地方尺度研究方面，需要特别注意的是张伟然的论文《归属、表达、调整：小尺度区域的政治命运——以“南湾事件”为例》，该文利用档案资料、回忆录和当事人口述材料，显示在构建县级行政区域的过程中，发生在地方上的政治行为，是如何具体形塑行政区与自然区、经济区以及文化区之间复杂关系的，这篇论文为小尺度政治地理研究提供了一个很好的学术范例。[4] 但我们也要看到，上述研究主要集中于历史上的中原王朝和汉族聚居的农耕区，而对农耕边缘地带的政治地理研究，尚缺乏成熟的理论思路

[1] 周振鹤：《中国历史上自然区域、行政区划与文化区域相互关系管窥》，《历史地理》第19辑，上海人民出版社2003年版；《中国历史上两种基本政治地理格局的分析》，《历史地理》第20辑，上海人民出版社2004年版；《东西徘徊与南北往复——中国历史上五大都城定位的政治地理因素》，《华东师范大学学报（哲学社会科学版）》2009年第1期。

[2] 余蔚：《完整制与分离制：宋代地方行政权力的转移》，《历史研究》2005年第4期；《两宋政治地理格局比较研究》，《中国社会科学》2006年第6期；《分部巡历：宋代监司履职的时空特征》，《历史研究》2009年第5期。

[3] 由周振鹤主编的《中国行政区划通史》不但汇聚了国内研究政区的知名学者李晓杰、胡阿祥、施和金、郭声波、李昌宪、李治安、靳润成、傅林祥、郑宝恒等人的研究成果，也有孔祥军、魏俊杰、余蔚、薛磊、郭红、林涓、任玉雪等青年学者的研究成果。其他学者的政区研究，可胪列的还有许多，这里仅举数例：陈庆江：《明代云南政区治所研究》，民族出版社2002年版；陈健梅：《孙吴政区地理》，岳麓书社2008年版；后晓荣：《秦代政区地理》，社会科学文献出版社2009年版；辛德勇：《秦汉政区与边界地理研究》，中华书局2009年版；侯杨方：《清代十八省的形成》，《中国历史地理论丛》2010年第3期。

[4] 张伟然：《归属、表达、调整：小尺度区域的政治命运——以“南湾事件”为例》，《历史地理》第21辑，上海人民出版社2006年版。

与研究路径可供利用，这是历史政治地理研究应该努力的一个重要方向。

政区地理是政治地理研究的一个基本内容，已如前述。从学术理路上来说，它主要关心行政制度层面的政治如何与特定的自然、人文地理环境发生关联，换言之，政区地理主要探究社会政治进程如何在制度层面借助地理环境表达其政治意义。在历史政区地理研究方面，周振鹤在国内首次提出政区地理的概念，并在《西汉政区地理》里运用政区地理的概念系统梳理了西汉一代繁复的行政区划变动过程。[1]他的研究模式深刻影响了后来的很多研究者。但是每种典范研究都有其特定的时代背景与资料条件，方法可以借鉴，但往往很难照搬挪用。[2]胡阿祥对六朝疆域与政区的研究，方式就与周先生有很大不同。[3]而且即便是同样的研究对象，用其他的方式切入，研究者也会得出令人耳目一新的结论来。[4]进一步思考，历史上的行政区划首先应是农耕定居社会人群在地理空间的政治形态表达，游牧社会政治整合到一定地域规模，虽然也会有地域的划分，但和层级、幅员、边界、治所相对明确清晰的郡县制行政区划比较起来，还是体现了很不相同的政治文化传统。[5]而中国历史上的族群基于游牧与农耕两种不同生活方式在空间上的对抗、磨合和交融，如何在

[1] 周振鹤：《西汉政区地理》，人民出版社1987年版。

[2] 毋有江：《天兴元年徙民与北魏初年的行政区划》，《历史研究》2007年第5期。

[3] 胡阿祥：《六朝疆域与政区研究》，西安地图出版社2001年版；《东晋南朝侨州郡县与侨流人口研究》，江苏教育出版社2008年版。

[4] 例如辛德勇对秦郡和两汉州制的讨论，王翠、马孟龙对西汉侯国地理分布的研究，启示我们论题只要具备学术意义和存在困惑难解之处，推敲过往定见结论，仍会有不少新的创见产生，参见辛德勇：《秦汉政区与边界地理研究》，第3—178页；王翠、马孟龙：《汉高帝十年侯国地理分布研究》，《历史地理》第26辑，上海人民出版社2012年版。

[5] 周振鹤：《行政区划史研究的基本概念与学术用语刍议》，《复旦大学学报（哲学社会科学版）》2001年第3期。

具体的地理空间中表达其政治意义？或者说如何形塑以农耕地区为中心的行政区划形态？这是历史政治地理、特别是政区研究中一个值得探究的问题。本文以北朝为例，做一尝试。

二、北魏政治进程与北魏的行政区划形态

政治文化与政治制度都是政治实体社会政治进程的重要表现，它们总是受制于特定的时代背景和具体的自然，特别是人文地理环境。作为一个游牧民族建立起来的王朝，北魏行政区划演变过程其实也是一个统治阶层政治文化不断变化的过程。郡县制度对应的是中原的农耕社会，而拓跋鲜卑主导的部落联盟制度对应的是北方的游牧社会，这两种政治制度的地理背景不同，各有与其地理背景相应的经济生活、社会组织和文化传统。自秦代建立以郡县制为基础的农业王朝以后，郡县制已经成为农业王朝在地方的重要制度支撑。拓跋鲜卑南向中原农耕地区政治发展的过程，也是接触、了解中原政治文化传统，并在此基础上逐步建构北魏王朝的过程。[1]北魏前期，王朝重视对地方的军事征服与控制，对中原农耕地区来讲在政治上具有较强的殖民色彩，而这种重视军事的现象则来源于游牧部落文化传统。[2]从这样的思路去理解北魏前期的行政区划制度，很多现象

---

[1]　毋有江：《拓跋鲜卑政治发展的地理空间》，《魏晋南北朝隋唐史资料》第28辑，武汉大学人文社会科学学报编辑部2012年版。

[2]　北魏前期官员没有俸禄，官员从朝廷的班赐行为中获得从事重大军政活动的报酬，并在任职期间仍汲汲于有碍国家政治运转的经济营生，这是和游牧社会政治文化传统有关的一个政治现象，参见朴汉济：《北魏王权与胡汉体制》，见东洋史学会编：《中国史研究的成果与展望》，中国社会科学出版社1991年版，第87—107页；黄惠贤、陈锋主编：《中国俸禄制度史》第3章第3节“从行赏到班禄——北魏的俸禄制度”，武汉大学出版社1996年版，第116—136页。

都可以得到理解。

《魏书》卷 113："凡此四方诸部，岁时朝贡，登国初，太祖散诸部落，始同为编民。"卷 80《外戚贺讷传》："讷从太祖平中原，拜安远将军。其后离散诸部，分土定居，不听迁徙，其君长大人皆同编户。讷以元舅，甚见尊重，然无统领。以寿终于家。"这说明北魏初创时代，曾经针对统辖或征服的游牧部落有过一个行政的处分与安置过程。这种处置的政治目的是建立皇帝对普通部落民众的直接统治权威。[1]但是游牧部落和农耕居民的经济生活、文化习性毕竟不同，所以北魏前期先后有针对原部落民众的八国或八部、六部之设。北魏最初在平城设置的是司州。《地形志上》："恒州，天兴中置司州，治代都平城，太和中改。"《元和郡县图志》卷 14"云州"条下："后魏道武帝又于此建都，东至上谷军都关，西至河，南至中山隘门塞，北至五原，地方千里，以为甸服。"《元和郡县图志》所描绘的，应该就是道武帝时期北魏司州的范围。道武帝天兴元年（398）七月将首都由盛乐迁至平城，据此可将司州设置年代定于天兴元年。司州初设时领有八国和代郡、广宁、上谷、雁门四郡。

首先需要厘清八国或八部的问题。《魏书》卷 110《食货志》："天兴初，制定京邑，东至代郡，西及善无，南极阴馆，北尽参合，为畿内之田；其外四方四维置八部帅以监之，劝课农耕，量校收入，以为殿最。"八部即八国。卷 113《官氏志》："（天兴元）十二月，置八部大夫、散骑常侍、待诏等官。其八部大夫于皇城四方四维面置一人，以拟八座，谓之八国。"所谓"其外四方四维"，是指"京邑"或皇城之外的畿内地区，这是北魏前期的一个特殊区划。在这

[1] 这种政治行为模式在北魏时代应不鲜见。《北史》卷 98《高车传》，中华书局 1974 年版："薛干部常屯聚于三城之间，……及平统万，薛干种类皆得为编户矣。"

一特区以外，才是一般的州郡县地区。[1]至于何谓“八国”或“八部”，《资治通鉴》卷117晋安帝义熙十一年（415）九月，“魏比岁霜旱，云、代之民多饥死”，在崔浩、周澹建议下，明元帝拓跋嗣“乃简国人尤贫者诣山东三州就食，遣左部尚书代人周幾帅众镇鲁口以安集之”。其下胡三省注云：“魏初，四方四维置八部大人，分东、西、南、北、左、右、前、后，后又置八部尚书。”根据《魏书》卷30《周幾传》，周幾当时所任实为左民尚书，不是左部尚书。八部制与北魏早期的尚书职官之间也没有内在的传承关系。所以胡三省的解释并不确切。[2]胡注释“八部”为“东、西、南、北、左、右、前、后”八部，亦不知何据。查检现有文字材料，胡注之外，确实很难指实八国或八部的名目，但是这一制度设计的行政管理意义十分明显。道武帝天赐元年（404）“十一月，以八国姓族难分，故国立大师、小师，令辩其宗党，品举人才。自八国以外，郡各自立师，职分如八国，比今之中正也。宗室立宗师，亦如州郡八国之仪”[3]。细绎材料，八部或八国对应的应该是与拓跋部有政治结盟关系的原代北地区各族群，也即《魏书》卷113《官氏志》所言神元皇帝力微时“余部诸姓内入者”和“岁时朝贡”的“四方诸部”，它们与拓跋部（所谓“宗室十姓”）一道，构成北魏早期的统治集团。在北魏国家从游牧转向定居农牧的过程中，八部组织曾是北魏平城时代基层社会的重要政权支撑。它们不但支撑着代北地区的农业生产，还承担着政权基础设施的建设。《魏书》卷2《太祖纪》，天赐三年（406）六月，“发八部五百里内男丁筑灅南宫，门阙高十余丈；引沟穿池，广苑囿；规立外城，方二十里，分置市里，经涂洞达。三十日罢”。与此

[1] 卢开万：《“代迁户”初探》，《武汉大学学报（哲学社会科学版）》1980年第4期。
[2] 俞鹿年：《北魏职官制度考》，社会科学文献出版社2008年版，第22页。
[3] 《魏书》卷113《官氏志》，中华书局1974年版。

同时，“发八部人，自五百里内缮修都城，魏于是始有邑居之制度”[1]。魏书卷113《官氏志》：“（天赐）四年五月，增置侍官，侍直左右，出内诏命，取八国良家，代郡、上谷、广宁、雁门四郡民中年长有器望者充之。”至于与拓跋部政治关系较远的归附者、被征服者和降民，一类如高车等“粗犷不任使役”之游牧部族，“得别为部落”[2]。它们散处魏境，未同编户，“出《官氏志》所记诸氏之外”，“领民酋长者实为此类部落之酋帅也”，它们应多居于平城畿外地区的游牧地区。特别是在阴山南北两侧居住的游牧部落，北魏以领民酋长制的方式将其与六镇军事管理体制相结合，形成军镇制与领民酋长制在北疆长期嵌合的局面，对北魏末年行政区划演变影响甚巨。[3]另外一部分迁徙于平城畿内地区的被征服者和降民则可能沦为奴婢、隶户、佃户和牧子等身份。[4]八国的地位与郡大致相当，只不过郡是地缘关系在行政区划层面的表达，而八国要同时兼顾族缘关系。八国之设置与道武帝离散部落的政治举措当有内在联系。[5]所谓部落离散，很可能正如古贺昭岑所言：“就是为了集中兵力、强化帝权而

---

[1] 此事亦发生于天赐三年六月，见《魏书》卷105《天象志三》。

[2] 《北史》卷98《高车传》。

[3] 参见周一良：《领民酋长与六州都督》，见氏著：《魏晋南北朝史论集》，北京大学出版社1997年版，第190—214页。

[4] 唐长孺：《拓跋国家的建立及其封建化》，见氏著：《魏晋南北朝史论丛》，中华书局2009年版，第185—239页。

[5] 关于离散部落的过程，李凭有较为翔实的辨析。相关研究动态参见〔日〕松下宪一：《北魏胡族体制论》，第1章“‘部族解散’研究史”，第2章“领民酋长制与‘部族解散’”，北海道大学出版会2007年版，第9—55页。但李凭认为八部大夫对应的是畿内的四方四维，八部帅则是就畿外的四方四维而言，两者不是一回事。他并结合大同盆地周边地形指出，就实际而言，畿外的四方四维只是一种理想的安排，能够大体上按方位划分的只是畿内，而畿内初时很可能就是以繁畤为中心去划分四方四维的。参见氏著：《北魏平城时代》，社会科学文献出版社2000年版，第36—60页。李凭注意到繁畤对北魏早期发展的作用，很有政治地理眼光。但拙见倾向于认为八部帅就是八部大夫，京畿地区之外，未必有行政意涵明确的四方四维划分。

重编部族，对于旧部族成员，使其在限定的范围内从事游牧，并且作为生活基础给予一定数量的土地和佃户。”[1]而并非使部民全然改行定居农耕。

北魏的持续征服扩张使得新移民不断涌入，八国与郡县并置的政治空间架构开始发生变化。尽管八国或八部在道武帝时代非常活跃，但道武帝之后，八国或八部的存在与活动在现有史料中却了无痕迹。这里就需要注意到明元帝泰常二年（417）六部制的设置。《魏书》卷113《官氏志》：“泰常二年夏，置六部大人官，有天部，地部，东、西、南、北部，皆以诸公为之。”对此严耀中认为，八国或八部和六部一样是北魏前期分部制中并列的两种编制。“六部之众是以拓跋氏为核心，包括宗室、勋臣、内入诸姓组成的鲜卑集团，以及少量与他们关系密切的其他族人，主要是一些外戚旧臣。”而八部之众大都是一些归附者。北魏定都平城后，四面八方迁来的“新民”，占了八部之众中的大多数。[2]他的看法值得思考。不可否认，在平城畿内归附与被征服者人数上可能占据优势，但八部或八国对应的应该是与拓跋部有政治结盟关系的原代北地区各族群，已如前述。如以六部与八部并列，其一，要在文字材料里找到二者同时并存的证据，这一点在现有材料里得不到支持；其二，如八部或八国布列平城畿内地区，六部的空间布局亦一并需要考虑，此点同样没有文字材料上的说明或暗示。拙意如将八部或八国视作北魏京畿地区离散部落的阶段性成果，则六部可看作是这种政治意图的进一步强化。六部是当时国家兵力和战备物资的重要来源，可能同样具有

[1]〔日〕古贺昭岑：《论北魏部族的解散》，《民族译丛》1991年第5期。

[2] 严耀中：《北魏前期政治制度》第2章第3节，吉林教育出版社1990年版，第37—38页。

八部或八国那样的行政管理意涵。[1]《魏书》卷54《高闾传》，太和年间，高闾向朝廷上表防备柔然，提到："七月发六部兵六万人，各备戎作之具，敕台北诸屯仓库，随近作米，俱送北镇。"是时都城尚在平城，说明北魏平城时代六部自建置后就一直存在。《魏书》卷68《甄琛传》载，甄琛调任河南尹，上表宣武帝说："京邑是四方之本，安危所在，不可不清。是以国家居代，患多盗窃，世祖太武皇帝亲自发愤，广置主司里宰，皆以下代令长及五等散男有经略者乃得为之。又多置吏士，为其羽翼，崇而重之，始得禁止。今迁都已来，天下转广，四远赴会，事过代都，五方杂沓，难可备简，寇盗公行，劫害不绝。此由诸坊混杂，厘比不精，主司暗弱，不堪检察故也。凡使人攻坚木者，必为之择良器。今河南郡是陛下天山之坚木，盘根错节，乱植其中。六部里尉即攻坚之利器，非贞刚精锐，无以治之。"这里提到京邑洛阳设有六部里尉管理六坊。六坊的建置一直到北魏结束都存在，并继续影响到后来的东西魏甚至齐周。据《隋书》卷24《食货志》："是时六坊之众，从武帝而西者，不能万人，余皆北徙，并给常廪，春秋二时赐帛，以供衣服之费。"北齐"六坊之内徙者，更加简练，每一人必当百人，任其临阵必死，然后取之，谓之百保鲜卑"。拙意怀疑迁都洛阳之后，随迁的六部之众主要就聚居在首都"六坊"之内，所以又称"六坊之众"。六部之外，北魏前期尚有四部之设。《魏书》卷26《尉古真传附尉眷传》："太武即位，命眷与散骑侍郎刘库仁等八人分典四部，绾奏机要，加陈兵将军。"四部的具体名目虽不清楚，但这里提到"分典四部，绾奏机要"，显示四部与六部的性质似乎不同，两者不应是取代与被取代的关系。[2]要

[1]　《魏书》卷3《太宗纪》，泰常六年（421）三月乙亥，"制六部民，羊满百口输戎马一匹"。

[2]　今本《魏书》、《北史》里有多处提到北魏前期有"四部尚书"的设置，但严耕望以为是"西部尚书"之讹，他的意见可能是正确的。参见严耕望：《北魏尚书制度考》，

言之，有着郡一级功能的八国行政管理体制只存在于道武帝一朝，明元帝泰常二年设置的六部制是对八国或八部制的功能置换，它同样具备行政管理制度的意涵。只是依据今天残留的相关材料，已经很难指实八国或八部的具体活动范围。

由于移民的大量进入，在八国范围之内，并非全是拓跋部及其结盟部族，也并非全部都是游牧人群，其中还存在大量以农耕为主业的家庭。在司州地域范围内，对应游牧族群与农耕人群，司州初设时领有的八国和代郡、广宁、上谷、雁门四郡，两者的行政设置应该同时存在。但在平城畿内地区，由于以拓跋部为核心的游牧族群，生活方式发生从游牧向“邑居”的转变，从八国或八部到六部，亦可能显示京畿地区游牧色彩的淡化。平城畿内地区郡县制度的建立过程，可以佐证这一推断。2003年春，在河南省济源市出土的《元苌墓志》云：“太和十二年，代都平城改俟勤曹，创立司州，拜建威将军，畿内高柳太守。俄迁辅国将军，北京代尹。”[1]这里提到太和十二年（488），“代都平城改俟勤曹，创立司州”，《魏书》卷27《穆崇传穆亮附传》：“徵为侍中、尚书（右）[左？]仆射。于时，复置司州。高祖曰：‘司州始立，未有僚吏，须立中正，以定选举。然中正之任，必须德望兼资者。世祖时，崔浩为冀州中正，长孙嵩为司州中正，可谓得人。公卿等宜自相推举，必令称允。’尚书陆睿举亮为司州大中正。时萧赜遣将陈显达攻陷醴阳，加亮使持节，征南大将军，都督怀、洛、南、北豫、徐、兖六州诸军事以讨之。显达遁走，乃还。”穆亮征讨陈显达一事又见《魏书》卷7《高祖纪下》，太和十二年“夏四月，……陈显达攻陷醴阳，左仆射、长乐王穆亮率

（接上页）《“中研院”历史语言研究所集刊》第18本，中华书局1987年影印。

[1] 刘莲香、蔡运章：《北魏元苌墓志考略》，《中国历史文物》2006年第2期。

骑一万讨之”。可见《元苌墓志》所云“代都平城改侯勤曹，创立司州”，与《穆崇传穆亮附传》所云“复置司州”当为一事。《元苌墓志》里的内容还可与游肇传与元赞传的材料相参照。《魏书》卷55《游明根传游肇附传》：“高祖初，为内秘书侍御中散。司州初建，为都官从事……”《北史》卷15《魏诸宗室元赞传》：“初置司州，以赞为刺史，赐爵上谷侯。孝文戒赞化畿甸，可宣孝道，必令风教洽和，文礼大备。……又诏曰：‘司州刺史，官尊位重，职总京畿，选属懿亲，以允具瞻之望。但诸王年少，未闲政体，故以授赞，庶能助晖道化。今司州始立，郡县初置，公卿已下皆有本属，可人率子弟，用相展敬。’于是赐名曰‘赞’。……孝文将谋迁洛，诸公多异同，唯赞赞成大策。”不管司州在名分上是否有过废而复置的过程，在北魏前期代北地区浓厚的游牧政治文化传统下，体现农耕政治文化传统的司州行政设置长期存而不彰却是事实。[1]太和十二年（488），孝文帝形塑新的政治文化传统的努力，通过重建司州行政职官设置的过程，亦可以约略看到。

即便是游牧部落，也因具体生活的地理环境不同而有显著的政治文化差异。《北史》卷98《高车传》：“道武时分散诸部，唯高车以类粗犷，不任使役，故得别为部落。”所谓“以类粗犷”，同传所记高车诸部“无都统大帅，当种各有君长。为性粗猛，党类同心，至于寇难，翕然相依。斗无行阵，头别冲突，乍出乍入，不能坚战”，

[1]　明建根据《魏书》卷110《食货志》提到太和八年（484）尚有司州，推测平城时期司州废置的时间是太和八年至十二年之间，并认为《元苌墓志》所言“代都平城改侯勤曹，创立司州”，宣告了平城地区分部治民管理模式的结束，似乎证据还有些不足。不过他认为这一举措“强化了司州对平城地区的管理职能，并很可能与当时推行的三长制、均田制发生了广泛而深刻的联系”，则是很有见地的看法。参见明建：《北魏太和十二年前后平城司州的废而复置——以〈元苌墓志〉为中心》，《魏晋南北朝隋唐史资料》第26辑。

由于他们没有超越单个部族之上的政治组织传统，“不任使役，故得别为部落”。这样的情况在北魏前期应当不算少见，所以政治上的处分必然会有所不同。《魏书》卷74《尔朱荣传》：“尔朱荣，字天宝，北秀容人也。其先居于尔朱川，因为氏焉。常领部落，世为酋帅。高祖羽健，登国初为领民酋长，率契胡武士千七百人从驾平晋阳，定中山。论功拜散骑常侍。以居秀容川，诏割方三百里封之，长为世业。……曾祖郁德，祖代勤，继为领民酋长。……父新兴，太和中，继为酋长。”《北史》卷54《厍狄干传》：“曾祖越豆眷，魏道武时，以功割善无之西腊汗山地方百里以处之。后率部落北迁，因家朔方。”北史卷61《叱列伏龟传》：“其先为部落大人，魏初入附，遂世为第一领人（民）酋长，至龟五世。”《北齐书》卷27《破六韩常传》：“破六韩常……匈奴单于之裔也。右谷蠡王潘六奚没于魏，其子孙以潘六奚为氏，后人讹误，以为破六韩。世领部落，其父孔雀，世袭酋长。”《魏故咸阳太守刘（玉）府君墓志铭》：“大魏开建，托定恒代，以曾祖初万头，大族之胄，宜履名宦，从驾之众，理须督率，依地置官，为何浑地汗。尔时此斑，例亚州牧。”[1]显示这种迁就游牧政治文化传统的管理方式对地方而言具有较强的自主性。周一良对此曾有专文研究。[2]不管怎样，在北魏建立以后，在游牧部落的政治文化中开始出现了超出部族之上的行政管理，并有了相对明确的地域划分。

游牧的政治文化传统依然存在并在北魏前期表现得特别明显，这一点从文成帝《南巡碑》里带有浓郁北族色彩的职官设置就可以看出来。[3]这种职官设置在针对农耕地区的行政区划上也有所反映。

[1]　转引自赵超：《汉魏南北朝墓志汇编》，天津古籍出版社2008年版，第212页。

[2]　参见周一良：《领民酋长与六州都督》，见《魏晋南北朝史论集》，第190—214页。

[3]　文成帝《南巡碑》据碑额又可称“皇帝南巡之颂”碑，具体情况参见靳生禾、谢鸿

《魏书》卷113《官氏志》：道武帝天赐“二（当作三）年正月，……又制诸州置三刺史，刺史用品第六者，宗室一人，异姓二人，比古之上中下三大夫也。郡置三太守，用七品者，县置三令长，八品者。刺史、令长各之州县，以太守上有刺史，下有令长，虽置而未临民。自前功臣为州者征还京师，以爵归第。”这样的地方行政职官设置，在正史里极为罕见。严耀中认为北魏前期的“三刺史”制并非通行于境内所有的州，而只是在缘边和驻有重兵的战略要地之诸州方实行此制，并且不大可能实施至郡县。[1]如果考虑到北魏早期政治上极为浓厚的游牧文化色彩，那么天赐三年，道武帝在州、郡、县分别设置三刺史、三太守和三令长，虽然有违郡县制的精神，但显然符合分权制的部落文化传统。何况在天赐二年，北魏确实出现了职官制度全面回归鲜卑旧制的现象。[2]不过也正因为分权式的地方行政职官设置有违农耕地区的政治文化传统，即便这一制度全面推行过也应是短期内的现象，在文献里它之不见于具体事证也是可以理解的。

北魏前期的社会政治情况从南朝史籍里也可以略窥一二。《南齐书》卷57《魏虏传》云：“什翼珪（指道武帝）始都平城，犹逐水草，无城郭，木末（指明元帝）始土著居处。佛狸（指太武帝）破梁州、黄龙，徙其居民，大筑郭邑。”总的来说，对于逐步面向农耕

（接上页）喜：《北魏〈皇帝南巡之颂〉碑考察报告》，《山西大学学报（哲学社会科学版）》1994年第2期；张庆捷：《北魏文成帝〈南巡碑〉碑文考证》，《考古》1998年第4期。除了文成帝《南巡碑》，尚有在此之前的太武帝《皇帝东巡之碑》（或称《御射碑》），只是现在残留的碑上文字较少，虽然经过实地的努力查找，仍没有文成帝《南巡碑》刻写的职官内容那样丰富多样，参见罗新、李泉汇：《北魏太武帝东巡碑的新发现》，《中国国家博物馆馆刊》2011年第9期。

[1] 严耀中：《关于北魏“三刺史”制度的若干诠释》，《学习与探索》2009年第5期。

[2] 何德章：《北魏初年的汉化制度与天赐二年的倒退》，《中国史研究》2001年第2期。

地区发展的游牧部族而言，经济生活上游牧日趋为定居所替代。但这并不意味着政治文化的同步跟进。所以《魏虏传》又云："国中呼内左右为'直真'，外左右为'乌矮真'，曹局文书吏为'比德真'，檐衣人为'朴大真'，带仗人为'胡洛真'，通事人为'乞万真'，守门人为'可薄真'，伪台乘驿贱人为'拂竹真'，诸州乘驿人为'咸真'，杀人者为'契害真'，为主出受辞人为'折溃真'，贵人作食人为'附真'。三公贵人，通谓之'羊真'。佛狸置三公、太宰、尚书令、仆射、侍中，与太子共决国事。殿中尚书知殿内兵马仓库，乐部尚书知伎乐及角史伍柏，驾部尚书知牛马驴骡，南部尚书知南边州郡，北部尚书知北边州郡。又有俟勤地何，比尚书；莫堤，比刺史；郁若，比二千石；受别官比诸侯。诸曹府有仓库，悉置比官，皆使通虏、汉语，以为传驿。兰台置中丞御史，知城内事。又置九豆和官，宫城三里内民户籍不属诸军戍者，悉属之。"可以看出，职官设置上既有明显的北方游牧民族色彩，也有中原农耕社会的政治痕迹。这样一个游牧、农耕政治文化元素并列、混杂的职官设置，对应的是当时北魏统治下游牧与农耕两种生活方式并列、混杂的现实状态。

北魏沿袭前代惯例，还设置有针对内地原先游牧民族的护军制度。《魏书》卷113《官氏志》："（天兴）四年七月，罢匈奴中郎将官，令诸部护军皆属大将军府。"这说明护军在北魏初年的某个时候就已经存在，天兴四年（401）只是将管理护军的职权由"匈奴中郎将官"归并到"大将军府"。北魏的建立者也是游牧民族，这样的职官设置多少与实际情况脱节，《官氏志》记载："太安三年五月，以诸部护军各为太守。"到了文成帝太安三年（457），护军改为太守，护军辖区也就变为郡县了。

孝文帝改革是北魏社会政治进程中的重要一章，在行政区划层面也有很重要的体现。太和十七年（493），孝文帝迁都洛阳，改洛州为司州。十八年，罢西兖、东雍、泰、陕、怀、郢等州，领郡并入司州；改上洛之荆州为洛州，改鲁阳镇为荆州，汝阴郡为东郢州（后罢，具体罢时无考）。十九年，罢北豫州，在新蔡郡广陵城置东豫州。二十二年（498），荆州由鲁阳迁至穰城。以洛阳为中心的政区体系迅速取代以平城为中心的政区体系，北魏后期行政区划格局因迁都洛阳而形成。[1]

除了游牧与农耕两种政治文化传统影响到职官设置与行政管理方式外，征服地域统治初期的军事性控制和外部对抗性的政治军事竞争也影响到了行政区划设置。《魏书》卷113《官氏志》："旧制，缘边皆置镇都大将，统兵备御，与刺史同。城隍、仓库皆镇将主之，但不治。故为重于刺史。"这段内容语句可能存在错讹衍脱，大致意思是在边疆地区设置的是权势高于内地刺史的"镇都大将"。其实北魏在内地很多地方也曾长期存在军镇的设置。伴随政治局势的稳定，内地诸军镇相继改镇为州。军镇凸显于边疆地区是国防的需要。而且北魏前期都城在代京平城，与北疆壤地相接，风俗习尚相通，有很深的利害关系，故政治联系密切，镇将享有较高的政治地位。但在孝文帝迁都洛阳以后，国家发展重心彻底转向内地农耕地区，迅猛的汉化改革使军镇在政治上开始沦为边缘，边疆与内地在政治发展上出现了严重失衡，影响到了整个王朝的政治稳定，于是在北魏末年出现了改镇为州的政治呼声。[2]改镇为州的政治用意在于提升北

[1] 参见毋有江：《北魏的州建置》，《国学研究》第20卷，北京大学出版社2007年版，第305—341页。

[2] 魏兰根、李崇、元渊就是其中的官员代表。参见《北齐书》卷23《魏兰根传》，中华书局1972年版，《魏书》卷66《李崇传》，《北史》卷16《太武五王广阳王建传孙元深附传》相关内容。

镇的政治地位，加强北魏朝廷对北疆的政治控制。《魏书》卷9《肃宗纪》正光五年（524）八月丙申，朝廷下诏，宣布接受改镇为州的对策。然据《北史》卷16《太武五王广阳王建传孙元深附传》载：“东西部敕勒之叛，朝议更思深（即元渊）言。遣兼黄门侍郎郦道元为大使，欲复镇为州，以顺人望。会六镇尽叛，不得施行。”局势动荡，改镇为州在六镇似乎并没有真正实施到地方。但“改镇为州”一定有过一个具体的实施方案，并且这一举措本来的政治意图就是提升北镇官兵的社会政治地位。考虑到北魏末年北镇势力在政治军事上快速崛起的过程，方案的部分内容应该还是体现到具体的政区设置上了。《魏书》卷106《地形志上》：“朔州，本汉五原郡，延和二年置为镇，后改为怀朔，孝昌中改为州。”“灵州，太延二年置薄骨律镇，孝昌中改……”《地形志下》：“原州，太延二年置镇，正光五年改置，并置郡县。治高平城。”《元和郡县图志》也有部分相关的记载，足以说明北魏改镇为州至少在一些地方还是具体实施了的。

六镇毕竟处于农耕地区的边缘地带，生态脆弱，经济状况不够稳定，军事给养仰赖农耕地区，长期战乱必然使普通镇民的基本生存出现问题。《北史》卷16《太武五王广阳王建传孙元深附传》后云：“先是，别将李叔仁以拔陵来逼，请求迎援，深赴之，前后降附二十万人。”这是一个处置六镇叛乱的绝好时机。“深与行台元纂表求恒州北别立郡县，安置降户，随宜振赉，息其乱心。”但是朝廷“不从”，“诏遣黄门侍郎杨置分散之于冀、定、瀛三州就食”。镇民反叛随之蔓延至北魏统治的核心地区河北平原，并造成河北人民为避乱而流徙他方，同期关陇地区的战乱动荡也此起彼伏。这些战乱动荡，冲击着北魏原先的州郡县行政区划格局。《北齐书》卷23《魏兰根传》：“孝昌末，河北流人南渡，以兰根兼尚书，使齐、济、二兖四州安抚，并置郡县。”《北史》卷15《魏诸宗室高凉王孤传元天穆附传》：“初，杜洛周、鲜于修礼为寇，瀛、冀诸州人多避乱南向。幽州前北平府主簿河间邢杲拥率部曲，屯据鄚城，以拒洛周、葛荣，垂将三载。及广阳王深等败后，杲南度，居青州北海界。灵太后诏流人所在皆置命属郡县，选豪右为守令以抚镇之。时青州刺史元世俊表置新安郡，以杲为太守，未报。会台申休简授郡县，以杲从子子瑶资荫居前，乃授河间太守。”这就出现了侨州郡县，《魏书》卷106《地形志》里出现多次的“寄治某地”、“寄治某某城”、“寄治某某界”，就是指的这类现象。永熙三年（534），由于不堪高欢军政集团的威压，孝武帝在反抗失败后匆忙奔入关中，投奔宇文泰军政集团，高欢改立元善见为帝（即东魏孝静帝），并迁都邺城；而宇文泰也在是年闰十二月毒杀孝武帝，立元宝炬为帝（即西魏文帝），这是北魏分裂为东魏和西魏的开端。但是北魏末年行政区划的这种变局，还是在相当一段时期内稳定了下来，因为两魏都要仰赖拥有私家武装的豪族与北镇出身民众政治和军事上的支持。所以《魏书》卷106《地形志上》之末，在概述自恒州以下诸侨州的政区设置情况后特意加了一句：“前自恒州已下十州，永安已后，禁旅所出，户口之数，并不得知。”因应战乱，为优崇乡豪而新置的政区也有不少，如《北史》卷49《毛遐传毛鸿宾附传》：“明帝以鸿宾兄弟所定处多，乃改北地郡为北雍州，鸿宾为刺史。诏曰：‘此以昼锦荣卿也。’改三原县为建中郡，以旌其兄弟。”《北齐书》卷21《高乾传高翼附传》：“孝昌末，葛荣作乱于燕、赵，朝廷以翼山东豪右，即家拜渤海太守。至郡未几，贼徒愈盛，翼部率合境，徙居河、济之间。魏因置东冀州，以翼为刺史，加镇东将军、乐城县侯。”因应战乱，州郡官员的职掌也愈来愈重。“魏自孝昌已后，天下多难，刺史太守皆为当部都督，虽无兵事，皆立佐僚，所在颇为烦扰。”[1]“永安已后，远近多事，置京畿大都督，复立州都督，俱总军人。”[2]“（高）昂以寇难尚繁，非一夫所济，乃请还本乡，招集部曲。仍除通直常侍，加平北将军。所在义勇，竞来投赴。寻值京师不守，遂与父兄据信都起义。……后废帝立，除使持节、冀州刺史以终其身。”[3]军事需要形塑着行政区划的现实状态。“魏自孝昌之季，数钟浇否，禄去公室，政出多门，衣冠道尽，黔首涂炭。铜马、铁胫之徒，黑山、青犊之侣，枭张晋、赵，豕突燕、秦，纲纪从兹而颓，彝章因此而紊。是使豪家大族，鸠率乡部，托迹勤王，规自署置。或外家公主，女谒内成，昧利纳财，启立州郡。”[4]政治腐败亦是政区设置增加的一个重要原因。北魏末年复杂紊乱的行政区划格局，就是这样逐步衍化出来的。

三、东魏北齐、西魏北周政治进程及相关的行政区划形态

由北魏上述的情况可以看出，行政区划是现实政治进程的一个重要层面，也是政治现状的反映。政治发展到什么样的程度，行政区划就表达出什么样的政治状况。政治进程是理解行政区划的关键。政治进程又与社会人群的政治结合有关，有了政治上的结合，才会有小到部落、豪族，大到部落联盟、国家这样的政治体。因为表达政治行为的人群往往存在文化与地域的联系，对政治体进行分析不但要有政治眼光，最好还要同时具备历史与地理思维。思考东魏北

[1] 《北齐书》卷 18《高隆之传》。

[2] 《魏书》卷 113《官氏志》。

[3] 《北齐书》卷 21《高乾传高昂（敖曹）附传》。

[4] 参见《北齐书》卷 4《文宣纪》天保七年（556）十一月壬子诏书。

齐、西魏北周的行政区划，仍须从各自的政治发展过程入手。它们的政治发展过程又有一个共同的直接渊源，并和某个特殊地域联系在一起。要理解东魏北齐、西魏北周的政治过程，必须上溯至北魏的政治发展过程。而北魏政治发展过程又与某些特殊人群——鲜卑以及胡人的政治发展过程有关。[1]

《魏书》卷1《序纪》："昔黄帝有子二十五人，或内列诸华，或外分荒服。昌意少子，受封北土，国有大鲜卑山，因以为号。……黄帝以土德王，北俗谓土为托，谓后为跋，故以为氏。"这显然是在攀附华夏英雄圣王，合理化拓跋鲜卑主导中原地区政治过程的历史。[2]当然攀附只是问题的一方面。从北魏存在大量鲜卑、胡人的政治状况出发，《魏书》卷1《序纪》追溯北魏王朝的起源，特别重视拓跋鲜卑在北方草原地区主导政治发展过程的历史。作为游牧民族，拓跋鲜卑"畜牧迁徙，射猎为业，淳朴为俗，简易为化，不为文字，刻木纪契而已。世事远近，人相传授，如史官之纪录焉"。但是草原时期的拓跋鲜卑已经是"世为君长，统幽都之北，广漠之野"，"积六十七世，至成皇帝讳毛立，聪明武略，远近所推，统国三十六，大姓九十九，威振北方，莫不率服"。从直接的目的来说，这是在形塑自己后来直接统治胡族社会的历史合法性。不过或许它也表达了一点真实的信息：拓跋鲜卑存在过一个从部族政治体

---

[1] 十六国北朝政治史方面的研究论著甚多，特别是日本学者谷川道雄对十六国北朝政治过程全面系统的研究，曾经对笔者影响很大。但笔者现在的研究出自历史政治地理思维，与时贤特别是谷川先生的立论有较大差异，参见〔日〕谷川道雄：《隋唐帝国形成史论》，上海古籍出版社2011年版。

[2] 参见姚大力：《论拓跋鲜卑部的早期历史》，见《北方民族史十论》，广西师范大学出版社2007年版，第1—17页。这里笔者更建议读者参阅王明珂：《英雄祖先与弟兄民族：根基历史的文本与情境》，中华书局2009年版。很难说王著的哪一部分更重要，也许可以说全书的每一部分都重要。虽然王著不是专门讨论拓跋鲜卑的，但读过王著的读者会感受到本文这部分分析思路的学术来源。

出发建构跨部落政治体的政治发展阶段。有了这样的认知，再来看《魏书》卷113《官氏志》里对拓跋鲜卑政治发展的表述："魏氏本居朔壤，地远俗殊，赐姓命氏，其事不一，亦如长勺、尾氏、终葵之属也。初，安帝统国，诸部有九十九姓。"这里的"安帝"，按照《魏书》卷1《序纪》罗列的谱系，是自"成皇帝"毛开始的第五代部落首领，两人相距不算过于遥远。"成皇帝"毛时已经"统国三十六，大姓九十九"。与草原社会日常生活各部自行管理的政治传统联系起来，笔者认为"大姓九十九"其实就是"诸部九十九姓"，表示这九十九个部族（假如这"九十九"为实指的话）形塑了拓跋鲜卑，它们是拓跋鲜卑在草原生成的社会基础。换言之，拓跋鲜卑是一个标识着政治结合的政治体概念。如果这种认识无误，我们就可以进一步梳理《魏书》卷113《官氏志》随后的内容："至献帝时，七分国人，使诸兄弟各摄领之，乃分其氏。自后兼并他国，各有本部，部中别族，为内姓焉。年世稍久，互以改易，兴衰存灭，间有之矣。""献帝"就是《魏书》卷1《序纪》里指导"圣武皇帝"诘汾南迁的第二"推寅"——邻，而正是这次南迁，拓跋鲜卑"始居匈奴之故地"。南迁匈奴故地对拓跋鲜卑的政治影响十分深远，在诘汾之子即所谓"始祖神元皇帝"力微领导时，拓跋鲜卑由弱变强，并开始与魏晋中原王朝发生政治联系，逐步走上了一个与纯草原社会不同的政治发展道路。[1]从这样的政治发展过程来理解"献帝"邻七分国人，笔者以为是一次针对部落社会政治结合方式的重大调整。"献帝以兄为纥骨氏，后改为胡氏。次兄为普氏，后改为周氏。次兄为拓拔氏，后改为长孙氏。弟为达奚氏，后改为

[1] 毋有江：《拓跋鲜卑政治发展的地理空间》，《魏晋南北朝隋唐史资料》第28辑。更请参阅张继昊：《从拓跋到北魏——北魏王朝创建历史的考察》，稻乡出版社2003年版。

奚氏。次弟为伊娄氏，后改为伊氏。次弟为丘敦氏，后改为丘氏。次弟为侯氏，后改为亥氏”，这就是前面所说“七分国人，使诸兄弟各摄领之，乃分其氏”的具体内容。如果结合王明珂对其他游牧民族类似情况的介绍与分析，这很可能是一种基于现实社会联系与政治结构而产生的政治神话，是“弟兄祖先历史心性”的产物。[1]但它也可以被理解为一种现实政治安排的历史投影。这种理解和《魏书》卷113《官氏志》的说辞是吻合的，“七族之兴，自此始也”。至于后面的“又命叔父之胤曰乙旃氏，后改为叔孙氏。又命疏属曰车焜氏，后改为车氏”，从叙述语气上看好像也是“献帝”邻政治安排的一部分。“凡与帝室为十姓，百世不通婚。”这种政治安排对拓跋鲜卑后来的发展影响很大，“太和以前，国之丧葬祠礼，非十族不得与也”。说明“帝室十姓”是拓跋鲜卑政治体的核心部族。它们和之后进入拓跋鲜卑政治体内的其他部族在政治地位与政治关系上有很大差异。《魏书》卷113《官氏志》：“神元皇帝时，余部诸姓内入者。……凡此诸部，其渠长皆自统众”，“其渠长皆自统众”，说明“帝室十姓”的部族成员在管理上可能直接听命于拓跋鲜卑首领，而“余部诸姓内入者”则要通过酋长大人才能与拓跋鲜卑首领发生社会联系。这是拓跋鲜卑这一政治体的边缘人群。除此之外，还有一个所谓的“四方诸部”：“凡此四方诸部，岁时朝贡，登国初，太祖散诸部落，始同为编民。”登国（386—396）是北魏开国皇帝道武帝即位所用的第一个年号。这个“四方诸部”是拓跋鲜卑政治体的外围，它们直到北魏初年，通过离散部落的政治举措，才开始成为拓跋鲜卑主导的政治体的有机组成部分。[2]

---

[1] 参见王明珂：《游牧者的抉择：面对汉帝国的北亚游牧部族》，广西师范大学出版社2008年版，第19—30页；王明珂：《英雄祖先与弟兄民族：根基历史的文本与情境》。

[2] 关于离散部落情况，参见前文相关内容。

通过上述对《魏书》卷1《序纪》与《魏书》卷113《官氏志》相关内容的分析，不难看出，《宋书》所称的“索虏”、“索头虏”，《南齐书》所称的“魏虏”，以及我们所说的拓跋鲜卑，首先应是一个因政治结合而生的政治概念，这个政治体有一个伴随时间与地域变化而发展演变的过程。[1] 虽然政治秩序有等差，社会关系有疏密，但这个草原政治体的文化传统却表现出明显的包容性，在与魏晋中原王朝接触后则呈现出明显的开放性，这种情形可能与草原社会的正常运转总是需要外部资源的不断挹注有关。这种政治文化传统也应是北方草原许多部族和一些汉族士人得以有效参与拓跋鲜卑政治进程的社会基础。北魏建立以后，通过离散部落，向前期首都平城京畿地区移民，在代北地区构建了一个胡汉诸族群社会相互交通、政治相互结合的地理空间。[2] 这里面虽有像崔浩“国史之狱”这样胡汉冲突的事情发生，但政治体的包容性也很明显。《魏书》里记载的汉族士人，从道武帝时代就开始在政治上发挥积极重要的作用，尽管他们在很长一段时间内军事上并不占主导。有了这样一个胡汉长期在文化上交融涵化，在政治上协同配合的社会基础，才可能有孝文帝时代力行汉化改革的政治行为发生。而有了这样的认知，我们也才能够理解北朝后期复杂的政治发展过程。

---

[1] 《宋书》卷95《索虏传》，中华书局1974年版：“索头虏姓托跋氏，其先汉将李陵后也。陵降匈奴，有数百千种，各立名号，索头亦其一也。”《南齐书》卷57《魏虏传》，中华书局1972年版：“魏虏，匈奴种也，姓托跋氏。”和《魏书》表述相同的地方在于它们都强调共同的血缘和种属出身。而人类学提供的大量草原社会调查资料则表明游牧部族，特别是游牧部落的构建在血缘和种属方面的原因并不太突出，现实的生存需要和共同的地域联系可能才是重要的原因。参见王明珂：《英雄祖先与弟兄民族：根基历史的文本与情境》。

[2] 北魏前期向京畿地区移民，规模大，次数多，范围广，延续时间长，参见葛剑雄：《中国移民史》第2卷（先秦至魏晋南北朝时期），第13章第2节“北魏前期的移民”，福建人民出版社1997年版，第533—566页。

《隋书》卷33：“后魏迁洛，有八氏十姓，咸出帝族。又有三十六族，则诸国之从魏者；九十二姓，世为部落大人者，并为河南洛阳人。其中国士人，则第其门阀，有四海大姓、郡姓、州姓、县姓。及周太祖入关，诸姓子孙有功者，并令为其宗长，仍撰谱录，纪其所承。又以关内诸州，为其本望。”《北史》卷5《魏本纪五》，大统十五年（549）五月“初诏诸代人太和中改姓者，并令复旧”。《周书》卷2《文帝纪下》记，魏恭帝元年（554），“魏氏之初，统国三十六，大姓九十九，后多绝灭。至是，以诸将功高者为三十六国后，次功者为九十九姓后，所统军人，亦改从其姓。”《周书》卷4《明帝纪》记，明帝二年（558）三月庚申，周明帝下诏：“三十六国，九十九姓，自魏氏南徙，皆称河南之民。今周室既都关中，宜改称京兆人。”所谓“后多绝灭”，并非指诸部族成员后裔绝代灭种，而是指自魏初以来，部落离散，部族意识逐渐消弭于无形。孝文帝太和十九年（495）下诏定姓族，姓氏族属开始关系到胡人的切身现实政治利益，相当多的胡人在利益驱逼下蒙昧考求自身姓族出身，导致“世宗世，代人犹以姓族辞讼”[1]。但是我们从中也可以看到，孝文帝通过这一政治行为，确实在中原地区成功形塑出一个以“河南洛阳人”—南迁鲜卑贵族为核心，与中原门阀世族相结合的统治阶层，而且这种形塑统治阶层的意识甚至还影响到了后来西魏、北周的政治运作，只是西魏北周采取的方式是由汉姓改从鲜卑旧姓（包括拥有军事实力的部分汉族人士）而已。一般认为西魏改姓举措与大统八年（542）开始建立府兵制有关。[2]《北史》卷60传论云：“初，

---

[1] 《魏书》卷113《官氏志》。

[2] 《北史》卷5《魏本纪五》，大统八年春三月，“初置六军”。《玉海》卷137《兵制》引《后魏书》云：“西魏大统八年，宇文泰仿周典置六军，合为百府。十六年籍民之有材力者为府兵。”同书卷138引《邺侯家传》云：“初置府兵，皆于六户中等以上家有三

魏孝庄帝以尔朱荣有翊戴之功，拜荣柱国大将军，位在丞相上。荣败后，此官遂废。大统三年，魏文帝复以周文帝建中兴之业，始命为之。其后功参佐命，望实俱重者亦居此职。自大统十六年已前，任者凡有八人。周文帝位总百揆，都督中外军事。魏广陵王欣，元氏懿戚，从容禁闼而已。此外六人，各督二大将军，分掌禁旅，当爪牙御侮之寄。当时荣盛，莫与为比。故今之称门阀者，咸推八柱国家。"至于东魏、北齐的情况，《新唐书》卷 212《儒学传中 · 柳冲传》引柳芳论述北朝姓族情况云："代北则为'虏姓'，元、长孙、宇文、于、陆、源、窦首之。'虏姓'者，魏孝文帝迁洛，有八氏十姓，三十六族九十二姓。八氏十姓，出于帝宗属，或诸国从魏者；三十六族九十二姓，世为部落大人；并号河南洛阳人。'郡姓'者，以中国士人差第阀阅为之制，凡三世有三公者曰'膏粱'，有令、仆者曰'华腴'，尚书、领、护而上者为'甲姓'，九卿若方伯者为'乙姓'，散骑常侍、太中大夫者为'丙姓'，吏部正员郎为'丁姓'。凡得入者，谓之'四姓'。又诏代人诸胄，初无族姓，其穆、陆、奚、于，下吏部勿充猥官，得视'四姓'。北齐因仍，举秀才、州主簿、郡功曹，非'四姓'不在选。"可见东魏、北齐承继了北魏以门阀制度为标识的统治阶层格局。只是东魏、北齐与西魏、北周统治阶层的核心并不是前述的"河南洛阳人"，而是所谓的"鲜卑"。如前所述，经过魏初以来在代北地区长达百年的胡汉交往磨合，经过北魏孝文帝的汉化改革，相当多胡族出身的统治阶层人士部族意识已然淡漠，但是又该如何理解北魏末年至两魏齐周涌动的鲜卑族群意识呢？对此我们必须把视野扩展至两魏齐周的缔造者——高欢、

（接上页）丁者选材力一人，免其身租庸调，郡守农隙教试阅，兵仗衣驮牛驴及糗粮旨蓄，六家共备，抚养训导，有如子弟，故能以寡克众。"一般认为这些材料表达的是建立府兵制的情况。

宇文泰早年所生活的北魏北镇地区。

《北史》卷6《齐本纪上·神武纪》："齐高祖神武皇帝姓高氏，讳欢，字贺六浑，勃海蓨人也。六世祖隐，晋玄菟太守。隐生庆，庆生泰，泰生湖，三世仕慕容氏。及慕容宝败，国乱。湖率众归魏，为右将军。湖生四子。第三子谧，仕魏，位至侍御史，坐法徙居怀朔镇。谧生皇考树生，性通率，不事家业。……及神武生而皇妣韩氏殂，养于同产姊婿镇狱队尉景家。神武既累世北边，故习其俗，遂同鲜卑。"高欢家族的族属问题是历史学界比较关注的一个问题[1]，这里不予讨论。要讨论的是高欢北镇起事之前社会交往对象的出身。《神武纪》云："与怀朔省事云中司马子如及秀容人刘贵、中山人贾显智为奔走之友。怀朔户曹史孙腾、外兵史侯景亦相友结。刘贵尝得一白鹰，与神武及尉景、蔡儁、子如、贾显智等猎于沃野。"上列诸人，从其本传看来，虽有伪托虚构的成分，但是总而言之不出胡、汉两类人范围。北魏后期高欢生活的北镇社会与前述北魏前期平城京畿地区在族群关系上并无大的差异，都是一种胡汉杂糅共处的状态，而且北镇社会从人际互动的角度上看似乎并不存在种族的阈限。之前的研究者已有共识，北魏末年形成的高欢军政集团有源自北镇的社会关系基础，正如《隋书》卷24《食货志》所言："六镇扰乱，相率内徙，寓食于齐、晋之郊。齐神武因之，以成大业。"这里想强调的是高欢集团还有一个基于胡汉杂糅而成的共通的政治文化基础。由于胡汉杂糅，游牧与农耕两种社会文化得以在北镇地区融汇，最终形成一种北镇胡汉共通的豪侠尚武、不循礼法的北镇文化。有了这样的基础，高欢即便真是胡族出身，他也会基于在北镇的社会交

[1] 参见吕春盛：《北齐政治史研究——北齐衰亡原因之考察》第1章"高欢之族属问题与北齐政权之基础"，台湾大学出版委员会1987年版，第13—49页。

往经验和文化传统，而与内地汉族士人保持开放性接触；而相似的地域出身与共通的政治文化则维系了高欢与北镇武人的情感联系，帮助他在北魏末年快速崛起。

共通的文化在特定的历史情境下会产生特定的族群意识。普泰元年（531）信都起兵之前，高欢与所统六镇将士约定“不得欺汉儿，不得犯军令，生死任吾”[1]。“欢每号令军士，常令丞相属代郡张华原宣旨，其语鲜卑则曰：‘汉民是汝奴，夫为汝耕，妇为汝织，输汝粟帛，令汝温饱，汝何为陵之？’其语华人则曰：‘鲜卑是汝作客，得汝一斛粟、一匹绢，为汝击贼，令汝安宁，汝何为疾之？’”[2]“（杜）弼性质直，前在霸朝，多所匡正。及显祖作相，致位僚首，初闻揖让之议，犹有谏言。显祖尝问弼云：‘治国当用何人？’对曰：‘鲜卑车马客，会须用中国人。’显祖以为此言讥我。”[3]“德政死后，显祖谓群臣曰：‘高德政常言宜用汉人，除鲜卑，此即合死。又教我诛诸元，我今杀之，为诸元报仇也。’”[4]“韩凤，字长鸾，昌黎人也。……凤于权要之中，尤嫉人士，崔季舒等冤酷，皆凤所为。每朝士谘事，莫敢仰视，动致呵叱，辄詈云：‘狗汉大不可耐，唯须杀却。’若见武职，虽厮养末品亦容下之。”[5]东魏、北齐的胡汉矛盾与冲突已为不少研究者所注意，并影响到对北朝后期政治进程与历史走向的理解。[6]但联系前文的分析，这些

[1]《北史》卷6《齐本纪上神武纪》。

[2]《资治通鉴》卷157，中华书局1956年版，“梁武帝大同三年”条。

[3]《北齐书》卷24《杜弼传》。

[4]《北齐书》卷30《高德政传》。

[5]《北齐书》卷50《韩凤传》。

[6] 参见缪钺：《东魏北齐政治上汉人与鲜卑之冲突》，见《读史存稿》，生活·读书·新知三联书店1963年版，第78—94页；黄永年：《论北齐的政治斗争》，见《文史探微》，中华书局2000年版，第32—68页；牟发松：《旧齐士人与周隋政权》，《文史》2003

史料中的“鲜卑”，已非南迁匈奴故地之初的拓跋鲜卑之旧，在种族与文化的构成上可能亦非此前诸史所言的鲜卑之旧，而是在北镇经胡汉杂糅，并经北魏末年乱局激发而成的一种新族群意识的现实表征。跟随北魏孝文帝南下洛阳定居的胡族人士——“河南洛阳人”（在史料中又被称为“代人”）此时亦重新集结在“鲜卑”的名号下。《隋书》卷24《食货志》：“是时六坊之众，从武帝而西者，不能万人，余皆北徙，并给常廪，春秋二时赐帛，以供衣服之费。”北齐“六坊之内徙者，更加简练，每一人必当百人，任其临阵必死，然后取之，谓之百保鲜卑”。“六坊之众”当指原居于洛阳的北魏鲜卑武人。

宇文泰军政集团和高欢集团有同样的崛起背景，但也有另外一些值得注意的现象。《周书》卷1《文帝纪上》：“太祖文皇帝姓宇文氏，讳泰，字黑獭，代武川人也。……有葛乌菟者，雄武多算略，鲜卑慕之，奉以为主，遂总十二部落，世为大人。其后曰普回，……普回子莫那，自阴山南徙，始居辽西，是曰献侯，为魏舅生之国。九世至侯豆归，为慕容晃所灭。其子陵仕燕，拜驸马都尉，封玄菟公。魏道武将攻中山，陵从慕容宝御之。宝败，陵率甲骑五百归魏，拜都牧主，赐爵安定侯。天兴初，徙豪杰于代都，陵随例迁武川焉。陵生系，系生韬，并以武略称。韬生肱。肱任有侠有气干。……武成初，追尊曰德皇帝。太祖，德皇帝之少子也。……少有大度，不事家人生业，轻财好施，以交结贤士大夫。”从出身背景上看，宇文泰出身胡族，和高欢一样同出北镇。[1] 在随父兄流落河北之前，宇文

（接上页）年第1辑，后收入氏著：《汉唐历史变迁中的社会与国家》，上海人民出版社2011年版，第299—315页。

[1] 参见周一良：《论宇文周之种族》，见《魏晋南北朝史论集》，北京大学出版社1997年版，第239—255页。

泰社会交往对象的出身和高欢相比并无大的不同。[1] 前述豪侠尚武、不循礼法的北镇文化在宇文泰和出自北镇的其他集团成员身上自然也会有所体现，但问题尚不止于此。据《周书》卷 11《晋荡公护传》，宇文护是宇文泰长兄宇文颢的小儿子，宇文颢早死于武川南河战场，见卷 10《邵惠公颢传》。宇文护是宇文泰创业时期深相倚重的家族核心成员，并在宇文泰病逝后承担起了延续宇文氏家族政治核心地位的使命。宇文护出自北镇胡族家庭，他的政治文化习得经历或可反映胡族社会的某种时代风尚。据《晋荡公护传》，北周保定四年（564），早年流落东魏北齐境内的宇文护母亲阎姬托人带信给宇文护，信中提及宇文护家庭成员在寿阳（传作受阳，据《魏书・地形志》，寿阳城在并州太原郡中都县境内）居住时，“时元宝、菩提及汝姑儿贺兰盛洛，并汝身四人同学。博士姓成，为人严恶，(凌)[汝]等四人谋欲加害。吾共汝叔母等闻之，各捉其儿打之。唯盛洛无母，独不被打”。这里的元宝是宇文泰次兄宇文连的儿子，菩提是宇文泰三兄宇文洛生的儿子，宇文连死于定州唐河战场，洛生则是被尔朱荣诛杀，事见《周书》卷 10《杞简公连传》和《莒庄公洛生传》。此信虽出自齐人代作，但叙述宇文护少年经历的部分当出自阎姬真实记忆。从这封信可以看出，尽管背井离乡，孤儿寡母，宇文氏家族还是非常重视子嗣的儒家政治文化教育。这说明至少北镇的部分胡族已开始接受儒家政治文化的熏陶，在豪侠尚武的北镇文化生活里面亦可能有中原地区儒家文化斑驳陆离的影子。这也应是北魏后期洛阳朝廷崇文重儒风尚在边疆地区的流风末韵。西魏废帝三年（554），宇文泰“始作九命之典，以叙内外官爵。……又改置州

---

[1] 参见吕春盛：《关陇集团的权力结构演变——西魏北周政治史研究》第 4 章第 1 节“宇文泰亲信集团的构成”，稻乡出版社 2002 年版，第 123—134 页。

郡及县……凡改州四十六，置州一，改郡一百六，改县二百三十”。恭帝三年（556）春正月丁丑，“初行周礼，建六官。……初，太祖以汉魏官繁，思革前弊。大统中，乃命苏绰、卢辩依周制改创其事，寻亦置六卿官，然为撰次未成，众务犹归台阁。至是始毕，乃命行之”[1]。宇文泰改革的现实成效如何，姑且不论，需要指出的是这种崇尚周礼、讲求秩序的政治行为或也有宇文泰早岁在北镇所受教育的影响。北魏后期北镇武人的政治文化观念和北魏前期也有所不同，这种不同可能与北魏后期洛阳一带的政治文化存在时代上的关联。[2]

综上所述，北镇地区是东魏北齐、西魏北周政治文化传统的地理渊源，这种政治文化传统凸显豪侠尚武、不循礼法，但也涌动着儒家政治文化的潜流。换言之，北镇文化与北魏前期平城京畿地区的政治文化比较契合，但也有迁都洛阳以后北魏后期主流文化的影子。政治文化是政治结构与政治联系在社会意识层面的体现。北魏前期，由于平城京畿地区与北镇地区地理相接，作为游牧民族建立的王朝，北镇地区与京畿地区在政治结构上其实为一体，“缘边诸镇，控摄长远。昔时初置，地广人稀，或征发中原强宗子弟，或国之肺腑，寄以爪牙”[3]。“昔皇始以移防为重，盛简亲贤，拥麾作镇，配以高门子弟，以死防遏。不但不废仕宦，至乃偏得复除。当时人

[1] 《周书》卷2《文帝纪下》，中华书局1971年版。

[2] 高欢家族在北镇时代对儒学的态度如何，无从考知，但我们知道高欢父子在政治上崛起之后很注重对家族成员进行儒家政治文化教育。《北史》卷6《齐本纪上》称高欢“仁恕爱士。始范阳卢景裕以明经称，鲁郡韩毅以工书显，咸以谋逆见禽，并蒙恩置之第馆，教授诸子”。《北史》卷7《齐本纪中》：“及文襄（指高澄）执政，遣中书侍郎李同轨就霸府为诸弟师。”

[3] 《北齐书》卷23《魏兰根传》。

物，忻慕为之。”[1] 由此可见，两个地区的政治联系密切，政治关系平等。但是自孝文帝迁都洛阳以后，北镇地区与政治核心地区在地理上彻底分离。由于孝文帝尚文崇经，洛阳京畿地区呈现出与前期平城京畿地区完全不同的政治文化风貌。通过定姓族、明婚宦而形塑成的北魏后期统治阶层，也与北镇人士有着文化教养与阶级情感上的巨大鸿沟。[2] 在华夏中心观映照下的孝文帝汉化改革，使北镇地区迅速沦为政治与文化上的边缘，北镇武人因改革而失去了先前公平分享社会优质政治资源的机会。“自非得罪当世，莫肯与之为伍。征镇驱使为虞候、白直，一生推迁，不过军主。然其往世房分，留居京者，得上品通官；在镇者，便为清途所隔。或投彼有北，以御魑魅，多复逃胡乡。乃峻边兵之格，镇人浮游在外，皆听流兵捉之。于是少年不得从师，长者不得游宦。独为匪人，言者流涕。”[3]“中年以来，有司乖实，号曰府户，役同厮养，官婚班齿，致失清流。而本宗旧类，各各荣显，顾瞻彼此，理当愤怨。”[4] 而且北魏末年政治腐败，北镇地区的吏治尤其腐败。“自定鼎伊洛，边任益轻，唯底滞凡才，出为镇将。转相模习，专事聚敛。或有诸方奸吏，犯罪配边，为之指踪，过弄官府；政以贿立，莫能自改。咸言奸吏为此，无不切齿增怒。”[5] 由此可见，迁都所导致的北魏政治结构与政治关系的

[1] 《北史》卷 16《太武五王广阳王建传孙元深附传》。

[2] 《北史》卷 5《魏本纪五》：“帝（指后来随孝武帝入关并被推奉为西魏文帝的元宝炬）性强果，始为太尉时，侍中高隆之恃勃海王高欢之党，骄狎公卿。因公会，帝劝酒不饮，怒而殴之。骂曰：‘镇兵，何敢尔也！’……及欢将改葬其父，朝廷追赠太师，百僚会吊者尽拜。帝独不屈，曰：‘安有生三公而拜赠太师耶！’”这里面隐含的情绪可能不仅仅是对高欢个人专权的不满，也当有长久以来洛阳权贵对北镇出身之人文化情感上的鄙视与憎恶。

[3] 《北史》卷 16《太武五王广阳王建传孙元深附传》。

[4] 《北齐书》卷 23《魏兰根传》。

[5] 《北史》卷 16《太武五王广阳王建传孙元深附传》。

变化，是北镇地区与中原内地对立的政治根源。由于地处边疆军事要地，北镇民众尚武习战，隐含有巨大的军事潜能，再加上极端的吏治腐败，北魏末年的北镇地区，已成为最有可能萌生战乱的地方。也正由于北镇隐含的巨大军事能量，在北魏洛阳朝廷瓦解分崩之际，高欢和宇文泰才能借重源自北镇的武力，纠合各方势力，建立起东西颉颃对峙的北方新格局。

行文至此，我们已能理解北魏末年至两魏齐周涌动的鲜卑族群意识之成因。它有北镇社会的土壤，是北魏政治结构与政治关系变动的产物，并由北魏后期洛阳朝廷不公政治对待所激发。高欢集团和宇文泰集团既在政治支持与军事抗衡上要仰赖北镇武人，就不能不在具体的政治举措上对鲜卑族群意识有所呼应。所以高欢一度漠视官吏贪污腐败，将士掠夺百姓，宇文泰则有将汉姓改从鲜卑旧姓，建立府兵制度的政治举措。

在东魏北齐与西魏北周，也活跃着汉族地方豪族的身影，他们是中原各地地方权益的保护者和代言人。东魏北齐和西魏北周政权要生存发展，同样要仰仗地方豪族与汉人武士的支持与配合。“于时鲜卑共轻中华朝士，唯惮服于昂。高祖（指高欢）每申令三军，常鲜卑语，（高）昂若在列，则为华言。”高昂（即敖曹）是渤海高氏家族的重要成员，拥有私家武装。[1]“及文宣受禅，多所创革。六坊之内徙者，更加简练，每一人必当百人，任其临阵必死，然后取之，谓之百保鲜卑。又简华人之勇力绝伦者，谓之勇士，以备边要。”[2]这是东魏北齐的情况。“是时六坊之众，从武帝而西者，不能万人”[3]，西魏由于出自鲜卑的兵力更为不足，在频繁战争的巨大消耗下必

[1] 《北齐书》卷21《高昂传》。

[2] 《隋书》卷24《食货志》，中华书局1973年版。

[3] 《隋书》卷24《食货志》。

须借助豪族大姓军事资源挹注于政权才能够得以维持。大统九年（543），邙山一战西魏最终不利，宇文泰“广募关陇豪右，以增军旅”[1]，府兵制的创设实有整合胡汉两种军事力量的政治意图在里面。东西政权的这种胡汉混合气质，很容易引发我们对十六国北朝整体政治进程的思考。

高欢与宇文泰集团所从出的北镇地区在人文地理上属于所谓的农耕游牧交错带，从立足农耕地区王朝的政治发展需要出发，单靠北镇的政治文化传统自然不足以建立起长久有序的政治统治，必须依托中原政治文化传统，建立起最高领导者的政治权威和以最高领导者为中心的政治秩序。[2]这是东魏后期高欢授意其子高澄打击本集团勋贵、澄清吏治的政治动机。[3]而宇文泰重用苏绰、卢辩颁布六条诏书，改革官制，也应是出于这样的政治动机。

北镇势力毕竟是一个不容忽视的客观存在，他们豪侠尚武、不循礼法的政治行为模式必然会牵动现实政局的走向。东魏北齐因为曾是北镇流民南下的主要地区，又在北魏分裂之际接收了自洛阳而来的大部分鲜卑势力，所以北镇武人的政治作为与最高领导者日益明显的集权意图，以及汉族士人重建以最高领导者为中心的政治秩序的努力之间的政治反差日益明显。由此观察东魏北齐的政治进程，之前学者所言东魏北齐剧烈的胡汉冲突，实因为在东魏北齐的政治架构里面缺乏有效的政治机制来和平化解源自不同地理背景的两种政治文化在同一政治体内的冲突。在三方鼎峙的军事压力与政

---

[1] 《周书》卷2《文帝纪下》。

[2] 笔者在这里用最高领导者而不是皇帝来指代最高统治者，是因为东西魏时期皇帝并不是权力的真正中心。

[3] 参见吕春盛：《北齐政治史研究——北齐衰亡原因之考察》第5章第1节“高欢时代的政治冲突：五三四—五四六年”，第191—202页。

治竞争面前，东魏北齐的最高领导者除了左右摇摆妥协之外，似乎也没有更好的化解渠道。[1] 这是我们阅读《北齐书》时所应留意的地方。

比较而言，西魏北周所据之关西地区自然地理状况更为复杂多样，种族与民族以多元杂处著称，人文地理环境和东魏北齐所据之河北地区相比有很大的差异。是时宇文泰所统鲜卑兵力远不及高欢军政集团，加上外部的政治压力与军事竞争，胡汉矛盾并不是西魏北周所面临的主要政治问题。在关中地方豪族的协助与北镇武人的配合下，宇文泰通过厉行军政改革，得以成功重建最高领导者的政治权威和以最高领导者为中心的政治秩序。西魏北周的问题在于宇文泰病故时子嗣幼弱，政治能力不足，不得不借助侄子宇文护之力维持家族的政治核心地位。但在北周建立以后，皇帝集权的政治文化传统与宇文护把持政柄的政治现实引发统治集团核心成员内讧不已，统治阶层相当一部分人因此明哲保身，政治态度趋于暧昧，宇文氏政治统治的权威已然下降。《资治通鉴》卷 170《陈纪四》陈临海王光大二年（568）秋七月，“（杨）坚为开府仪同三司、小宫伯，晋公护欲引以为腹心。坚以白忠，忠曰：‘两姑之间难为妇，汝其勿往！’坚乃辞之”。杨坚行周隋禅代一事之所以有惊无险，与统治阶层对宇文氏的政治向心力不足有很大关系。[2]

现在已知东魏北齐与西魏北周的政治进程在时代共性之下又各有其特点，由此我们再来观察双方政治进程的另一个重要层面——

[1] 吕春盛从君权与胡汉冲突的角度，对造成北齐政局不断冲突动荡的根由，做了系统的历史学梳理，认为君权问题与胡汉冲突是北齐政权所面临的历史困境。参阅吕春盛：《北齐政治史研究——北齐衰亡原因之考察》，特别是第 6 章“北齐政权的历史困境”以及“结语”，第 266—306 页。

[2] 参见吕春盛：《关陇集团的权力结构演变——西魏北周政治史研究》，特别是第 7 章“周隋革命与统治阶层的变动”与第 8 章“结论”，第 281—357 页。

行政区划的演变情况。东魏是北齐政区的基础，西魏是北周政区的前身，所以探究应该从东西魏着手。先据《魏书》卷12《孝静帝纪》（以下简称《孝静帝纪》）与《北史》卷6《齐本纪上》（以下简称《齐本纪上》），从东魏说起。

天平元年（534），《孝静帝纪》，冬十月“丙子，车驾北迁于邺。诏齐献武王（即高欢）留后部分。改司州为洛州，以卫大将军、尚书令元弼为骠骑大将军、仪同三司、洛州刺史，镇洛阳。诏从迁之户，百官给复三年，安居人五年”。十一月“庚寅，车驾至邺，居北城相州之廨。改相州刺史为司州牧，魏郡太守为魏尹，徙邺旧人西径百里，以居新迁之人。分邺置临漳县，以魏郡、林虑、广平、阳[平、顿]丘、汲郡、黎阳、东[郡]、濮阳、清河、广宗等郡为皇畿”。闰十二月，“初置四中郎将，于礓石桥置东中，蒲泉置西中，济北置南中，洺水置北中”。《齐本纪上》：“正月壬辰，神武（即高欢）西伐费也头虏纥豆陵伊利于河西，灭之。迁其部落于河东。”“初，神武自京师将北，以为洛阳久经丧乱，王气衰尽。虽有山河之固，土地褊狭，不如邺，请迁都。……神武以孝武既西，恐逼崤陕，洛阳复在河外，接近梁境。如向晋阳，形势不能相接。依议迁邺。……诏下三日，车驾便发，户四十万，狼狈就道。神武留洛阳部分，事毕还晋阳。自是军国政务，皆归相府。”由于高欢集团以河北平原与汾河谷地为统治根本，加上东西、南北均存在对峙形势，迁都邺城势所难免。“自是军国政务，皆归相府”，迁都邺城，也是高欢全面掌控东魏军政大权的开始。在这种情况下，行政区划以邺城为中心并予以某些重要调整，势在必行。所以东魏和北魏的行政区划，在空间格局上实存在着一些重要差异。

天平二年（535），《孝静帝纪》：“春正月，宝炬（即西魏文帝）渭州刺史可朱浑道元拥部来降，齐献武王迎纳之，赈其廪食。”“九月，齐献武王以治民之官多不奉法，请选朝士清正者，州别遣一人，问疾苦。”东魏初年，高欢集团军纪不严，但是我们注意到统治者也有通过改善行政管理来强化对地方控制的政治举措。在看似承自北魏的浑浊乱局里面，施政治民的行政区划功能在东魏时代开始有所恢复。

天平三年（536），《孝静帝纪》，春正月，“齐献武王袭宝炬西夏州，克之”，“二月丁未，萧衍光州刺史郝树以州内附”。秋七月，“萧衍夏州刺史田独鞞、颍川防城都督刘鸾庆并以州内附”，“九月壬寅，以定州刺史侯景兼尚书右仆射、南道行台，节度诸军南讨”，“冬十有一月……侯景攻克萧衍楚州，获刺史桓和”。《齐本纪上》：“正月甲子，神武帅厍狄干等万骑袭西魏夏州。……擒其刺史费也头贺拔俄弥突，因而用之。留都督张琼以镇守，迁其部落五千户以归。”“西魏灵州刺史曹泥，与其婿凉州刺史刘丰，遣使请内属。……神武率骑迎泥、丰生，拔其遗户五千以归，复泥官爵。”“二月，神武令阿至罗逼西魏秦州刺史建忠王万俟普拨，神武以众应之。六月甲午，普拨与其子太宰受洛干、豳州刺史叱干宝乐、右卫将军破六韩常及督将三百余人，拥部来降。”结合天平二年西魏渭州刺史可朱浑道元以及兴和二年（540）西魏行台宫延和、陕州刺史宫元庆（见下）投降东魏的例子可知，军政活动归根到底还是要由人力来支撑。在战争对人力存在巨大消耗的情况下，对人力的争取与掠夺在很多情况下比控制某些地方还要重要。这是东魏在迁都邺城时的必要举措之外很少对承自北魏的行政区划做调整的重要原因。这一点我们也可以拿来与后面西魏的情况相参照。

武定七年（549），《孝静帝纪》：“春正月戊辰，萧衍弟子北徐州刺史、封山侯萧正表以钟离内属，封兰陵郡开国公、吴郡王。三月丁卯，侯景克建业，还以萧衍为主。衍弟子北兖州刺史、定襄侯萧祇，相谭侯萧退来降。衍江北郡国皆内属。”“夏四月，大行台慕容绍宗、大都督刘丰遇暴风，溺水死。甲辰，诏以齐文襄王为相国、齐王，绿綟绶，赞拜不名，入朝不趋，剑履上殿，食冀州之勃海、长乐、安德、武邑，瀛州之河间五郡，邑十五万户，余如故。”“五月，齐文襄王师众自邺赴颍川。六月丙申，克颍州。”八月，“齐文襄王薨于第，秘不发丧”。按《魏书》卷106《地形志中》：“前件自阳州已下二十三州并缘边新附，地居险远，故郡县户口有时而阙。”这些承自萧梁的州郡县的并入，对东魏行政区划格局带来了较大的影响，体现在文献中，就是《地形志中》出现的大量“武定某年置”，“武定某年改”，“武定某年复”。南北之间基于政治对抗与军事对峙而产生的某些政区设置，也由于疆域的重大变动而出现了存在意义的消长。这也应是北齐天保七年（556）省并政区的一个重要原因。

东魏的行政区划格局虽然承袭自北魏，但由于政治中心由洛阳东北移至邺城，政治地理格局发生重大变化，再加上疆域面积缩小，两者的政区设置还是存在着一些重要的差异。《魏书》卷106《地形志上》和《地形志中》，反映的主要还是东魏的行政区划格局。而北齐由于在政治格局与疆域面积上与东魏有很大的因袭关系，两者在行政区划上的雷同之处要更多。

我们前面梳理东魏北齐的政治进程，已知东魏北齐的根本政治问题在于胡汉两类族群、两种政治文化的交互磨合，政区问题并非政治发展的重点。所以和西魏比较起来，除了东魏初年迁都邺城的必要调整，东魏的行政区划演变过程缺少让人耳目一新之处。

再据《北史》卷5《魏本纪五》（以下简称《魏本纪五》）与《周书》卷2《文帝纪下》（以下简称《文帝纪下》）比较一下西魏的情况。

大统元年（535），《魏本纪五》，春正月，“东魏将侯景攻陷荆州”。“二月，前南青州刺史大野拔斩兖州刺史樊子鹄，以州降东魏。”“秋七月，……梁州刺史元罗以州降梁。”《文帝纪下》：“春正月己酉，进太祖（即宇文泰）督中外诸军事、录尚书事、大行台，改封安定郡王。太祖固让王及录尚书事，魏帝许之，乃改封安定郡公。”

大统二年（536），《魏本纪五》，春正月，“东魏攻陷夏州”。“二月，仪同三司段敬讨叛羌梁企定，平之。”“夏五月，……秦州刺史、建忠王万俟普拨及其子太宰寿乐干率所部奔东魏。”《文帝纪下》：“春三月，东魏袭陷夏州，留其将张琼、许和守之。”“夏五月，秦州刺史、建中王万俟普拨率所部叛入东魏。太祖勒轻骑追之，至河北千余里，不及而还。”西魏政权以宇文泰军政集团为现实基础，而宇文泰在威望、实力上与高欢相比还存在一定的差距，只是因为合并东西对高欢而言也是力所未逮，西魏才得以存续下来。西魏治下政区的不稳状态，应是宇文泰现实政治状况的直接投影。

大统十六年（550），《魏本纪五》：“五月，东魏静帝逊位于齐。秋七月，安定公宇文泰东伐，至恒农。齐师不出，乃还。”《文帝纪下》：“春正月，柳仲礼率众来援安陆，杨忠逆击于漴头，大破之，擒仲礼，悉虏其众。马岫以城降。”“九月丁巳，军出长安。时连雨，自秋及冬，诸军马驴多死。遂于弘农北造桥济河，自蒲阪还。于是河南自洛阳，河北自平阳以东，遂入于齐矣。”北齐建立，就内而言是因为经高仲密、侯景诸反叛事件之后，最高领导者的政治权威和以最高领导者为中心的政治秩序已然确立。对外而言，最重要的原因还是东西对峙格局已成稳定状态，西魏宇文泰尚没有实力争得更大的军事优势。

废帝元年（552），《魏本纪五》：“冬十一月，梁湘东王萧绎讨侯景，禽之。遣其舍人魏彦来告，仍嗣位于江陵。”《文帝纪下》：“春，王雄平上津、魏兴，以其地置［南洛州］、东梁州。”“夏四月，达奚武围南郑，月余，梁州刺史、宜丰侯萧循以州降。武执循还长安。”

废帝二年（553），《魏本纪五》：“秋八月，大将军尉迟迥克成都，剑南平。”《文帝纪下》：“三月，太祖遣大将军、魏安公尉迟迥率众伐梁武陵王萧纪于蜀。……五月，萧纪潼州刺史杨干运以州降，引迥军向成都。”

废帝三年（554），《文帝纪下》：“三年春正月，始作九命之典，以叙内外官爵。以第一品为九命，第九品为一命。改流外品为九秩，亦以九为上。又改置州郡及县……凡改州四十六，置州一，改郡一百六，改县二百三十。”

恭帝元年（554），《魏本纪五》：“冬十一月，魏师灭梁，戕梁元帝。”《文帝纪下》：“梁元帝遣使请据旧图以定疆界，又连结于齐，言辞悖慢。……冬十月壬戌，遣柱国于谨、中山公护、大将军杨忠、韦孝宽等步骑五万讨之。十一月……丙申，谨至江陵，列营围守。辛亥，进攻城，其日克之。……立萧詧为梁主，居江陵，为魏附庸。”“魏氏之初，统国三十六，大姓九十九，后多绝灭。至是，以诸将功高者为三十六国后，次功者为九十九姓后，所统军人，亦改从其姓。”侯景乱梁的一个重要政治后果是西魏版图大幅扩展，政治实力大增，三方对峙格局出现了有利于西魏的重大变化。另外由宇文泰从容进行军政改革、大幅调整行政区划来看，最高领导者的政治权威和以最高领导者为中心的政治秩序在西魏也已经稳定下来。

恭帝三年（556），《魏本纪五》：“春正月丁丑，初行《周礼》，建六官。”“冬十月乙亥，安定公宇文泰薨。”“十二月庚子，帝逊位于周。”《文帝纪下》：“春正月丁丑，初行周礼，建六官。以太祖为太师、大冢宰，柱国李弼为太傅，大司徒赵贵为太保，大宗伯独孤信为大司马，于谨为大司寇，侯莫陈崇为大司空。初，太祖以汉魏官繁，思革前弊。大统中，乃命苏绰、卢辩依周制改创其事，寻亦置六卿官，然为撰次未成，众务犹归台阁。至是始毕，乃命行之。”

“有周创据关右，日不暇给，洎乎克清江、汉，爰议宪章。”[1]西魏初期政局不稳，而且宇文泰依托关中和高欢依托河北平原与汾河谷地也有不同，宇文泰的政治核心区域只有关中一块，所以政治中心虽由洛阳西移长安，但我们在文献中看不到如东魏围绕迁都邺城所做的那种重大调整。前已述及，宇文泰集团鲜卑兵力不如高欢，又面临人力在战争中的不断消耗，在军事与政治上对关陇豪族存在较大依赖，胡汉矛盾不似高欢集团那样显著，所以一旦局势稳定，调整行政区划就会成为确立新的政治秩序的重要一环。从这样的角度来理解西魏废帝三年大规模改置州郡县的举措，就会明白这和官制改革一样，是政治进程迈入北周时代的先声。

四、北齐、北周行政区划变动与北朝的政治进程

行政区划既是政治进程的重要层面，则政治进程一定有行政区划功能变动的影响痕迹。这里继续观察北齐、北周行政区划变动与各自政治进程的关系。

北齐一代承继的是东魏疆域与政区的格局，但也有不少变化。由于政治权力的中心在皇帝，文宣帝高洋时期（550—559）是北齐比较强盛的时代。此时的北齐，正如唐人魏徵所云：“控带遐阻，西包汾、晋，南极江、淮，东尽海隅，北渐沙漠。六国之地，我获其五；九州之境，彼分其四。”[2]疆域达到了极盛。

---

[1]《隋书》卷26《百官志上》。

[2]《北史》卷8《齐本纪下》魏徵总论。

除了占领淮南江北，文宣帝时期尚有三件影响疆域和政区变动的重要事情：

第一，是长城的兴筑。由于游牧民族扰动，北齐核心地区——汾河谷地和河北平原——的西北与北部边缘局势时常不稳，文宣帝特别重视长城的防御作用。《北齐书》卷4《文宣纪》，天保三年（552），“冬十月乙未，至黄栌岭，仍起长城，北至社干戍四百余里，立三十六戍”。黄栌岭在今山西省汾阳市与吕梁市离石区交界地带，社干戍故址在今山西省岚县东北16公里的舍安村。这条长城是为了保证晋阳西侧的安全。《北齐书》卷4《文宣纪》，天保六年（555），“发夫一百八十万人筑长城，自幽州北夏口至恒州九百余里”，《资治通鉴》卷166《梁纪二十二》将此系于梁静帝绍泰元年（555）六月庚戌朔日下。[1]“自幽州北夏口至恒州九百余里”，《资治通鉴》作“自幽州夏口西至恒州九百余里”，胡注云：“幽州夏口，盖即居庸下口也。幽州军都县西北有居庸关。濕余水出上谷沮阳县之东，南流出关，谓之下口。”恒州，《元和郡县图志》卷14《河东道三》云：“孝昌之际，乱离尤甚，恒、代之北，尽为邱墟，高齐文宣帝天保七年置恒安镇，徙豪杰三千家以实之，今名东州城。其年废镇，又置恒州。”似乎不是天保六年所提到的恒州。《魏书》卷106《地形志上》如此解释恒州：“天兴中置司州，治代都平城，太和中改。孝昌中陷，天平二年置，寄治肆州秀容郡城。”笔者认为《北齐书》卷4《文宣纪》天保六年所指的恒州，就是这个侨置于肆州秀容郡城、北魏原设的恒州。如果这种判断无误，则天保六年所筑长城与天保三年所筑长城段大致相接，将雁门关以南、以晋阳为中心的山西地区与以邺城

---

[1] 《北齐书》卷13《赵郡王琛传子叡附传》：“（天保）六年，诏睿领山东兵数万监筑长城。于时盛夏六月，睿在途中，屏除盖扇，亲与军人同其劳苦。”这可能是《资治通鉴》系时月的依据。

为中心的河北平原从西面和北面包裹起来。可以看出，北齐修筑长城的意义并不在于划定疆界，而在于确保政治核心区安全。《北齐书》卷4《文宣纪》载，天保八年（557），又“于长城内筑重城，自库洛拔而东至于坞纥戍，凡四百余里”。当然，文宣帝所筑长城不止此两段。“先是，自西河总秦戍筑长城东至于海，前后所筑东西凡三千余里，率十里一戍，其要害置州镇，凡二十五所。”[1] 兴筑长城虽无关疆界变动，却影响到现实的行政区划设置。前引《元和郡县图志》所记天保七年（556）所置之恒安镇与恒州，仍当与修筑长城有关。

第二，是天保七年并省政区的举措。天保七年十一月壬子日下诏并省行政区划。诏书列举了一串调整行政区划的理由。概括而言，一是要纠正承自北魏、东魏的行政设置乱局，重塑以皇帝为中心的政治秩序；二是南北之间局势趋于和缓，北齐借助侯景之乱在淮南“拓土开疆”的局面行将结束，在疆域稳定的前提下，为使户口规模与政区层级高低对应起来，亦须对政区设置加以调整。“于是并省三州、一百五十三郡、五百八十九县、二镇二十六戍。”此外，并省行政设置也有节省财政开支的现实动因。“又制刺史、[守]、令（尽）行兼，不给幹物。”[2] 西魏废帝三年的行政区划改革与此比较起来，西魏侧重于“改置”，北齐强调“并省”；西魏的高层政区是全面整体性的变动，北齐则是局部性的。但在郡县两级政区设置方面，北齐力度似乎要大很多，这可能是因为北齐范围内的大部分地方本来就是郡县制长期确立的地方，行政设置的范围大小与等级高低有足资

[1] 《北齐书》卷4《文宣纪》，天保七年。

[2] 参见《北齐书》卷4《文宣纪》，天保七年。关于这次并省的背景及详情，参见侯旭东：《地方豪右与魏齐政治——从魏末启立州郡到北齐天保七年并省州郡县》，《中国史研究》2004年第4期。

评鉴的历史与现实依据。而西魏境内地理环境更为多样，族群关系复杂，不少地方新近才正式纳入有效管理，规范高层政区显然比省并不合时宜的郡县设置更有意义。

第三，是行台开始完全地方官化。行台全称行台尚书，在北魏末年出现，具有中央临时差遣性质。行台本为适应战时需要、加强军政官员调动地方社会资源的权威而临时设置，但由于三方政治竞争与军事对峙的常态化，到了东魏北齐之时，特别是北齐时代，行台已成为相当稳定的最高一级地方机构。[1] 北齐的行台不但职掌类同于北周的总管，它的分布格局对北周末年的总管设置也有影响。《周书》卷 6《武帝纪下》，建德六年（577）二月，北周灭北齐，“齐诸行台州镇悉降，关东平。……乃于河阳、幽、青、南兖、豫、徐、北朔、定并置总管府，相、并二总管各置宫及六府官”。北周所设总管处，多为北齐原置行台之地。行台在北齐已具备超越州一级的地方行政管理职能，只不过行台侧重于军事指挥调动，强调以军统政，设置机动灵活，而州郡县是成建制的行政区划体系，以民事管理为先，一经设置就不轻易更动，相对稳定。东魏武定五年（547），河南道大行台侯景起兵抗命高澄，成为南北朝政治地理格局重塑的重要契机，显示行台对中央与地方关系影响巨大。但是受制于三方相竞的总体格局，北齐在政治上仍选择了完善而不是废除行台制度。

据《隋书》卷 27《百官志中》，北齐州、郡、县各分为上上、上中、上下、中上、中中、中下、下上、下中、下下九等；北齐沿袭北魏和西魏，也有镇戍的设置，镇、戍均有上、中、下三等之分，

---

[1] 参见牟发松：《东魏北齐的地方行台》，《魏晋南北朝隋唐史资料》第 9、10 辑，1988 年；《北朝行台地方官化考略》，《文史》第 33 辑，1990 年。

戍下领军，军下领幢。其中三等上州刺史为第三品，三等中州刺史、三等上郡太守为从第三品，三等下州刺史、三等镇将为第四品，三等中郡太守为从第四品，三等下郡太守为从第五品，三等上县令为第六品，三等中县令为第七品，三等下县令为第八品，诸戍主、军主为从第七品。与北魏后期州、郡、县各分为上、中、下三等情况比较，北齐政区等级更为细密琐碎，这不仅是政区制度划分精致化的体现，也是北魏末年以来侨置、滥置行为引发行政区划体系过度膨胀的现实投影。

北齐在文宣帝高洋死后，围绕以皇帝为中心政治秩序的巩固与发展，有过多次惨烈的政治冲突。到后主高纬当政的时代（569—577），冲突仍在继续，但北镇出身的勋贵武人似已失去左右政局的能力，这表现为源自君权的恩倖政治日趋活跃。恩倖政治虽有助于皇帝集权，但也会侵蚀掉清明有序的政治发展环境，这是北齐衰亡的重要内因。[1] 在一个三方鼎峙的政治环境里面，政治衰颓最明显的表征就是疆域被邻敌大幅蚕食。首先是陈朝对淮河南北的蚕食。陈宣帝太建五年，亦即后主武平四年（573），陈宣帝宣布北伐。陈军由于准备充分，攻势甚锐，陈朝政区设置亦随军事推进而做以相应调整；北齐则是军队节节败退，疆域迅速北缩。到了陈太建九年（577），齐陈冲突已因北齐亡国一变而为周陈相争了。

后主时代北周的进攻与蚕食当然更为致命，因为北周针对的是北齐政治核心区——汾河谷地与河北平原。在周齐相持的多数时间里双方冲突实际上往往互有胜负，对各自疆域影响不甚大。例如后主武平二年、周武帝天和六年（571）三月，北周攻拔北齐新筑的汾

---

[1]　参见吕春盛：《北齐政治史研究——北齐衰亡原因之考察》第5章第4节“高纬时代的政治冲突：五六九—五七七”，第235—255页。

北五城，四月又攻取北齐宜阳等九城，但是同年六月，北齐也攻克了北周的汾州（治定阳）。[1]武平三年、周武帝建德元年（572），宇文护被诛，北周政治事权归一，并吞北齐随之提上政治日程。武平六年、周武帝建德四年（575）七月，北周出兵进攻北齐。武平七年、周武帝建德五年，晋州（治平阳）于十月、并州于十二月相继为周军攻破。幼主承光元年、北周建德六年，正月周兵入邺，二月攻破冀州（治信都），至此北齐灭亡。据《周书》卷6《武帝纪下》，北齐亡时，“合州五十五，郡一百六十二，县三百八十五，户三百三十万二千五百二十八，口二千万六千（六）百八十六”[2]。

北周承继的是西魏末年的疆域与政区格局。疆域变迁是政治发展的一个显性观察指标。从疆域演变的角度来看，以宇文泰集团为基础的西魏政权立足初期形势不稳，势力主要局限于关中一带，具体情况已见前述。侯景之乱是宇文泰集团政治上站稳脚跟的一大契机，这是北周立国的重要历史前提。[3]北周建国后，在三方鼎峙的形势下主要着眼于解决、消化内部政治问题，疆域大部分时间拓展

[1] 参见《北史》卷8《齐纪下》,《周书》卷5《武帝纪上》。

[2] 《隋书》卷29《地理志上》:“后齐承魏末丧乱，与周人抗衡，虽开拓淮南，而郡县僻小。天保之末，总加并省，洎乎国灭，州九十有七，郡一百六十，县三百六十五，户三百三万。”与《周书》所记比较，州数多出四十二个，郡少两个，县少二十个，户数少了二十七万之多。推想而言,《地理志上》所据应为北齐灭亡时国家所藏版籍，该版籍可能包含施和金在《北齐地理志》里所言陈朝北伐所夺之淮南诸州以及北齐侨置的州，而《周书》则可能据实际战果统计而来。当然也不应排除这些数字本身就存在讹误，因为两种材料之间的数字差异似乎缺乏可完整解释的逻辑。参见施和金：《北齐地理志》“绪言”，中华书局2008年版，第6页。

[3] 参见吕春盛：《北齐政治史研究——北齐衰亡原因之考察》第2章第1节“侯景之乱对南北朝形势的影响”，第52—69页；李万生：《侯景之乱与北朝政局》第5章“侯景之乱与周定三分”，中国社会科学出版社2003年版，第157—226页；吕春盛：《关陇集团的权力结构演变——西魏北周政治史研究》，此书由权力结构的角度梳理西魏北周至隋的政治发展过程，虽于疆域变迁没有着墨，但是对理解北周疆域演变过程却有很大帮助。

得并不太多。《周书》卷5《武帝纪上》，建德元年三月丙辰，“诛大冢宰晋国公护”，“罢中外府”，北周至此消除了政治中心两歧的不正常局面。建德四年秋七月，北周开始攻伐北齐。灭齐之后转而与陈展开疆土争夺。据《陈书》卷5《宣帝纪》，北齐灭亡，陈宣帝想与北周争夺徐兖地区，遂命司空吴明彻督诸军北伐。陈朝的问题在于陈宣帝进取之心太急，对敌我双方情况估计与实际误差太大。太建十三年，周大定元年（581）二月，周隋嬗代，周陈对立已变成隋陈对立。太建十四年、隋开皇二年（582）春正月，陈宣帝病死，陈朝的战略攻势至此宣告彻底结束。北周虽有司马消难之叛，但对江汉地区的疆域形势影响最终并不大。[1]

就政区设置而言，北周有过不少更动，特别是高层政区新置较北齐为多。北周析置新州，皆在关中核心区之外。这些新州要么是治下原先的化外之地，要么是边疆新获之地，要么是灭亡北齐之后的新得之地，北周显然意在通过政区设置来加强地方控制。当然，加强地方控制也可通过省并政区的方式来达到，具体事证如上引。

在与政区有关的职官设置上，北周有新的发明。首先是总管的创设。《周书》卷4《明帝纪》，武成元年（559）春正月，“初改都督诸州军事为总管”。自北魏末年战乱，都督之称逐渐泛化。都督名称隐含的社会政治权威虽迅速下沉，“都督诸州军事”的职掌却无法取消。特别是西魏北周频繁析置新州，州境大幅缩小，而军事活动往往跨州连境，北周创设总管制，是现实军政活动的需要。总管与北齐的行台情况比较类似，在北周一代逐渐演变为州一级之上的跨高

---

[1]《通典》卷171《州郡典一·序目上》，中华书局1988年版：“（太建）十二年，周大将司马消难以淮西地来降，又遣将周罗睺攻克新野，寻并失之。”

层政区，对中央与地方关系影响甚大。[1] 北周大象二年（580），相州总管尉迟迥、青州总管尉迟勤、郧州总管司马消难和益州总管王谦等人起兵抗命杨坚，依恃的就是总管府掌控的庞大社会资源。从中央与地方关系的角度来看，和为数众多的州比起来，总管的建置在北周更为重要。

其次是防的设置。防一般要依托城墙，所以有研究者称之为“防城”。《周书》多处提到筑某城，这些城有很多行政建置就是防。其设置来源有三：一为出自新筑之城，二为夺自敌方之军事战略要地，三为由已有之城而改设，总之均出于军政活动之需。[2] 防之名始见于北魏末年。但这时并没有单称的“防”，要与其他词连在一起标识其具体功能，如“防城”、“防蛮”、“防河”、“防境”。到了西魏北周时代，防不但可以作为有特定意涵的单称，而且官署齐备，已发展成为战略要地不可或缺的行政设置。防可以转化为州。《周书》卷6《武帝纪下》，建德六年（577）六月癸亥，“于河州鸡鸣防置旭州，甘松防置芳州，广州防置弘州”。《元和郡县图志》卷39《陇右道上》释洮州：“自秦、汉至于魏、晋，皆诸羌所居。至后魏吐谷浑又侵据其地，后周明帝武成中，西逐诸戎，其地内属，置洮阳防，武帝保定元年立洮州。”《太平寰宇记》卷38《关西道十四》释银州：“晋时戎翟所居。苻秦建元元年自骢马城巡抚戎狄，其城即今理是也。周武帝保定二年于其城置银防，三年置银州，因谷为名。”州亦可能改置为防。《元和郡县图志》卷3《关内道三》释庆州：“后魏文帝大统十一年置朔州，周武帝保定元年废朔州为周武防。”卷4《关内道四》

[1] 参见严耕望：《中国地方行政制度史魏晋南北朝地方行政制度（下）》第2章“州郡县与都督总管区”，上海古籍出版社2007年版，第450—503页。

[2] 参见周双林：《西魏北周防城考略》，见殷宪主编：《北朝研究》第6辑，科学出版社2008年版，第67—79页。

释会州："周太祖为西魏相，来巡，会师于此，土人张信罄资飨六军，太祖悦，因命置州，以'会'为名。周武帝保定二年废州，改为会宁防。"

北周统治区域之内尚有后梁傀儡政权。后梁之所以能够存在，在南朝而言，是梁陈之际萧梁尚存在一定的政治合法性；在西魏、北周而言，是西魏、北周在长江中游的政治权威尚显不足，扶持后梁，既可以牵制陈朝，保持长江中游的政治均势，又可以保证政治统治的平稳过渡。边缘区域的政治进程既取决于核心区域的政治状况，也与外部政治实体的影响有关。陈朝在长江中游的持续存在，是周隋政权长期保存后梁的重要地缘政治因素。

五、余论

魏晋南北朝时期，行政区划的繁复变化常令相关研究者头疼。但如能立足政治实体政治进程与具体地理环境的关系条分缕析，即便一些细节依然暧昧不明，行政区划演变的脉络依然有章可循。就游牧族群来讲，行政区划是一种源自外部的政治制度，体现了一种与游牧生活本身很不一样的政治文化传统和政治行为模式。游牧族群依靠本身的政治文化传统，固然可以在草原社会内部发展出有较大地域规模的政治实体。但这一政治实体如要向广大农耕地区发展，汲取与草原社会截然不同的社会资源，就必须在政治层面大量借用农耕地区的政治文化资源。这种情况不仅适用于曾经完全立足草原的拓跋鲜卑这样的族群，也适用于在农耕社会内部生活的边缘族群。西晋时匈奴刘渊"幼好学，师事上党崔游，习《毛诗》、《京氏易》、《马氏尚书》，尤好《春秋左氏传》、《孙吴兵法》，略皆诵之，《史》、《汉》、诸子，无不综览"。任北部都尉时，"明刑法，禁奸邪，轻财好施，推诚接物，五部俊杰无不至者。幽冀名儒，后门秀士，不远千里，亦皆游焉”[1]。正是由于熟悉并善用两种政治文化资源，刘渊才得以顺利开启胡族在中原内地建立政权的序幕。前赵刘曜，“立太学于长乐宫东，小学于未央宫西，简百姓年二十五已下、十三已上，神志可教者千五百人，选朝贤宿儒明经笃学以教之。以中书监刘均领国子祭酒。置崇文祭酒，秩次国子。散骑侍郎董景道以明经擢为崇文祭酒”[2]。刘渊、刘曜早年教养甚好，情况似乎不够典型。后来建立后赵的石勒，“其先匈奴别部，分散居于上党武乡羯室，因号羯胡。祖邪奕于，父周曷朱，一字乞翼加，并为部落小帅。周曷朱性凶粗，不为群胡所附。勒壮健，有胆略，好骑射，周曷朱每使代己督摄部胡，部胡爱信之”[3]。从其早年经历看不出石勒有受中原农耕政治文化传统影响的痕迹。[4] 但是一俟称雄河北，他就“增置宣文、宣教、崇儒、崇训十余小学于襄国四门，简将佐豪右子弟百余人以教之，且备击柝之卫”[5]。石勒的侄子石虎，“虽昏虐无道，而颇慕经学，遣国子博士诣洛阳写石经，校中经于秘书。国子祭酒聂熊注《谷梁春秋》，列于学官”。类似的政治行为，我们在成汉、前燕、前秦、后秦、南凉、南燕、北燕的一些统治者身上也可以看到。[6] 对此

[1] 《晋书》卷 101《刘元海载记》，中华书局 1974 年版。

[2] 《晋书》卷 103《刘曜载记》。

[3] 《魏书》卷 95《羯胡石勒传》。

[4] 《晋书》卷 105《石勒载记上》：“勒生时赤光满室，白气自天属于中庭，见者咸异之。年十四，随邑人行贩洛阳，倚啸上东门，王衍见而异之，顾谓左右曰：‘向者胡雏，吾观其声视有奇志，恐将为天下之患。’驰遣收之，会勒已去。”王衍与石勒名位相殊，特别是石勒当时尚卑微不足道，两者行为即便有实际交集，也不大可能被人刻意记录下来。《晋书》叙述石勒少年时特异情状，颇值得怀疑。

[5] 《晋书》卷 105《石勒载记上》。

[6] 参见《晋书》卷 121《李雄载记》、卷 109《慕容皝载记》、卷 113《苻坚载记》、卷 117《姚兴载记》、卷 119《姚泓载记》、卷 126《秃发利鹿孤载记》、卷 127《慕容德载记》和卷 125《冯跋载记》。

今人每以汉化的思路加以理解，这当然不能算错。但从这些政治实体的社会政治进程来看，它们各自依托的族群并没有强烈的汉化动机，这也是胡汉矛盾在十六国时期凸显的重要原因。笔者觉得关键在于这些政治实体均立足于农耕政治文化传统占优势的地域，单凭居统治地位族群的政治文化资源难以确保自己的政治合法性，实现长久有序的统治。这些统治者用心儒学，尊崇文教，延续汉晋中原王朝固有的政治文化传统与政治行为模式，不在于他们对儒学和文教有多深的了解，而在于他们与汉族士人一样相信，这些行为是标识自身统治合法性的重要政治行为。如果我们接受这样的判断，就不难理解像石虎这样暴虐苛酷的统治者竟然也会“颇慕经学”，有心文教。这些政治实体的发展已与十六国时期更为复杂的整体社会政治进程联系在一起。政治文化与政治制度是政治实体社会政治进程的一体两翼，它们总是受制于特定的时代背景和具体的自然及人文地理环境。郡县制行政区划在十六国时期虽然受到非华夏族群政治文化传统的冲击与影响，但依然相沿不替，这是华夏政治文化传统在农耕地区存在重要影响的制度表现。拓跋鲜卑随后开启的北朝社会政治进程，虽然跌宕起伏，但在总体上与十六国并没有根本的不同，已如前述。当源自塞外或边疆的族群进入华夏农耕地区时，原先相对独立的游牧生活方式开始变为游牧、农耕混杂的生活方式。《南齐书》卷57《魏虏传》说北魏“什翼珪（即道武帝）始都平城，犹逐水草，无城郭，木末（即明元帝）始土著居处。佛狸（即太武帝）破梁州、黄龙，徙其居民，大筑郭邑”。“伪太子宫在城东，亦开四门，瓦屋，四角起楼。妃妾住皆土屋。婢使千余人，织绫锦贩卖，酤酒，养猪羊，牧牛马，种菜逐利。太官八十余窖，窖四千斛，半谷半米。又有悬食瓦屋数十间，置尚方作铁及木。其袍衣，使宫内婢为之。伪太子别有仓库。”“其郭城绕宫城南，悉筑为坊，坊开巷。坊大者容四五百家，小者六七十家。每（南）[闭]坊搜检，以备奸巧。城西南去白登山七里，于山边别立父祖庙。城西有祠天坛，立四十九木人，长丈许，白帻、练裙、马尾被，立坛上，常以四月四日杀牛马祭祀，盛陈卤簿，边坛奔驰奏伎为乐。城西三里，刻石写《五经》及其国记，于邺取石虎文石屋基六十枚，皆长丈余，以充用。”这里面当然有崔浩这样的汉族士人的作用，但是着眼于族群生活环境的变化，统治者追求统治正当性的政治需要，更有助于我们理解《魏虏传》里的描述。孝文帝迁都洛阳、全面汉化，不过是在刻意凸显汉族农耕地区对北魏王朝政治统治合法性的根本性意义而已。

然而从政治地理的角度来说，统治中心的彻底转移，还是改变了政治核心区与边缘区的关系，形塑了北魏新的政治地理格局，以洛阳为中心的黄河南北地区成为北魏后期的政治核心区，包括六镇在内、以平城为中心的阴山南北地区则由核心区变为边缘，并由此在北魏社会内部造成新的地域对立与族群冲突。六镇地区变为新的族群意识蓬勃生长的地理空间。北魏末年的六镇之乱固然冲垮了北魏的统治秩序，但也开启了新的社会政治进程。由于镇民南下分处东西，六镇原先的政治潜能转化为东魏北齐、西魏北周并立的政治现状。也由于镇民南下，北镇豪侠尚武、不循礼法的政治文化亦被带入中原内地，并与讲求以皇帝为中心、尊卑有序的汉族政治文化传统发生剧烈冲突。但是鲜卑或曰镇民原有的政治文化基础毕竟随着原有生活地域的彻底改变而消失殆尽。北周大定元年二月壬子，已经把持政权的杨坚下令：“已前赐姓，皆复其旧。”[1]这是对应西魏恭帝元年宇文泰改从鲜卑胡姓的政治举措。[2]开皇元年二月甲子，杨

---

[1] 《隋书》卷1《高祖纪》。

[2] 《周书》卷2《文帝纪下》：“魏氏之初，统国三十六，大姓九十九，后多绝灭。至是，以诸将功高者为三十六国后，次功者为九十九姓后，所统军人，亦改从其姓。”这是

坚正式即位，周隋嬗代完成，“易周氏官仪，依汉、魏之旧”。隋文帝杨坚的政治作为，是政治体内族群共通的政治文化传统开始确立的一个重要征象。

可以说，制度演替是文化嬗变的现实风向标。但我们还可以把制度变迁视为一政治实体社会共通之整体文化建构过程的一项重要技术体现。如果文化本身体现的是社会互动关系体系，则政治表达的就是在社会互动关系体系中由权力支配格局决定的社会资源占有、分配形态。行政区划制度是这种占有、分配形态的技术体现。换言之，行政区划制度体现的是国家或政治实体汲取和分配社会资源的空间方式。所以政区的形态演变，包括它所隐含的社会价值观流变，很能体现国家或政治实体汲取和分配社会资源的模式变化，也很能体现一个政治实体内部不同族群、不同社会人群的权力支配格局和相应社会价值认知的变动。不论是十六国时期行政设置上胡汉分立的二元式区隔处理，还是在南北地域均曾频行普见的州郡县侨置，其支撑的是多元复杂的社会互动关系格局，是多种文化在广大地理空间里密切互动的体现。没有这种互动，中国历史发展的格局就会是另一番风貌。隋的建立，看似偶然，但当看到社会政治进程迅速由分裂而归于统一时，也许我们会觉得，五百年来不同社会人群、不同文化间相互冲撞、磨合的结果，确实是借助隋这一政治实体的政治实践来体现的。

隋之建立也为行政区划的合理调整提供了历史契机。《隋书》卷46《杨尚希传》：“高祖受禅，拜度支尚书，进爵为公。岁余，出为河南道行台兵部尚书，加银青光禄大夫。尚希时见天下州郡过多，

（接上页）宇文泰从社会人群中形塑鲜卑族群意识、建构统治阶层的重要举措，在杨坚看来，可能也是魏周嬗代的重要政治迹象，但在杨坚类似的政治行为里面当有政治文化观念变动的影响。

上表曰：'自秦并天下，罢侯置守，汉、魏及晋，邦邑屡改。窃见当今郡县，倍多于古，或地无百里，数县并置，或户不满千，二郡分领。具僚以众，资费日多；吏卒人倍，租调岁减。清干良才，百分无一，动须数万，如何可觅？所谓民少官多，十羊九牧。琴有更张之义，瑟无胶柱之理。今存要去闲，并小为大，国家则不亏粟帛，选举则易得贤才，敢陈管见，伏听裁处。'帝览而嘉之，于是遂罢天下诸郡。"行政区划在隋初由魏晋南北朝的州郡县三级制一变而为州县两级制，这是隋代开启新的社会政治进程的重要体现。

从历史政治地理的角度梳理北朝的社会政治进程，会发现族群建构与族群互动是社会政治进程中不容忽视的重要层面。[1] 族群建构与族群互动在人类社会历史中一直存在，当政治统一的社会进程变化为多个政治实体共存互竞的文化生态时，这种现象表现得更为明显，对当时社会政治进程的影响也许更大。它既有社会政治意涵，也有地理上的鲜明特征，当然应该纳入历史政治地理的思考范围。十六国北朝时期就是一个可供研究者从此思路切入的历史时段。建构历史政治地理不能单靠一人之力，也不宜局限于一人之思，对应历史上多样的政治表达，对历史政治地理的理解和研究亦应多姿多彩。人之才器，各有分限，大小异宜，不可逾量。有时候研究者学

---

[1] 族群建构和族群互动是人类学研究中非常复杂的两个问题，人类学家已经愈来愈意识到文化人群具有很强的社会政治特征，这种特征可能标识族群具有社会主观意识建构的本质。前引王明珂的相关论著正反映了这种研究认知。相关理论参见〔美〕菲利克斯·格罗斯：《公民与国家——民族、部族和族属身份》，新华出版社 2003 年版；〔美〕哈罗德·伊罗生：《群氓之族：群体认同与政治变迁》，广西师范大学出版社 2008 年版；〔加〕卜正民、施恩德编：《民族的构建：亚洲精英及其民族身份认同》，吉林出版集团有限责任公司 2008 年版；〔美〕本尼迪克特·安德森：《想象的共同体：民族主义的起源与散布》，上海人民出版社 2011 年版。中国学者的讨论，参见徐杰舜主编：《族群与族群文化》，黑龙江人民出版社 2006 年版。正是族群现象的这种社会政治特征，才使笔者想到这个概念在历史政治地理研究中可能会发挥令人意想不到的重要作用。

问即便难以超越前人，做一些扩展补充还是有可能的。本文从历史政治地理原先设定的思路出发，梳理北朝社会政治进程中的行政区划变动，发现即便是行政区划这样的政治现象，也可以从族群建构与族群间互动的视角出发，立足政治文化变迁与政治组织建构，更新我们的历史认知。在扩展周振鹤研究思路方面，也许算是一个有益的尝试。

吊诡的太极
——医家命门学说形成的机缘及其思想史意趣

肖　荣（深圳大学历史系）

一、导言

作为现今的常用词汇，“命门”的含义及用法不难掌握。仅就字面意义理解，“命”为生命，“门”为关键部位，连接起来即为生命的关键所在，进一步延伸则是事物发展中极为重要的环节或部分。望文生义来理解词语多会错误，但对于命门一词来说，却恰巧不会误解，命门无论特点用法还是日常通用都是指关键的环节。但这样的现实，却为我们深入了解命门一词及其特殊含义的历史变迁造成相当的困扰。根据一般的理解，我们会认定早在医学经典的《内经》、《难经》中已有命门的称谓，后来道家经典《黄庭经》同样提及，牵延旁涉则佛教经典还有法门的名相。事实上，诸多称谓或指某一器官，或指人体中阳气，或指脐下部位，如强行将之往关键、要害、重点的含义引申，只能得出时代久远的经典已有根深蒂固之观念、命门在经典构建的身体结构或体质修炼方法中具有举足轻重地位的结论，但这种看似符合常理的推演并不准确，命门形成成熟的理论规模及最终走向社会，其实年代相对较晚。

参考目前已有的研究成果，研究医学史的学者重点指认历代名医之理论及现实医疗意义[1]，例如，孟乃昌《道家内丹理论影响下命门学说的建立》力图说明命门学说的建立主要来自道教内丹理论的影响[2]，张嘉凤发表于《新史学》第9卷第3期的《生化之源与立命之门——金元明医学中的命门试探》则从金元明医家的种种论述内容来探讨他们如何将命门新说置于已有的身体观中，其意义如何，以及这一学说与儒道佛之间的某些联系[3]。众多的研究成果有助于我们了解命门学说的样貌，深化我们对古人身体观的认识，但另一方面，也让我们了解到有关命门产生、形成之详细过程的研究领域，仍有较大的空间。

二、命门太极的前世

魏晋时期的医家如皇甫谧、王叔和等，承袭医学经典文本，说“命门者，目也”、“肾与命门，俱出尺部”等，并无发明。至隋代杨上善注《太素》云[4]：

> 虽命门藏精，通名为肾。（卷2）
>
> 肾有二枚：左箱为肾，藏志也；在右为命门，藏精也。（卷6）

---

[1] 参见任应秋主编：《中医各家学说》，上海科学技术出版社1980年版，第181—186页；丁光迪编著：《中医各家学说·金元医学》，江苏科学技术出版社1987年版，第41—49页。

[2] 孟乃昌：《道家内丹理论影响下命门学说的建立》（上、下），见氏著：《道教与中国医药学》，燕山出版社1993年版，第62—95页。

[3] 张嘉凤：《生化之源与立命之门——金元明医学中的命门试探》，《新史学》1998年第9卷第3期，第1—48页。

[4] 所引皆出自李克光、郑孝昌主编：《黄帝内经太素校注》，人民卫生出版社2005年版。

肾为命门，上通太阳于目，故目为命门。（卷 10）

人之命门之气，乃是肾间动气，为五脏六腑十二经脉性命根，故名为原。（卷 11）

文中以《难经》解《内经》，把通常认为是一体的左右肾分开，说左肾“藏志”、右肾“藏精”，且强调命门之气是“肾间动气”、“五脏六腑十二经脉性命根”。他的注解没有突破《内经》、《难经》的表面概念，更像是在寻找一种可以协和不同文本的解释途径。所谓肾“上通太阳于目”、“通名为肾”，就明显地表露了他的思路。与杨上善年代相近的许多道教著作也提及命门，其中最具代表性的是《黄庭内外景经》[1]，叙述如下：

（脾部）坐在金合城九重，方圆一寸命门中。（《内景经》）

（肝部）五色云气纷青葱，闭目内眄自相望，使心诸神还相崇，七玄英华开命门。（《内景经》）

上有黄庭下关元，后有幽阙前命门。（《外景经》）

立于明堂望丹田，将使诸神开命门。（《外景经》）

道家命门指的是肚脐或下丹田，功能活动与“藏精”、“动气”颇为类似，但实质层面的生理位置以及如何使之产生作用的方法，都与《难经》之命门概念存在重大差别，因此我们对道家理论之影响医学的可能性，不必做过高估计。事实上，中古时期主流的医学著作

---

[1] 《黄庭经》分《内景经》、《外景经》，也常被合称为《黄庭内外景经》。本文所引皆出自《正统道藏》本。《正统道藏》本分题二经为《太上黄庭内景玉经》、《太上黄庭外景玉经》，二经同卷。《黄庭经》撰者、成书年代及义理等，参见王明：《〈黄庭经〉考》，见氏著：《道家和道教思想研究》，中国社会科学出版社 1984 年版，第 324—371 页。

《太素》、《诸病源候论》、《千金要方》、《千金翼方》等并没有将道经中如此丰富多彩的命门理论引入其中，他们对于命门的关注十分有限。

入宋以后，中国社会历史的各个方面都出现重大转型，对于医学来说同样如此。[1] 新时期大量儒生修习医学，逐渐成为医学界的主流群体，随着他们的到来，学术理论转变不少：一方面，许多重要古典医籍受到从未有过的重视，不断被整编校订，刊布印行，颁之天下，也就是说，医家对古典医学之传承，已经达到极高的层次。另一方面，受同时代理学风气的影响，医家们开始用五运六气的理论解释天地气运交变及人体病理，同时又对医学学统的延续、新时期医学发展的走向等课题提出疑问，并寻求解决途径。身处其中，命门学说的发展变化也存在两面性：其一，《灵》、《素》以降进展不大的学理在此时期被重新提及，如《太平圣惠方》论肾脏时说“夫肾脏者，足少阴之经也；左则为肾，右为命门；肾与命门者，神精之所舍，元气之所系也”[2]，并没有跳出古人已有的理论。其二，在运气理论的推促下，肾脏、命门与相火、君火等概念有了新的知识整合，如陈言《三因极一病证方论》说：“五行各一，唯火有二者，乃君相之不同。相火则丽于五行，人之日用者是也；至于君火，乃二气之本源，万物之所资始。人之初生，必投生于父精母血之中而成形。精属肾，肾属水，故天一而生水；血属心，心属火，故地二而生火。”[3] 行文中，陈言虽然没有道及命门一词，但已经提出命门相关的功能及其逻辑起源。他认为君火的产生和作用不在五行内，而在

[1] 陈元朋：《两宋的“尚医士人”与“儒医”：兼论其在金元的流变》，台湾大学出版中心 1997 年版，第 24—38 页。

[2] 王怀隐等编：《太平圣惠方》卷 7，人民卫生出版社 1958 年版，第 173 页。

[3] 陈言：《三因极一病证方论》卷 5，人民卫生出版社 1957 年版，第 63 页。

五行之外的向上一环，是阴阳二气的本源，万物产生的原动力，与《难经》称命门为“原气之所系”有殊途同归之妙。紧接着，他引《医经》人体生成源于父精母血以及易学太一生水的理论，指出人体发育生长由水开始，对应于五脏即由肾开始。依其思路，我们不难发现，统摄人体生理活动的总动力及人体生成之初的着实点隐约已经被联系在一起，只是限于原有的理论框架，陈言不会对两者的关系做深入的阐述。如他在“脏腑配天地论”一节云：“人受天地之中以生，莫不禀二气以成形。是以六气纬空，五行丽地，人则默而象之。故足厥阴肝居于巳，手厥阴右肾居于亥，巳亥为天地之门户，故风木化焉。足少阴肾居于子，手少阴心居于午，子午得天地之正中，故君火位焉。”[1]同样没有突出右肾、肾脏、相火、君火各自的独特性，相反地把它们统归到人体生成环节中，肝、右肾经为人体应天地之门户，属木，肾、心经得天地正中，属君火，功能归附方面离人体气化动力、人体生成起源等甚远。

尽管如此，陈言的叙述让我们了解到左右肾乃人体生成初始阶段的关键所系，与之相对应的少阴肾经、少阴心经不仅仅作为人体气化运动的一个环节，而且穿行过程还为人体的气循环提供动力。这个理论架构给后来者留下极大的发挥空间。由之我们或可以推想，随着历史时代的推进，未曾详细展开的部分，后来医家将会有进一步的阐述。然而，历史往往不会朝着某一方向直线发展，其迂回曲折的前进步伐总会超出我们的想象。命门学说获得深一层突破，没有发生于陈言的理论下。

与陈言同时代的北方政权，一股医学变革潮流正在兴起，影响所及远远超过南方。命门学说之发展成熟，与此学术脉系连结更为

[1] 陈言：《三因极一病证方论》卷 2，第 18—19 页。

密切。开创北方医学新潮的，一般认为是刘完素。他以五运六气、张仲景原典为主要理论依据，大胆抛弃魏晋以来恪守经方的学术传统，提出了“六气皆从火化”的病理新说。在刘完素看来，天、地、人同在“天真一气”之中，这一以贯之的“气”是“穷通混玄变化”的源头，是产生神、气、天地、万物的最高准则。他说圣人“德以天地为心神，以阴阳为用”，“德与心政，神与用明，其道为万物化诚也”[1]，其实是有意地将原本《内经》以来的医理、医法、方药体系引向玄之又玄的道器辩证层面，为自己重新解释新的天人关系提供哲理依据。回到具体人类自身的生理、病理上，正如他的代表作之一《素问玄机原病式》所说：“夫太乙天真元气，非阴非阳，非寒非热也，是以精中生气，气中生神，神能御其形也。由是精为神气之本。”[2] 他努力强调元气是代表生命总体的活动力，为人之所以生存的基本元素，然而元气也只能是作为生命活动最高的统摄者而存在，不直接参与人机体运作的细则，其理论逻辑的关注点，大体还是落在“寒病”上。因为“太乙天真元气”并不存在阴阳分途，与之相对应的是生命尚未产生或已经死亡的寂静状态，人体的一些疾病病因与此并无直接关联，那么“病寒”也就与“元气虚损”无关。他说：“或以脏腑，不分六气，而为假令之法，一概言阳气甚而热为实，阳气衰而寒为虚者，乃寒热阴阳之虚实，而非五行兴衰克伐之道也。然脏腑经络，不必本气兴衰而能为其病，六气互相干而病也。”[3] 正是从元气不直接参加人的生理活动的前提出发，他才可以毫无牵涉地把包括“病寒”在内的多类疾病机制归结于气运交变或人

[1] 刘完素撰，孙洽熙编校：《素问要旨》卷 1，见《河间医集》，人民卫生出版社 1998 年版，第 11 页。

[2] 刘完素撰，孙洽熙、孙峰整理：《素问玄机原病式》，人民卫生出版社 2005 年版，第 17 页。

[3] 同上书，第 35 页。

体气循环运动过程的某一环节上，目的无非是引出“皆从火化”的核心理论。

刘完素既指出元气不直接作用于机体的病变，原有的“原气所系”之命门也就成为不必要的理论累赘，需要重新做出解释。因此他曾特意说道：

> 所谓“肾有两枚”，《经》曰：“七节之傍，中有小心。”杨上善注《太素》曰：“人之脊骨有二十一节，从下第七节之傍，左者为肾，右者为命门。命门者，小心也。”《难经》言：“心之原，出于太陵。然太陵穴者，属手厥阴包络相火，小心之经也。”《玄珠》言刺太陵穴曰：“此泻相火小心之原也。”然则右肾命门为小心，乃手厥阴相火包络之脏也。……然右肾命门小心，为手厥阴包络之脏，故与手少阳三焦合为表里，神脉同出，见手右尺也。二经俱是相火，相行君命，故曰命门尔。……君相虽为二火，论其五行之气，则一于为热也。[1]

他选择把道经和医经的文本辑合在一起，目的非常明确：汲取其中符合自己观点的部分，如命门所在经络及其属性等，舍弃“原气之所系”一类的内容，从而使之成为自己理论体系的一个环节。如他分析所谓“小心”在相火之经中起作用，而且由于相火行君火之命，所以“小心”被喻为命门，心和“小心”都是自然六气中热气之化，这样作为“原气所系”的命门也就不复独立存在了。

刘完素的说法偏向性极强，但紧随其后的张元素就没有沿着自然六气变化致病说发展，而将眼光转入体内机制，从脏腑功能活动

---

[1] 刘完素撰，孙洽熙、孙峰整理：《素问玄机原病式》，第26—27页。

论述人体的发病机理。他定义人体正气主干力量之脾胃气为："胃者，脾之腑也，又名水谷之海，与脾为表里。胃者，人之根本，胃气壮，则五脏六腑皆壮（也），足阳明是其经也。胃气绝，五日死。"[1]他的学术传人罗天益也说："先师尝曰：洁古老人有云：'养正积自除，犹之满坐皆君子，纵有一小人，自无容地而出。'今令真气实、胃气强，积自消矣。洁古之言，岂欺我哉？"[2]张元素如此推重人体脾胃之气，因而在《医学启源》的"肾之经，命门，肾脉本部在足少阴，寒，癸水"条说："经曰：肾者，精神之舍，性命之根，外通于耳，男子以藏精，女子以系胞，与膀胱为表里，足少阴（太阳）是其经也。肾气绝，则不尽天命而死也。"即推开左右肾的区别，特意删去《难经》"原气之所系"一语，只强调两肾"精神之舍"的功用，目的大概在于突出脾胃为人根本的中心思想。他对于肾、命门一系主要功能病变的论述，也只能限定在津液、精气等范围之内，医经以及后世注家所指出的肾系动气之说无法落到实处。除两肾外，张元素在《医学启源》中对其他脏腑都有论及，如肝"与胆为表里，足厥阴少阳也，其经王于春，乃万物之始生也"，心"五脏之尊也，号帝王之称也，与小肠通为表里，神之所舍，又主于血，属火，旺于夏，手少阴是其经也"[3]，但只是医经遗法的简单复述，缺乏引申讨论。张元素如此主次分明的叙述不免让人产生疑问：在脾胃气的掌控之下，人体其他脏腑精气又如何产生及持久呢？它们如何禀受脾胃之气而发挥功用呢？可惜张元素传世著作较少，我们很难从中找出清晰的线索。

但就立足于命门来说，张元素不失为学术发展史中的关键人物，因为在他之后脏腑辨证及脾胃论逐渐成为医家的基础知识，包

[1] 张元素原著，任应秋点校：《医学启源》卷上，人民卫生出版社1978年版，第22页。

[2] 罗天益：《卫生宝鉴》卷14，人民卫生出版社1963年版，第212页。

[3] 张元素原著，任应秋点校：《医学启源》卷上，第35页、第4—9页。

括命门在内各个脏腑的功能病理为医者所重视，相关理论及实践必将被不断深化。作为张元素传人并有“青出于蓝胜于蓝”美誉的是李东垣。他在《内外伤辨惑论》卷1即开宗明义：“遍观《内经》中所说，变化百病，其源皆由喜怒过度，饮食失节，寒温不适，劳役所伤而然。”特别是由内气不足引起的类似风寒的病症，他说医者如“重泻其表，使荣卫之气外绝”，则病人“死在旬日之间”[1]。为了更加系统地论述病理，李东垣又著有《脾胃论》。书中第一节“脾胃虚实传变论”亦云“胃气一虚，耳目口鼻，俱为之病”，因为“元气之充足，皆由脾胃之气无所伤，而后能滋养元气；若胃气之本弱，饮食自倍，则脾胃之气既伤，而元气亦不能充，而诸病之所由生也”[2]。也就是说，脾胃气是人体生理根基之元气的主要来源，如果损伤，将导致体质衰败。同书“脾胃虚则九窍不通论”一节，李东垣再一次强调脾胃气对于人体元气的重大意义：“真气又名元气，乃先身生之精气也，非胃气不能滋之。胃气者，穀气也，荣气也，运气也，生气也，清气也，卫气也，阳气也。又天气、人气、地气，乃三焦之气。分而言之则异，其实一也，不当作异名异论而观之。”[3]李东垣所言之脾胃气已经超越仅作为脏腑之一的脾胃系统所具备的气化功能，而成为滋养、护卫人体的一切阳气之总称。李东垣如此推重脾胃气，作为“原气之所系”的命门又能否有独立的理论空间呢？在《医学发明》的“损其肾者益其精”一节，他叙述云：“肾有两枚，右为命门相火，左为肾水，同质而异事也。”[4]看来李东垣延续《难经》的

[1] 李东垣撰，李一鸣整理：《内外伤辨惑论》，人民卫生出版社2007年版，第1—2页。

[2] 李东垣撰，文魁、丁国华整理：《脾胃论》卷上，人民卫生出版社2005年版，第1—2页。

[3] 李东垣撰，文魁、丁国华整理：《脾胃论》卷下，第62页。

[4] 李东垣撰，丁光迪、文魁编校：《医学发明》，见《东垣医集》，人民卫生出版社1993年版，第301页。

文本，指认人右肾为命门，左肾为肾水，同时又采纳刘完素的观点，将命门与相火结合为一，以区别于作为阴水的左肾。如此推论，人体肾脏之真气落在左肾，不在命门，功能上属于相火的命门只能在另一系统发生作用。《脾胃论》又说："既脾胃气衰，元气不足，而心火独盛。心火者，阴火也。起于下焦，其系系于心，心不主令，相火代之；相火、下焦胞络之火，元气之贼也。火与元气不两立，一胜则一负。"[1]"原气所系"之命门既与君火之心包络组成一系，成为和元气相对立的火气，那么人体许多疾病可由脾胃元气虚耗，命门、包络相火妄动解释。《难经》对命门功能的定义，此处被有意掩盖起来。

李东垣如此设定命门的功能，目的当然十分明确，即是为突出脾胃系的核心地位。《脾胃论》中他谨慎地把"先身生之精气"跟胃气分开，说后者滋养前者，但查遍此书，都未曾见他对"先身生"精气的来源形制有所描述。实际上，如阅览其早先所著的《内外伤辨惑论》的第一节，他的思路已一目了然："夫元气、谷气、荣气、清气、卫气、生发诸阳上升之气，此六者，皆饮食入胃，谷气上行，胃气之异名，其实一也。……气伤脏乃病，脏病则形乃应，是五脏六腑真气皆不足也。"真气、元气、谷气、荣气等都并入胃气的范畴，都需要从脾胃系取得动力及营养补给才能正常运作，他在同书"辨内伤饮食用药所宜所禁"一节中更清楚地说道："人之真气衰旺，皆在饮食入胃，胃和则谷气上升……胃气愈旺，五谷之精华上腾，乃清气为天者也，精气神气皆强盛。"[2]如此而言，"无形质之元气"的个体独立性不明确，相应生理、病变机制更无从谈起。

---

[1] 李东垣撰，文魁、丁国华整理：《脾胃论》卷中，第32页。

[2] 李东垣撰，李一鸣整理：《内外伤辨惑论》，第1、33页。

但这不代表李东垣在命门学说的发展史中无足轻重，他提及的若干要点，如《脾胃论》中将元气称为“先身生”的精气，又如《医学发明》叙述“两肾有水火之异”等，都是命门学理走向成熟的重要线索。而沿着这一线索，将命门学理推入新的发展阶段的是朱丹溪。朱丹溪在学术上师宗刘完素及李东垣，名著《格致余论》最后一节“张子和攻击注论”叙述自己怀疑张从正医法有悖医经，“连经数郡”，访学于学问先知，都得不到满意的解释，“后到定城，始得《原病式》，东垣方稿，乃大悟子和之孟浪，然终未得的然之议论，将谓江浙间无可为师者”[1]。《原病式》即刘完素名著《素问玄机原病式》，刘、李在朱丹溪医艺学习过程中起的关键作用由此可知。后来朱丹溪跟随刘完素的再传弟子罗知悌学习。罗知悌学业上继承刘完素，又旁通张从正、李东垣二家学说，与朱丹溪早已建立的知识体系多有共通之处，故二人十分投机，朱丹溪许多议而不决的问题，在罗知悌的启发下得以清晰解决。不久朱丹溪即学成出师。[2]

朱丹溪医术精深，建树甚多，居于理论核心位置的是“阳有余阴不足论”，他的名著《格致余论》说：“人受天地之气以生，天之阳气为气，地之阴气为血，故气常有余，血常不足。何以言之？天地为万物父母，天，大也，为阳，而运于地之外；地，居天之中为阴，天之大气举之。”这里阳阴当然不能理解为真阳真阴，因为作为

---

[1] 朱震亨撰，浙江省中医药研究院文献研究室编校：《格致余论》，见《丹溪医集》，人民卫生出版社 2005 年版，第 32 页。

[2] 按照一般的师承谱系来说，朱丹溪归在河间学派之下，学理应重点祖述刘完素学说。但如果通读《丹溪医集》，许多细节都表明，朱丹溪并没有刻意重此轻彼，而是合并推举刘、李学理。如《格致余论》“序”说：“夫假说问答，仲景之书也，而详于外感；明著性味，东垣之书也，而详于内伤。”《局方发挥》说：“治外感以发散，仲景法也，治内伤以补养，东垣法也，谁能易之。”都只是将李东垣与张仲景相提并论，不涉及他的宗师刘完素。

人体生理基础的真阳真阴必不可能存在此有余彼不足的情况，朱丹溪着意强调的是机理，病变中温热、升发、明亮的一面容易越过寒冷、下降、晦暗的一面，成为发生、发展的主导因素。《格致余论》随后又有“相火论”：“太极动而生阳，静而生阴，阳动而变，阴静而合，而生水、火、木、金、土，各一其性。惟火有二，曰君火，人火也；曰相火，天火也。……肝肾之阴，悉具相火，人而同乎天也。或曰：相火，天人之所同，何东垣以为元气之贼？……相火易起，五性厥阳之火相扇，则妄动矣，火起于妄，变化莫测，无时不有，煎熬真阴，阴虚则病，阴绝则死。”[1]很明显，朱丹溪一方面抓住刘完素“六气皆从火化”理论，另一方面借着李东垣相火为“元气之贼”的视角，将火热的机理引向人体的内部，在人体内找到火热产生的着实点——归属肝肾二系的相火。相火既为“有余”之火的代表，性易“妄动”，因此构造出人体诸多病理。

朱丹溪如此注重相火的病理作用，同时又十分清楚，这种“有余”之火对人体生存气化起着关键性作用，至于火如何生化万物、如何运行生机，他并没有展开讨论，或许对他来说，相火妄动难安的一面才是急切需要讨论的课题。有时，他也把火的功能落实到《难经》早已提起的命门上：

> 若右肾命门火衰，为阳脱之病，以温热之剂济之，如附子、干姜之属。（《金匮钩玄·火岂君相五志俱有论》）
>
> 诸补命门药，须入血药则能补精，阳生阴长故也，阳药若多则散火。（《丹溪心法·补损》）

[1] 朱震亨撰，浙江省中医药研究院文献研究室编校：《格致余论》，第7—8页、第28—29页。

命门（即右肾）作为相火归属的肾系中的一员，出现所谓火衰的情况，当然不能教条式地理解为容易妄动之火的衰弱。妄动之火衰弱，人体阴阳趋于平衡，并不会出现阳脱之病，朱丹溪所说的命门已经接近后世医家赋予的功能。而我们站在命名学说发展史的角度来讨论，必须指出朱丹溪将人体内之“火”的反面功能效用推到时代医学思想的最核心位置，字里行间却点出另一种有别于脾胃气的人体原气——相火，至此命门学说的冰山一角已经清晰地展现在主流医家面前。顺着他的指引，命门学说的主体理论已经呼之欲出。

明代中叶的薛己大概就是远承朱丹溪的后来者。他的代表作之一《内科摘要》首列“元气亏损内伤外感等症”，之后依次为“饮食劳倦亏损元气等症”、“脾胃亏损心腹作痛等症”、“脾肾虚寒阳气脱陷等症”、“命门火衰不能生土等症”、“肾虚火不归经发热等症”等。一览之下，即可明白其观点理念：脾胃与两肾间有着紧密的生理、病理联系。他将命门相关的同类医案集中起来，构成“命门火衰不能生土等症”一节，其中第一个为：“廷评张汝翰，胸膈作痞，饮食难化。服枳术丸，久而形体消瘦，发热，口干，脉浮大而微。用补中益气加姜、桂，诸症悉退，惟见脾胃虚寒。遂用八味丸补命门火，不月而饮食进，三月而形体充。”[1]很显然，薛己有意将肾脏，特别是右肾（即命门）的功能作用与脾胃派单一色彩极浓的“胃气”分解开来，一方面仍视脾胃为人体气机的动力机器，另一方面则强调右肾既是推进机器有力运作又掌控气机升降的后续力量。逻辑架构极似李东垣与朱丹溪的混合体。

[1] 薛己著，陈松育点校：《内科摘要》卷上，江苏科学技术出版社1985年版，第15—16页。

只是李、朱立论的关注点颇多不同，薛己如要让新观点具备说服力，尚须从两者学理中寻找到一些交集点，之后再进行强有力的论证，然而遍览全书，都不见他对此有直接回答，他更多的是借助医案举例说明。

三、成型的医家太极：晚明孙、赵、张三家

薛己医术高明，名闻遐迩，为世人所重，只限于当时社会丹学术仍为主流，薛氏学说不可能于较短时期内产生普遍性影响。在他之后，许多医家继续沿着朱丹溪的路数前进，也有部分医家接受张、李以至于薛己的学理观点。在不同学术取向的激荡下，中晚明的学术界新说丛生，观点多元。

命门学说的进一步发展成熟，主要发生于倾向温补的脉络下。其中，必须提到的是孙一奎。孙氏身处年代稍晚于薛己，为万历年间名医，学术上他或被认为是朱丹溪传人，这主要是因为他曾称黄古潭为“先师”：“先生，吾徽黟人也，汪石山翁弟子，少业儒，通五经，以疾就医，治病每有超见，……以公同志者，庶先生之名不泯也。”黄古潭乃朱丹溪再传弟子，孙一奎被归在丹溪一脉中似符合情理。只是孙一奎的另外一些表态，不免让人产生怀疑。他自序《赤水玄珠》说年轻时到括苍走访伯兄，途中得异人授予秘术，用之治人，每得奇中，所以返回故乡后以医业行世。其后又游历四方，由新都到澎蠡，“历庐浮沅湘，探冥秦淮，钓奇于越，卒之淹迹三吴”，所过之处“遇明达而折伏其前，与之谭支顺阑横之秘，叩下遂上争之旨”等。他的族子孙烨叙《医旨绪余》也说“余族叔文垣……访兄于括苍，遇异人以禁方相授……居而心惟，出而广询，近而丘里乡国之士靡不咨，远而江淮河汉之险靡不蹈，就专门以叩

厥秘”，丝毫没有提到向黄百谭问学之事。医案中孙氏称黄百谭为师，大概是因为他曾经向黄求教，获得新知，以志情谊，不能说明二人曾建立严格意义上的师生情谊，学脉前后相承。

事实上，他的代表作《医旨绪余》曾直接针对朱丹溪及王纶忌用人参、黄芪医法进行讨论，说：“予故曰：丹溪谓阴虚者，救时之言也；王公道阴虚者，成人之美者也；时师言阴虚者，偏而僻者也；畏人参如虎者，此又丹溪、王公之罪人，误天下之苍生者也！”已清楚表明他不与执守丹溪旧法者同流的态度。同书“不执方说”一节，孙一奎说自己“日惟有事于《素》、《难》、《病源》、《病机》、《甲乙》等书，……若彼《局方》、《袖珍》、《惠济》等集，间用之参考，而不敢执泥，……生平融通《素》、《难》、《本草》、仲景、洁古、守真、东垣、丹溪诸书”，认为自己博采诸家之长，不入学派成见的泥塘。然而，医家因受时代学术背景、政治社会环境、病人群体偏向等客观因素的限制，很难保持不偏不倚的眼光来闲观众说，故孙一奎的学术重心依然清晰可见。他在《赤水玄珠》各病证之下常常引用张元素、李东垣、汪机、薛己的观点。张、李、薛学术一脉相承，自不待言，只是汪机或被归入丹溪学派。但细观汪所倡导之营卫论，目的也在驳正丹溪一派流末的弊端，思想学术其实也近似张、李。

然而，他对泥守李东垣学术的医家也略有微词，说“医家雅议李东垣，善于内伤，而虚怯非其所长，故有补肾不若补脾之语”，认为：“肾主阖辟，肾间原气，人之司命，岂反轻于脾胃哉？”[1]孙一奎如此强调补益肾气，应与他所提倡的肾间动气观有关。根据他的观察，人体的生理机制与自然界相合为一。自然界的起源变化已被抽

[1] 孙一奎著辑，丁光迪点注：《医旨绪余》卷下，江苏科学技术出版社1983年版，第79页、第89—90页、第93—94页、第97页。

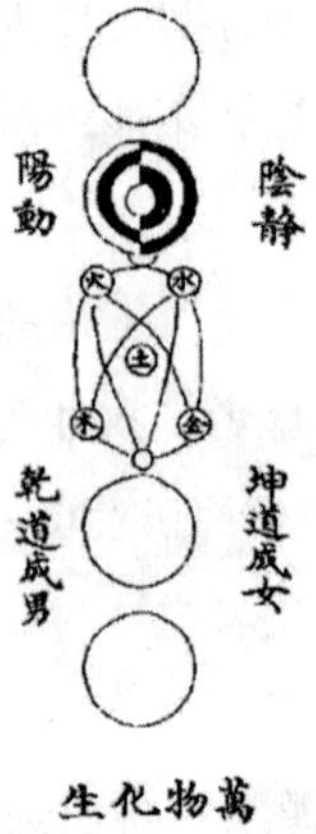

图 1

象为北宋以来极为流行的太极图（图 1）模式，即宇宙万物产生之前处于混沌状态，具有变化万物的强大原动力。

原始的状态一旦化生出阴阳二气，混沌性质随之消失，世界万物进入二气消长、五行生克制化的阶段，人体之中应当也存在相似的变化过程。他为此努力寻找：

> 盖人以气化而成形者，即阴阳而言之。夫二五之精，妙合而凝，男女未判，而先生此二肾，如豆子果实，出土时两瓣分开，而中间所生之根蒂，内含一点真气，以为生生不息之极，命曰动气，又曰原气，禀于有生之初，从无而有。此原气者，即太极之本体也。名动气者，盖动则生，亦阳之动也，此太极之用所以行也。两肾，静物也，静则化，亦阴之静也。此太极之体所以立也。动静无间，阳变阴合，而生水火木金土也，其斯命门之谓欤。[1]

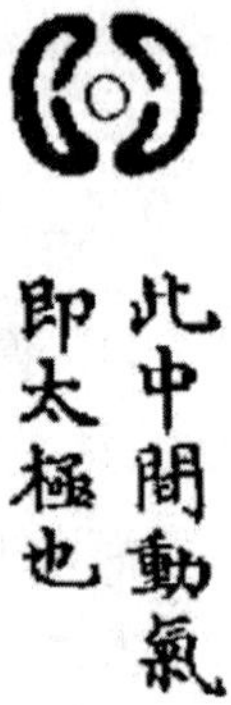

图 2

他将人的肾脏比附形貌类似的果豆种子，说两肾中间有一股犹如生长植物根蒂的动气。这股动气与两肾共同组成图 2 般的模式，功能运作对应于太极之生成万物。从画面看来，图 2 中间的小圆圈既是太极又代表阳气，旁边两肾则为阴气，形式上像是图 1 中最上面之太极圆圈与之下阴阳互间图形相结合之后的简化版。孙一奎据之称图 2 符合“太极之体”，指出有此基础，

[1]　孙一奎著辑，丁光迪点注：《医旨绪余》卷上，第 6—7 页。

水火木金土才得以产生。他认为“右肾属水也，命门乃两肾中间之动气，非水非火，乃造化之枢纽，阴阳之根蒂，即先天之太极”，并引证《内经》“两肾未尝有分言”作为理论背景，说《难经》这是“极归重于肾为言”，不代表作者确认人的左右肾有如水火判分。孙一奎如此自信的论述其实渊源有自。《医旨绪余》云：

> 或曰：然则《脉诀》何谓命门配三焦，属相火也？余曰：此高阳生之误，戴同父辩之已详。三焦是手少阳经，配手厥阴经为表里，乃手经配手经，火配火为定偶也，岂有手配足，火配火之理哉。滑伯仁《难经本义》注曰：命门其气与肾通，则不离乎肾，其习坎之谓欤。手心主为火之闰位，命门即水之同气欤。命门不得为相火，三焦不与命门配，亦明矣。[1]

戴同父即戴启宗，所著《脉诀刊误》从《内经》经络学说、高阳生《脉诀》自身逻辑、实际诊断情况等方面，已详细论述《脉诀》关于右肾为命门，配三焦的舛误；滑伯仁即滑寿，其《难经本义》也早已指出人之两肾“其实则一尔”，所谓原气不在右肾，而如《难经》另一处文本“所谓生气之原者，谓十二经之根本也，谓肾间动气也”，应该是处在两肾之间。[2] 两人提到的以往学界认识上的盲点或误区，建立命门生理位置、对应经络的新认识，已经为孙一奎的命门观奠定基础。

接续前代余绪，孙一奎直接将命门转移到两肾间，称之为太极图中的太极，并规定它有“五行由此而生，脏腑以继而成”的强大

---

[1] 孙一奎著辑，丁光迪点注：《医旨绪余》卷上，第8—9页。

[2] 滑寿著，傅贞亮、张崇孝点校：《难经本义》，人民卫生出版社1995年版，第13—14页、第84—86页。

功能。至于《难经》“右为命门”的文本，他轻描淡写地解释为秦越人重视人体原气之故。因此，“其气与肾通”的命门与两个肾脏组成了人体气化总动力的独立系统，与长久以来相互对应的相火、三焦不产生直接联系。这样的理论建构从哲学的高度肯定了“右肾为命门”的怀疑意见，同时在实际治法上，因阴阳水火的源泉被归入到“命门—两肾”系统，为温补及滋阴两种手法寻找到生理层面的共同点。只是在此之前，张、李已经为人体营造了基于脾胃土气的人体气化系统，孙氏又如何处理肾间动气与脾胃气之间的区别与联系呢？他着墨不多。《医旨绪余》云：

> 《内经》曰：脾胃者，仓廪之本，营之居也。又曰：五脏六腑，皆禀受于脾胃，脾胃一伤，则脏腑无所受气，故东垣惟孜孜以保脾胃为急。彼虚怯伤肾阴者，乃燕居安闲，淫胜之疾，又不可同日而语也。[1]

则孙一奎是借用命门的新概念强调温补肾阳的重要性，没有意图就此建立完整且涵盖脾胃理论的生理、病理体系。或者说，在孙一奎眼里，肾间动气说不过是为了补充脾胃理论的某些不足，初衷并不是建立新的生理运作系统。无论如何，他的表述让人认为肾间动气是独立于脾胃论之外的另一气化来源，而且与脾胃一道共同主宰着人体的生理运动，肾间动气和脾胃孰先孰后，功能作用如何分割，他自然付之阙如。在对应治法上，他也只是因袭薛己旧说，没有深刻的自我解读。种种理论缺陷使得他只能被定位为“太极—命门”的医理大家，而不是历史时代命门学说的代表人物。

---

[1] 孙一奎著辑，丁光迪点注：《医旨绪余》卷下，第97页。

一般被认为命门学说的代表人物是稍晚于孙一奎的赵献可和张介宾。赵献可医术高超，名声卓著，所著《医贯》流传广泛，最能反映其思想学术。书中先论人体生理病理机制，再列治法方药，线索清晰，结构完整，核心理论即围绕命门展开。如书中说，“越人谓左为肾，右为命门，非也”，理由是：“命门即在两肾各一寸五分之间。当一身之中，《易》所谓一阳陷于二阴之中，《内经》曰七节之旁有小心是也，名曰命门，是为真君真主，乃一身之太极。”[1] 由中间部位到两肾各一寸五分的数字如何得出，并非重点，赵献可更想指认的是命门的位置处在两肾中间，犹如《易》、《内经》所昭示的“一阳陷二阴”及“七节之旁有小心”。与孙一奎颇为类似的，赵献可也以太极图作为建立独特观点的依据。他说“夫人受天地之中以生，亦原具有太极之形”，命门即对应于太极。为认识之便，他也画出图案以供比照，图 3 即是他简化之后的太极图。图中处于下方的大圆圈一边黑、一边白，分别代表阴阳，应无可争议，只是中间小圆圈之内又有两个更小的圆圈，含义颇令人费解。

图 3

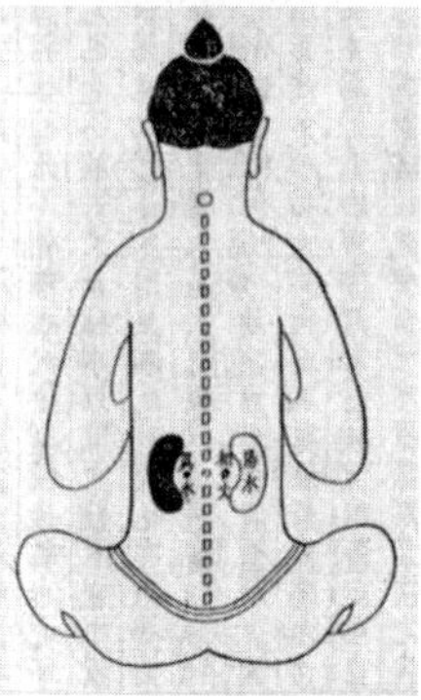
图 4

为此，我们可再对比赵献可画出的图 4。两个图案的内容完全相同，都指出两肾的中间部位是命门，命门到两肾之间还有相火和真水变化过程。他解释说：“右旁一小白窍，即相

[1]　赵献可：《医贯》卷 1，人民卫生出版社 1959 年版，第 4 页。

火也；其左旁之小黑窍，即天一之真水也。此一水一火，俱属无形之气，相火禀命于命门，真水又随相火。”图 3 中的小白圈应该代表意义重大的相火和真水。

由此看来，他走的路子与孙一奎有别。孙一奎摆脱与之对应的相火、三焦，将命门孤立于两肾中间，因此命门与两肾相配合，形成具有真阴真阳两种性格的动力系统。这个动力系统犹如太极图里太极之变化阴阳，张力无限，变化多端。赵献可则没有放弃相火、三焦的对应关系，而是在阴阳化生过程中分出真水与相火，组成一对相反相成的阴阳机制。所谓相火，“言如天君无为而治，宰相代天行此”；所谓真水，“亦无形，上形夹脊，至脑中为髓海”。作为“真君真主”的命门也属于“无形之火”，这样，“君主之火”，“乃水中之火”，与水“相依而永不相离”，功能上“以命门为君主，而加意于火之一字。夫既曰立命之门，火乃人身之至宝”[1]。命门已不作为动气直接发挥作用，而是人体气化运动的起源，就像一颗微弱的火星点起动力十足的机器，随后又融入强势的运动之中。最后，他说“左边一肾属阴水，右边一肾属阳水”。形式上，人体两肾系统有如一个结构完整的太极图。

他如此迂回曲折的概念界定，无非是想说明两点：其一，命门作为“立命之门”，是人体气化运动的最初动力，生命形成后又统摄人的生理活动；其二，“命门—相火—真水—两肾”共同组成一个扩大化的命门系统，直接参与人的气化运动。这个系统乃人“主气”的来源之一，“栖真养息，而为生生化化之根者”，换一种表达即是“五脏之真，惟肾为根”。

为了使新理论更具说服力，他必然还需要回应具有权威色彩的脾胃理论。在此方面，他借喻先天、后天的辩证关系进行阐释。先

[1]　赵献可：《医贯》卷 1，第 7—8 页、第 4—5 页。

天、后天本为易学用语，指方位排列不同的两种八卦图，宋代后，先天、后天图一般被认为有体用之别。赵献可将之引入人体生理建构，又抽取褚齐贤[1]“人之初生受胎，始于任之兆，惟命门先具，有命门，然后生心”的观点，说：“世谓父精母血，非也。男女俱以火为先，男女俱有精，但男子阳中有阴，以火为主；女子阴中有阳，以精为主。谓阴精阳气则可，男女合，此二气交聚，然后成形。成形俱属后天矣。”[2]命门一系归为先天，脾胃则归为后天，二者各施其能，共同营造人体的生机。命门化生而成的相火是“先天无形之火”，“与后天有形之心火不同”；真水“随相火潜行于全身”，“与两肾所主后天之水不同”。对于有人“固主气者，专以脾胃为一身之主”，他指出“焉知坤土是离火所生，而艮土又属坎水所生耶”。即人体的气化途径有二，一为先天而来之无形力量，一为后天形成之物质基础。前者统摄阴阳、化生五行，为体，属火；后者涵养生息，推动气化，为用，属土。他说“人身以脾胃为主，人皆知之，而先天隐形于无形者，举世置之弗论”，因此强力推介先天之说，称之为“发明东垣脾胃论，亦用先天无形者为主”[3]。

与赵献可几为同时的张介宾，学术取径与之颇有相似之处，关于命门学理，二人观点多相类同。[4]张介宾年轻时游历燕京，曾拜名医金英为师，这对他往后学理体系之营建有怎样的影响，已难考知。如《景岳全书》云，他早年崇信朱丹溪学说，后来逐渐察觉到谬误众多、不能尽信，认为刘完素、朱丹溪二者各执偏见，流弊深远，导致医道中落四百余年，因此，《景岳全书》专门开辟“辨河

---

[1] 褚齐贤生平著述已难考知，据《医贯》及《古今医辙》的引文对比，他的思想旨趣应与赵献可类同。

[2] 赵献可：《医贯》卷1，第8页。

[3] 赵献可：《医贯》卷6，第94—95页。

[4] 任应秋《中医各家学说》说赵献可与张介宾的命门学说如出一辙。其实未必。

间”、“辨丹溪”两个专题驳正他们的错误。他的思想生长于张元素、李东垣的脉络下，但他不同意李东垣“火之元气不两立”之类的观点，而将重心集中在人体内的阴气上，概括起来即“阳非有余，阴常不足”。所谓“阳非有余”，意在驳斥刘完素、朱丹溪之说，“阴常不足”则是他一生的理论依归。正因如此，命门概念对他来说极为关键。早在著《类经附翼》时，他已经明确指出命门“为水之大府，为阴阳之宅，为精气之海，为死生之窦”，“若命门亏损，则五脏六腑皆失所恃，而阴阳病变无所不至”[1]，意图以命门为中心，建立一套凌驾于脾胃之上的气化体系。

首先，他引用道经关于丹田的叙述，说命门等同于人体下丹田“医家所未言”，进而层层论断，指出子宫、下丹田、气海、命门等名异实同，为先天真一之气的所在。他解释丹田之所以有命门的称谓，说因为子宫之下有一门户，“其在女者，可以手探而得，俗人名为产门；其在男者，于精泄之时，自有关阑知觉”，是男女合精交会、生成胚胎的所在，也可以称为“先天立命之门户”。当人体生成之后，此门户又在人身体的气化运动中起重要作用，“及乎既生，则三焦精气，皆藏乎此。……然则精去则气去，气去则命去，其固其去，皆由此门，谓非后天立命之门户乎？……而此一门者，最为巨会，焉得无名？此非命门，更属何所？既知此处为命门，则男之藏精，女之系胞，皆有归著，而千古之疑，可顿释矣”[2]。与赵献可相比，张介宾这里对“立命门户”的界定似乎显得更为激进。赵献可尚且认为命门主宰先天原气，没有剥夺脾胃作为后天气化总动力的地位，张介宾则在轻描淡写中巧妙脱去脾胃论的羁縻，将先天、后天的主要功能收归命门，使之成为精与气的根本，“一身生化之原”。

[1]　张介宾：《类经图翼》卷3，人民卫生出版社1958年版，第272页。

[2]　同上书，第269页。

在以往的医学知识下，命门或被称为“原气所系”，功能作用之定义模糊不清，张介宾借此放大原说，定义为“一身生化之原”，以作为“阴不足”理论的生理依据。

所谓“阴不足”是与“阳有余”相对而言，“阳”者，乃朱丹溪所谓之相火，“阴”者，则是“命门—两肾”组成的真阴、真阳系统。如张介宾所说，命门在子宫之下，生理上归属肾脏系统，并引用坎卦之象，说命门是两阴中的一阳，“总主乎两肾，而两肾皆属命门”。被命门统御的两个肾脏分工稍异，左属水，右属火。为增强肾中水、火的说服力，《类经》又立有“大宝论”、“真阴论”两个小节，叙述有意回避脾胃气的功用，说“彼脾胃者，乃后天水谷之本，犹属元阳之子”，一再强调真阴、真阳的重要性。他认为真阴、真阳就是得自于命门的真水、真火，滋生为人体即是元气、元精。元阳“发生吾身”，元阴“成立吾身”，人体如果水火充沛，则“形体赖以强壮”，“营卫赖以和调”。真阴、真阳之中，张介宾着重于叙述真阴的功能病变，说“凡物之死生，本由阳气，顾今人之病阴虚者十常八九”，因为真阴者，“正阳气之根也”。具体的方面，他围绕“真阴之象”、“真阴之藏”、“真阴之用”、“真阴之病”、“真阴之治”展开。如关于“真阴之藏”，云：“凡五脏五液，各有所主，是五脏本皆属阴也；然经曰：肾者主水，受五脏六腑之精而藏之。故五液皆归乎精，而五精皆统乎肾，肾有精室，是曰命门，为天一所居，即真阴之腑。精藏于此，精即阴中之水也；气化于此，气即阴中之火也。命门居两肾之中，即人身之太极，由太极以生两仪，而水火居具焉，消长系焉，故为受生之初，为性命之本。欲治真阴而舍命门，非其治也，此真阴之藏，不可不察也。”[1] 很明显，张介宾认为命门主

[1] 张介宾：《类经图翼》卷 3，第 276 页。

宰之真阴、真阳其实都在“阴”的层面发挥作用，真阴好比阴中之水、真阳好比阴中之火，二者配合起来，犹如太极化生的两仪，为“十二脏之化源”。因而，他推论阴气容易缺失的疾病为“阴气本无有疑，阴病惟皆不足”，即使是“阴胜于下者”，并非阴气过盛，乃“命门之火衰”；那些“阳胜于标”的，也非阳气胜，而是“命门之水亏”。

由此可见，虽然张介宾和赵献可都跳脱不了薛己的框架，但他们在理论架构的精细程度方面远远超过薛己。他们以命门为中心建立起一套极具说服力的生理病理的新说，命门学说被发挥到了极致。

四、“走远了”的太极

在赵献可、张介宾时，命门学说臻于成熟，如稍后于他们的大医家李中梓，注《医宗必读》开篇第一卷第五分论就列“肾为先天本，脾为后天本”。论中云“治病必求于本”，“而本有先天后天之辨”，“先天之本在肾，肾应北方之水，水为天一之源；后天之本在脾，脾为中宫之土，土为万物之母”[1]，内容基本因袭薛、赵、张。然而，这并不意味着对命门的探索已经停住脚步，后来医家只能在实践医疗中细化理论，如清代早期的医家程知就试图提出新说。

程知医著总量不详，至今只见《医经理解》传世，书中以心包络、三焦、命门概念为中心阐述脏腑生理机制。在卷首，程知即指出，心包络为裹心膜、三焦有名无形、命门偏居右肾等旧说都不准确，心包络与心包膜相关但不等同，三焦为通达上中下诸脏腑的生

[1]　李中梓著，郭霞珍等整理：《医宗必读》卷1，人民卫生出版社版2006年版，第7—8页。

理组织，也就是一般所说的腔子，而命门则是处于两肾的中间。程知认为生理上命门连接心包，二者共同组成人体的心包络系统（图 5）。所谓心包络系统，功能上与三焦系统相承相制，“三焦者，际上际下之腑”，“心包络者，际上际下之脏”，前者上贯膈而下注膀胱，是“诸阳之总卫”，后者上属心而下络包，是“诸阴之总司”。程知之所以会有如此奇特的定义，是因为他认定三焦为“气腑”，即上焦在胃上口，贯膈而布胸中，中焦在胃中，受脾胃之气，泌糟粕，蒸津液，化精微，下焦在回肠，注膀胱而渗入，与一般而言的脾胃气机类似。至于“心包—命门”组成的心包络系统，程氏认为包乃“包胎之名”，即人的“子户”，“下联于两肾”，“上属于心”，具有心包的特性，同时又包纳“精神所舍，原气所系”之命门的一切功能。程知一再说明心包不是一般所认为的“裹心外膜”，可见他指定的心包络系，大体是“命门—两肾”主导之元气的对应体。[1] 从学术发展史来说，这种从“有形”的角度释读三焦和心包络，其实新见有限，没有点出薛、赵、张未曾提及的某些观点。而且学术构建残缺不全，难以取信于人。尽管如此，程知的心包络命门说仍是建立于薛、赵、张之上的理论新探索，可视为深刻研讨之后产生的余响。

图 5

---

[1] 程知著，张其成、李标校点 :《医经理解》卷 1，安徽科学技术出版社 1995 年版，第 5—8 页。

五、余论：思想史的边缘地带

论述至此，我们可将命门学说的形成概括为四个阶段，即《内经》时代至宋、金元时期、明代和明代以后。宋代以前，命门概念总体上停留在《内》、《难》文本的层面，到了宋代，有如陈言者重视“左肾—命门”机理，指其为生命起源的关键所系，但后来者并不在此逻辑下阐释学理。至晚明，孙一奎、赵献可、张介宾在此用力犹勤。他们不约而同地采用《易》卦象和太极图来强化命门的重要性。如孙一奎即将命门的生理位置移到两肾中间，称之为“肾间动气”，并指出其与两肾组成了类似太极生两仪的动态过程。可惜的是，孙一奎过度估计命门的功能，忽略业已成为共识之命门与相火、三焦之间的对应关系，也没有清晰处理命门新定义与占据主流地位之脾胃理论的内在联系，因此理论贡献相对有限。真正将命门理论推到极致的是赵献可和张介宾。他们的理论建设略有相似之处，如赵献可先从生理结构入手，指出处于肾间的“立命之门”乃生化性命的原动力，但生命形成以后，其作用退居统摄、引导的层面，处在“先天”的范畴，人体诸多气化运动的直接动力是直接来自“后天”的脾胃气。张介宾则由命门的功能入手，认为“命门—两肾”乃真阴、真阳所系，在人体的生理机制中起核心作用。为此，他们多方引证，道家丹田说、《周易》卦象、前人叙述等都是有力论据。赵、张之后，命门学理可发挥的空间有限。如清代早期医家程知用“有形”之心包络来落实命门功能，形式上与代表脾胃气之“有形”三焦相互配合。他的理论叙述难以取信于人，将医家的命门太极学说引向歧途。

本文之所以不惜篇幅，细致排查命门学说发展进程中的诸多细节，目的正为估量儒、道、释对于医学思想可能产生的影响。长期以来，医家特有的思想体系往往被排挤在主流思想学术的话语之外，他们建构的特有人体结构、天人关系等，也往往因与理学、道教近似，而被简单归为接受主流思想学术的影响者，独立性无从得到重视。犹如命门学说，在宋明理学中地位显著的太极（图 1），的确是后来医学大家建构自身学理的关键思想资源，然而经过医家改造，人体内在太极的构造、运作最终彻底脱离原先的思想表述，成为独特的医家太极。在医家太极（图 2、图 3、图 4）中的气、土、水、火等每一个名词的内里，其实隐藏着独立成群且具备自身发展逻辑的一系列知识。医家思想之于主流学术，究竟是单向的接受影响者，还是动机鲜明的“拿来主义”者？如本文整理叙述，“拿来主义”的色彩更为明显。

进而论之，促成医家之“拿来”太极者，又是何等机缘呢？可参看在此历史进程中某些医家的叙述。张从正曾说：“及天下多故之时，荧惑失常，师旅数兴，饥馑相继，赋役既多，火化大扰，属阳，内火又侵，医者不达时变，犹用辛温，兹不近于人情也。……余亲见泰和六年丙寅，征南师旅大举，至明年军回，是岁瘴疠杀人，莫知其数，昏瞀懊侬，十死八九，皆火之化也。”[1] 张从正观察的结果是，身处战乱之人容易受内、外火侵扰，疾病的发生多属“火之化也”。与“火热”论不同路向的李东垣则另有解释：“向者壬辰改元，京师戒严，迨三月下旬，受敌者凡半月，解围之后，都人之不受病者，万无一二，既病而死者，继踵而不绝。……大抵人在围城中，饮食不节，及劳役所伤，不待言而知。由其朝饥暮饱，起居不时，

[1] 张从正撰，邓铁涛编校：《子和医集・儒门事亲》，人民卫生出版社 1994 年版，第 34—38 页。

寒温失所，动经三两月，胃气亏乏久矣，一旦饱食大过，感而伤人，而又调治失宜，其死也无疑矣。非惟大梁为然，远在真佑兴定间，如东平，如太原，如凤翔，解围之后，病伤而死，无不然者。”[1]无论“火热”，还是脾胃，都真切反映具体时期人们的生存状况。再如朱丹溪，他生长于社会相对稳定的元大一统时代，提点出的“相火”病邪概念明显有“阳性”与“阴性”两种性格。薛己也说：“愚按前方惟上古之人形病俱实者宜用之，今之患者，多属形病俱虚，治者当求其属而主之。……以上诸症，皆属足三阴亏损，虚火内动所作，非外因所致，皆宜六味丸、补中益气汤，滋其化源，是治本也。其因甚多，不能枚举，治者当临症而制宜，庶无误矣。”他所谓“形病俱实”的状况，当然不是“上古之人”特有，他指称的是一种与现今有别且不可随便施用的治疗方法。之后，赵献可云：“世人但知气血为阴阳，而不知水火为阴阳之根，能知水火为阴阳，而误认心肾为水火之真，此道之所以不明不行也。试观之天上，金木水火土五星见在，而日月二曜，所以照临于天地间者，非真阴真阳乎？人身心肝脾肺肾五行俱存，而所以营运于五脏六腑之间者，何物乎？有无形之相火行阳二十五度，无形之肾水行阴二十五度，而其根则原于先天太极之真，此所以为真也。一属有形，俱为后天，而非真矣、非根矣。谓之根，如木之根而枝叶所由以生者也。”[2]张介宾也有类似的叙述，说：“故物之生也生于阳，物之成也成于阴，此所谓元阴元阳，亦曰真精真气也。……五液皆归乎精，而五精皆统乎肾，肾有精室，是曰命门，为天一所居，即真阴之腑。精藏于此，精即阴中之水液；气化于此，气即阴中之火也。……命门之火，谓之元气，

[1]　李东垣撰，李一鸣整理：《内外伤辨惑论》卷上，第3页。

[2]　赵献可：《医贯》卷1，第12页。

命门之水，谓之元精。”[1]医家们都以正常社会环境下人的生长为讨论对象，强调真阴、真阳的伟大功用。他们口称太极，实为时代社会生活的现实需要，而非形而上的哲学思考。这也许是他们的学说长期被排挤在思想史边缘地带，看似无所发明的主要原因。

[1] 张介宾：《类经附翼》卷 3，第 276—277 页。

中国中古时期城市卫生状况考论

于赓哲（陕西师范大学历史文化学院）

本文的“中古”时间界定依据内藤湖南的划分，即东汉后期至唐五代（2 世纪后期—10 世纪中期，含第一、二过渡期）。这一阶段是中国医学思想定型、有关疫病理论发展并逐步成熟的过程，故具有很强的代表性。笔者在《古典医学的西学镜像》[1]一文中已经阐释了西方因素对现代医学史研究者思维模式的影响。中国的医学乃至中国最近一个半世纪的历史是西方文明笼罩之下的历史。即便是掺杂着强烈民族自尊心的医学史研究者也在不自觉中受到了西方医学的巨大影响，从而形成了弱势文明面对强势文明时典型的思维模式：面对西医的强大压力，传统医界要保护的是自己的地位，而途径则是照着西医的样式反复阐明自身的“科学性”，在站到西医对面的同时也成为其映像（Abbildung），从而反证了西医的统治力。尤其在五四新文化运动之后，全社会对“科学”宗教般的崇拜更使得传统医界不得不对自己与“科学”不一致的地方做出“科学”的解释。卫生问题也历经了这样的历程。

有关近现代卫生问题与中国现代化国家形成历史的研究已经汗牛充栋。“卫生”与“现代性”已经连为一体。但是，唯有面对西方

---

[1] 于赓哲：《古典医学的西学镜像》，《人文杂志》2013 年第 10 期，第 93—102 页。

强势文明才能产生出这样的问题意识。如果没有西方的打断，而是按照中国历史固有脉络继续发展的话，永远也不可能出现“公共卫生”，这是因为“卫生”的各个要素本来分别呈现于其他领域内，从未作为一个整体进入到中国人的头脑当中。中国古代的社会特点使得这些要素也不可能成为整体，国家力量不可能这样做，社会力量更不可能。也就是说，这些卫生要素如同一颗颗散落的珍珠，始终没有一根主线将它们串联起来形成一条完整的项链。

一、何谓卫生

汉语“卫生”一词来自于《庄子·庚桑楚》中的“卫生之经”，原本是单纯的卫护生命之意。余新忠《晚清“卫生”概念演变探略》一文已经有了较为详尽的考证。这个词汇的现代意义完全是近代西方以及日本影响的结果。余文已就此有专论，此不赘言。本文所探讨的中国古代的卫生问题，实际上也是站在西学角度审视国史的产物。现代卫生体系是建立在对细菌、病毒和流行病的实证分析基础之上的。即便是黑死病之后的欧洲，尽管距离实证主义阶段还相差甚远，但永久性的公共卫生部门的建立也以较为丰富的对病源的直观认识作为基础。中国古代无论是政府的医疗机构、政府和宗族对基层社会的掌控、有经验的医人团队、对药物的认知水平都较为完善，但这些要素却无法“组装”在一起成为所谓的“卫生体系”，这是中国人对疾病的认识所致，同时也是因为中国人有其他的渠道作为卫护健康的手段。中国古代虽然疫情不断发生，但缺少像黑死病那样从根本上颠覆旧有体系的重大疾病的刺激，这也是卫生体系迟迟未能建立的原因。

对于疾病成因的认识决定了卫护健康的手段。中国古代对疾病的认识中没有细菌和病毒的观念[1]，而“气”则是一个值得瞩目的要素，尤其是在传染病以及流行病方面，气被视为疾病的载体，它通行于各种解释之中，可以弥平各种理论的裂痕，而它的特性导致人们认为它可以被躲避或者抵抗，但是却无法通过公共手段加以消除。

张嘉凤总结了古人所认为的六种疾病相染的途径：第一，与病人的直接接触；第二，与病人长时间或者近距离的接触；第三，在特定地点参加特定活动；第四，异常的气候与环境变化；第五，饮食；第六，遭鬼排击。[2] 总而言之，对于疫病的成因，古人认为主要是人与人之间的传染和鬼神的作祟。需要重点指出的是，在古人纷繁复杂的论述之中可以发现“气”的作用，无论是形而上学致病原因解释，还是鬼神致病解释，都有一根主线——气——将其串联。余新忠认为：“自张仲景的《伤寒杂病论》问世以后，中国医学关于内科疾病基本将其分成因感受外邪引起的伤寒和由自身病变导致的杂病两大类，疫病无疑属于前者。对于引发伤寒的外邪，古人有不同的说法，比如‘六气’、‘时气’、‘四时不正之气’、‘异气’、‘杂气’、‘戾气’等，而且也一直处于发展变化之中，但总体上基本都是在‘气’这一认识框架下展开的，大体而言，较早时期，关注点较多地集中在反常的自然之气，如‘六气’、‘四时不正之气’等，而宋元以降，开始越来越重视‘气’中的杂质与污秽的因素，特别是随着吴有性的《瘟疫论》的出版和清代温病学派的形成，到清前期，医界逐渐形成了有关疫病成因的较为系统的认识，

[1] 有关中医致病观念与西医细菌、病毒观念的冲突与整合，参见皮国立：《近代中医的身体观与思想转型：唐宗海与中西医汇通时代》，生活·读书·新知三联书店2008年版。

[2] 张嘉凤：《“疫病”与“相染”——以〈诸病源候论〉为中心试论魏晋至隋唐之间医籍的疾病观》，见李建民主编：《生命与医疗》，中国大百科全书出版社2005年版，第406页。

即认为，戾气即疫气，是由暑湿燥火等四时不正之气混入病气、尸气以及其他秽浊之气而形成的，并进一步密切了疫气与‘毒’之间的关系，特别是在乾隆晚期以后的医籍中，往往将疫气与毒气相联系，认为‘是毒气与瘟疫相为终始者也’。与此同时，有关瘟疫的传染，理论上基本秉承疫气相染的认识，即认为瘟疫的传染通过‘气’来传播，不过对接触传播、食物传播、水传播、虫媒传播等传播方式也产生了一些直观或隐约的认知，但总体上并没有突破疫气传染的认识框架。”[1]

即便在将疫病归结为鬼神作祟时也可看到：鬼神将疾病传给人类的主要媒介之一依然是“气”。《诸病源候论》将传染病源归结为“鬼邪之毒气”、“客邪鬼气”、“邪毒之气”、“邪气”等。可以说，在致病的各项要素中，除了少数（例如饮食）之外，多数都与“气”相关联。“气”成为各项致病因素的“串绳”。之所以用如此篇幅论述“气”的重要性，是想提请注意：中国古人认为气的来源是多样的，可能是污秽，可能是鬼神，可能是极端气候，所以也就有着各种不同的应对手段，而这些应对手段散落在各个领域内，造成了“卫生”措施的分割。可以说理论的束缚、医疗领域的有限、医者的自我定位、各种有意无意的“类卫生”手段的预先占位、政府对此的麻木，均是中国古代不会诞生卫生体系的重要原因。

二、卫生谁主

中国历史上尽管疫情不断，但是从未有过类似欧洲黑死病那样影响巨大的疫情，因此也很难因为刺激而将种种与卫护健康相关的

---

[1] 余新忠：《从避疫到防疫——晚清因应疫病观念的演变》，《华中师范大学学报》2008年第2期，第52页。

手段进行整合和修正，形成所谓“卫生”。既然对疫病成因的认识难以突破“气”的观念，那么如何应对这种疫气就是这些手段的主题，而其所采用的手段往往与现代医学某些要点暗相契合。例如元和五年（810）柳公绰向皇帝进献的《太医箴》：

> 天布寒暑，不私于人。……寒暑满天地之间，浃肌肤于外；好爱溢耳目之前，诱心知于内。清洁为堤，奔射犹败，气行无间，隙不在大。……人乘气生，嗜欲以萌，气离有患，气凝则成。巧必丧真，智必诱情，去彼烦虑，在此诚明。医之上者，理于未然，患居虑后，防处事先。心静乐行，体和道全，然后能德施万物，以享亿年。[1]

柳公绰的本意并不是阐释医理，而是以此劝诫皇帝不要痴迷于享乐，要以德为治国之先，而德对治国的重要性就如同那些卫护健康的手段对人体的重要性一样。但这段话无意中颇能反映当时对“卫生”的看法：第一，“气”弥漫天地之间；第二，“清洁”是抵御疾病的堤坝；第三，“气行无间，隙不在大”，即气是无孔不入的；第四，个人的修行可以抵御疾病。

这里提到的清洁、个人体质的增强均符合现代卫生之道。但是问题在于谁来整合？如何能放大成为公共事务？这两个问题恰恰是中国古代卫生的瓶颈。以现代人的视角考虑卫生问题时难免会将目光投向医人阶层和政府，但显然在中国古代两者均未有这样做的动机。

首先来看医人。因为医术原本就只是应对疾病的众多手段之一

[1] 《旧唐书》卷165《柳公绰传》，中华书局1975年版，第4301页。

罢了。笔者在《汉宋之间医患关系衍论——兼论罗伊·波特等》[1]中曾指出：如果将“医”看作是时人认可的应对疾病的手段，那么古代“医”的范围十分宽泛，人员包括传统意义上的“医人”，也包括僧道、巫觋（手段包括宗教、巫术和物理化学疗法），他们也是医疗团体的重要组成。甚至于还有部分人群拒绝进入医疗体系内，例如当时宗教、巫觋手段盛行，很多人信巫不信医，这一点在南方尤为突出，一直到宋代还有很多地方从不知医药为何物。另外，持“命定论”者也大有人在，他们将生死和疾病看作是既定天数，因此拒绝进入医疗范围内。另外，长久以来医疗资源的匮乏导致很多民众习惯于自救。例如灸法的盛行就是一个证据，而政府也在鼓励民众采取自救。因此面对疾病的威胁，医人原本就不是唯一的对抗力量，而且中国古代医人缺乏宗教团体作为后盾，完全仰赖市场生存，所以他们只需满足“适医阶层”（以中上层社会为主）需求即可。

在印刷术普及（10世纪）之前医界留下著作的人屈指可数，可以说话语权掌握在医界精英手中。而观其对医学的态度可以感觉到在魏晋时期医人似乎更关注个人的成仙得道，对于公共事务缺乏兴趣。而且这是一个道教定型的时代，也是神仙思想浓厚的时代，甚至政务活动中巫术行为都屡见不鲜。[2]有不少医界精英的目光主要集中在如何成仙久生上：林富士《试论中国早期道教对于医药的态

[1] 于赓哲：《汉宋之间医患关系衍论——兼论罗伊·波特等》，《清华大学学报》2014年第1期，第1—22页。

[2] 例如西汉前期设有“秘祝”之官，如有灾祸则以巫术转嫁给百官及百姓，《汉书》卷25《郊祀志》，中华书局1962年版，第1209页：“祝官有秘祝，即有灾祥，辄祝祠移过于下。”天下如有大灾殃，皇帝甚至可以移过于丞相，迫其自杀，参见《汉书》卷84《翟方进传》，第3422—3424页。以上都是制度体系内的例证，至于超出制度体系的巫术活动更是不胜枚举，戾太子“巫蛊案”正是典型，所有这些都说明了汉代政事活动中巫术的活跃。

度》[1]对此已有详论，此不赘。以葛洪、陶弘景为代表的部分医界精英医技的精进只可归因为宗教理想的需求，显然不会致力于公共事务。而一般的基层医人影响力有限，文化水平亦有限，人数虽多但多蝇营狗苟之辈，所重者财货也，正如葛洪轻蔑指出的那样："医多承袭世业，有名无实，但养虚声，以图财利。"[2]可以说无论是掌握着话语权的精英医人还是占从业者大多数的基层医人，均缺乏为全民健康考虑的动机。尤其是那时的医患关系决定了医人只习惯被动地等待患者的召唤，而没有采取主动措施参与公共事务的动机，也正因为如此，面对大规模疫情，医人不见得认为自己是应对的主力。他们并不缺乏社会责任感，但是他们没有把这种责任感升华为"卫生措施"的动机和能力。

在传统医学思想中，与"卫生"最为接近的是"未病"思想。

《黄帝内经·灵枢·逆顺》："上工治未病，不治已病。"

《黄帝内经·素问译解·四气调神大论》："是故圣人不治已病治未病，不治已乱治未乱，此之谓也。夫病已成而后药之，乱已成而后治之，譬犹渴而穿井，斗而铸锥，不亦晚乎？"[3]

《金匮要略·脏腑经络先后病脉证》："问曰：上工治未病，何也？师曰：夫治未病者，见肝之病，知肝传脾，当先实脾，四季脾王不受邪，即勿补之；中工不晓相传，见肝之病，不解实脾，惟治肝也。"[4]

《备急千金药方》卷1："又曰上医医未病之病。中医医欲病之病。下医医已病之病。"

---

[1] 林富士：《试论中国早期道教对于医药的态度》，见李建民主编：《生命与医疗》，第162—192页。

[2] 葛洪：《抱朴子·内篇》卷15《杂应》，上海书店出版社1986年版，第69页。

[3] 郭霭春主编：《黄帝内经素问语译》，人民卫生出版社1992年版，第14页。

[4] 张仲景著，刘渡舟、苏宝刚等释：《金匮要略诠释》，天津科学技术出版社1984年版，第1页。

所谓“未病”指的是疾病处于潜伏状态、人的机体已受邪侵但尚处于无症状或症状较不显著阶段。这里包含着对医、患两方面的要求，首先，此时洞察病情是医者的至高境界，故备受推崇。其次，患者可通过个人的修行达到将疾病遏制在萌芽状态的目的。例如葛洪《抱朴子内篇》卷18《地真》：“故一人之身，一国之象也。胸腹之位，犹宫室也。四肢之列，犹郊境也。骨节之分，犹百官也。神犹君也，血犹臣也，气犹民也。故知治身，则能治国也。夫爱其民所以安其国，养其气所以全其身。民散则国亡，气竭即身死，死者不可生也，亡者不可存也。是以至人消未起之患，治未病之疾，医之于无事之前，不追之于既逝之后。”[1]《兰室秘藏》认为个人生活细节的注意可保证健康，其书卷上：“夫上古圣人，饮食有节，起居有常，不妄作劳，形与神俱，百岁乃去，此谓治未病也。今时之人，去圣人久远则不然，饮食失节，起居失宜，妄作劳役，形气俱伤，故病而后药之，是治其已病也。推其百病之源，皆因饮食劳倦，而胃气、元气散解，不能滋荣百脉，灌溉脏腑，卫护周身之所致也。”《备急千金药方》卷27《养性》：“夫养性者，欲所习以成性。性自为善，不习无不利也。性既自善，内外百病皆悉不生，祸乱灾害亦无由作。此养性之大经也。善养性者则治未病之病，是其义也。故养性者不但饵药飡霞，其在兼于百行，百行周备，虽绝药饵足以遐年。德行不克，纵服玉液金丹未能延寿。”这里提到“性善”，事关人的个人修行，孙氏甚至认为这比药物还要重要。本于中国医学的朝鲜《东医宝鉴》也有类似看法，其书卷1：“至人治于未病之先，医家治于已病之后。治于未病之先者，曰治心，曰修养；治于已病之后者，曰药饵，曰砭。虽治之法有二，而病之源则

[1] 葛洪著，王明校释：《抱朴子内篇校释》卷18《地真》，中华书局1986年版，第326页。

一，未必不由因心而生也。”病从心起，故“治心”、“修养”乃保持健康的首要条件。

从这两段重要的论述可以看到，中国传统医学思想并不是从规避和消除病源角度考虑“未病”问题，而是将预防未病看作是个人修行，并且是衡量医人水准的重要标准。按理说有关未病的概念最接近卫生概念，但是很显然，传统医学又把这个概念归结为个人事务——患者与医者的个人事务，因此并不存在针对未病的“卫生”机制。所以长久以来，医者对于全民健康的促进也主要是体现在个人行医和著书立说层面。清代《皇朝经世文统编》卷99《论养生》的作者在目睹西方人的种种卫生措施后，对中国人各自为战的现象痛心疾首：

> 遇有疾疫，不特各人自谋医治，自为保卫，地方官府尤必代为之计，使合境之人同登寿域而后已。较中国之施医设局，任人自便，来者听之，不来者勿强不同。[1]

中国“施医设局，任人自便”的举动实际上是古来传统，将个人纳入公共卫生体系需要政府、医人、医学思想共同努力，但是医者以及以其为载体的医学主流思想很明显未曾向这个方向努力过。而这也是中国古代所谓“卫生”与现代化的卫生迥然有别的一个重要特征，现代化的卫生体系是以强制性为主要特征的，无论是接种、隔离、环境清洁都需要强制性作为保障，近现代化国家的行政技术力量也是卫生措施得以实施的技术基础，而古代社会显然是缺乏这种保障的。

古代中国是一个威权社会，是一个超稳定的金字塔形社会结构，

[1] 邵之棠辑：《皇朝经世文统编》卷99《格物部五·医学·论养生》，光绪辛丑年上海宝善斋石印本，第3函第7册第29页。

政府处于金字塔尖。按理说能够将社会力量整合起来建立卫生体系的只有政府。中国历史上的官医系统一直不发达，与多数医学史研究者认为的相反，表面看起来健全的机构一则规模有限，二则职责局限为为宫廷和官府服务，对整个社会的帮助十分有限。而且除了官医机构，也没有哪个机构对公共健康负责。相关问题笔者在《唐代疾病、医疗史初探》已有论述，兹不赘。以往的研究者经常列举古史中政府种种“卫生行为”，借以说明中国古代已有卫生事业。但是笔者认为，这些措施往往是零散的、非持续性的，并非统一规划，多半与官员个人兴趣有关。其中很多属于无心插柳，只是在客观上起到了卫生效果而已，行为者本身并不属意于此。

三、散落的卫生

在此谨以唐代（618—907）长安城为例。这是当时世界上最大城市之一，总面积 84 平方公里，常住人口在 70 万—100 万人之间。这样的城市往往是传染病高发区。但是唐代史料中长安城内的大规模瘟疫的记载比较少，而且似乎其他唐代城镇的卫生做得都不差。近代以来西方和日本人将中国人视为“不卫生”、“污秽”的代名词，但这似乎只是明朝中期以来中国人口激增、居民密度加大之后的状况，中古中国并非如此。虽然地方性疫情常有记载，但大规模、致死率高的疫情并不多见，靳强统计唐代三百年间大规模疫情只有三次。[1] 来此游历的阿拉伯人也说：“中国人比印度人更为健康。在中国，疾病较少，中国人看上去较为健壮，很少看到一个盲人或者独目失明的人，也很少看到一个残废人，而在印度，这一类的人则是

[1] 靳强：《唐代自然灾害问题述略》，见《魏晋南北朝隋唐史资料》第 20 辑，武汉大学文科学报编辑部 2003 年版，第 98 页。

屡见不鲜的。”[1]此阶段内中国人平均寿命可达五十岁以上[2]，这个数字大概在整个古代社会来说都是相当不错的成绩。中国人比印度人更健康的原因首先在于温带疾病原本就比热带少。另外，“卫生”也是不可或缺的重要因素。只是此时的“卫生”并非是一个整体，而是散落体现在各个方面：

1. 排污

中国自古以来重视农业追肥，故始终保持着较高的地力水平。东亚将粪便视作贵重的农业肥料而倍加珍惜。[3]西方人粪的使用虽然也有记载，但并未大规模、系统化地使用，所以在中世纪的文本中，欧洲各个大城市的气味都成为突出的符号和人们抱怨的焦点。但是在同时期中国的史料中这个现象似乎并不多见。城乡之间的生态平衡依靠农村向城市提供粮食和蔬菜，城市向农村提供人畜粪便加以维系。[4]至少从唐代开始粪便就是商品[5]，而粪料充足的田地甚至会引发纷争，唐大顺元年（890）正月沙州百姓索咄儿等状：“城西有地贰拾伍亩，除高就下，粪土饱足，今被人劫将，言道博换阿你本地，在于城东。白强碱卤，种物不出，任收本地。营农时决逼，气噎闷

[1] 穆根来、汶江、黄倬汉译：《中国印度见闻录》第72条，中华书局2001年版，第25页。

[2] 参见李燕捷：《唐人年寿研究》，文津出版社1994年版。

[3] 关于人粪肥商品化问题可以参阅以下研究，李伯重：《明清江南肥料需求的数量分析》，《清史研究》1999年第1期，第30—38页；Xue Yong, “Treasure Nightsoil As If It Were Gold: Economic and Ecological Links between Urban and Rural Areas in Late Imperial Jiangnan”, *Late Imperial China*, Volume 26, Number 1, June 2005, pp 41-71；〔日〕熊泽彻，《江户的堆肥降价运动和各领代表者》，《史学杂志》1985年94编，第482—511页；〔日〕小林茂：《日本屎尿问题源流考》，明石书店1983年版。

[4] 参阅〔日〕滝川勉：《关于东亚农业地力再生产的考虑——屎尿利用历史考察》，《亚洲经济》45（3），2004年；〔日〕德桥曜编著：《环境与景观的社会史》，文化书房博文社2004年版，第13—48页。

[5] 据张鷟著，赵守俨点校：《朝野佥载》补辑，中华书局1979年版，第172页：“少府监裴匪舒奏卖苑中马粪，岁得钱二十万贯。刘仁轨曰：恐后代称唐家卖马粪。”同书卷3，第75页：“长安富民罗会，以剔粪为业，……会世副其业，家财巨万。”

绝，不知所至。”[1] 由此可知，中国城镇的粪便往往会得到及时的处理，尤其是水稻种植业发达的明清时期，南方城镇的粪便更成为抢手货，卫生在无意中得到维护。

中国古代城市排水一般依靠三种方式：沟渠排水、直接排入江河、渗井。前两种方式自先秦就已出现，只有少部分沟渠采用了暗渠，多数属于明沟，所以对城市卫生构成巨大威胁。《唐代长安城考古纪略》指出，唐长安城每一座居民坊四周都有明沟，宽度在 2.5 米以上，架桥通过。[2] 所以长安城内苍蝇应该不少，《酉阳杂俎》前集卷 1 载：“长安秋多蝇。成式尝日读《百家》五卷，颇为所扰，触睫隐字，驱不能已。”[3] 韩愈曾表露他对长安城多蚊蝇的厌恶（以此引申对宵小之徒的蔑视），《杂诗四首》云：“朝蝇不须驱，暮蚊不可拍。蝇蚊满八区，可尽与相格。得时能几时？与汝恣啖咋。”[4] 在《秋怀诗》第四首里，他期盼清秋的寒气能驱走苍蝇：“秋气日恻恻，秋空日凌凌。上无枝上蜩，下无盘中蝇。岂不感时节，耳目去所憎。”[5] 故长安城居民消化系统疾病十分常见。另外，明沟死水也会造成疟疾的流行，笔者在《〈新菩萨经〉〈劝善经〉背后的疾病恐慌——试论唐五代主要疾病种类》一文中论述了唐人主要疾病种类[6]，其中疟疾排列在最前面，估计与这种排水方式有关。不过就中国自然环境而言，中国北方是温带，疟疾以间日疟、三日疟为主，危害程度较低。这是中国的幸运之处。而南方亚热带盛行恶性疟，但是由于症状与

[1] 〔日〕池田温著，龚泽铣译：《中国古代籍帐研究》，中华书局 1984 年版，第 588 页。

[2] 中国科学院考古研究所西安唐城发掘队：《唐代长安城考古纪略》，《考古》1963 年 11 期。

[3] 段成式：《酉阳杂俎》前集卷 17，中华书局 1981 年版，第 168 页。

[4] 此诗作于元和十一年（816），韩愈其时任右庶子，正在长安，因此描绘的是长安的状况。参见卞孝萱、张清华编选：《韩愈集》，凤凰出版传媒集团 2006 年版，第 112 页。

[5] 卞孝萱、张清华编选：《韩愈集》，第 146 页。

[6] 于赓哲：《〈新菩萨经〉〈劝善经〉背后的疾病恐慌——试论唐五代主要疾病种类》，《南开大学学报》2006 年第 5 期，第 62—70 页。

间日疟、三日疟不同，故被称为“瘴气”。五代以后中国城镇急速扩张，人口日增，与排水相关的传染病问题日渐突出，梁庚尧[1]、包伟民[2]对此均有涉及，这也是宋以后城镇改造过程中排水始终是重中之重的原因所在。除了渠道和河水之外，渗井也在中国古代城市中广泛运用。这种将污水排入地下的方式也会对健康构成重大影响，但是其时效却是比较慢的。汉代长安城自建成到水皆咸卤历经了大约八百年的时间[3]，而唐代长安城广泛使用渗井的恶果一直到明代才有明显体现。

2. 城市布局与坊市制

城市布局又是一个令人感兴趣的话题，居住密度、人群的隔离、居住区与商业区的分割毫无疑问会对卫生产生影响。中国中古城市布局经历了一个重大变化——以唐后期、五代为界限，此前的城市人口密度不算大，而且有严格的坊市制度，即居民里坊和市场分离，城市以街道划分为整齐的棋盘状布局，居民坊呈矩形，四周有高耸的坊墙，夜间常实行宵禁，并设有专人管理。这种建筑布局形式起于 4 世纪末期初建的北魏首都平城（今山西大同），493 年成为新首都的洛阳延续了这个布局[4]，此后一直影响到隋唐长安和洛阳的布局。

唐代长安城各坊墙基厚度达到 2.5 米—3 米，黄土夯筑。[5]这种居民坊布局的初衷是加强治安管理，所以伴随严格的宵禁制度。按照考古发掘，唐代长安城外郭有 9 座城门，14 条东西大街，11 条南

[1] 梁庚尧：《南宋城市的公共卫生问题》，《“中研院”历史语言研究所集刊》第 70 本第 1 分册，1999 年。

[2] 包伟民：《试论宋代城市发展中的新问题》，（韩国）《中国史研究》第 40 辑，2006 年。

[3] 《隋书》卷 78《庾季才》，中华书局 1973 年版，第 1766 页。

[4] 牛润珍：《东魏北齐邺京里坊制度考》，《晋阳学刊》2009 年第 6 期，第 81—85 页。

[5] 中国科学院考古研究所西安唐城发掘队：《唐代长安城考古纪略》，《考古》1963 年 11 期，第 603 页。

北大街（图 1）。按照《长安志图》等史籍记载，南北向街道宽都是 100 步，东西向的街道共 14 条，宽度有 47 步、60 步、100 步三种，据实测，可探测到的街道宽度一般都在 69 米—147 米之间[1]，部分证实了史料记载。同时唐代前、中期实行严格的坊市制度，限制商品经济活动时间，例如《唐会要》卷 86 有关东西市管理的记载显示唐代商品经济活动区域、交易时间都有着严格的限制，再加上宵禁，人群接触受限，这对疫病防治的积极作用是不言而喻的，这种布局设置初衷与卫生无关，客观上却可能起到了防疫的作用。

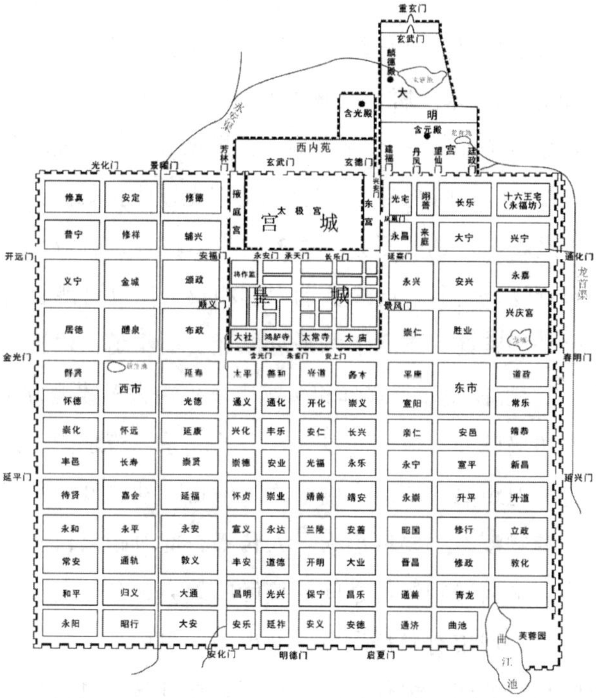

图 1　唐代（618—907）长安城平面图

---

[1] 中国科学院考古研究所西安唐城发掘队：《唐代长安城考古纪略》，《考古》1963 年 11 期，第 595—611 页。

在此谨以鼠疫为例，跳蚤攻击距离只有几厘米，而作为鼠疫主要传播媒介之一的黑鼠在其存活的两年左右时间里，依靠自己迁徙的最大距离仅为200米。迈克尔·麦考密克（Michael McCormick）注意到了这一点，并就中世纪英国乡村住宅密度与鼠疫间关系进行了探讨。[1]这是一个有意义的思路。中国家鼠以褐鼠、黄胸鼠、小家鼠为主（传播鼠疫能力最强的黑鼠主要分布在亚热带和热带），前两者活动范围多为栖息地100米—150米内，其中褐鼠传播鼠疫的能力较低，黄胸鼠分布区域较为有限（主要在南方），小家鼠是家鼠中发生量仅次于褐鼠的优势鼠种，可传播鼠疫，但其活动范围比较小，只有30米—50米。唐长安城宽大的街道分割了鼠群的接触（顺城巷街道宽度只有20米—25米左右，但顺城巷位于居民坊和城墙之间，不存在鼠群接触问题），本来夯土坊墙无以阻挡鼠群，但墙外是空旷街道，且缺乏商铺，不会有太多的生活垃圾，而坊墙内是居民区，房屋和食物吸引鼠群向内活动而非相反，所以可能会有效截断鼠疫的初始传播路线。下水道本是老鼠迁徙的渠道，根据《唐长安城考古纪略》，唐长安除了宫廷和两座市场外绝大多数地方是明沟排水，明沟顺坊墙延伸，彼此间没有直接的联系，跨越街道的那部分应该是暗沟，但距离和街道宽度一样。中古时期鼠疫的种类已不可知，假如是肺鼠疫，主要依靠人—人传播，此时距离自然无用，假如是腺鼠疫，那么遏制鼠群之间的接触的确会起到一定作用。唐朝三百年间少见大城市有鼠疫爆发，城市布局也许是一个不可忽视的原因。唐晚期至五代、宋代，坊市制逐渐被打破，也就在此时，中

---

[1] 〔美〕迈克尔·麦考密克：《老鼠、交通和瘟疫：一项生态史的研究》，《跨学科史学研究》2003年第1期。

国迎来了鼠疫高发期，并且对整个国家、社会产生了巨大影响，曹树基《鼠疫：战争与和平——中国的环境与社会变迁（1230—1960年）》[1]一书已有专论，此不赘。这也许不是巧合。另外，还有一个值得注意的现象，鼠疫一般首先在野生啮齿类动物中爆发，所以唐代城市与野外环境的关联性也是值得思考的问题，篇幅有限，相关问题请容以后详考。

但是这种坊市制度在8世纪后期已经逐渐松动，商品经济活动频繁出现在坊内，加藤繁《宋代都市的发展》一文指出唐宋之际"坊市制崩溃"，中国的城市从传统封闭式的坊市制发展成为开放式的街市制。[2]坊墙消失，街区连成一片。梁庚尧《南宋城市的发展》进一步提出了"城郭分隔城乡作用的消逝"，一是城区溢出城墙的束缚，向郊区发展，二是作为农村商业中心的市镇的兴起，自发形成事实上的城市。[3]《清明上河图》中那种高密度房屋布局只能是晚唐五代以来才可能出现的景象。这样的城市街道逐渐狭窄，民居鳞次栉比，环境问题带来的卫生问题日渐突出。梁庚尧[4]、包伟民[5]对此均有涉及。宋代以后城市瘟疫的记载逐渐增多，首要原因是史料遗存的丰厚。唐代的文献是精英士大夫阶层的文献，是"城市的"文献，而宋代虽然城市化程度比唐代大为增加，但其文献却有更大的涵盖面，这全拜印刷术的普及和国民普遍教育程度的提高以及地方

[1] 曹树基：《鼠疫：战争与和平——中国的环境与社会变迁（1230—1960年）》，山东画报出版社2006年版。

[2] 〔日〕加藤繁：《宋代都市的发展》，原载1931年《桑原博士还历纪念东洋史论丛》，后收入氏著：《中国经济史考证》第1卷，商务印书馆1959年中译本。

[3] 梁庚尧：《南宋城市的发展》，见《宋代社会经济史论集》上卷，台北允晨文化实业股份有限公司1997年版，第481—583页。

[4] 梁庚尧：《南宋城市的公共卫生问题》，《"中研院"历史语言研究所集刊》第70本第1分册，1999年。

[5] 包伟民：《试论宋代城市发展中的新问题》，（韩国）《中国史研究》第40辑，2006年。

治史风潮的兴起所赐，所以宋以后史料更为详细，也更多地关注政事、军事以外的社会事件，疾病记载日渐频繁。所以城市疾病记载的增加某种程度上来说是文本叙事面增宽的结果。除此之外坊市制度的崩溃也是重要的因素，缺少了坊墙、宽阔街道、宵禁的制约，疾病的传播变得越来越容易。可以说，中国城市污秽、不健康的形象主要是从打破坊市制度、明朝之后人口激增、城市膨胀发展之后才有的。

3. 城镇改造

士大夫阶层作为联系政府与民间的中间力量，对于"卫生"的影响不容小觑。他们有许多在今人看来混杂甚至矛盾的行为，一方面他们不屑于医术[1]，一个方面又容易接受医学中"气"的概念，这是因为汉代以后神学化的儒家思想本身就讲究"气"，例如天地正气等。所以出于对"气"概念的信任，他们会有一些举措看起来符合卫生之道，但仔细寻查其动机却发现仍未出儒家思想之窠臼，着眼重点是移风易俗。而且他们相信人依靠定数或者自身的抵抗力、德行足以战胜任何疾病，所以有时又会对民间自发的卫生之道采取干涉举措。这一切举措都有一个共同的特点，即自发、非常制，所以难以形成真正意义上的卫生体系（表 1）。

例如，古人虽然不知携带疟原虫的蚊子是疟疾病源，但是却能凭直觉意识到潮湿地界多疟疾，从而保持对"卑湿"环境的警觉，中古时期常见士大夫主持的城镇改造，而规避疾病，尤其是郁蒸引起的疟疾往往是重要目的。

[1]〔日〕山本德子：《中国中古医人地位》，《日本医史学杂志》1976 年第 1 号。

表 1　秦汉—隋唐部分城市改造一览表

	出处	地点	时代	关键语句	目的
1	《汉书》卷 28《地理志》颜师古注	襄邑（今河南睢县）	秦	襄邑宋地，本承匡襄陵乡也。……秦始皇以承匡卑湿，故徙县于襄陵，谓之襄邑。	躲避湿气
2	《史记》卷 58《梁孝王世家》中《正义》引《括地志》	宋州（今河南商丘）	汉	宋州宋城县在州南二里外城中，本汉之睢阳县也。汉文帝封子武于大梁，以其卑湿，徙睢阳，故改曰梁也。	躲避湿气
3	《东观汉记》卷 7	春陵（今湖南宁远）	汉	刘敞曾祖节侯买，以长沙定王子封于零道之春陵乡，为春陵侯。敞父仁嗣侯，于时见户四百七十六，以春陵地势下湿，有山林毒气，难以久处，上书愿减户徙南阳，留男子昌守坟墓，元帝许之。	躲避毒气
4	《旧唐书》卷 39《地理志》	贵乡（今河北大名）	北周	魏州雄，汉魏郡元城县之地。后魏天平二年（535），分馆陶西界，于今州西北三十里古赵城置贵乡县。后周建德七年（578），以赵城卑湿，西南移三十里，就孔思集寺为贵乡县。	躲避湿气
5	《文苑英华》卷 804《黔州观察使新厅记》	黔州（今四川彭水）	唐	公堂庳陋，延士接宾，礼容不称，君乃规崇构，开华轩，西厢东序，靓深宏敞，广厦翼张。	躲避湿气

续表

	出处	地点	时代	关键语句	目的
6	《文苑英华》卷 807《宣州响山新亭新营记》	宣州（今安徽宣城）	唐	元和二年（807）冬十月，宣城长帅中执法襄阳郡王路公作新亭，新营。……初舆师所处，在郡之北偏，地洳垫下，水泉沮洳，积弊不迁，介夫病焉。至是则修武备，建长利。寝兴得安其室处。坐起以观其习变。	铲除低洼积水
7	《文苑英华》卷 810《朝阳楼记》	韶州（今广东韶关）	唐	庭除湫底，秋之澍雨，沉气乃上，暑之燂烁，清风不下。人慢吏亵，无严诸侯，于是掠旁入之利，乘可为之时，端景相势，凝土度木，经营未几，兴就嶷然，登闳丰崇。	躲避湿气
8	《全唐文》卷 523《判曹食堂壁记》	越州（今浙江绍兴）	唐	而食堂之制，陋而不称。期年，故太子少师皇甫公来临是邦，始更而广之。……有爽垲之美，无湿燠之患。颐神宁体，君子攸处。	躲避湿气
9	《全唐文》卷 481《郓州刺史厅壁记》	郓州（今山东东平）	唐	贞观初，废府复为州，八年（634）始自郓城移于是，就高爽也。	躲避湿气
10	《全唐文》卷 513《漳州图经序》	漳州（今福建漳州）	唐	（漳州）初在漳浦水北，因水为名，寻以地多瘴疠，吏民苦之，耆寿余恭讷等乞迁他所，开元四年（716）敕移就李澳州置郡，废故绥安县地也。	躲避瘴气
11	《文苑英华》卷 804《泉州六曹新都堂记》	泉州（今福建泉州）	唐	（原六曹都堂）处湫居卑非智也，……（改造后）夏处其达则炎天以凉，冬居其隩则凄风以温。	躲避湿气

续表

	出处	地点	时代	关键语句	目的
12	《韩昌黎文集校注》卷6《唐故江西观察使韦公墓志铭》	洪州（今江西南昌）	唐	为瓦屋万三千七百，为重屋四千七百，民无火忧，暑湿则乘其高。……为长衢，南北夹两营，东西七里，人去渫污，气益苏，复作南昌县，徙厩于高地，因其废仓大屋，马以不连死。	铲除污秽、积水
13	《文苑英华》卷831《鄂政记》	鄂州（今湖北武昌）	唐	鄂城置在岛渚间，土势大凹凸，凸者颇险，凹者潴浸，不可久宅息，不可议制度。……公命削凸堙凹，廓恢闾巷，修通衢，种嘉树，南北绳直，拔潴浸者升高明，湖泽瘴疠，勿药有愈。	铲除低洼积水，预防瘴气
14	《文苑英华》卷802《楚州刺史厅记》	楚州（今江苏淮安）	唐	然则刺史大厅卑而且险，……及夏秋之交，淮海蒸湿之气中人为病，多至烦热愤闷，居常无以逃其虐。……（郑公）乃筑崇基，乃创宏规。……清气和风，旦暮飕飕，氛厉不干，笑语自怡。大会其中，寒暑皆宜。	躲避湿气
15	《全唐文》卷806《虔州孔目院食堂记》	虔州（今江西赣州）	唐	院食堂旧基圮陋，咸通七年夏，前太守陇西公，遇时之丰，伺农之隙，因革廨署，爰立兹堂。环之高楼，翼之虚楹，有风月之景，花木之阴。无燥湿之虞，垫陷之虑。	躲避湿气

由上表可见，在城镇改造过程中，对于“湿”的规避是重要的目的。湿气被认为是致病的六淫之一，而南方地区比北方潮湿，所

以上述改造多半发生于南方。这里面有两点值得注意：首先，主持改造的基本上都是北方到南方任职的士大夫；其次，改造思想来源于实践。医学思想中的六淫邪气观念并未对积水、潮湿与疟疾之间的关系进行明确的论述，但上表中第 6、12、13 项均提到去除死水可预防疾病，尤其是瘴气，而瘴气包含种类多多，但恶性疟疾始终是重要的一端。[1] 古人虽不懂蚊子对于疟疾传播的作用，但是凭借实践经验知道远离或者消除死水可以有效减少疟疾发病率，所以才有了这样的举措。它实际上是移风易俗的众多举措之一罢了，中古时期南方经济文化均落后于北方，所以北方来的官员往往以移风易俗为己任，而城镇改造则是举措之一，相关问题参见马强《唐宋士大夫与西南、岭南地区的移风易俗》[2]，其主要目的是以“王化”改造落后地区。实际上整个士大夫阶层在卫生问题上的态度是多元的，以上城镇改造虽然属于卫生之举，但与创建卫生体系是两回事，它属于地方官的个人行为，是所谓德政的一部分，具有偶发性、非制度性的特点，并不具备公共事务的基本特征。城镇改造不涉及儒家的基本价值观，所以他们可以听从经验的安排，但是他们极有可能在另外的问题上展现其固执，即当这些问题侵犯到了儒家信条时。这主要体现在他们对于隔离措施的态度上。由于平民无法明确区分传染性、流行性和非传染性疾病，所以往往会将隔离变成一种普适措施，即不分种类均以隔离相对。而这一点恰恰违背了儒家敦亲的信条，所以儒家在这个问题上态度基本一致，即亲身证明“疫不相染”。

面对民间自发的隔离措施，士大夫全部采取否定态度，并经常

[1] 参见龚胜生：《2000 年来中国瘴病分布变迁的初步研究》，《地理学报》1993 年第 4 期，第 304—316 页；萧璠：《汉宋间文献所见古代中国南方的地理环境与地方病及其影响》，《“中研院”历史语言研究所集刊》第 63 本第 1 分册，1993 年，第 67—172 页。

[2] 马强：《唐宋士大夫与西南、岭南地区的移风易俗》，《西南师范大学学报》2006 年第 2 期，第 39—44 页。

以身作则，亲身照顾疾患，以示疫不相染（表2）。值得注意的是，以上行为发生地多为南方（表2第3、4项），所以这种行为背后又带有移风易俗的用意。其实土著如此做是出于隔离传染病之需，因为他们的知识水平不足以区分传染病、流行病、非传染病，所以将隔离措施扩大到所有疾病种类上是矫枉过正。然士大夫们将染病与否归结为“命”，并强行否定隔离措施的积极意义，则又属于再度的矫枉过正。经过汉儒改造的神秘化的儒学原本就相信个人德行可以规避乃至战胜疾病，例如《全唐文》卷390独孤及《唐故洪州刺史张公遗爱碑》：“人相食，厉鬼出行，札丧毒痡，淮河之境，骼胔成岳，而我仓如陵，我民孔阜，犬牙之境，疵疠不作，灾不胜德也。”[1]意即境无瘟疫全靠长官功德。皮日休《祝疟疠文》将疟疾的发作与人的德行联系起来，认为“疠之能祸人，是必有知也”，既然如此，那就应该降临在不忠、不孝、谄媚之徒身上。[2]宋洪迈《夷坚志》丁卷“管枢密”云疫鬼不犯之家是“或三世积德，或门户将兴”。所以，面对疾病他们坚信儒家的孝悌完全可以使得疾病不相染易。

表2　中古时期官员移风易俗与避疫矛盾事例

	出处	事迹	地点
1	《晋书》卷88《孝友·庾衮传》	咸宁中，大疫，二兄俱亡，次兄毗复殆，疠气方炽，父母诸弟皆出次于外，衮独留不去。诸父兄强之，乃曰：“衮性不畏病。”遂亲自扶持，昼夜不眠，其间复抚柩哀临不辍。如此十有余旬，疫势既歇，家人乃反，毗病得差，衮亦无恙。父老咸曰：“异哉此子！守人所不能守，行人所不能行，岁寒然后知松柏之后凋，始疑疫疠之不相染也。”	颍川（今河南禹州）

[1]《全唐文》卷390独孤及《唐故洪州刺史张公遗爱碑》，中华书局1983年版，第3966页。
[2] 皮日休：《皮子文薮》，上海古籍出版社1981年版，第45—46页。

续表

	出处	事迹	地点
2	《隋书》卷73《辛公义传》	以功除岷州刺史。土俗畏病，若一人有疾，即合家避之，父子夫妻不相看养，孝义道绝，由是病者多死。公义患之，欲变其俗。因分遣官人巡检部内，凡有疾病，皆以床舆来，安置听事。暑月疫时，病人或至数百，厅廊悉满。公义亲设一榻，独坐其间，终日连夕，对之理事。所得秩俸，尽用市药，为迎医疗之，躬劝其饮食，于是悉差，方召其亲戚而谕之曰："死生由命，不关相着。前汝弃之，所以死耳。今我聚病者，坐卧其间，若言相染，那得不死，病儿复差！汝等勿复信之。"诸病家子孙惭谢而去。	岷州（今甘肃定西）
3	《旧唐书》卷174《李德裕传》	江、岭之间信巫祝，惑鬼怪，有父母兄弟厉疾者，举室弃之而去。德裕欲变其风，择乡人之有识者，谕之以言，绳之以法，数年之间，弊风顿革。	江岭之间（今湖北、湖南、江西）
4	《册府元龟》卷59	（后唐）明宗三年八月，帝闻随、邓、复、郢、均、房之间，父母骨肉有疾，以竹竿遥致粥食于病者之侧。出嫁女父母有疾，夫家亦不令知，闻哀始奔丧者。敕曰："万物之中，人曹为贵；百行之内，孝道居先。……宜令随处观察使、刺史丁宁晓告，自今后父母骨肉有疾者，并须日夕专切，不离左右眉侍，使子奉其父母，妇事其舅姑，弟不慢于诸兄侄，不怠于诸父，如或不移故态，老者卧病少者不勤侍养，子女弟侄并加严断，出嫁女父母有疾不令其知者，当罪其夫及舅姑。"	随、邓、复、郢、均、房（今湖北及河南一部）

有些类似"卫生"的举措实际上与防病无关，试举一例，相比于城镇卫生体系的缺位，监狱的卫生常常受到高度重视。《唐大诏令集》和《全唐文》中保留有唐玄宗、代宗、文宗、后唐闵帝时期多道有关清查冤狱的敕文，时间多为夏季，目的是避免郁蒸之气导致囚徒死亡，故应及时释放有冤情的囚犯并清洁环境。相关问题可参

看杜文玉的研究。[1]这与政府对城市卫生的麻木形成了强烈对比，但究其原因，也是出于“申通和气”，避免灾祸的目的，《册府元龟》卷93后唐明宗长兴元年二月乙卯制：“欲通和气，必在申冤。”《旧唐书》卷72《虞世南传》：“又山东足雨，虽则其常，然阴淫过久，恐有冤狱，宜省系囚，庶几或当天意。”[2]冤狱会导致天地灾异，故录囚成为重要工作，这其中虽然包含着对于夏季人口密集、环境污秽导致疫病暴发的认知，但是总的来说这仍属于从“气”的概念出发的行为，属于儒家天人合一的范畴。

综合以上可以说，囿于认知能力和时代思维模式，无论是医家还是政府、士大夫阶层，都没有将“清洁”、防“未病”的举措上升为公共事务，而中国自古缺乏自治传统和强大的宗教团体，所以也就没有能代替他们的力量。再加上各种“散落”的卫生举措预先占位，起到了部分避免疫病的作用，所以长久以来将卫生视为个人事务成了中国人的固有观念，清代《皇朝经世文统编》卷99《论养生》：

华人虽重视生命，然地广人稠，官府既不能一一代为之计，而又人心不同，各如其面，故未能强以所难行。观于香港患疫华人之传染者，不愿入西医院居住，则其畛域之未化可知。且街谈巷议，更有以逐户查视为不便者，则性情之迥异又可知。要之王道贵顺人情，原不必强人以所难，而养生之法为人生所必不可废，括以片言，亦不过曰去污秽而就清净而已。似于西人之法，不妨节取，疫疠传染时固可藉以辟疫，即毫无疾病时

[1] 杜文玉：《论唐宋监狱中的医疗系统——兼论病囚院的设置》，《江汉论坛》2007年第5期，第90—97页。

[2] 《旧唐书》卷72《虞世南传》，第2567页。

行之，亦属有益。[1]

要改变这一现状，毫无疑问需要的是整个社会结构、社会思想的改变，只有在西学的冲击之下，人们才将这个问题上升到国家现代化问题层面上。人口在明中后期以来的爆炸性增长、城镇人口的密集化和环境污秽化、鸦片对国民健康的摧残综合在一起促生了一种社会焦虑，持这种焦虑者站在西学视角审视国史，才能发出建立西式卫生体系的强烈吁求，而且他们习惯用西式的术语和思维来解释中国历史。带着这样的眼光，在中国古代历史中是找不到“卫生”的，因为它散落在各个角落，从不同维度起到一定的卫护健康的作用，但是从来没有任何人、任何思想将它们整合起来，直到近代为止。

[1] 《皇朝经世文统编》卷 99《格物部五·医学·论养生》，第 3 函第 7 册第 29 页。

隋朝大型工程管理模式初探 *

贾志刚（西北大学历史学院）

隋代存续只有短短38年，但大型工程建设却接连不断，迁都大兴、营建东京、开漕渠、通运河、北筑长城、广筑离宫别殿等。从工程建设史的角度看，隋代应属于密集期。在当时并不先进的生产条件下，动辄十余万人、上百万人同时参与的大型工程无疑是对管理能力和管理方式的严峻考验，如何用手工劳动建设大型工程，又如何能在短期内成就雄伟壮丽的工程？颇费思量。如果避开滥用民力的道德考问，疏理隋代大型工程具体管理模式和运作程式，既可弥补学界少有问津之缺憾，也有助于重新思考传统问题与转换视角的关系，存在专题研究的必要。

一、营建东京反映出的工程管理模式

隋代频繁营建大型工程，但均因史料记载过于简略而存在难窥全豹之感，比较而言，隋炀帝迁都洛阳之记载具有典型性，故本文先就营建东京洛阳之管理环节稍加分析，再将其他相关工程的管理方式与之进行比较，以期认识隋代工程管理的一般性。

---

* 本文为2010年度教育部人文社会科学研究西部和边疆地区规划基金项目“隋唐地方官转风易俗研究”（10XJA70002）的阶段性成果。

虽然学界已就隋代营建东京发表了大量研究成果[1]，但并未从工程管理模式角度进行过研究，亟待进一步考量。隋炀帝于仁寿四年（604）即位，以洛阳“水陆通，贡赋等”为由即下诏营建东京：“今可于伊、洛营建东京，便即设官分职，以为民极也。”[2]次年，即大业元年三月丁未（605年4月10日），“诏尚书令杨素、纳言杨达、将作大匠宇文恺营建东京”[3]。这就意味着此项工程正式动工。到隋炀帝于大业二年正月辛酉（606年2月18日），“东京成，赐监督者各有差”，宣告工程已经竣工，前后用时不足11个月，约313天。当年四月，举行入城仪式，“上自伊阙，陈法驾，备千乘万骑，入于东京”，东京正式作为隋朝行政中心。史载营建东京“每月役丁二百万人”[4]，而营建成型的东京洛阳“前直伊阙，后据邙山，左瀍右涧，洛水贯其中，以象河汉”，规模可谓宏伟，需要说明的

---

[1]　辛德勇《隋唐两京丛考》，三秦出版社1991年版，第1—7页，专门就“隋东西两京修建工程诸主事人”问题进行探讨。探讨洛阳城的建筑结构或城市布局等问题的成果有，宿白：《隋唐长安城与洛阳城》，《考古》1978年第6期；阎文儒：《隋唐东都城的建筑及其形制》，《北京大学学报》1956年第4期；程义：《隋唐洛阳城不是半成品：兼论东西二京布局差异》，《唐研究》第12卷，北京大学出版社2006年版，第339—356页；李永强、邢建洛：《隋唐东西二京布局分析》，见《远望集：陕西省考古研究所建所四十周年纪念文集》，陕西人民美术出版社1998年版，第683—687页；李永强：《隋唐洛阳城布局再分析》，见《耕耘论丛：洛阳文物与考古（二）》，科学出版社2003年版，第167—172页；胡方：《隋唐洛阳城功能分区研究》，《历史教学》2011年第2期。探讨隋迁都洛阳的原因和意义的成果有，高敏：《关于隋炀帝迁都洛阳的原因》，《魏晋隋唐史论集》第2辑，中国社会科学出版社1983年版，第254—268页；伯岳：《隋炀帝为何营建东都洛阳》，《西北大学学报》1987年第2期；童毅之：《隋炀帝营建东都与山东士族》，《历史教学》1987年第3期；胡戟：《隋炀帝新传》，上海人民出版社1995年版，第72—85页；贾志刚：《隋炀帝的真相》，北京大学出版社2011年版，第67—79页；侯明忠、韩隆福：《论隋朝营建东都洛阳的原因和意义》，《湖南文理学院学报》2008年第5期。但尚无专门就营建洛阳工程的管理问题进行的研究，本文旨在探讨迁都工程中人力管理等相关问题。

[2]　《隋书》卷3《炀帝纪上》，“仁寿四年十一月”条，中华书局1973年版，第61页。

[3]　《隋书》卷3《炀帝纪上》，“大业元年三月”条，第63页。

[4]　《隋书》卷24《食货志》，第686页。

是，东京城的周长多有争议[1]，根据考古实测，隋唐洛阳城周长达到27516米[2]。不管怎样，营建工程以参加人数多、施工面积大、工期急迫而出名，工程管理者和营建者能在不到一年的时间内完成如此宏伟工程，堪称奇迹。遗憾的是，用什么方式创造奇迹却没有引起史家注意。

要了解管理方式，需先明确相关管理者的职责，前揭营建东京诏中提及的尚书令杨素、纳言杨达、将作大匠宇文恺均参与此项工程，但诏书对其分工和职责却未予明言，据《大业杂记》“大业元年条”记："敕有司于洛阳故王城东营建东京，以越国公杨素为营东京大监，安德公宇文恺为副。"[3]杨素在营建工程中担任营东京大监，与《隋书》卷48《杨素传》记“以素领营东京大监”相同，出土《杨素

---

[1] 史料对隋唐东都洛阳城周长有几种记载，一说69里多，如《旧唐书》卷38《地理志一》，第1421页，记东都城："都城南北十五里二百八十步，东西十五里七十步，周围六十九里三百二十步，都内纵横各十街，街分一百三坊、二市。"一说73里多，如杜宝撰，辛德勇辑校：《大业杂记辑校》，三秦出版社2006年版，“大业元年”条，第3页记："东都大城周回七十三里一百五十步，西拒王城，东越瀍涧，南跨洛川，北逾谷水。宫城东西五里二百步，南北七里。城南、东、西各两重，北三重，南临洛水。"一说52里，《宋史》卷85《地理志一》记："京城周五十二里九十六步。"注云："隋大业元年筑，唐长寿二年增筑。"徐松辑，高敏点校：《河南志》，中华书局1994年版，第1页："周回五十二里。"注引韦述《两京新记》："东面十五里二百一十步，南面十五里七十步，西面十二里一百二十步，北面七里二十步，周回六十九里二百十步。"四数相加为50里60步，与69里210步不合。一说是25050步。如《新唐书》卷38《地理志二》，第982页："东西五千六百一十步，南北五千四百七十步，西连苑，北自东城而东二千五百四十步，周二万五千五十步。"按360步为一唐里，折合69.58里。《唐六典》卷7《尚书工部》，中华书局1992年版，第220页，“工部尚书”条："东面十五里二百一十步，南面十五里七十步，西面连苑，距上阳宫七里，北面距徽安门七里。郛郭南广北狭。"

[2] 中国科学院考古研究所洛阳发掘队：《隋唐东都城址的勘查和发掘》，《考古》1961年第3期。认为隋唐东都外郭城，经1959年复查，东墙长7312米，南墙长7290米，北墙长6138米，西墙长6776米。合计长27516米。

[3] 杜宝撰，辛德勇辑校：《大业杂记辑校》，“大业元年”条，第2页。

墓志》记：“迁尚书令、太子太师、营东□□□寻授司徒公。”[1]也提及营东京之事，缺字是否“京大监”，俟考。那么，杨达、宇文恺又任何职？据《隋书》卷43《杨达传》：“炀帝嗣位，转纳言，仍领营东都副监，帝甚信重之。”可知杨达在此项工程中担任营东都副监。前言宇文恺任营东京大监杨素之副，《隋书》卷68《宇文恺传》却记：“炀帝即位，迁都洛阳，以恺为营东都副监，寻迁将作大匠。恺揣帝心在宏侈，于是东京制度穷极壮丽，帝大悦之。进位开府，拜工部尚书。”此记宇文恺在此项工程中任营东都副监。令人疑惑的是，同项工程中，为何一言营东京副监，一言营东都副监？其中必有一误，检《隋书》卷3《炀帝纪上》“大业五年正月”条：“改东京为东都。”营建工程在改名之前，故杨达和宇文恺之“营东都副监”应为“营东京副监”。不过，二人虽均任营东京副监，发挥的作用却有所不同，宇文恺可能是管理设计工作的主要执行者，《唐六典》卷7《尚书工部》注文曰：“炀帝既好奢靡，（宇文）恺又多奇巧，遂作重楼曲阁，连闼洞房，绮绣瑰奇，穷巧极丽。”而《元和郡县图志》之撰者李吉甫更确言：“其宫室台殿，皆宇文恺所创也。恺巧思绝伦，因此制造颇穷奢丽，前代都邑莫之比焉。”[2]联系本传宇文恺凭营建东京之功由将作大匠（从三品）拜工部尚书（正三品）的记载，说明宇文恺是东京营建工程的主要管理者。

除此以外，是否还有其他人参加此项工程？答案是肯定的，此项工程动用数以百万的人力，绝不是几个人所能管理的，只是限于史书记载，更多的人变成了出力而不得留名的无名英雄。如《唐李

[1] 罗新、叶炜：《新出魏晋南北朝墓志疏证》收隋《杨素墓志》（189号），中华书局2005年版，第521页。另见姚双年：《隋杨素墓志初考》，《考古与文物》1991年第2期。

[2] 李吉甫撰，贺次君点校：《元和郡县图志》卷5《河南道一》，“河南府”条，中华书局1983年版，第130页。

曙墓志》记："洎乎高祖（李）雄，字子雄……入为户部尚书，营东都大监、建昌县开国公。"[1]李雄在正史中有传，却均未记其参与营东都之事。[2]此志记李雄在隋代任户部尚书，本传记为民部尚书，应该以民部尚书为确。墓志记李雄任"营东都大监"，本传未记其事，窃以为与前述杨达、宇文恺之任职类似，"营东都大监"应为"营东京大监"。我们注意到，此时杨素已经出任此职，故李雄之营东京大监更有可能是营东京副监之误，是否涉嫌子孙的溢美，也未可知。但李雄参加营建东京工程之事并不能因此就予以否认，与其他参与此事却不能留名者相比，李雄还是比较幸运的。

宇文恺以将作大匠之身份实际主持营建东京工程，这与隋唐将作大匠之职掌相关，将作大匠"掌供邦国修建土木工匠之政令……凡有建造营葺，分功度用，皆以委焉"[3]。虽说将作监负责工程营建和管理，但其官员参与某项工程营建还需要专门指定，尤其是在工程中具体职责更与其分工有关。如所周知，唐代有将工程分成内作和外作的规定，隋代是否也是如此呢？有待新解。据《唐六典》卷23《将作都水监》"将作监"条记："凡西京之大内、大明、兴庆宫，东都之大内、上阳宫，其内外郭、台、殿、楼、阁并仗舍等，苑内宫、亭，中书、门下、左右羽林军、左右万骑仗、十二闲厩屋宇等，谓之内作。凡山陵及京、都之太庙、郊社诸坛庙，京、都诸城门，尚书、殿中、秘书、内侍省、御史台、九寺、三监、十六卫、诸街使、弩坊、温汤、东宫诸司、王府官舍屋宇，诸街、桥、道等，并谓之

---

[1] 周绍良、赵超主编：《唐代墓志汇编续集》天宝088《唐故卢阳郡洛浦县尉员外置李公（曙）墓志铭》，上海古籍出版社2001年版，第645页。

[2] 《隋书》卷70《李子雄传》，第1619页。《北史》卷74《李雄传》，第2557页。二书一记李子雄，一记李雄，据《李曙墓志》知李雄，字子雄。一记名，一记字。

[3] 《唐六典》卷23《将作都水监》，"将作监"条，第594页。

外作。”据上引文献所记，属于内作、外作的名称很多是唐代才出现，隋代不可能有，但将工程分别营建之管理办法隋代已是如此。

唐代东都分成三部分：宫城、皇城和都城。宫城因隋名曰紫微城，皇城因隋名曰太微城，都城曰罗郭城，唐改称金城。[1]如果加上附近和苑内的行宫别殿，就构成一个城市建筑群。如此庞大的建筑群何以在不到一年的时间内就能建成？我们认为并非一个“劳师动众”就能解释，有必要从其根本来考量，尤其是将管理者和营建者有机结合的管理方法。从诸多事实来分析，分区营建之法和分别管理之法在工程进展中发挥了重要作用，也就是说，宫城、皇城、都城，甚至于周边诸行宫别殿均有专人负责监管督作。其中，宫城的修造者是刘权和韦万顷，据唐人杜宝《大业杂记》“大业元年”条记：

> 初，卫尉卿刘权、秘书丞韦万顷总监筑宫城。一时布兵夫周匝四面，有七十万人。城周匝两重，延袤三十余里，高四十七尺，六十日成。其内诸殿基及诸墙院又役十余万人。

此条材料也被《河南志》所转引，大同小异。值得注意的是杜宝记隋东京宫城之制与他书多有出入，如记修筑宫墙延袤30多里，与诸

[1] 徐松撰，李健超增订：《增订唐两京城坊考》卷5《东京》，三秦出版社2006年版，第265、273页。《新唐书》卷38《地理志二》，“河南道东都”条，第982页：“皇城长千八百一十七步，广千三百七十八步，周四千九百三十步，其崇三丈七尺，曲折以象南宫垣，名曰太微城。宫城在皇城北，长千六百二十步，广八百有五步，周四千九百二十一步，其崇四丈八尺，以象北辰藩卫，曰紫微城，武后号太初宫。……都城前直伊阙，后据邙山，左瀍右涧，洛水贯其中，以象河汉。东西五千六百一十步，南北五千四百七十步，西连苑，北自东城而东二千五百四十步，周二万五千五十步，其崇丈有八尺，武后号曰金城。”

书所记之宫城周长13里241步不同。[1]又记城周匝两重，与《旧唐书》之“隔城四重”[2]不一致，甚至与自己的“城南东西各两重，北三重”[3]之说法也有分歧。结合考古探测，洛阳宫城北墙1400米，西墙长1270米，南墙长1710米，东墙长1275米[4]，共5655米，远远不到30里。而此处所记之30里可能是宫城城墙“周匝两重”的长度，也就是工程实际修筑的长度。今天，洛阳宫城存在东、西隔城也被考古发掘所证实。[5]杜宝又记宫城墙高47尺，与《新唐书》之48尺稍有出入[6]，更与《河南志》之37尺差异较大[7]，虽然不能判断三说何者近真，但据此可知，卫尉卿刘权和秘书丞韦万顷有可能是宫城（即紫微城）的监管者，宫城营建动用80万人，用60天就建成，进度神速。如果从内作和外作的角度看，此项工程应与唐代的

---

[1] 《新唐书》卷38《地理志二》，“河南道东都”条，第982页：宫城“周四千九百二十一步，其崇四丈八尺”。按360步为1唐里计算，4921步折合唐里13里241步。《唐六典》卷7《尚书工部》，“工部尚书”条，第220页：“皇宫在皇城之北”，注文曰：“东西四里一百八十步，南北二里八十五步，周回十三里二百四十一步。”《大业杂记》，“大业元年”条，第3页：“宫城东西五里二百步，南北七里。”

[2] 《旧唐书》卷38《地理志一》，“河南道东都”条，第1421页：“宫城，在都城之西北隅。城东西四里一百八十步，南北二里一十五步。宫城有隔城四重。”

[3] 杜宝撰，辛德勇辑校：《大业杂记辑校》，“大业元年”条，第3页：“宫城东西五里二百步，南北七里。城南东西各两重，北三重，南临洛水。”此宫城应合指皇城和皇宫，非仅指宫城，否则无法解释宫城南临洛水。

[4] 中国科学院考古研究所洛阳发掘队：《隋唐东都城址的勘查和发掘》，《考古》1961年第3期。

[5] 中国科学院考古研究所洛阳唐城队：《隋唐洛阳城城垣1995—1997年发掘简报》，《考古》2003年第3期。

[6] 《新唐书》卷38《地理志二》，“河南道东都”条，第982页：“宫城在皇城北，长千六百二十步，广八百有五步，周四千九百二十一步，其崇四丈八尺，以象北辰藩卫，曰紫微城，武后号太初宫。”

[7] 徐松撰，高敏点校：《河南志》，“隋城阙古迹”条，第100页：“宫城曰紫微城，在都城之西北隅。”注文曰：“卫尉卿刘权、秘书丞韦万顷监筑宫城，兵夫七十万人。城周匝两重，延袤三十余里，高三十七尺，六十日成。其内诸殿及墙院又役十余万人。直东都土工监，当役八十余万人。其木工、瓦工、金工、石工，又十万余人。”

内作相接近。

皇城之修造由谁承担，史书并无确言，但《隋书》卷67《裴矩传》记："炀帝即位，营建东都，矩职修府省，九旬而就。"由裴矩主持所修造的府省，应该就是皇城（即太微城），正好与唐代的外作相对应。可知裴矩应是东京皇城的主要督造者，所用工期才90天，但比宫城之60天，还是慢了。

东京周边还有不少离宫别殿与宫城构成完整的行政体系，其建造几乎与东京营建同时，应该也构成营建工程的一部分。如显仁宫的营建，隋炀帝大业元年（605）三月，"敕宇文恺与内史舍人封德彝等营显仁宫，南接皂涧，北跨洛滨"[1]。作为东京的附属建筑，显仁宫与东京同时营建，由宇文恺和封德彝等负责，此宫规模可观，"于皂涧营显仁宫，苑囿连接，北至新安，南及飞山，西至渑池，周围数百里"[2]。另外，皂涧宫[3]也与东京同期营建，"大业元年春，迁都未成，敕内史舍人封德彝于此置宫"[4]。此宫位于建国门西南十余里，"有甘泉宫，一名皂涧宫，周十余里，宫北通西苑，其内多山阜，崇峰曲涧，秀丽标奇……游赏之美，于斯为最"。号称游赏之最的皂涧宫也由封德彝主持营建，与东京其他工程同时进行，这些行宫也构成营建东京工程的一部分。值得注意的是由于迁都未成，皂涧宫一度还代替东京发挥政治中枢作用。这些离宫别殿也是专人负责，如显仁宫、皂涧宫就是由宇文恺、封德彝等监造而成，也许其他未记载主持者的行宫都是分区营建和分点监管的结果。

---

[1] 《资治通鉴》卷180，"隋炀帝大业元年三月"条，第5618页。

[2] 《隋书》卷24《食货志》，第686页。又《隋书》卷3《炀帝纪上》，"大业元年三月"条，第63页："又于皂涧营显仁宫，采海内奇禽异兽草木之类，以实园苑。"

[3] 葛蓬天：《隋东都洛阳皇涧宫名称辨正》，《中国历史地理论丛》1989年第1期。

[4] 杜宝撰，辛德勇辑校：《大业杂记辑校》，"大业元年五月"条，第16页。

隋代大业元年营建东京由于工程浩大，营建工程全面铺开，尽管营建者是分别施工，监造者是分点监管，但还是出现了“迁都未成”的记载，如果可以理解为工程未按原计划完工，只好临时以皂涧宫为政治中心，那么营建东京之工程总体进展还是有所延误，但不知是哪一处工程拖了工期？前述宫城只用了60天，皇城也才用了90天时间，耽误工期者应有别处，联系大业二年工程基本完成后，土工监还在奉敕开凿漕渠之事，推测可能是土工监工期有所延误。

在工程进行过程中，不仅是分区施工和分点监管，还有明确的分工协作。如所周知，古代大型工程也称大兴土木，往往涉及与土、木、瓦、金、石等材料有关的工作和技术，例如，唐代将作监丞的职掌，“凡营造修理，土木瓦石不出于所司者，总料其数”[1]。也就是说，大型工程多需要多种原料的及时供应，隋代营建东京当然也不例外，那么营建东京过程中各种材料是如何分工协作的呢？《河南志》记：

> 其内诸殿及墙院又役十余万人，直东都土工监，当役八十余万人。其木工、瓦工、金工、石工，又十余万人。[2]

此条资料当是引述唐人杜宝之《大业杂记》，二者略有异同，《大业杂记》“大业元年”条：

> 其内诸殿基及诸墙院又役十余万人，直东都土工监常役八十余万人。其木工、瓦工、金工、石工，又役十万余人。[3]

---

[1] 《唐六典》卷23《将作都水监》，“将作监丞”条，第595页。

[2] 《河南志》，“隋城阙古迹”条，注文，第100页。

[3] 《大业杂记辑校》，“大业元年五月”条，第15页。

二者仅有为数很少的文字差异，很显然，前者系转引后者而来。据此可知，此次工程中除前述大监、副监和分区营建、分点督役者外，另设专门的土工监、木工监、瓦工监、金工监、石工监等专职监的分工协作。从所役人数来判断，土工监常役达到80万人，比其他诸监之10万人要多出好几倍，说明土工监对于营建工程的重要性更强。但整个工程必须是各监分工协作，各监分别负责工程营建相应环节，无疑都是不可或缺的。遗憾的是，对于这些职掌的担任者，史书却未予记载，影响到对此工程管理的深入了解。现检《隋书》卷39《阴世师传》记："炀帝嗣位，领东都瓦工监。"如前所述，此处"东都瓦工监"应为"东京瓦工监"，由阴世师任其职。同书卷74《元弘嗣传》记："仁寿末，授木工监，修营东都。"知元弘嗣曾经在营建东京之工程中担任木工监，瓦工监阴世师和木工监元弘嗣可能就是前揭专职诸监之二。

另外，各专门监之下还应有副监或丞等职吏，如土工监下有副监，《孟孝敏妻刘氏墓志》记"大隋营东都土工副监男孟孝敏"[1]，提到营东都之土工副监却未记其名，幸而《孟孝敏墓志》也出土，弥补了这个缺憾，志文记载："父豹，隋蒲城渭滨二县令，营东都土工副监。"[2]可知此土工副监是孟豹，证明土工监下还设副监。又《大业杂记》"大业二年四月"条记："敕土工监丞任洪则开东都漕渠，自宫城南承福门外分洛水，东至偃师入洛，名通远渠。又连洛水湍浅之处，名千步陂，渚两碛，东至洛口，通大船入通远市。"[3]此处任洪

[1]《隋代墓志铭汇考》35《孟孝敏妻刘氏志》，线装书局2007年版，第207页。

[2]《唐代墓志汇编》贞观44《孟孝敏墓志》，上海古籍出版社1992年版，第37页。

[3]《大业杂记辑校》，"大业二年四月"条，第22页。《河南志》，"隋城阙古迹"条，第116页："漕渠"注文："大业二年，土工监丞任洪则开，名通远渠。自宫城南承福门

则之任职是土工监丞，说明土工监之下不仅设土工副监，还有土工监丞，但此土工监由谁担任，却不得而知。因为土工监丞的职责是开渠引水，说明开渠引水应当是土工监的职责之一，据《元和郡县图志》卷5《河南道一》“河南府洛阳县”条：“洛水，在县西南三里。西自苑内上阳之南弥漫东流，宇文恺筑斜堤束令东北流，当水冲，捺堰九折，形如偃月，谓之月陂。”宇文恺于洛阳西苑内开渠，改变水的流向，也属于土工监之职责，宇文恺和任洪则开渠引水都在营建东京期间，且都是开渠筑堤，是否此土工监就由宇文恺兼任，有待新证。

此外，还有一些问题，如木工监元弘嗣之外还有专门负责采运大木者，其关系如何，尚无确论。如《隋书》卷24《食货志》：“又命黄门侍郎王弘、上仪同於士澄，往江南诸州采大木，引至东都，所经州县，递送往返，首尾相属，不绝者千里。”王弘、於士澄专门负责采大木运送东京，唐人张玄素亲见其事，“臣又尝见隋室初造此殿，楹栋宏壮，大木非随近所有，多从豫章采来，二千人拽一柱，其下施毂，皆以生铁为之，若用木轮，便即火出。略计一柱，已用数十万功”[1]。从江南之豫章采木运往东京工地，应该由王弘、於士澄主管，其职是否属于木工监，不敢妄断。因为王弘曾于大业元年有造船之事，“遣黄门侍郎王弘、上仪同於士澄往江南采木，造龙舟、凤艒、黄龙、赤舰、楼船等数万艘”[2]。知王弘、於士澄采木既有运送

（接上页）外分洛水，东至偃师入洛，又迮洛水湍浅之处，名千步陂渚两碛，东至洛口，通大船入通远市。”

[1] 吴兢撰，谢保成集校：《贞观政要集校》卷2，“求谏”条，中华书局2003年版，第95页。

[2] 《隋书》卷3《炀帝纪上》，“大业元年三月”条，第63页。《资治通鉴》卷180，“隋炀帝大业元年八月”条，第5620页。《大业杂记辑校》，“大业元年五月”条，第16页：“敕王弘于扬州造舟及楼船、水殿、朱航、板舰、板舫、黄篾舫、平乘、艨艟、轻舸等五千余艘，八月方得成就。”

供给营建东京之用，也有于扬州造船之任务，职责包括采伐、运送、制造。尽管王弘、於士澄二人为东京采大木，但也供扬州造船，从营建东京工程的角度看，运输木料是其职责，与营东京之木工监还是各有侧重。

综上所述，隋代营建东京时间仓促，工程巨大，动用上百万之人力，增加了工程管理的难度，可能中间也出现了工期延后的情况，但最后还是在不到一年的时间内完工，可以说是一项奇迹工程。而这种奇迹的取得与工程管理的合理性是分不开的，因为工程既委任了一位营东京大监和多位副监，如杨素、杨达、宇文恺、李雄等；还指派专人分点督作和分区营建，诸如宫城由刘权、韦万顷监筑，皇城由裴矩修建，而行宫多由封德彝监造等；也有各专门监的分工协作，如土工监、木工监、石工监、瓦工监、金工监等；专门监之下还有基层管理人员，如土工监之下有土工副监孟豹、土工监丞任洪则等。从工程管理高层的设官分职，到中层的分点督作、分区营建，再到专门诸监的分工协作，属于典型的多层次监管体系。正是多层次监管之法成就了神奇的东京洛阳。但是不管工程管理如何周密，工程的具体工作还是由无数工匠来承担，唐人李吉甫记隋代在河南开凿百尺沟，“仁寿三年置，初分工，人穿十丈，故名百尺沟”[1]。百尺沟是隋代工匠“人穿十丈”而凿成，联系隋代修筑大兴城时采用“分地版筑”之法[2]，说明此法乃常用之法，宏伟的东京洛阳又何尝不是无数工匠各尽其力的结果，所以探讨工程管理法绝不能忽视基层管理之“分工到人”之法。又在建期间，徙天下富商大贾

[1] 《元和郡县图志》卷 5《河南道一•河南府》，“济源县”条，第 146 页。

[2] 《长安志》卷 10《唐京城四》金城坊：“本汉博望苑之地，初移都，百姓分地版筑，土中见金聚。”

数万家于东京[1]，建成后，将江南诸州上户数千家称为陪京户迁入东都[2]，又敕河南诸郡送一艺户三千余家陪东都[3]，这些事例说明不管工程管理再神奇，工程计划再宏伟，没有民众的参与就不会有繁荣的东京洛阳。有识于此，工程管理在隋代营建东京中的确发挥了关键性的作用，但并不是决定性的。

二、多层次管理法在其他大型工程中的运用

正如营建东京一样，隋代诸项工程多有工期急迫、动用人力多、工作面大等特点，既增加了营建难度，更考验管理方法。为了如期完成任务，多层次管理法在其他工程建设过程中也经常使用。如隋初迁都大兴城。众所周知，开皇二年（582），以龙首山川原秀丽，宜建都邑，“诏左仆射高颎、将作大匠刘龙、巨鹿郡公贺娄子干、太府少卿高龙叉等创造新都”[4]，《唐六典》在此四人基础上又增加了太子左庶子宇文恺[5]。可是，他们各自发挥了何种作用却未予明言，幸而有些人在迁都工程中的任职还可考知，借此可以窥见当时工程管理之一斑。如左仆射高颎领新都大监[6]，工部尚书贺娄子干任营新都副监[7]，宇文恺领营新都副监[8]。他们属于迁都工程的高层管理者，此

[1] 《隋书》卷3《炀帝纪上》，“大业元年三月”条，第63页：“徙天下富商大贾数万家于东京。”

[2] 《大业杂记辑校》，“大业二年五月”条，第23页：“敕江南诸州科上户分房入东都住，名为部（陪）京户，六千余家。”冻国栋：《中国人口史》第2卷，“隋唐五代时期”，复旦大学出版社2002年版，第292页，认为“部”可能为“陪”字之讹。

[3] 《资治通鉴》卷180，“隋炀帝大业三年十月”条，第5634页。

[4] 《隋书》卷1《高祖纪》，“开皇二年六月”条，第18页。

[5] 《唐六典》卷7《尚书工部》，“工部尚书”条，第216页。

[6] 《隋书》卷41《高颎传》，第1180页。

[7] 《隋书》卷53《贺娄子幹传》，第1352页。

[8] 《隋书》卷68《宇文恺传》，第1587页。《资治通鉴》卷175，“陈宣帝太建十四年六月”

外，据《唐李绍墓志》记其祖李询，“隋上柱国，营新都大监，襄、隰二州总管，民部尚书”[1]。李询《隋书》有传，但未记其参加营建新都大兴城之工程，幸而赖此墓志之记载，得见其身形，但如果李询任营新都大监，与高颎之职名相同，二者或者是前后相继之关系，但谁先谁后，一时难以确知。又将作大匠刘龙参掌迁都制度[2]，太府少卿高龙叉副将作大监检校营造事[3]。陈寅恪先生认为刘龙与高龙叉均是北齐邺都、北魏洛阳制度的引入者[4]，但二人在工程营建中担任何职，似无法考知。除此而外，还有更多的监管者参与迁都工程，却无法尽知他们的职任和工作，只有极少的人员有零星记载，如京兆尹虞庆则曾任营新都总监[5]，太府少卿张煚领营新都监丞[6]，另有田仁恭在迁都工程中负责“奉诏营庙社”[7]，太府卿苏孝慈“征天下工匠，纤微之巧，无不毕集，孝慈总其事”[8]等。我们注意到时任太府卿的三名官员都参与了营建新都工程，即太府卿苏孝慈、太府少卿高龙叉和太府少卿张煚，而张煚为营新都监丞，那么同任太府少卿的高龙叉是否也任营新都监丞，而时任太府卿的苏孝慈是否就是营新都监，都有待新资料的证实。

（接上页）条，第 5457 页：“诏高颎等创造新都于龙首山，以太子左庶子宇文恺有巧思，领营新都副监。”

[1]《唐代墓志汇编续集》贞观 033《唐故邛州别驾陇西公李君（绍）墓志铭》，第 27 页。

[2]《隋书》卷 68《刘龙传》，第 1598 页。

[3] 赵万里编：《汉魏南北朝墓志集释》收《隋故仪同太府卿将作大匠高公（虬）墓志铭》记：“虬，字龙叉……隋初……判太府少卿副将作大监检校营造事。”（图版 603 号），见《史刻史料新编》第 3 辑，台湾新文丰出版公司 1986 年版。

[4] 陈寅恪：《隋唐制度渊源略论稿》，生活·读书·新知三联书店 2001 年版，第 84 页。

[5]《隋书》卷 40《虞庆则传》，第 1174 页：“开皇元年，进位大将军，迁内史监、吏部尚书、京兆尹，封彭城郡公，营新都总监。”

[6]《隋书》卷 46《张煚传》，第 1262 页。

[7]《隋书》卷 54《田仁恭传》，第 1364 页。《北史》卷 65《田弘附仁恭传》，第 2314 页记：“奉诏营太庙。”稍有不同。

[8]《隋书》卷 46《苏孝慈传》，第 1259 页。

据此，知隋代迁都工程中管理者设有营新都大监两员、营新都副监两员，也有营新都总监若干、营新都监若干和营新都监丞若干，其职务具有层次分明的特点，似乎也显示其在工程营建中承担不同的职责。而“征天下工匠，纤微之巧，无不毕集”之记载，说明无数工匠乃工程管理者之监督对象，也是新都大兴城之最大功臣。

不仅迁都大兴之工程可以见到分层管理之法，开漕渠也可见到。开皇四年（584）六月，“开渠，自渭达河，以通运漕”。到九月，“幸霸上，观漕渠，赐督役者帛各有差”[1]。此漕渠自六月开工，到九月完成，工期三个月，隋文帝虽有厚赐督役者之令，却未记督役者为谁，更谈不上漕渠之工程管理法。幸好《隋书》等资料，还保留了一些零星记载，或可借以考知漕渠开凿的某些管理事务。如于仲文既是开漕渠的提议者也是参加者，“请决渭水，开漕渠，上然之，使仲文总其事”[2]。又郭衍为开漕渠大监，“征为开漕渠大监，部率水工，凿渠引渭水，经大兴城北，东至于潼关，漕运四百余里，关内赖之，名之曰富民渠”[3]。此言漕渠又名富民渠，长400余里，但《隋书》卷24《食货志》却记：“于是命宇文恺率水工凿渠，引渭水，自大兴城东至潼关，三百余里，名曰广通渠，转运通利，关内赖之。”不仅漕渠之名称为广通渠，连长度也仅为300余里。史念海先生注意到漕渠之名尚有永通渠[4]、富人渠[5]之称，认为永通渠是避隋炀帝杨广之讳，富人渠是避李世民之讳。[6]虽说宇文恺率水工凿渠，但郭衍

[1] 《隋书》卷1《高祖纪上》，“开皇四年”条，第21—22页。

[2] 《隋书》卷60《于仲文传》，第1454页。

[3] 《隋书》卷61《郭衍传》，第1469页。

[4] 《长安志》卷12《万年县》：“永通渠，隋开皇四年开，起县西北渭水兴城堰，初名富民渠，仁寿四年改。”

[5] 《北史》卷74《郭衍传》，第2546页：“征为开漕渠大监……关中赖之，名曰富人渠。”

[6] 参见史念海：《中国的运河》，陕西人民出版社1988年版，第148—152页。

也有部率水工之记事，特别是郭衍明确记为开漕渠大监，而宇文恺只是在开漕渠之工程中“总督其事”[1]，显然，宇文恺只是以副监之职行使具体工作，据《册府元龟》卷497《邦计部·河渠二》记：

> 初，帝每忧转运不给，柱国于仲文请决渭水，开渠漕，帝然之，使仲文总其事。又命郭衍为开渠漕大监，与宇文恺部率水工凿渠，引渭水经大兴城北，东至于潼关，漕运四百余里，关内赖之，名曰富民渠（一云广通渠）。

是知，隋开漕渠以郭衍为开漕渠大监，宇文恺、于仲文可能是开漕渠副监，这才符合“总督其事”或“总其事”之记载。

如果郭衍、宇文恺和于仲文属于第一层次的管理者，其下还有相关监督者若干，如元晖曾监漕渠之役[2]，苏孝慈曾督决渭水为渠以属河之役[3]，元寿也曾参督漕渠之役[4]等。或言监漕渠之役，或言督漕渠之役，证明他们只是发挥工程监督者作用。

也有直接记其任职者，如薛回领漕渠监[5]，和洪为漕渠总管监[6]，特别是新出土《隋郭均墓志》记：“（开皇）四年，领开漕渠总监，同当时之发卒，三月即成，异伯表之兴功，三年始就。”[7]与前引之漕渠监、漕渠总管监相较，《隋均墓志》记领开漕渠总监，恐各监均

[1] 《隋书》卷68《宇文恺传》，第1587页。

[2] 《隋书》卷46《元晖传》，第1256页：“开皇初，拜都官尚书，兼领太仆，奏请决杜阳水灌三畤原，溉舄卤之地数千顷，民赖其利……监漕渠之役。”

[3] 《隋书》卷46《苏孝慈传》，第1259页。

[4] 《隋书》卷63《元寿传》，第1497页。

[5] 《隋书》卷65《薛世雄传》，第1533页：“（父回）开皇初，封舞阳郡公，领漕渠监。”

[6] 《隋书》卷55《和洪传》，第1380页：“征入朝，为漕渠总管监。”

[7] 胡戟、荣新江主编：《大唐西市博物馆藏墓志》编号一八《隋郭均墓志》，北京大学出版社2012年，第39页。

以加“开”字为确，其职名应为开漕渠监、开漕渠总管监和开漕渠总监，也许还有其他未知之名，但通过其参与开凿漕渠和所任职务，正可说明这一层次的管理者可能更接近开渠的具体工作。当然，由郭衍和宇文恺率领之无数水工才是漕渠开通的实际工作者。也就是说，多层次管理法也是开凿漕渠的管理法。

仁寿宫营造过程中也能见到多层次管理法的运用。隋文帝开皇十三年（593），“帝命杨素出，于岐州北造仁寿宫”[1]。众所周知，参与此项工程者除杨素外，尚有宇文恺、封德彝等人，他们在营建工程中的职务各有不同，如《隋书》卷48《杨素传》记：“寻令杨素监营仁寿宫，素遂夷山堙谷，督役严急，作者多死。”本传并未记杨素在工程中任何职，幸而赖出土《杨素墓志》记其任职为“仁寿宫大监”。同时杨素还推荐宇文恺参加营造仁寿宫，“上建仁寿宫，访可任者，右仆射杨素言恺有巧思，上然之，于是检校将作大匠，岁余，拜仁寿宫监”[2]。宇文恺既任仁寿宫监之职，又封德彝曾任仁寿宫土木监，“（杨）素将营仁寿宫，引为土木监”[3]。胡三省认为：“土木监，掌土木之事，以营宫暂置之，非常设之官。”[4]胡氏的注语似是而非，仁寿宫土木监因为营建仁寿宫而暂置，具有临时性。但几乎所有工程都会设置与之相应的土木监，故此类专职监官对于大型工程又有普遍性。事实上，还有不少人参与仁寿宫的建造，只是史籍不载其名而已。如唐人杨炯《泸州都督王谌神道碑》记：“父（王）绰，秦

---

[1] 《隋书》卷24《食货志》，第682页；又同书卷2《高祖纪下》，“开皇十三年二月”条，第38页。

[2] 《隋书》卷68《宇文恺传》，第1587—1588页。

[3] 《旧唐书》卷63《封伦传》，第2395页。

[4] 《资治通鉴》卷178，“隋文帝开皇十三年二月”条，第5539页：“诏营仁寿宫于岐州之北，使杨素监之。莱州刺史宇文恺检校将作大匠，记室封德彝为土木监。”

孝王府掾、仁寿宫监。”[1] 据此知王绰也曾担任仁寿宫监，与宇文恺之职名相同。知营建仁寿宫也设置仁寿宫大监一人，仁寿宫监两人，即杨素、宇文恺、王绰，这属于工程的高层管理者。另有工程营建的专门监若干人，如仁寿宫土木监封德彝，参照营建东京的管理模式，仁寿宫营建中应当也有诸如石工监、瓦工监等其他专职官，惜未见到相关史料记载，这属于中层管理者。

此外还有基层督作官若干人，如《旧唐书》卷 191《崔善为传》："属隋文帝营仁寿宫，善为领丁匠五百人，右仆射杨素为总监，巡至善为之所，索簿点人，善为手持簿暗唱之，五百人一无差失。"此处记杨素为仁寿宫总监，不尽准确，但所记崔善为督作五百名丁匠，尤值注意，因为参加营建仁寿宫的丁匠人数并不知晓，即使按死伤数万只是参加此役之半数来分析，数万人中有类似崔善为之五百名丁匠头者不下百余人。类似崔善为之五百丁匠监管者无疑是基层管理者，从仁寿宫大监巡察工地和查点人数之记事来分析，基层管理者正是介于中高层管理者与工程服役者之间的连接点。

联系前揭诸项工程的营建过程，证明不仅在仁寿宫营造过程中，使用多层次管理法进行工程管理，而且在前述迁都大兴城、营建东京城、开凿关中漕渠等大型工程中均使用了此法。由此说明，多层次管理法为隋代工程管理中最常用之法，或许也是通用之法。如果非要概括，我们认为所谓的多层次管理法是指在工程营建过程中，在政府机构有关建造管理部门（如将作监、工部、太府寺等）之外，专设管理机构负责各项工程的监管和营建，管理者具体分成高层、中层和基层。我们注意到从工程管理高层的设官分职，到中层的分点督作、分区营建，再到专门诸监的分工协作，直至基层管理中的

[1] 《文苑英华》卷 912 杨炯《泸州都督王谌神道碑》，中华书局 1966 年版，第 4799 页。

分工到人、各尽其力之法的组织，无不体现多层次监管之法的实用性。正是通过多层次管理法，隋代在工程营造方面所取得的成就遥遥领先于其他所谓长治久安的时代，从这个角度看，制度的演进与成长又岂能以朝代长短论英雄，严密有效的工程管理法，诠释了一个别样的隋代。

新见初唐名臣裴寂墓志及相关问题

王庆卫（西安碑林博物馆）

在高祖李渊从太原起兵到建立唐帝国的过程当中，身边最信任的无疑应属武德名臣裴寂，“高祖视朝，必引与同坐，入阁则延之卧内，言无不从，呼为裴监而不名”[1]。裴寂作为唐代第一位宰相，在唐王朝建立过程中发挥了重要的作用，在新旧《唐书》功臣列传中名居其上。后来为人们所津津乐道的裴寂与刘文静事件，因为其中夹杂着一代雄主李世民的身影，在初唐政治史上留下了一抹浓浓的映像。随着裴寂墓志的发现，相关问题引起了我们进一步的反思和探讨。裴寂墓志近年出土于山西地区，志石拓本长宽均 80 厘米（图 1），48 行，满行 47 字，正书，有方界格。谨迻录并标点志文如下：

大唐故司空魏国公赠相州刺史裴公墓志铭

夫地绝天倾，齐圣以斯濡足。飚迴雾塞，通贤由此沃心。若蛟龙之得云，喻鲲鲸之纵壑。是故轩营载路，翼七佐以增飞。周历膺期，驭十乱而长骛。推昏亡如反掌，取寰区犹拾遗。若乃经启睿图，宣调气序。陶甄稷契，囊括萧曹。反黔首于羲皇，

[1] 《旧唐书》卷 57《裴寂传》，中华书局 2007 年版，第 3287 页。

致我君于尧舜者，其在司空魏国公乎。公讳寂，字真玄，河东闻喜人也。汾阴瑞彩，五色云披。砥柱荣光，千里波属。禀其灵者人杰，标其秀者国桢。贯三古以开基，绵百代而繁祉。故能清通着目，天下归其识鉴；领袖驰声，海内挹其模楷。儒雅之风潜被，钟鼎之祚遐宣。高祖会，魏秘书监。曾祖韬，历左民郎尚书□丞、散骑常侍、集州刺史。并垂仁扇俗，迈德成风。外含文而柳华，内处静而惩躁。宣柔嘉以宪物，陈宏謩以佐时。祖融，周司木中大夫、蜀道行军总管，赠康成二州刺史，谥曰褒贞。蹈节为基，怀忠植性。忘身徇烈，千金与蝉翼同轻；蹈义如归，七尺共鸿毛齐致。父瑜，周齐御史大夫、骠骑将军，赠绛州刺史，谥曰康。德宇虚凝，道风清穆。饰忠信而形国，怀冰霜而澡身。升降庙堂，神游江海之上；勤劳周卫，志逸云霄之表。公以岳灵降祉，昴精垂贶。丕承绪业，振动家风。文梓才生，有识知其构夏；明珠始育，佥议归其照车。许之远大，彰乎髫髪。适年数岁，便处内艰。一溢冥心，非有由于闻礼。孺慕成性，寔暗合于天经。从祖黄门，当朝藻镜，见而称异，因谓人曰：此儿志力天挺自然，乃崐山之一片，必吾家之千里。由是四海拭目，嗟其老成。五宗引领，伫其光覆。及登志学，神解艺文。羽陵汲冢之丛残，鸿宝圯桥之隩秘。连山十翼，玄首四重。莫不穷神索隐，因心朗照。加以沉机先物，望景知微。筹千变于桓晨，笼万象于方寸。清衿映俗，威容绝人。凌景山而独高，涵巨壑而逾濬。鸾皇比质，自表仁义之文；虬赞兼资，素韫风云之气。登高揽控，志澄天壤。拥膝长吟，思逢启圣。年十有四，召为本州主簿。虽复英髦解褐，用表清阶。世胄高踪，盖遵常辙。若乃青衿之岁，首应焚林；纨绔之年，超登制锦。辟强入侍，迮此非奇。子晋游仙，方之已老。逮乎！十八郡察孝廉，例以门资授左亲卫。位颁执戟，宠冠期门。譬鸣凤之将翻，由丹穴而仪阿。阁类鷦明之翍，举起沮泽而负。高旻尺木，滥觞斯之谓矣。仁寿二年，应诏举除齐州司户参军事。职效一官，声高百郡。巇间化其文教，稷下议其廉平。考绩居多，迁侍御史。豸冠在位，百辟耸其威风。骢骑出游，九有倾其震电。虽汉皇之褒郑，据晋弼之启孙，绑弗能加也。寻属时网颓纲，迴耶挠栋，恶直成侣，同阚高明。肤受既行，竟疵文雅，由是左迁为晋阳宫监。伊尹五就于此，长辞尚父。六韬兹焉，未遇于时。有随二世，迁播三江。躭泽国以忘归，乐水乡而不反。王梁策马，已告亡征。蚩尤建旗，先彰乱兆。祲稌天而莫悟，虹贯日而无悛。封豕长蛇，因机电发。共巿青犊，候鄚风驰。万乘于此，土崩九县，由斯愊裂。慄慄黎首，转深沟而莫救。蠢蠢生灵，与焚原而共尽。太上皇沉迹列位，韫庆灵图；总戎式遏，韬光勿用。公乃绸缪潜德，崎岖草昧之间。纷纭外攘，献替经纶之始。既齐未济，等同舟之一心。非亡追亡，犹共身之二手。翼在田而或跃，匡纳麓而不迷。响应玄功，谋符圣作。既复丹书告庆，赤伏呈祥，而天睠不迴，谤然沉首。緊赖元宰，潜起圣怀，是用奉天，肇膺灵命。义师爰集，蒙授金紫光禄大夫。霜朝初建，擢为大将军府长史。谅由唐年，元恺委质。虞庭汉代，贾荀当官。魏握譬以石而投水，喻凭舟而济川，于是白旄南骛，朱旗西指。行届霍邑，乃遇随师。犹且吠尧，莫知讴舜。圣情仁恻，不忍战民。欲偃伯于参墟，翼夙沙之自缚。公又扣马切谏，必请乘黎挥刃，断鞅固争，迴旆遂奋威略，一鼓就擒。整众通行，万里无累。念功畴赏，进授光禄大夫。前次绛州，迩于桑井，乃驰一札，喻此百城。老幼相携，如归景亳。襁负俱至，若就岐阳。是用赐册，为闻喜县开国公，邑一千户。而蒲州负阻，情未反迷，独为匪民，尚婴穷垒。武臣争奋，志在攻屠。公乃请箸为筹，引衣献策，缓前禽而趋牧野，纵困兽而赴咸阳。既克镐京，尽收图籍。市无改肆，民有息肩。道致生平，并公之力。太上皇负扆临朝，光膺历试，乃复引公为相府长史，进爵魏国公，加邑三千户，别赐甲第一区、公田千顷。桓珪传瑞，照里光衢；僻籥充庭，化家为国。含天宪于王室，运神枢于宰朝。武德元年皇唐受命，六月一日册拜尚书右仆射，领京兆尹。自魏晋作故，事归台阁。文昌首席，务总阿衡，百工请决，神无滞用。万邦酬抗，笔不停毫。复大礼于维新，致胜残于伊始，故以蹈夔龙之阃域，掇孔垒之菁华。岂直桓范留台，魏帝还而绝奏；谢琰高选，晋后谓其无准，若斯而已哉。二年授汾州道行军大都督，三年有诏特免再死，六年四月转授尚书左仆射。历居端揆，允厘庶政，谭思旧章，弥纶彝典，冕旒穆而垂拱，严廊肃而无事，以圣得贤，验于兹矣。寻授尚书令，固辞不拜。九年册拜司空。公上总九奎，下均七赋。帝道以之熙载，台耀于是杨辉。前后累增邑七千户，别食益州，封一千五百户。贞观之初，以公事免，寻降敕召，载病就征，以六年六月奄薨于路，春秋六十。神襟振悼，追赠相州刺史。粤以其年龙集庚辰十一月庚辰朔十一日庚寅迁厝于蒲州桑泉县三疑之南原，惟公智含神契，命偶天飞。作相升陑，嘉猷不世。隐如敌国，元功绝伦。揭日月以增华，造区夏而宣用。洎乎倒戈，赤县推毂。紫宸职参，百揆望隆。三事规模，寄其弘远。神化仗以丹青，故可方驾韦彭，齐踪风力。孰与夫申屠龊龊，胡广容容，度长絜大，同年而语也。庶当乞言辟水，养齿虞痒。乘安车于分丘，定升中之大典。何谓藏舟从壑，朽壤颓峰。去千祀之昭世，与万化而同往。第二子律师，切风树之无及，痛斡流之若驰。将恐陵谷贸迁，徽猷方远。敢旌幽壤，乃勒铭云：

汤武格天，伊周翊圣。风云冥感，允龚灵命。于惟我皇，登期比盛。锡兹良弼，光前无竟。爰初匿景，体道攸尊。身随远牒，心王丘园。适时舒卷，应物飞翻。藏用不测，韫智难源。否泰迭兴，昏明相复。天聪厌乱，神谋改卜。顺动相时，转危激福。思附鳞羽，规清埁駴。风驱云扰，景烛雷屯。宣功启睿，戽算几神。偃兵犹草，造物如钧。皇基所仗，帝迹斯因。翼风参墟，从龙渭汭。长驱凌险，鼓动摧脆。重立乾巛，再宁华裔。君臣叶力，首肱齐契。朝端具美，时令资和。高临山魏，下眄荀何。傍抽石室，俯定金科。爽憩无翦，旦艺惭多。照灼槐庭，雰霏露冕。经文业畅，通幽化阐。道致休明，声谐御辩。如何不整，翻乖与善。泉途黝黝，玄夜沉沉。风来杨啸，雾结松深。壮志安往，营魂莫寻。式刊真宅，方昭德音。

图1　裴寂墓志

一、裴寂之家族世系

中古家族研究中，河东裴氏作为关陇郡姓高门一直受到学界的关注，研究成果丰硕，此不赘述。在当时的社会影响中裴氏居于第一等士族之列，裴寂家族属于西眷裴一房，“领袖驰声，海内挹其模楷。儒雅之风潜被，钟鼎之祚遐宣”，墓志所言不为过也。

对于裴寂的高祖和曾祖，《新唐书·宰相世系表》和《古今姓氏书辩证》只记载了其名讳，对于其职官没有提及，今据墓志“高祖会，魏秘书监。曾祖韬，历左民郎尚书□丞、散骑常侍、集州刺史”，可补史阙。

裴寂祖父裴融，两《唐书》载其官为司木大夫[1]，墓志云：“祖融，周司木中大夫、蜀道行军总管，赠康成二州刺史，谥曰褒贞。”《古今姓氏书辩证》卷5《裴》:“景惠生会、他。会生韬，韬生后周司木大夫融，融生仪同大将军孝瑜，居蒲州桑泉。生寂，字立真，相唐高祖，司空、尚书左仆射。”[2] 比较不同史料的记载，司木大夫当是司木中大夫之省[3]，司木中大夫是北周位居五命之官品，《周书》卷34《杨敷传》记“五年转司木中大夫、军器副监”[4]，即是明证之一。《唐六典》卷23《将作监》:“后魏太和初，将作大匠从第二品下；二十二年，降为从三品。北齐因之。后周有匠师中大夫一人，掌城郭、宫室之制及诸器物度量；又有司木中大夫一人，掌木工之

[1] 《旧唐书》卷57《裴寂传》，第2285页。

[2] 邓名世：《古今姓氏书辩证》，江西人民出版社2006年版，第80页。

[3] 王仲荦：《北周六典》卷7《冬官府》，“司木中大夫”条，中华书局1979年版，第477页。

[4] 《周书》卷34《杨敷传》，中华书局2003年版，第600页。

政令。”[1]裴融曾经担任将作监之技术官员，墓志记载其还任职过蜀道行军总管，根据墓志后文的“蹈节为基，怀忠植性。忘身徇烈，千金与蝉翼同轻；蹈义如归，七尺共鸿毛齐致”来看，裴融很可能是亡故于军旅之事的。

墓志：“父瑜，周齐御史大夫、骠骑将军，赠绛州刺史，谥曰康。”《旧唐书》卷61《裴寂传》：“父瑜，绛州刺史。”[2]裴瑜官职当以墓志记载为是，对于史传所讲的裴瑜为仪同大将军一事，产生的原因值得探讨。《周书》卷6《武帝下》：“（建德四年）冬十月戊子，初置上柱国、上大将军官，改开府仪同三司为开府仪同大将军，仪同三司为仪同大将军，又置上开府、上仪同官。”[3]仪同三司与骠骑将军在官阶中一为散官一为军号，在北周的官号双授制度中，骠骑将军与右光禄大夫对应，仪同三司与车骑大将军对应，在西魏颁行九命之后军号与散官便建立了制度化的对应[4]，而史传记载裴瑜官号中的仪同大将军，可能就是散官号与勋官之间的分合升降所造成的。

裴寂子律师尚太宗妹临海长公主，官至汴州刺史，据墓志，律师为裴寂第二子。[5]裴寂女为李渊第六子赵王元景之妃，河东裴氏至唐朝才婚媾王室，这是从裴寂作为李唐的开国功臣开始的。裴氏作为关中五郡姓之一，他们彼此间还和王室互通婚姻，对象十分广泛却没有形成一个僵化的内壳，不过他们和山东大姓之间没有通婚，

[1] 李林甫：《唐六典》卷23《将作监》，中华书局2008年版，第593页。

[2] 《旧唐书》卷61《裴寂传》，第3285页。

[3] 《周书》卷6《武帝下》，第93页。

[4] 陈苏镇：《北周隋唐的散官与勋官》，《北京大学学报（哲学社会科学版）》1991年第2期；阎步克：《品位与职位：秦汉魏晋南北朝官阶制度研究》，中华书局2009年版，第496—523页。

[5] 关于武德时期公主下嫁功臣子弟的讨论可参阅〔日〕布目潮沨：《隋唐史研究：唐朝政权的形成》，京都东洋史研究会1968年版，第314—367页。

这和关陇集团诸朝王室十分相似，关中郡姓和山东大姓在安史之乱之前还是有着比较明显的界限的。[1]从某种意义上来讲，正是裴寂与李渊之间的密切交往，给后来裴氏和李唐王室之间更加亲近的关系奠定了基础。

《新唐书》卷91上《宰相世系表》载裴寂有二子——律师和法师，今据墓志知裴寂最少有三子，长子现不知名姓，第二子律师，第三子法师。从裴寂对其子的命名来看，他对于佛教有着异乎寻常的态度，从中可以对裴寂本人的思想世界和裴氏家族的信仰有一定的直观了解，同时也可从这些名姓中窥视中古裴氏对长安或者唐代佛教不同宗寺的支持和影响。

二、裴寂之生平历程

《旧唐书》云裴寂字“玄真”，《新唐书·宰相世系表》作“真玄”，赵超先生已经指出了两者间的差异。[2]《古今姓氏书辩证》载裴寂字“立真”，立字当是玄字之讹，墓志为“真玄”，裴寂表字当以“真玄”为是。

裴寂于贞观六年（632）薨于路，卒年六十岁，可知裴寂当生于建德二年（573）。对于裴寂的墓地所在文献多有记载，《元和郡县图志》卷12《河东道一》：“桑泉故城，在县东十三里。左传曰‘重耳围令狐，入桑泉’，谓此也。故司空魏国公裴寂墓，在县东北十七里。”[3]《太平寰宇记》卷46《河东道七》：“故司空裴寂墓，在县东北

[1] 毛汉光：《关中郡姓婚姻关系之研究》，见中国唐代学会编辑委员会编：《唐代文化研讨会论文集》，文史哲出版社1991年版，第87—136页。

[2] 赵超：《新唐书宰相世系表集校》，中华书局1998年版，第3页。

[3] 李吉甫：《元和郡县图志》卷12《河东道一》，中华书局2008年版，第336页。

十七里。墓碑即秘书虞世南之文，率更令欧阳询书。"[1]裴寂墓碑由虞世南撰文，欧阳询书丹，不过此碑已经泯没在了历史的长河中不知踪迹，裴寂墓志文字典雅，用典工整，可知乃是第一流的文者所为。碑志有公与私和舆论互动的层面，墓碑多表达公的意志，墓志需要更多地体现私的情感，裴寂墓志撰书者不明为谁，但从书法来看与虞体十分接近，用墓志文体对比虞体其他作品风格如出一辙。

从裴瑜历官来看，他应该卒于周齐之际，随后裴寂"适年数岁，便处内艰"，据此可知裴寂父母早逝，一直为诸兄抚养长大。关于裴寂的父祖世系情况，还有裴寂是否可以归于贵族的行列，布目潮沨和矢野主税有比较详尽的讨论[2]，我们以为裴寂在父母过世后虽由族兄抚养，但并没有改变他的身份，依然属于世族中的一员。裴寂小时候聪慧过人，"及登志学，神解艺文。羽陵汲冢之丛残，鸿宝圯桥之隩秘。连山十翼，玄首四重。莫不穷神索隐，因心朗照。加以沉机先物，望景知微。筹千变于桓晨，笼万象于方寸"，墓志所讲不乏夸张之处，不过亦可从中看出裴寂少年时就已经与众不同，故此才有从祖黄门对外"此儿志力天挺自然，乃崐山之一片，必吾家之千里"一言。从祖黄门，指的当是裴矩。裴矩"博学，早知名"，为隋文帝所重，入唐后相高祖朝，贞观元年卒。裴矩以文采闻名天下，撰有《西域图记》三卷、《开业平陈记》十二卷，还与虞世南共撰《吉凶书仪》一书。[3]裴矩大业初任黄门侍郎参与朝政。黄门自汉代以来就是清贵官的一种，受到时人的重视，墓志不言裴矩最高官职而以黄门指称，正反映了历史语境下的情景与观念。

[1] 乐史：《太平寰宇记》卷46《河东道七》，中华书局2007年版，第958页。

[2] 〔日〕布目潮沨：《隋唐史研究：唐朝政权的形成》，第155—156页；〔日〕矢野主税：《关于唐初贵族政治》，《东方学》第9辑，1954年。

[3] 《旧唐书》卷63《裴矩传》，第2406页。

开皇七年（587）裴寂十四岁时被召为本州主簿，之后又迁为左亲卫，墓志“十八郡察孝廉，例以门资授左亲卫”，至此对于裴寂任左亲卫的缘故有了比较清楚的了解。左亲卫乃荫任之官品，裴寂“位颁执戟，宠冠期门”，到了仁寿二年又“应诏举除齐州司户参军事”，“职效一官，声高百郡。嶩间化其文教，稷下议其廉平”。隋代三卫是介于官民之间的一种身份特征，这种特征是由其候选官的功能决定的，得到三卫只是具备了任官资格，这与唐代登科之后的士人状态是相似的。[1] 裴寂应诏举后方担任职事官，正可以对了解左亲卫一职在隋代官品序列中的真正内涵提供了例证。《新唐书》卷 88《裴寂传》：“大业中，为齐州司户参军，历侍御史，晋阳宫副监。”[2]《旧唐书》则载：“大业中，历侍御史、驾部承务郎、晋阳宫副监。”[3] 对于裴寂任齐州司户参军事的时间，墓志和《旧唐书》相同，并且说明了裴寂是由于应诏而获得授官的。到了大业年间，裴寂在官员考核后得授从七品侍御史，至此裴寂进入中央官当中。关于裴寂从侍御史之后的任官，《旧唐书》记载还经历过驾部承务郎一职，不过从墓志和《新唐书》来看，裴寂应该是从侍御史任上左迁为晋阳宫副监的。裴寂任侍御史时，“豸冠在位，百辟耸其威风。骢骑出游，九有倾其震电。虽汉皇之褒郑，据晋弼之启孙，绋弗能加也。寻属时网颓纲，迴耶挠栋，恶直成侣，同阚高明。肤受既行，竟疵文雅”，可知裴寂任晋阳宫副监也是不得已而为之的事情了。

隋炀帝巡游扬州之后，隋王朝日渐没落，各地烽火并起，在此情况下李渊集团经过详尽的准备，于大业十三年六月成立了大将军

[1] 孙正军：《官还是民：唐代三卫补吏称“释褐”小考》，《复旦学报（社会科学版）》2013 年第 4 期。

[2] 《新唐书》卷 88《裴寂传》，中华书局 2006 年版，第 3736 页。

[3] 《旧唐书》卷 57《裴寂传》，第 2285 页。

府，宣告晋阳起兵。晋阳起兵，是李渊集团开始脱离隋朝、夺取最高权力的历史亮相，从此以后李渊集团开始了平定天下、建立李唐政权的过程。在李渊晋阳起兵的过程中，裴寂发生了重要的作用。李渊欲反隋而不露声色，“沉迹列位，韫庆灵图；总戎式遏，韬光勿用”，李世民和刘文静想起兵却又不知李渊心思，故托裴寂来劝导李渊，李渊亦顺水推舟同意了这个重要的决定。或者说，裴寂和李渊早有谋划起兵事宜，在李渊、李世民各自不同历史叙事的书写当中，裴寂充当着沟通两者和传递彼此消息之人。古代社会符应数术在政治中具有特殊的地位和影响，李渊起兵前也不可缺少地需要有祥瑞抑或是异象来寻找天命上的合法性，在史传中对于晋阳起兵前的此类事件少有记载，裴寂“响应玄功，谋符圣作。既复丹书告庆，赤伏呈祥，而天睠不迴，谤然沉首。繄赖元宰，潜起圣怀，是用奉天，肇膺灵命”，正为我们了解当时的符应营造提供了珍贵的线索。

晋阳起兵是以李渊为首的军事政治集团，看到隋朝大势已去，所谋划的夺取最高权力的重大事件，这个集团的最高决策者和全局指挥者当然是李渊。[1] 在晋阳起兵中除李渊外，最重要的三个人分别是李世民、裴寂和刘文静，他们在此事中由于职责分工不同，分别发挥了自己的作用，但后来史传都突出了李世民的功劳。而裴寂在李渊起兵后“进宫女五百人，并上米九万斛、杂彩五万段、甲四十万领，以供军用”，可见他在晋阳起兵前后均发挥了重要的作用，所以“霜朝初建，擢为大将军府长史”，成为李渊第一位的亲信人员。

《大唐创业起居注》卷1：

---

[1] 综合性论述，参见胡戟等主编：《二十世纪唐研究》，中国社会科学出版社2002年版，第27页。

> 裴寂等请进位大将军，以隆府号，不乖古今，权籍威名。帝曰："卿以二立相期，欲孤为霍光之任，威在将军，何关大也。必须仍旧，亦任加之，署置府僚长史已下，功次取之，量能受职。"裴寂等又请置诸军，并兵士等总号。帝曰："诸侯三军，春秋所许。孤今霸业，差拟晋文，可作三军，分置左右。谋简统帅，妙选其人。诸军既是义兵，还可呼为义士。昔周武克殷，义士非其薄德。况今未有所克，敢忘义士者乎。"[1]

随后李渊又以建成为陇西公，为左领军大都督；世民为敦煌公，为右领军大都督；裴寂、刘文静为大将军府长史司马，以殷开山、刘正会、温大雅、唐俭、权弘寿、卢阶、思德平、武士彠等为掾属、记室参左等官，以鹰扬王长阶、姜宝谊、杨毛，京兆长孙顺德、窦琮、刘弘基等分为左右统军、副统军，自此以后文武职员，随才铨用。晋阳起兵前后的舆论塑造，李渊集团的人员组成框架，都为唐王朝平定诸路义军打下了重要的政治基础，墓志"谅由唐年，元恺委质。虞庭汉代，贾荀当官"，正是李渊集团内部人员真实的思想写照，正因为晋阳起兵在唐王朝历史上所具有的无与伦比的政治性，所以墓志中对于裴寂在此事中的作用着重进行了描述，进而给我们提供了同史传不同的历史叙事。

在李渊领军进至霍邑之时，传出了刘武周联合突厥大军进攻太原的传闻，是继续攻取霍邑还是回师太原，当时李渊集团有着不同的意见，不过李渊最后听取了世民和建成的意见决定攻占霍邑。唐军以调虎离山之计诱使宋老生出城，"渊乃与建成陈于城东，世民陈

[1] 温大雅：《大唐创业起居注》卷1，上海古籍出版社1983年版，第11—12页。

于城南。渊、建成战小却，世民与军头临淄段志玄自南原引兵驰下，冲老生陈，出其背”[1]，最后一举斩杀宋老生、占取霍邑，取得了唐军与隋军的第一次胜利。在霍邑之战中，史传对于裴寂的作用均没有记载，墓志云：“行届霍邑，乃遇随师。犹且吠尧，莫知讴舜。圣情仁恻，不忍战民。欲偃伯于参墟，翼夙沙之自缚。公又扣马切谏，必请乘黎挥刃，断鞅固争，迴旆遂奋威略，一鼓就擒。”我们怀疑建成和世民劝谏李渊的时候裴寂发挥了不可低估的作用，最终促成李渊进攻霍邑的决心，所以战后李渊论功行赏的时候，裴寂亦“念功畴赏，进授光禄大夫”。

《新唐书》卷88《裴寂传》：“下临汾，封闻喜县公。”[2]李渊军占据霍邑后直接面对的军事目标就是河东，在行军途中队伍不断壮大，在下临汾之后裴寂被封为闻喜县公。对于此事墓志记载得比较清楚，“前次绛州，迩于桑井，乃驰一札，喻此百城。老幼相携，如归景亳。襁负俱至，若就岐阳。是用赐册为闻喜县开国公，邑一千户”。裴寂身属河东裴氏，在当地有着很高的民望，为李渊集团在政治上带来了重要的影响，“丙申，至汾阴。遣书招冯翊贼帅孙华，华所部强兵，至于数千，积年劫掠，非常富实，泺水以北莫敢当之。帝书到，华喜而从命”[3]，从墓志记载来看，书信一事与裴寂有着莫大的关系，而裴寂亦因此事获得了李渊的进一步器重。

唐军兵临黄河东岸，河东守将为隋大将屈突通，一时不可能占领河东，此时唐军针对下一步的军事行动有两种意见，以裴寂为主的一派认为：“今通据蒲关，若不先平，前有京城之守，后有屈突之援，此乃腹背受敌，败之道也。未若攻蒲州，下之而后入关。京

[1]《资治通鉴》卷184，“隋恭帝义宁元年八月”条，第5748页。

[2]《新唐书》卷88《裴寂传》，第3737页。

[3] 温大雅：《大唐创业起居注》卷2，第30页。

师绝援，可不攻而定矣。”墓志说裴寂“请箸为筹，引衣献策”一语正是此事。而以李世民为首的一派认为：“兵法尚权，权在于速。宜乘机早渡，以骇其心。我若迟留，彼则生计。且关中群盗，所在屯结，未有定主，易以招怀，贼附兵强，何城不克？屈突通自守贼耳，不足为虞。若失入关之机，则事未可知矣。”李渊同时采取了两种意见，一边派人监视隋军，一边领军急进关中。十一月九日，唐军攻克大兴城，李渊入城后被封为唐王，“乃复引公为相府长史，进爵魏国公，加邑三千户，别赐甲第一区、公田千顷”。

武德元年，李唐王朝建立，六月一日裴寂册拜尚书右仆射，领京兆尹。关于裴寂领京兆尹一事史传没有记载，《旧唐书》卷1《高祖本纪》：“（武德元年六月）壬辰，加秦王雍州牧，余官如故。”京兆府，隋京兆郡，武德元年五月十五日改为雍州，置牧一人，以亲王为之，以别驾理州事。永徽中改别驾为长史，开元元年改雍州为京兆府，改雍州长史为京兆尹。[1]《旧唐书》卷48《职官三》：“京兆、河南、太原牧及都督、刺史掌清肃邦畿，考核官吏，宣布德化，抚和齐人，劝课农桑，敦敷五教。……尹、少尹、别驾、长史、司马掌贰府州之事，以纲纪众务，通判列曹。”武德时期，李世民多征战在外，长安的具体负责者不是身为雍州牧的李世民，而是由其属官实际管理的，武德元年雍州置七职，以萧瑀为州都督、韦让为州别驾。今据墓志可知，裴寂当时是兼任京兆尹的，京兆作为京畿所在，李渊虽然封李世民为雍州牧，但实际权力却是让自己的亲信裴寂掌管。李渊进封唐王之后，十一月“以太宗为京兆尹，改封秦公”，墓志言裴寂领京兆尹事当是李世民进为雍州牧之后才发生的。

---

[1] 关于唐代京兆尹的相关研究，参见张荣芳：《唐代京兆尹研究》，台湾学生书局1987年版。

裴寂在唐王朝伊始就参与了多项事务，正如后来李世民评价裴寂“武德之时，政刑纰缪，官方弛紊，职公之由”[1]，此亦证明了武德时期政刑等一切事务均由裴寂辅佐李渊实施并全面负责，“自魏晋作故，事归台阁。文昌首席，务总阿衡，百工请决，神无滞用。万邦酬抗，笔不停毫。复大礼于维新，致胜残于伊始，故以蹈夔龙之阃域，掇孔垒之菁华。岂直桓范留台，魏帝还而绝奏；谢琰高选，晋后谓其无准，若斯而已哉”，墓志所言当是实情。

武德二年，刘武周兵进太原，李元吉部姜宝谊、李仲文率领唐军先后大败，“寂自请行，因为晋州道行军总管，得以便宜从事”。裴寂领军出征先后被宋金刚打败，随之还朝被李渊谴责。史书记载裴寂乃是自行请令征伐刘武周，墓志只云“二年授汾州道行军大都督”，裴寂自跟随李渊起兵以来素无军事才能，所以我们怀疑裴寂领兵应不是其本意，而是李渊的安排。并州关乎唐王室根基所在，皇子元吉兵败之后，李渊又让自己最亲信的大臣裴寂平定战乱，在此事背后一定贯穿着李渊的意图，不然在裴寂大败还京后不可能很快就被李渊“顾待弥重”。正因为如此，墓志才对此事只用寥寥数语一笔带过。

墓志：“三年有诏特免再死，六年四月转授尚书左仆射。历居端揆，允厘庶政，谭思旧章，弥纶彝典，冕旒穆而垂拱，严廊肃而无事，以圣得贤，验于兹矣。寻授尚书令，固辞不拜。九年册拜司空。公上总九奎，下均七赋。帝道以之熙载，台耀于是杨辉。前后累增邑七千户，别食益州，封一千五百户。”从《唐大诏令集》记载知裴寂等特诏免死在武德元年，“有诏以太原元谋立功，尚书令秦王

[1]《旧唐书》卷57《裴寂传》，第2288页。

某，尚书左仆射裴寂及文静，特恕二死”[1]，今据墓志可知裴寂等再诏免死事在武德三年。六年裴寂由右仆射转左仆射，李渊赐宴含章殿，荣宠一时。墓志言裴寂寻授尚书令一事不见于史传，唐代自从李世民担任尚书令一职后，此职再没有授予其他人，裴寂亦知尚书令一职所表示的特殊意义，所以固辞不受。“高祖极欢，寂顿首而言曰：‘臣初发太原，以有慈旨，清平之后，许以退耕。今四海乂安，伏愿赐臣骸骨。’高祖泣下沾襟曰：‘今犹未也，要相偕老耳。公为台司，我为太上，逍遥一代，岂不快哉！’”[2]裴寂对李渊讲，愿卸职归田一语，我们怀疑正是针对赐授尚书令一事的，后来到了九年裴寂又被册拜为司空，这未必不是六年授尚书令一事的余波所及。

李世民继位之后，裴寂的仕宦进入了同武德时期截然不同的境况，“贞观之初，以公事免，寻降敕召，载病就征。以六年六月奄薨于路，春秋六十”。裴寂步入贞观之后的生命历程墓志只用十六个字做了简单的叙述。俗话讲一朝天子一朝臣，裴寂作为李渊位高权重的心腹之人，对于李世民来讲是一个隐患。贞观三年，裴寂因为法雅一事被免官，甚至想居住京师亦不被太宗允许，只能回归蒲州。“未几，有狂人自称信行，寓居汾阴，言多妖妄，常谓寂家僮曰：‘裴公有天分。’于时信行已死，寂监奴恭命以其言白寂，寂惶惧不敢闻奏，阴呼恭命杀所言者。恭命纵令亡匿，寂不知之。寂遣恭命收纳封邑，得钱百余万，因用而尽。寂怒，将遣人捕之，恭命惧而上变。”[3]太宗大怒，于是徙裴寂于交州，竟流静州。后来山羌为乱，裴寂率家僮破贼，太宗思寂佐命之功征入朝，而年老带病的一代名臣裴寂不堪路途之苦而逝于行旅之中，时年六十。

---

[1]《旧唐书》卷57《刘文静传》，第2294页。

[2]《旧唐书》卷57《裴寂传》，第2288页。

[3] 同上书，第2289页。

史传记载是法雅和信行两位僧人给裴寂带来了厄运，法雅之事涉及到初唐政局中的重大变化，在此事中密切关联的有三个人：裴寂、法雅和马三宝。马三宝深得高祖信任，并且与李唐皇室人员关系密切。马三宝最初以仆童身份成为平阳公主的主要助手，之后又与太宗有着非比寻常的交往，不管在李唐的建立之初还是太宗继位时，马三宝都是其中不可缺少的重要人物之一。从相关史料可知在武德时期马三宝与法雅互相为友，在多次军事行动中有过合作关系，但随着玄武门事件的发生，天生对政治有着敏感触觉的马三宝立刻加入太宗的阵营。我们知道太宗继位后首先要处理的就是与高祖李渊的关系，为了政权的需要，高祖李渊最重要的两个亲信裴寂和法雅必然成为太宗的牺牲品，而马三宝的反戈一击就成为贞观朝清理武德旧臣的明显信号。法雅作为武僧在李唐建立中有着非常重要的影响，他不仅仅用实际行动直接支持李渊军事集团，并且在宗教思想方面有着重要的旗帜示范，是沟通世俗权力与宗教派别的关键人物。裴寂作为李渊最信任的大臣，屡有功绩，可以说法雅和裴寂两个人都是太宗必须要打击的人物，故他们成为太宗塑造自身行为合法性的牺牲品。裴寂的恶名和法雅的妖僧称号都可以说是皇权斗争失败者的共同历史命运。

信行，极有可能是《慧瓒传》中记载的那位同名僧人，他在慧瓒拒绝为他剃度之后，又转投其弟子明胤（？—590年以后）门下。[1]裴寂曾是佛教的强力推动者，尤其是慧瓒集团的支持者。裴寂在高祖打算抑制佛教之际对佛教的努力保护，获得了僧团的感激之情。裴寂“第中别院置僧住所，邀延一众，用以居焉”[2]，他两个儿子的名

[1]　道宣：《续高僧传》卷18《隋西京禅定道场释惠瓒传》，中华书局2014年版，第674页。
[2]　道宣：《续高僧传》卷20《唐汾州光岩寺释志超传》，第755页。

字，分别是“律师”和“法师”，即佛教大师中的两种类型[1]，尤其值得注意的是裴寂与慧瓒领导的僧侣们关系密切，甚至慧瓒的接任者志超（571—641）还是常驻其家族道场的僧侣群体中的一员。[2] 道宣曾经对裴寂与慧瓒的另一位主要弟子志满的交往有过记载[3]，因此，尽管裴寂卷入信行所传播的谣言一事可能是捏造的或夸大的，但他与慧瓒的关系与交往却成为指控他的一项重要的证据。

僧伽与政权之间的微妙关系，决定了僧界领袖不得不通过某种看似悖谬的方式来“购买”僧伽的自主与独立，即满足世俗君主及其王朝利益的需要。除了他们在仪式、精神、学术以及建立政权的合法性方面的专业技能，有时也包括他们本不该触及的军事策略和武术技能。僧伽无法在经典中找到对其参与军事行动的支持，这种合法性主要来自于国家及其利益。法雅之事揭示了政界的动荡和世俗世界中行为评价标准的反复，反映了对同类行为是非优劣的裁决或臧否，是如何的随意与武断：这一类行为为佛法所禁止，但在中古中国的“丛林法则”下，又有其存在的必要性。[4]

两《唐书》裴寂本传云“赠相州刺史、工部尚书、河东郡公”。从汉魏南北朝以来，官员死后朝廷的赠官从单纯的赠爵位到爵位官位并赐，再到爵位散官职事官同赐，有着长期而复杂的过程。初唐延续北朝的特征，对于功臣多给予三官或二官同赠、内外职事合一

---

[1] 《旧唐书》卷 57《裴寂传》，第 2289 页；《新唐书》卷 71 上《宰相世系表一上》，第 2181 页。

[2] 释志超对裴寂家庭道场的参与，参见道宣：《续高僧传》卷 20《唐汾州光岩寺释志超传》，第 753—756 页。

[3] 道宣：《续高僧传》卷 19《唐并州义兴寺释智满传》，第 712 页。

[4] Jinhua Chen: Faya 法雅（?-629）, "A ‘Villain-Monk’ Brought Down by a Villein-General: a Forgotten Page in the History of Sui-Tang Monastic Warfare and State-Samgha Relations", 未刊稿。

的待遇，但是仅以职事官一官为赠的现象在唐代逐渐普及。[1]高祖太宗朝赠以三官的现象十分少见，目前可以确定的只有王君愕。王君愕于贞观十九年战死辽东，“赠左卫大将军、都督幽、易、妫、平、檀、燕六州诸军事、幽州刺史，进爵邢国公，食邑三千户，赙绢布一千二百匹，赐以东园秘器，鸿胪监护。丧事所须，随由官给”[2]。王君愕的爵位可以视作其死于王事的追赠或加封，除此之外高祖太宗朝对于大臣都是赠以二官或一官的。裴寂亡故后被赠以三官，而墓志记载裴寂死后被追赠为相州刺史，未有“工部尚书河东郡公”二官。一般来讲墓志记当时的人和事，尤其是赠官是关于个人及其家族声望的大事，如果裴寂当时也得到了这二官的赠官的话，在墓志中应该有所提及。高宗总章元年时所颁《授武士彟等子孙官诏》中，裴寂赠官已经是三官了，《唐皇甫文房妻裴氏墓志》：“父寂，皇朝尚书左仆射司空魏国公，以公事免，赠工部尚书河东郡公。”[3]裴氏先嫁于赵王元景，永徽四年元景因房遗爱事被赐死，裴氏当是此后改嫁于皇甫文房的。在裴氏墓志所讲裴寂赠官中无相州刺史，只有工部尚书、河东郡公二官，虽然没有具体的材料证明，但我们怀疑裴寂这二官可能是高宗朝的追赠。《唐裴迥墓志》：“高祖寂，皇朝司空、魏国公，赠相州刺史，食邑三千户。”[4]裴迥墓志与裴寂墓志记载一致，同时根据太宗对于裴寂的态度和当时其余功臣的赠官情况来看，裴寂在当时应只得到了相州刺史这一个赠官。

---

[1] 吴丽娱：《终极之典：中古丧葬制度研究》，中华书局2012年版，第712—763页。

[2] 周绍良、赵超：《唐代墓志汇编续集》贞观041《唐故幽州都督邢国公王公墓志》，上海古籍出版社2001年版，第32页。

[3] 齐运通：《洛阳新获七朝墓志》，中华书局2012年版，第107页；赵君平、赵文成：《秦晋豫新出墓志搜佚》，国家图书馆出版社2012年版，第274页。

[4] 赵君平、赵文成：《秦晋豫新出墓志搜佚》，第726页。

三、隋唐政局中的裴寂

初唐武德时期的政治格局，自宋代以来就有着无数争论，对于处于漩涡之中的武德名臣裴寂而言，历来更是毁誉不一。《欧阳文忠公集》外集卷23《读裴寂传》曰：

> 予尝与尹师鲁论自魏、晋而下佐命功臣，皆可贬绝，以其贰心旧朝，叶成大谋，虽曰忠于所事，而非人臣之正也。及读《裴寂传》，迹其终始，良有以哉。始寂为晋阳宫监，私以宫人馈高祖，因见亲暱，可谓贰隋矣。及太宗以博弈啗之，遂开义师之谋，卒成唐室。武周为寇，请行自败，不即就诛者，非特佐命有功，岂非曩时私狎之恩哉？坐交沙门，法虽免官见放，复有所陈。太宗数之曰："计公勋庸，不至于此。"数以武德时政之缪，皆归其人。又闻妖言不自明，乃欲杀人缄口，遂被流放。列其四罪，贷不致理。盖由进身之私恩衰即败也。韩、彭之功犹终不保，况寂也哉！[1]

千年前自欧阳修伊始，到今天学界仍多认为裴寂在军事、政治上均无可言之功，没有可称道的历史功绩，只是一个只见恩宠不见勋业的论故旧、寻常恩幸之流，尤其是裴寂与刘文静事件，更是给裴寂身上增加了一份诟病的缘由。

史传记载，裴寂因与刘文静有隙，故借机构陷而致刘文静之死，

---

[1] 欧阳修撰、洪本健校笺：《欧阳修诗文集校笺》，上海古籍出版社2009年版，第1921页。

其实此事发生之时裴寂正领兵在外与刘武周作战，《资治通鉴考异》已经指出："《高祖实录》、《唐书》、《唐历》等皆以文静之死由于裴寂。今据《实录》，裴寂此年六月（武德二年）为晋州道行军总管，讨刘武周，此月丁丑，为宋金刚败于介州，去文静死才七日，此时不当在京师。"[1]刘文静是晋阳起兵的主要谋划者之一，是李渊集团中仅次于裴寂的人物，不过两者不同的是裴寂为李渊的亲信，而刘文静则是李世民的坚定支持者。刘文静被杀其实只是李渊为防止内部出现派系小集团而蓄意剪除李世民的羽翼所为，亦是李世民集团与李建成集团斗争即将公开化的标志，以后所发生的重大事件如玄武门之变等，均和此事有一定的联系[2]，史传把这一切都归过于裴寂则是史书书写的政治考虑。

历史上人们不齿裴寂还有几个原因，一是在李渊任太原留守时用晋阳宫人私侍李渊，二是在突厥寇关中时主张迁都。《册府元龟》卷57《帝王部·英断》记载如下："太宗为秦王时，有说高祖曰：'突厥频寇关中者，徒以府藏子女之在京师故也，若焚烧长安而不都，且胡危自止。'高祖惑之，遣中书侍郎宇文士及瑜南山以至樊、邓，行可居之地，将徙都焉。隐太子、巢剌王及裴寂并赞成此计。"[3]《资治通鉴》、《旧唐书》亦有相关记载。此事中裴寂只有附和之言，在太宗言明利害之后很快不再坚持迁都之议，其实这说明了裴寂不是愚见之人，反而善于听取别人的意见，因此将此事视为裴寂的污

[1] 参见《资治通鉴》卷187，"唐高祖武德二年八月条"，第5862页。

[2] 对于此事专论者甚多，参见黄永年：《唐史十二讲》，中华书局2007年版；董理：《刘文静之死探析》，《渭南师专学报》1993年第3期；吴浩：《刘文静之死与玄武门之变》，《扬州教育学院学报》1999年第3期；程义：《刘文静之死与初唐党争之关系》，《史学月刊》2006年第4期；张耐冬：《太原功臣与武德政争》，《北京理工大学学报（社会科学版）》2006年第4期。

[3] 王钦若：《册府元龟》卷57《帝王部·英断》，中华书局1960年版，第635页。

点是有失妥当的。[1]裴寂在任晋阳宫监时用宫女伺侍李渊，前人往往将此视作裴寂贰心于隋的行为，裴寂在李渊还未起家之前就针对李渊的癖好与之交好，这其实证明了裴寂具有常人所不及的眼光和魄力。裴寂不拘束于世俗所见而用宫女一事来向李渊表明自己的态度，一方面是为了与隋室割断关系，另一方面则把李渊视为追奉的明公，可以说从那时候开始两个人之间就有着一种君臣相宜的情意，裴寂此举应该是一种大智大勇的表现。到了晋阳起兵之时，“寂进宫女五百人，并上米九万斛、杂彩五万段、甲四十万领，以供军用”，如此庞大的钱粮军甲等军用物资，裴寂一定是早有所准备，一旦举事，这些物资可以马上转化为李渊巨大的政治资源，这也反映出裴寂对于后勤事项的重视和这一方面的才能。

既然裴寂在唐王朝建立中立有卓越的功勋，史书为何反而对其极其诋毁呢？玄武门之变后李渊的政权为李世民所夺取，各种政治势力发生了极大的变化。贞观朝纂修《高祖实录》就把太原起兵说成是李世民所主谋，统一天下也几乎全是李世民的功劳，李渊尚被诬为坐享其成，裴寂的作用自然更一概抹杀。[2]后来国史以及承用国史、实录的两《唐书》等因之而不改，于是史传中才出现裴寂只纪恩宠不见勋业的现象。[3]仔细分析各种史料，分析其中隐藏的蛛丝马迹，还是可以对裴寂有一个比较客观的评价。裴寂是创建唐朝的重要功臣，前辈学者分别从参与策划太原起兵、参与制定夺取关中的战略决策、主持制定唐朝的典章制度、协助高祖处理军国大事等方

---

[1] 宁志新：《略论裴寂》，《安庆师范学院学报》1990 年第 4 期。

[2] 刘后滨等先生认为所谓的李世民篡改国史实录的说法，是值得深思的，李世民在建唐中的功业也许就是史传记载的那样，而对于李渊的作用史传只是选择性地有所遗忘，参见刘后滨等：《大唐开国》，中华书局 2007 年版，第 104—111 页。

[3] 黄永年：《论武德贞观时统治集团的内部矛盾和斗争》，见《唐史十二讲》，第 4 页；牛致功：《唐高祖传》，人民出版社 1998 年版，第 341—357 页。

面进行了分析[1]，我们以为所言有理，今结合墓志材料再做进一步的申论。

《唐大诏令集》卷64《裴寂等恕死诏》："朕自起义晋阳，遂登皇极。经纶天下，实仗群才。尚书令秦王某、尚书右仆射寂，或合契元谋，或同心运始，并蹈义轻生，捐家殉节。艰辛备履，金石不移。论此忠勤，理宜优异，官爵之荣，抑惟旧典，勋贤之议，宜有别恩，其罪非叛逆，可听恕一死。其太原元谋勋效者，宜以名闻（武德元年八月）。"[2]高祖李渊言裴寂"使我至此，公之力也"；"义举之始，公有翼佐之勋"；"公复世胄名家，历职清显，岂若萧何、曹参起自刀笔吏也！唯我与公，千载之后，无愧前修矣"[3]。从李渊所言可以看出他把裴寂视作帮助自己建唐的不二功勋之人，这在李世民对裴寂的不满言论中所言"公有佐命之勋"，"计公勋庸，不至于此，徒以恩泽，特居第一"[4]，亦可以得到反向的证明。甚至李渊还认为裴寂是超越萧何、曹参的僚佐，诚然在中古以士族为根基的政治情况下，出身河东裴氏的裴寂对李渊集团所起作用不是出身下层的萧何和曹参所能比拟的。高祖太宗时以宗室、姻戚、功臣、士族为基本权力结构[5]，裴寂身具三种身份，加之所负有的各方面才华，故其对唐朝建立所起的作用实不亚于汉初的萧何。

对于任何一个政权来讲，都有建立政权合法性或正当性的必要，

---

[1] 黄永年：《论武德贞观时统治集团的内部矛盾和斗争》，见《唐史十二讲》，第3—6页；孟宪实：《孟宪实讲唐史：从玄武门之变到贞观之治》，广西师范大学出版社2007年版，第24—26页；宁志新：《略论裴寂》，《安庆师范学院学报》1990年第4期。

[2] 宋敏求：《唐大诏令集》卷64《裴寂等恕死诏》，中华书局2008年版，第353页。

[3] 《旧唐书》卷57《裴寂传》，第2287—2288页。

[4] 《旧唐书》卷57《裴寂传》，第2288页。

[5] 关于初唐政治权利结构及其变化的讨论，参见雷家骥：《隋唐中央权力结构及其演进》，东大图书公司1995版，第7—42页。

这不仅是中古中国的政治现实，也是任何时代的写照。[1]统治合法性的思想，已经渗透到政治宣传和政治活动的方方面面，中古时期以五德终始、天人感应为核心学说的神文主义意识形态，潜移默化地存在于人们的观念当中。隋末天下混乱，此时关陇集团正值壮年，谁可以再度凝结这个集团的向心力，占有关陇核心地区，让府兵制正常运转，谁就可以安定局势。[2]李渊集团正符合这个基本要求，在政治军事上比其他集团更具独特的优势。除此之外政治合法性的构建也成为政权革命中最重要的一种舆论宣传，在李唐建立初期这种诉求体现得尤为显出，一次是晋阳起兵时制造的天命符应，一次是武德初所谓的"符命十余事"。

符瑞是王权争夺和转移的筹码，在每个王朝初建或新君继位时，往往依靠多种符瑞来制造其受命于天的神学依据，以此论证其所作所为的合法性和神圣性。[3]《大唐创业起居注》卷1：

> 康鞘利将至，军司以兵起甲子之日，又符谶尚白，请建武王所执白旗，以示突厥。帝曰："诛纣之旗，牧野临时所仗，永人西郊，无容预执，宜兼以绛，杂半续之。"诸军槊幡皆放此。营壁城垒，幡旗四合，赤白相映若花园。开皇初，太原童

[1] 孙英刚：《神文时代：中古知识、信仰与政治世界之关联性》，《学术月刊》2013年第10期。

[2] 毛汉光：《李渊崛起之分析——论隋末"李氏当王"与三李》，《"中研院"历史语言研究所集刊》，第59本第4分册，1988年，第3344页；李锦绣：《论"李氏将兴"——隋末唐初山东豪杰研究之一》，《山西师范大学学报（社会科学版）》1997年第4期。

[3] 参见牛来颖：《唐代符瑞与王朝政治》，见郑学檬、冷敏述主编：《唐文化研究论文集》，上海人民出版社1994年版，第537页；〔日〕气贺泽保规：《大唐创业起居注的性格特点》，见刘俊文主编：《日本中青年学者论中国史：六朝隋唐卷》，上海古籍出版社1995年版，第212—234页；高明士：《中国中古政治的探索》，台北五南图书出版公司2006年版，第23—30页。

谣云："法律存，道德在，白旗天子出东海。"常亦云："白衣天子。"故隋主恒服白衣，每向江都，拟于东海。常修律令，笔削不停，并以彩画五级木坛，自随以事道。又有《桃李子歌》曰："桃李子，莫浪语，黄鹄绕山飞，宛转花园里。"案：李为国姓，桃当作陶，若言陶唐也。配李而言，故云桃花园，宛转属旌幡。[1]

在晋阳起兵鼓吹行动合理合法的过程中，李渊占据着主导地位，"吾当一举千里，以符冥谶"，从墓志文字来看，裴寂似乎在其中也有着重要的作用。裴寂少年时，"及登志学，神解艺文。羽陵汲冢之丛残，鸿宝圯桥之隩秘。连山十翼，玄首四重。莫不穷神索隐，因心朗照。加以沉机先物，望景知微。筹千变于桓晨，笼万象于方寸"。虽然说对于《周易》等经典的研习是古代士人最基本的功课，不过根据墓志所呈现出的内涵，似乎可以看出裴寂自小对和天命有关的经数就有着浓厚的兴趣和造诣，这也为他后来帮助李渊构建政治合法性的政治舆论宣传奠定了一定的基础。

李渊进入长安后，隋恭帝欲禅位于李渊，李渊固辞不受，裴寂说"桀、纣之亡，亦各有子，未闻汤、武臣辅之，可为龟镜，无所疑也。寂之茅土、大位，皆受之于唐，陛下不为唐帝，臣当去官耳"，又利用所谓的"符命十余事"以言说，李渊终于许之。符命十余事，成为李渊登基前重要的政治符号，有歌谣诗谶、白雀大鸟、甲子天数、云气五星、植物异相等，《大唐创业起居注》卷3：

裴寂等又依光武长安同舍人强华奉赤伏符故事，乃奉："神

[1] 温大雅：《大唐创业起居注》卷1，第11页。

> 人太原慧化尼、蜀郡卫元嵩等歌谣、诗谶。”慧化尼歌词曰：“东海十八子，八井唤三军。手持双白雀，头上戴紫云。”又曰：“丁丑语甲子，深藏入堂里。何意坐堂里，中央有天子。”又曰：“西北天火照龙山，童子赤光连北斗。童子木上悬白幡，胡兵纷纷满前后。拍手唱堂堂，驱羊向南走。”又曰：“胡兵未济汉不整，治中都护有八井。”又曰：“兴伍伍，仁义行，武德九九得声名。童子木底百丈水，东家井里五色星。我语不可信，问取卫先生。”蜀郡卫元嵩，周天和五年闰十月，作诗：“戌亥君臣乱，子丑破城隍，寅卯如欲定，龙蛇伏四方。十八成男子，洪水主刀傍，市朝义归政，人宁俱不荒。人言有恒性，也复道非常，为君好思量，何□□禹汤。桃源花□□，李树起堂堂。只看寅卯岁，深水没黄杨。”[1]

这是将原有的与新造的各种祥瑞全部统一附会在李渊身上，诸多祥瑞组合在一起给李渊身上披上了多层神秘的外衣。在符应构建中为了和隋室之间有一定的区别，各种祥瑞在王朝舆论生产中被不断完善或抛弃。唐朝对隋朝的立场，无论是承继，还是革命，都是当时话语生产过程中的历史存在，看似相悖，却又并不矛盾。[2]这种历史叙事在符应塑造中也有着同样的过程，各种祥瑞的寓意要契合李渊集团代隋的社会背景，武德时期裴寂“当朝贵戚，亲礼莫与为比”，与其在晋阳起兵和李渊上位两件最重要的建唐政治事件中充当舆论宣传的推手有着密切的关系。

在唐军攻克大兴城后，李渊效仿汉高祖刘邦事，“封府库，收图

---

[1] 温大雅：《大唐创业起居注》卷3，第55—56页。

[2] 李丹婕：《承继还是革命——唐朝政权建立及其历史叙事》，《中华文史论丛》2013年第3期。

籍，禁掳掠。军人勿杂，勿相惊恐。太仓之外，他无所于。吏民安堵，一如汉初入关故事"[1]，同时与隋王室约"毋得犯七庙及代王、宗室，违者夷三族"[2]，此举为李渊代隋奠定了重要的民众思想基础。墓志云："既克镐京，尽收图籍。市无改肆，民有息肩。道致生平，并公之力。"据此可知，当时安定局面、收藏图籍的事务亦有裴寂参与其中。

图籍事关天下山川形便、户口钱赋等多种因素，《汉书》卷39《萧何传》："沛公至咸阳，诸将皆争走金帛财物之府分之，何独先入收秦丞相御史律令图书藏之。沛公具知天下阨塞，户口多少，强弱处，民所疾苦者，以何得秦图书也。"[3]刘邦进入咸阳后，萧何独收藏秦所留图书，为刘邦建汉奠定了重要的基础，而此事亦为萧何成为"汉初三杰"的重要功劳之一。萧何在建立汉朝中的功绩，可以用"镇国家，抚百姓，给饷馈，不绝粮道"概括，如果从这几方面来看裴寂的话，裴寂在武德时期作为李渊最重要的助手掌管中枢运行，处理国家机要，"务总阿衡，百工请决"，这和萧何处于同等重要的位置。

律令是一个王朝行政运作的基础之一，武德元年高祖命人修撰唐律，两《唐书》、《新唐书·刑法志》、《通典》、《唐会要》等记载刘文静是主持制定的负责人，"时制度草创，命文静与当朝通识之士更刊隋开皇律令而损益之，以为通法"，而《资治通鉴》则载"（武德元年五月）壬申，命裴寂、刘文静等修定律令"[4]，《旧唐书》卷1《高祖本纪》载高祖继皇帝位后，"命相国长史裴寂等修律令"，两者

---

[1]　温大雅：《大唐创业起居注》卷2，第37页。

[2]　《资治通鉴》卷184，"隋恭帝义宁元年十月"条，第5761页。

[3]　《汉书》卷39《萧何传》，中华书局1996年版，第2006页。

[4]　《资治通鉴》卷185，"唐高祖武德元年五月"条，第5792页。

之间的差异如前文所言当是太宗上位后的政治原因所形成的。墓志："自魏晋作故，事归台阁。文昌首席，务总阿衡，百工请决，神无滞用，万邦酬抗，笔不停毫。复大礼于维新，致胜残于伊始，故以蹈夔龙之阃域，掇孔垒之菁华。岂直桓范留台，魏帝还而绝奏；谢琰高选，晋后谓其无准。"关于裴寂在武德元年的行为，墓志用文昌首席、桓范、谢琰等典故来比拟，据此综合文献记载，我们倾向于武德元年修订律令的主持者应当是裴寂，或者说裴寂、刘文静均参与了此次律令的修订[1]，不过裴寂发挥的作用似乎更大一些。

武德四年，高祖命人再定律令，先后有多人参加，一直到武德七年方修订完成。关于参加修订律令之人，《新唐书》卷62《刑法志》言"诏仆射裴寂等十五人更撰律令"[2]，《新唐书》卷58《艺文志》但列十二人，"尚书左仆射裴寂、右仆射萧瑀、大理卿崔善为、给事中王敬业、中书舍人刘林甫、颜师古、王孝达、泾州别驾靖延、太常丞丁孝乌、隋大理丞房轴、天策上将府参军李桐客、太常博士徐上机"[3]，除以上人员外，据《唐六典》可知有殷开山，《唐会要》又增加郎楚之、沈叔安、李纲，两《唐书》本传中记载还有窦威、韩叔良、陈叔达、虞世南。这样看来参加修订律令之人超过了二十位，而《艺文志》只列十二人，当为书成奏上时所列，衔名悉具，其余之人当时恐不在位或因未始终其事而未列。[4] 在长达四年的过程中，裴寂从始至终参与其中[5]，值得注意的是史传载窦威对朝典创定贡献颇多，高祖

[1] 关于裴寂在武德时期主持编撰律令的作用，高明士先生认为不容忽视，参见氏著：《律令法与天下法》，上海古籍出版社2013年版，第83—99页。

[2] 《新唐书》卷62《刑法志》，第1408页。

[3] 《新唐书》卷58《艺文志》，第1494页。

[4] 沈家本：《历代刑法考》之《律令四·武德律》，中华书局1985年版，第927页。

[5] 学界倾向于认为裴寂在武德年间修订律令时，因其为宰相，所以只是领衔而已，并没有实际参与律令的修订工作，参见黄正建：《有关唐武德年间修订律令史事的若干问

称其为“叔孙通不能加”，另外《旧唐书·萧瑀传》载萧瑀是律令修订的实际主持者[1]，墓志言裴寂“历居端揆，允厘庶政，谭思旧章，弥纶彝典，冕旒穆而垂拱，严廊肃而无事”，从中来看裴寂亦居功甚多。

《大唐故康府君（婆）墓志铭》：“武德中，左仆射裴寂揖君名义，请署大农。君感知己之深，衔一顾之重，乃降情屈志，俯而从之。既而来往许史之庐，出入金张之馆，虽复一行作吏，而未废平生之欢。自裴侯下世，君亦辞位高蹈，闲居养志而已。”[2]康婆出自昭武九姓，本康国王之裔，在武德时期应裴寂请出仕大唐，在裴寂下世后辞官归隐，从中似乎可以对裴寂的为人有所了解，同时也为探讨裴寂与粟特胡人之间的关系提供了线索。

在隋唐政治史上，裴寂无疑是极其重要的人物之一。李渊对裴寂的评价是有道理的，裴寂对建立唐王朝立有不可磨灭的功勋，到了贞观时期裴寂接连被贬等事件只是初唐政治权力斗争的延续而已。对于裴寂的历史定位，在高宗总章元年时所颁“授武士彟等子孙官诏”中，裴寂被列入第一等功臣；唐德宗时期“精加检勘，审定名迹”[3]，仍把裴寂列为武德以来第一等功臣之首。裴寂与武则天之父武士彟一起参与了晋阳起兵，都是建唐之功臣，在贞观时又先后被贬，两人有着相似的经历，如果说对于裴寂子孙的关照有可能出于怜悯

（接上页）题——唐代律令编纂编年考证之一》，见中国社会科学院历史所编：《隋唐辽宋金元史论丛》第3辑，上海古籍出版社2013年版，第20—33页。

[1] 雷家骥：《隋唐中央权力结构及其演进》，第172—177页。书中指出裴寂似乎不是实际主持此事的宰相，不过据墓志所言，似乎对于裴寂在武德时期先后两次参与修订律令一事的作用亦不宜低估。

[2] 周绍良、赵超：《唐代墓志汇编》贞观139《大唐故康府君（婆）墓志铭》，上海古籍出版社1992年版，第96页。

[3] 《唐会要》卷45《功臣》，第942页。

之心的话，那么德宗时期史馆的奏书应该是比较客观地反映了裴寂的历史地位。唐德宗时期是中央朝廷与地方藩镇关系确立的一个重要阶段，德宗通过各种措施稳定了中原，把河北藩镇的势力局限于固定的地域，进而确立了一种新的政治秩序。[1]在德宗的政治方略中，对建唐以来功臣的重新定位占据着重要的地位，而此时对裴寂地位的再次确立则具有了独特的意义。故此，把裴寂称为武德第一名臣，当为不虚矣。

《旧唐书》把裴寂列为功臣之首，《新唐书》则把刘文静列为功臣之首，关于这种差异，清代学者钱大昕已经有所注意[2]，这种史传的序列变化值得注意。史书书写多表达着官方的态度，而墓志的撰文更多是在私的层面的个人或家族记忆[3]，史传、墓碑、墓志的信息来源一般都是出自于亡者的行状，从行状到不同文体的转变，都经历着朝廷对他们的形象塑造，以此建构起官方的话语体系。而原本比较接近于真实的行状在经过精心刻意的改造之后，呈现在当时以及后世的读者面前的历史书写，几多真相就此被层层掩盖。[4]比照史传和墓志内容，在两《唐书》中裴寂的形象充斥着太宗朝篡改高祖事迹的印记，作为高祖最亲信之人的裴寂不可避免地成为历史上的针砭对象；而观察墓志行文，则是从正面对裴寂盖棺定论的书写，对于裴寂个人不光彩的生命历程多一笔带过。两者一贬一褒不同的撰文倾向，共同组成一个人完整的生命历程，只有综合不同的传记

---

[1] 参见张文昌：《唐德宗重建礼制秩序与〈大唐郊祀录〉的编纂》，《兴大历史学报》2007年第19期；陆扬先生在其讲座《唐德宗时代的意义》中，对德宗在唐史中的重要作用有着比较详尽的解释（中央民族大学讲座，2013年12月）。

[2] 钱大昕：《廿二史考异》，上海古籍出版社2004年版，第654页。

[3] 参见卢建荣：《北魏唐宋死亡文化史》，麦田出版社2006年版，第37—50页。

[4] 唐雯：《盖棺论未定：唐代官员身后的形象制作》，《复旦学报（社会科学版）》2012年第1期。

文本，才可以走进真实的历史，从而发现不同史料背后隐藏的历史细节。而裴寂作为历史上褒贬不一又极其重要的争议人物，其墓志的出土无疑给我们提供了使用不同史料相互借鉴的机会。

四、结语

“大凡为文为志，纪述淑美，莫不盛扬平昔之事，以虞陵谷之变，俾后人睹之而瞻敬。”[1]墓志不仅记叙着个人之生平，也是公与私两个层面上的微妙表述，裴寂墓志给我们呈现出了和传世文献不一样的裴寂的人生画卷，在不同史料的虚与实、异与同的比较中，我们才可以逐渐了解一个历史上真实的裴寂。进而在此基础上，对于唐初政治格局中的变化也可以有进一步的思考，墓志材料正为我们从细节上理解历史提供了一面真实的镜子，在这个镜子中可以反思历史书写在不同语境下的选择和甄别。

[1] 周绍良、赵超：《唐代墓志汇编》咸通014《唐范阳卢夫人墓志铭》，第2388页。

唐李寿墓寺观壁画再考察

王　静（中国人民大学历史学院）

李寿（577—630），字神通，葬于陕西省三原县，为唐高祖李渊献陵陪葬墓。1973年墓葬发掘之后[1]，便成为学界关注的焦点之一，多年来有关李寿葬制、墓葬壁画、墓志的讨论持续不断[2]。遗憾的是，相关论述大都针对该墓葬的某一方面而未能进行全面综合之考察。

据李寿墓志记载，他的葬礼"资给赗赠，特加常等"。李寿墓的封土为圆锥形，地面神道石刻由南而北可知有石柱1对、石虎1对、石羊2对以及石人1对。这符合墓主人为淮安靖王的政治身份。墓葬的地下部分由斜坡墓道、过洞、天井、小龛、甬道和墓室构成，

---

[1] 陕西省博物馆、文管会：《唐李寿墓发掘简报》，《文物》1974年第9期，第71—88页、第61页。按，本文所用李寿墓资料若非注明，皆出自该简报。恕下文不再一一指出。

[2] 主要研究有：陕西西省博物馆、文管会：《唐李寿墓壁画试探》，《文物》1974年第9期，第89—94页、第39页；宿白：《西安地区唐墓壁画的布局和内容》，《考古学报》1982年第2期，第137—154页；孙机：《唐李寿石椁线刻〈侍女图〉、〈乐舞图〉散记》（上、下），分载于《文物》1996年第5期，第33—49页，《文物》1996年第6期，第56—68页；李星明：《唐代李寿墓志的造型与"灵龟负书"的传说》，《美术研究》2004年第1期，第69—74页；李星明：《唐代墓室壁画研究》，陕西人民美术出版社2005年版，第32—37页；程义：《李寿墓壁画的内容、布局及其渊源——简论唐代早期壁画风格》，《西安电子科技大学学报（社会科学版）》2006年第6期，第93—97页；程义：《关中唐代墓葬初步研究》，西北大学出版社2007年版，第161—166页；程义：《关中地区唐代墓葬研究》，文物出版社2012年版，第190—198页；翟战胜：《李寿墓壁画寺观图试析》，《文博》2011年第3期，第84—87页。

是一座五个天井的带甬道的单室砖墓。墓室放置石椁以及龟形墓志，其壁画内容则为马厩、农耕、寺观壁画以及上下分栏的壁画布局形式。这些元素在唐墓中极为特殊，是否便是墓志所言“特加常等”的内容之一？

关于李寿石椁内壁的图像内容，孙机先生已有精彩考辨[1]，此不赘述。显然，李寿石椁外壁图像与唐墓其他石椁不同，李寿墓石椁上的图像可以分成两大部分，其一为石椁下部的出行卤簿，其二为石椁上部的四神、祥瑞出行以及椁座壶门内的十二生肖共同构成的太一出行程式。[2]这两部分图像原本多绘制于墓葬壁面，李寿墓将这两部分图像刻绘于石椁，特意将墓葬壁面留给其他内容。

李寿墓的墓室西壁上部绘马厩及草料库，北壁东部绘贵族庭院一座。如果结合敦煌晚唐五代宅院的建筑形式（图1），可以判断李寿的墓室实际上是一座宅院的真实摹写。换言之，李寿墓室可视作是李寿的宅院。

李寿墓甬道口东西壁的上部各绘一个身披彩带、手捧莲花的飞天。在已经发掘的唐墓资料中，同样的图像仅见于让皇帝李宪惠陵的墓道南端[3]，当时在墓葬壁画南端配置如此内容是葬以帝陵规格的一个指征[4]。由此可见，李寿墓下葬的规格之高。

墓葬的等级与规格，跟墓主人的身份、地位、生前功业以及当时的政治环境相关。它可以成为当时宫廷政治斗争的一种表述，例

[1] 孙机：《唐李寿石椁线刻〈侍女图〉、〈乐舞图〉散记》（上、下）。

[2] 沈睿文：《唐宋墓葬神煞考源》，见荣新江主编：《唐研究》第18卷，北京大学出版社2012年版，第199—220页。

[3] 陕西省考古研究所：《唐李宪墓发掘报告》，科学出版社2005年版，第118页。

[4] 沈睿文：《唐陵建制图像元素蠡测》，待刊。

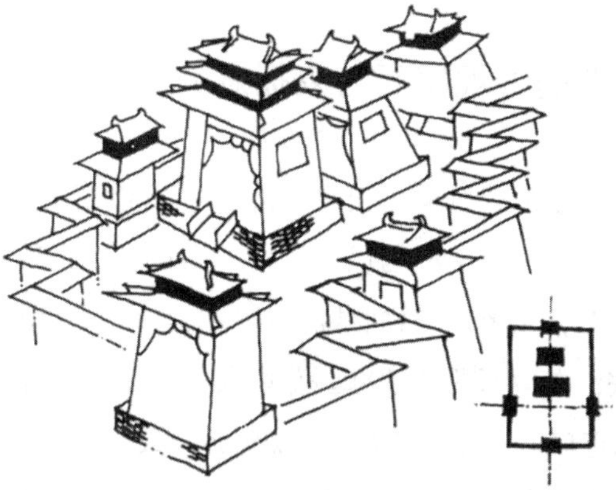

图 1a 敦煌莫高窟第 420 窟隋代院落住宅图线描图

图 1b 晚唐住宅院落线描图

如章怀太子、懿德太子、永泰公主[1]、节愍太子[2]等墓葬的营建便是如此。那为何李寿得以上述规格下葬？学界关于李寿墓葬制、壁画、墓志的讨论，有助于我们对李寿所处政治生态的理解。本文也想就此略做申论。

[1] 齐东方：《唐代的丧葬观念习俗与礼仪制度》，《考古学报》2006 年第 1 期，第 59—82 页。

[2] 王静：《节愍太子墓〈升仙太子图〉考——兼论薛稷画鹤的时代背景》，《北京大学学报（哲学社会科学版）》2006 年第 4 期，第 110—118 页。

一、李寿墓的寺观壁画与象征意义

李寿墓之墓道、过洞、天井、甬道、墓室均绘有壁画。其墓道两壁分作上下两栏，上栏为以山丘树木为背景的狩猎图，下栏为鞍马出行仪卫图，二者以横栏相隔。这种在墓道两壁用横栏分为不同空间的做法，在中原北朝的壁画墓中仅见于太原北齐娄叡墓，是汉代壁画墓的遗风。[1]其全部壁画的安排，分成了两个单元，即以最后天井（第四天井）壁画画列戟的所在分界，前后壁画内容各成一单位。墓室绘制建筑图见于更早的和林格尔新店子东汉墓。[2]初唐包括李寿墓在内的壁画分栏的做法可上溯至汉代，这是当时唐王朝政治风尚影响下的自然产物。

绘在甬道后段的东、西壁的寺观图，是本文要考察的重点。据李寿墓的考古发掘简报，其甬道后段东壁绘一寺院，内绘殿堂、双阁，四周绕一围墙，正面辟门，门为栅栏版。殿内外有沙弥十余人（图 2）；西壁绘有一座道观，有院落、殿堂，殿内外有道士、女冠[3]（图 3）。这类题材在目前发现的唐墓中是唯一的。关于这一壁画题材出现的原因，宿白认为李寿墓中甬道后部壁画所绘之寺院与道观，应与隋文帝建大兴城时于皇城之南中轴大街东西两侧设置大兴善寺、玄都观的设计有关。[4]翟战胜对李寿墓中的寺观壁画进行过专门研究，他通过进一步观察画面内容与布局、通过对影响壁画题材因素的分析探讨绘制寺观图的由来，认为李寿墓寺观图的出现与其

[1] 李星明：《唐代墓室壁画研究》，陕西人民美术出版社 2005 年版，第 35 页。
[2] 内蒙古自治区文物考古研究所：《和林格尔汉墓壁画》，文物出版社 2007 年版。
[3] 陕西省博物馆、文管会：《唐李寿墓发掘简报》，《文物》1974 年第 9 期，第 74 页。
[4] 宿白：《西安地区唐墓壁画的布局和内容》，《考古学报》1982 年第 2 期，第 137—154 页。

本人的经历、生活环境有很大的关系。[1] 上述二位学者均认为这样的布局与唐朝都城长安的布局相关，而翟氏将壁画布局与李寿本人的经历联合考察，也为我们进一步认识李寿墓壁画中寺观题材的出现提供了途径。

图 2　唐李寿墓后甬道东壁寺院图线描图

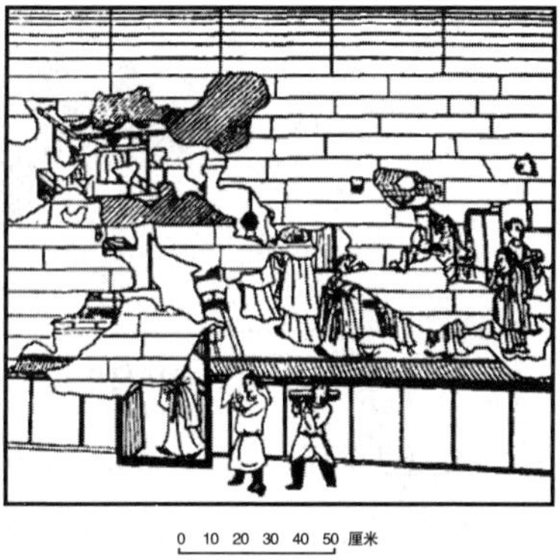

图 3　唐李寿墓后甬道西壁道观图线描图

隋大兴城修建伊始，统治者与设计者便在都城大兴城朱雀大街街东靖善坊，占用近一坊之地建大兴善寺，街西崇业坊则建玄都观，二者分布在大兴城的中轴线朱雀大街两边。大兴善寺与玄都观，在设计规划上占据了重要的地理位置。赵超先生认为懿德太子墓壁画，其墓道、天井、过洞中的壁画主要表示出行仪仗与侍从人物等。墓道中有城阙，天井中有庭院建筑等绘画，对照其他墓葬壁画，似乎是以墓道表现宫庭中的主干道。[2] 那么，李寿墓的甬道或即模拟长安城的中轴线朱雀大街。这样，墓室西壁上部绘马厩及草料库、北壁东部绘庭院一座，便是模仿长安的坊里民居，由此达到整体上模拟长安城外郭城的效果。前述内蒙古和林格尔东汉壁画墓便在墓室壁

[1]　翟战胜：《李寿墓壁画寺观图试析》，《文博》2011 年第 3 期，第 84—87 页。

[2]　赵超：《从太原金胜村唐墓看唐代的屏风式壁画墓》，见陕西历史博物馆编：《唐墓壁画国际学术研讨会论文集》，三秦出版社 2006 年版，第 207 页。

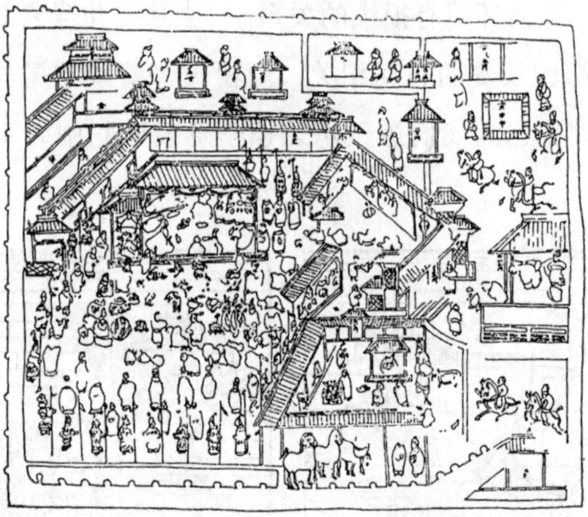

图 4　内蒙古和林格尔东汉壁画墓护乌桓校尉幕府图线描图

面图绘墓主所居之护乌桓校尉幕府图（图 4）。因此，我们不能轻易否定初唐政府在壁画制度模仿汉制的李寿墓中以同样的手法来表现墓主所居的长安城。

然而，我们应如何理解这种摹写背后的动机呢？这恐怕还得从墓主人政治经历中的功绩入手。

二、李寿的缔构之功

《唐会要》卷 45 记载，武德九年九月二十四日，朝廷下诏褒奖秦府旧臣之功，侍中陈叔达于殿阶下以名唱之。唐太宗谓群僚曰："朕叙公卿勋劳，量定封邑，恐不能尽当，宜各自叙。"此时，他的叔父淮安王神通进曰："义旗初起，臣率兵先至，今房玄龄、杜如晦等刀笔之人，功居第一，臣窃不服。"上曰："义旗初起，人皆有心。叔父虽率悍兵，未尝身履行阵，山东未定，受委专征，建德南侵，全军陷没。及刘闼翻动，望风而破。今计勋行赏，玄龄等有筹谋帷幄，定社稷之功。所以汉之萧何，虽无汗马指踪，推毂故得，功居第一。叔父于至亲，诚无所爱，但以不可缘私滥与勋臣共赏耳。”初，将军邱师利等咸自矜其功，或攘袂指天以手画地，及见淮安王理屈，自相谓曰：“陛下以至公，行赏不私其亲，吾属何宜妄诉？”[1]

关于李寿争功一事颇有蹊跷之处。李寿谥号为“靖”，据《唐会要》卷79记载：“靖，赠司空淮安王神通。柔德布众曰靖，宽乐令终曰靖，恭仁鲜言曰靖。”[2]谥号是根据生平事迹与品德修养给予的评价，通过谥号，我们多少能够看出一个人的行为、道德与秉性。谥号为“靖”，提醒我们李寿此次争功的目的值得考究一番。

上述引文中，太宗直言李寿并无突出作为，虽是皇室至亲，但却不能与勋臣共赏。李寿之功不能与大多唐初功勋之臣比肩，不用赘言。但就在同年的前一个月，为了笼络右武卫大将军李艺，太宗则一并对左武卫大将军李寿进行了封赏。[3]在表述李寿的功劳时，除了强调他的宗室身份外，尤其强调了他凭借缔构之功，早树勋绩。《唐大诏令集》卷38《淮安王神通等开府仪同三司制》中称：

> 褒崇贤戚，有国彝典。厚秩清阶，式隆朝望。左武卫大将军上柱国淮安王神通，宗室之长，德器优宏，缔构之功，早树勋绩。[4]

这次褒崇行为的目的姑且不论，或许，与唐初诸多功臣相较而言，李寿的勋劳并不突出，然对他个人而言，这“缔构之功”是他一生中突出勋绩，无论是李寿自己，还是朝廷要表彰之时，均要重

[1] 《唐会要》卷45《功臣》，中华书局1955年版，第1462页。

[2] 《唐会要》卷79《谥法上》，第1462页。

[3] 此点承朱海老师教示，谨致谢忱。

[4] 《唐大诏令集》卷38《除郡王官》，中华书局2008年版，第173页。

点突出这点。

所谓缔构之功，即李寿所言“义旗初起，臣率兵先至”。太宗并非无视李寿的功劳，我们不能就太宗评价李寿的话而抹杀李寿的功勋。举文献记载，唐初，从高祖到太宗，对李寿的功劳都是肯定的。尤其是对他在义旗初举的时期，在长安的响应以及配合攻占长安城的功劳。通观李寿的政治履历，其中最突出的功绩便是他在长安响应义师，并协助李渊占领京城长安城（时称大兴城）。大兴城是隋朝首都，在隋末割据混战的情况下，攻取大兴城是夺得先机之重要步骤。正如李氏父子西取长安，在霍邑遭到宋老生阻拒，李世民所言“本兴大义以救苍生，当须先入咸阳，号令天下”[1]。因此，高祖太原起兵时，时居皇都的李寿响应起义，在李渊攻取长安过程中，李寿的策应发挥了重要的作用。

结合李寿个人的传记与墓志记载分析，李寿自己最骄傲的功勋，亦即是功参运始，在长安积极响应李渊太原起兵，并协助李氏攻下长安城。在李寿的墓志中，对这段功勋也是进行了重点表述：

> 及皇家拨乱，肇自太原，九夷之众犹起，八百之期方会，乃眷西顾，将定镐京。蠢尔逆徒，拥兵作孽，依托城社，屯留宫禁，恶直丑正，剥丧忠良，祸若发机，计不旋踵。王托处家巷，去来郊郭，变应无方，出其不意。遂乃密运奇策，潜应义师，远被宠章，即委绥辑。拜光禄大夫，封赵兴郡开国公，食邑二千户，仍为招慰大使。于是占募骁雄，连结豪右，万夫之长鳞萃，百金之士云屯。会彼神锋，致兹城下，四凶服罪，三

[1] 《旧唐书》卷2《太宗本纪上》，第22页。

监即戮，龟玉获安，钟鼎俾乂，元勋以建，茂赏斯登。[1]

隋末，李渊在太原起兵，李寿正在京师，为躲避追捕，逃入鄠县山南，并与京师大侠史万宝等举兵响应李渊。他与平阳公主合力攻进鄠县，从平京师。李寿自己引以为荣的这项功业，即是义旗初举的时候，他在长安的响应。因此，无论官方、李寿个人还是李寿的亲属，当然都要突出强调这一殊功。为此，义宁元年（618），朝廷还曾“追叙京城之勋，回授一子”[2]。可见，在京城聚兵响应起事，协助攻取京城的功劳，使李寿成为皇朝元勋，这样的功劳，也成为李寿一生业绩中必要强调的。墓葬要表达的当然是主人比较辉煌的时刻，加之李寿皇室成员的身份，高等级的墓葬规格必不可少。李寿墓志中着重突出这一点，正是如此。其墓葬壁画也必强调此点。由此，我们再来考察李寿墓中的寺观图，实为通过长安城外郭城代表性的坊里布局来模拟长安城，写照李寿在攻占长安城过程中的功业。

李寿与其子李孝同最初认可追随李世民。墓志记载，“太宗时为秦公，总兵长安之右，及进围京邑，公（孝同）即隶焉。公尝承间启靖王曰：‘秦公瞻视非常，功业又大。虽非储贰，必膺宝历。’靖王心然之。因令委贽秦府。初为库直，特蒙崇渥。”[3]这或有缘饰的成分，但也可以表明李寿与李世民集团的关系。此后，他跟随李世民征伐天下。《旧唐书》卷64记载：

---

[1] 《大唐故司空公上柱国淮安靖王墓志铭》，见周绍良主编：《唐代墓志汇编》贞观024，上海古籍出版社1992年版，第24页。

[2] 同上。

[3] 《全唐文》卷992《右卫将军赠左武卫大将军代州都督柱国淄川公李府君碑》，中华书局1983年版，第10273—10274页。

> 初平洛阳，高祖遣贵妃等驰往东都选阅官人及府库珍物，因私有求索，兼为亲族请官。太宗以财簿先已封奏，官爵皆酬有功，并不允许，因此衔恨弥切。
>
> 时太宗为陕东道行台，诏于管内得专处分。淮安王神通有功，太宗乃给田数十顷。后婕妤张氏之父令婕妤私奏以乞其地，高祖手诏赐焉。神通以教给在前，遂不肯与。[1]

可知，在李建成与李世民的争斗中，李寿也是支持李世民的。史书记载了太子建成与秦王世民争斗时，李建成与齐王元吉曾预谋要鸩毒李世民，邀世民入宫夜宴，不久太宗心中暴痛，吐血数升，即是李寿将李世民扶还。[2] 历史是胜利者的书写，该记述的虚实，学界一直莫衷一是，其虚实与否暂且不究，却可说明李寿与李世民的关系非同一般。

结合李世民对李寿功业的奖赏以及他的谥号来看，武德九年九月的李寿率先争功，可能是他与太宗叔侄二人配合的双簧，目的是要先发制人平息那些对房玄龄等封赏不服之人。太宗指责李寿的话，其实是说给其他官员听的。后者或跃跃欲试表白自身功绩，或有愤愤不平之气要理论一番，史称“初，将军邱师利等咸自矜其功，或攘袂指天以手画地”，类似的情况，想必不少。唐太宗肯定是要在这场公开辩论中取得主动，维护权威。而无论从关系、感情，还是地位来说，由李寿出面，都是非常适合的。所以，就最后结果而言，太宗的目的是达到了。那些原本要理论一番的大臣，“及见淮安王理

[1] 《旧唐书》卷64《隐太子建成传》，中华书局1975年版，第2415页。
[2] 同上书，第2417页。

屈，自相谓曰：'陛下以至公，行赏不私其亲，吾属何宜妄诉？'"

这或许是皇室成员身份之外，考察李寿墓整个等级规格的另一侧面。

三、墓葬与纪功

唐太宗以丰伟的功业参与李唐的创建，进而获取皇位，这是他个人威信确立的资本之一。他以此为荣，也很注意强调突出他及其追随者的功业以强化其统治权威。太宗的基业可说是他与追随者用功业积累而成的，其皇位的得来也正基于此。《唐会要》卷33记载：

> 贞观元年正月三日，宴群臣，奏《秦王破阵乐》之曲。太宗谓侍臣曰："朕昔在藩邸，屡有征伐，世间遂有此歌，岂意今日登于雅乐。然其发扬蹈厉，虽异文容，功业由之，致有今日。所以被于乐章，示不忘本也。"尚书右仆射封德彝进曰："陛下以圣武戡难，立极安人，功成化定，陈乐象德，实弘济之盛烈，为将来之壮观。文容习仪，岂得为比。"太宗曰："朕虽以武功定天下，终当以文德绥海内。文武之道，各随其时，公谓文容不如蹈厉，斯为过矣。"[1]

并于贞观七年正月七日，制《破阵乐舞》，来表现太宗百战百胜之形象。尽管如此，萧瑀仍认为尚未完全表达太宗的功业，《贞观政要》卷7：

[1] 《唐会要》卷33《破阵乐》，第612页。

> 贞观七年，太常卿萧瑀奏言今《破阵乐舞》，天下之所共传，然美盛德之形容，尚有所未尽。前后之所破刘武周、薛举、窦建德、王世充等，臣愿图其形状以写战胜攻取之容。太宗曰："朕当四方未定，因为天下救焚拯溺，故不获已，乃行战伐之事，所以人间遂有此舞，国家因兹亦制其曲。然雅乐之容，止得陈其梗概，若委曲写之，则其状易识。朕以见在将相，多有曾经受彼驱使者，既经为一日君臣，今若重见其被擒获之势，必当有所不忍，我为此等，所以不为也。"萧瑀谢曰："此事非臣思虑所及。"[1]

所以，太宗在从武功转向文治的过程中，如何通过宣扬功业来确定他在初唐政权中的威权，是他一直在关注并努力去实现的。显然，雅乐不仅将之前的征伐之功具象化、生动化，且更便于传播和延续。

因此，贞观时期，唐太宗便通过各种形式来纪功，甚至将这种功业具体化、永久化，贞观十七年图画功臣于凌烟阁即是一例。墓葬是一种政治表述，唐太宗至高宗朝以之为旌功手段之一，最为典型的便是昭陵和乾陵。[2] 同时，墓葬纪功成为太宗表彰勋臣的另一方式，这集中体现在昭陵陪葬墓山形冢的建制中。如，李靖在贞观年间平突厥、吐谷浑，身后，朝廷"有诏许坟茔制度依汉卫、霍故事，筑阙象突厥内燕然山、吐谷浑内碛石二山，以旌殊绩"[3]。贞观二十一年，李思摩卒，陪葬昭陵，"于司马院外高显处葬，冢象白

---

[1] 《贞观政要》卷7《礼乐第二十九》，上海古籍出版社1978年版，第234—235页。

[2] 王静、沈睿文：《昭陵六骏与十四国君长像》，《文史》2005年第4期，第187—198页。

[3] 《贞观政要》卷2《论任贤第三》，第38页。按，"碛"，《旧唐书》卷17本传，第2481页，作"积"。

道山"[1]。这样的墓葬建筑表达方式，一直持续到高宗时期。总章三年，李勣陪葬于昭陵，起冢象征阴山、铁山、乌德犍山。其墓志云"其坟象乌德鞬山及铁山，以旌平延陁、勾丽之功也。遗命薄葬，优诏许焉。皇上亲制碑文，以光粹烈"[2]；其神道碑亦云"所筑之坟，一准卫、霍故事，象乌德鞬山及阴山、铁山等，以旌破北狄、东夷之功焉"[3]。又，永徽六年（655），阿史那社尔卒，"赠辅国大将军、并州都督，陪葬昭陵，起冢以象葱山，仍为立碑"[4]。从上述山形冢墓主人身份来看，其政治军事性质十分明显。[5]

另外，乾陵陪葬墓李谨行墓周围存在一个隐于地下的人工修筑的圆形壕沟，经勘探知其半径为 58 米，沟宽 2.7 米—3.0 米，深 2.1 米。或以为该圆壕也是为墓主纪功而建，以表彰其对边地民族作战取得的战绩，是象征建立战功地点的湖泊或河流，即仪凤三年（678）墓主大败吐蕃之所青海湖的象征。[6]

可见，上述得以旌功之墓主皆与其军功有关。如上所言，这显然来自汉代建立的陵墓传统。这也符合初唐奠定的唐墓"斟酌汉魏，以为规矩"的基调。[7] 如此，我们也就不难理解在李寿墓的随葬品中

---

[1] 《大唐故右武卫大将军赠兵部尚书谥曰顺李君墓志铭并序》，见《昭陵碑石》，三秦出版社 1993 年版，第 113 页。

[2] 刘祎之：《大唐故司空太子太师赠太尉扬州大都督上柱国英国公勣墓志铭并序》，见《昭陵碑石》，第 173 页下栏—第 174 页上栏。

[3] 李治：《大唐故司空太子太师上柱国赠太尉扬州大都督英贞武公李公（勣）之碑》，见《昭陵碑石》，第 193 页下栏。

[4] 《旧唐书》卷 109《阿史那社尔传》，第 3290 页。

[5] 伍伯常：《从窆昭陵：论唐太宗的陪陵之制及其陪葬功臣》，《九州学林》2005 年第 4 期，第 2—53 页。

[6] 贾二强：《唐李谨行墓周围环状壕沟蠡测——也谈"乾陵怪圈"》，见《"古都长安与隋唐文明"国际学术研讨会论文集》（下册），2008 年 7 月，第 259—264 页，后载樊英峰主编：《乾陵文化研究》（四），三秦出版社 2008 年版，第 294—298 页。

[7] 沈睿文：《唐陵的布局：空间与秩序》，北京大学出版社 2009 年版。

出现了大量的甲骑仪仗俑，其意在于表彰李寿的军功。《史记》载，元狩六年霍去病卒，“上（汉武帝）悼之，发属国玄甲军，陈自长安至茂陵，为冢象祁连山”[1]。李寿墓中的甲骑仪仗俑即相当于霍去病丧仪之“玄甲军”，由此可见二者何其相似。

在唐太宗至唐高宗时期皇室、文武官员墓葬的纪功系列中，全面审视李寿墓葬的规格及其寺观图的象征意义，是解读李寿墓的一个视角。在李寿墓葬中，通过长安城外郭城突出的寺观格局，结合墓室、墓道的结构，整体模拟长安城，以彰显墓主一生中最卓越突出的功勋，跟墓志中强调墓主的缔构之功与京城之勋是相呼应的。作为皇室一员，对李寿的元勋，通过墓志着重突出，尤其是结合壁画形式来表现，在此王朝政治风尚下也是合理的。如上所言，这种纪功方式，李寿的墓葬并非个例，它实是唐太宗用墓葬纪功的一种方式。墓葬封土象形与壁画描绘，只是不同的表现方式而已。

应劭《汉旧仪》称道：“龟者阴物，抱甲负文，随时蛰藏，以示臣道，功成而退也。”享受如此墓葬殊荣的李寿及其家人，以灵龟之形为墓志载体，恐即意在以此表达对朝堂的忠贞不渝。

[1]《史记》卷111《卫将军骠骑列传》，中华书局1959年版，第2939页。

“五星二十八宿神形图”再研究

李　辉（上海市科学学研究所）

星神画像是中国绘画史上风靡多时的一种题材，“五星二十八宿神形图”、炽盛光佛图等，尤为艺术史研究所关注和讨论。事实上，星神画像也是古代占星术的重要组成部分。在占星活动中，星神画像是重要的一种法器，也是常用的一种供奉品。正如江晓原先生早已明示：“星神画像实为古代中印天学交流史上一大节目，能提供一新侧面以窥见当时印度星占学说在中土盛行之状况。”[1]

一、关于“五星二十八宿神形图”

在众多星神画像种类中，“五星二十八宿神形图”是非常知名的一种。“五星二十八宿神形图”并非专指某一幅图，而是指同一类的星神画。关于此类画的名称，除“五星二十八宿神形图”外，还有“五星二十八宿真形图”、“星宿真形图”等。画中的主要角色，有的包括全部的五星和二十八宿神，有的则由于残破只剩下了其中的一部分，比如当前认定年代最早的“五星二十八宿神形图”——现存大阪的《五星及廿八宿神形图》，其中就只有五星神和二十八宿中的

[1] 江晓原：《六朝隋唐传入中土之印度天学》，《汉学研究》第 10 卷第 2 期，1992 年。

十二宿神。五星神顺次为：岁星神、荧惑星神、镇星神、太白星神、辰星神。十二宿神顺次为：角星神、亢星神、氐星神、房星神、心星神、尾星神、风（箕）星神、斗星神、牛星神、女星神、虚星神、危星神。

关于此类画的内容，通常包括神像和占辞两部分，但也有版本仅含神像。所有的这些名称近似、或全或缺的画作，由于都起源于托“张僧繇”之名的“五星二十八宿神形图”，因此本文统称它们为“五星二十八宿神形图”，具体的每一种图则各具专名。

遗憾的是，由于真形图作为绘画作品较易损毁，所以虽然史载颇多，保存至今的实物却并不多见。以“五星二十八宿神形图”形式问世的真形图，据目前所知仅存五种：大阪藏《五星及廿八宿神形图》、故宫博物院藏《宋人星宿图卷》、故宫博物院藏《元紫霜道士星宿真形图》，以及美国大都会艺术博物馆藏《仇英款星宿神形图》[1]；清代《秘殿珠林》中著录的《五星二十八宿神形图》仅存文字部分，在现存文献不充足的情况下，不妨也视为一种。故总计五种。此五种“五星二十八宿神形图”的所含内容，如表1所示。此五种“五星二十八宿神形图”的具体内容，则如本文附录所示。

表1　现存“五星二十八宿神形图”内容概况表

版本	内容			
唐本（大阪市立美术馆）	五星（神像＋占辞）	十二宿（神像＋占辞）		
宋本（故宫博物院）	五星（神像＋占辞）	十二宿（神像＋占辞）		

[1]　此“四种”乃孟嗣徽全面搜索的结果，参见《〈五星及廿八宿神形图〉图像考辨》，见《艺术史研究》第2辑，中山大学出版社2000年版，第517—556页；后收入《故宫博物院十年论文选》，紫禁城出版社2005年版，第502—522页。

续表

版本	内容			
元本（故宫博物院）	五星（神像+占辞）	十二宿（神像+占辞）	十六宿（神像+占辞）	
明本（大都会艺术博物馆）	五星（神像）［新顺序］	十二宿（神像）	十六宿（神像）	五岳神
清本（《秘殿珠林》）	五星（占辞）	十二宿（占辞）	十六宿（占辞）	

二、"五星二十八宿神形图"作者之疑

"五星二十八宿神形图"的最早记载出于《宣和画谱》："张僧繇，吴人也。……今御府所藏十有六：……《五星二十八宿真形图》一。"[1] 几种现存的"五星二十八宿神形图"，以大阪藏《五星及廿八宿神形图》年代最早，该图的诸神分解图见本文附录。但是此图是否是《宣和画谱》中所记载的张僧繇作品，则众说纷纭，莫衷一是。就在该图前的隔绫题识中，即有"安仪周定为令瓒作，且信不诬也"一说。直至今日，此一公案似乎仍然没有完全结案。认为图卷作者张僧繇者有之，认为梁令瓒者有之，折中认为原作者乃张僧繇，梁令瓒则是临摹者亦有之。

不过综合已有的研究来看，认为大阪藏《五星及廿八宿神形图》应为梁令瓒所画的观点在当下似乎已成定论。如颇具权威性的《中国书画鉴定》即持此观点，其理由出自于图卷中密宗性质的人物造型及其法器。该书的论证过程是：第一，"(密宗）只传了两代即衰落了。所以，既然《五星二十八宿神形图》中图形都呈现密宗规范，那么，此画肯定创作于唐开元之后，其下限不应离密宗传播仅两代的这一时期太远"[2]。第二，"在《国绘宝鉴补遗》中，也把这卷画定

[1] 《宣和画谱》卷1，见《画史丛书》第2卷，上海人民美术出版社1963年版，第5—6页。
[2] 谢稚柳：《中国书画鉴定》，东方出版社1998年版，第121页。

为梁令瓒画”[1]。由此二点得出，《五星及廿八宿神形图》作者应当是唐代的梁令瓒。这样的结论当然也符合了图前隔绫题识中提到的安仪周之说。

史蒂芬·李特（Stephen Little）和艾德玄（Shawn Eichman）根据二十八宿与西方十二宫之间的关系做出了同样的结论。他们认为："这些图像（二十八宿的图像）与十二宫联系在一起，也显示出了西方占星术的影响。第一个图像角宿像，与室女宫联系在一起，被描述成女人；第二个，亢宿像，与天秤宫联系在一起，手握杆秤……”[2] 而十二宫所在的西方黄道体系“大约是在6世纪末被引入中国的，如《大方等大集经》中所示。它在唐代的时候广为人知，当时中国人对异国文化感兴趣是闻名的”。因此来说，“这里（《五星及廿八宿神形图》中）出现的五星和二十八宿的图像，表明整个图卷是受隋唐时代引入中国的一些观念影响的，那么这也就暗示了，如果张僧繇是此作品作者的话，似乎是太早了”[3]。

《大方等大集经》是将十二宫体系传入中国的第一部著作，但最具宣传十二宫体系效果的，是8世纪汉译的《宿曜经》。中国人认识十二宫体系实际上也主要是从《宿曜经》开始。与李特和艾德玄所用的方法略同，孟嗣徽把《五星及廿八宿神形图》中残存的十二宿神与《宿曜经》中有关十二宫的描述进行了对比分析。她最终做出的结论与李特和艾德玄的一样："可以肯定地说，保存至今的大阪藏《五星及廿八宿神形图》与故宫藏有的两个图本的最初作者是张僧繇的传说已经站不住脚了。……这个图本的创作年代应在黄道十二宫

[1] 谢稚柳：《中国书画鉴定》，第121页。

[2] Stephen Little, with Shawn Eichman, *Taoism and the Arts of China,* Chicago/Berkeley: The Art Institute of Chicago/University of California Press, 2000, p. 137.

[3] Ibid.

传入中国的初期，即 8 世纪不空译《宿曜经》的前后较为准确。”[1]

需要说明的是，早在李特、艾德玄和孟嗣徽之前，日本学者武田和昭就做过类似的研究，并得出了几乎同样的结论。[2]

大概受到时空的限制，后来者并没有参考引用其成果。因此当下的情况就是，持日、中、英三种语言的研究者，根据《五星及廿八宿神形图》中的宿神像，分别联系到了西方的十二宫体系，并独立地做出了一致的结论。即《五星及廿八宿神形图》中的图像元素，由于存在着明显的域外特点，而这些特点在梁时不可能传入中国，或者不可能有影响力，因此，张僧繇也就不可能创作出这样的作品。

虽已有共识，但这一观点仍存疑点。如所周知，梁朝中国与域外交流密切，梁武帝迷恋佛教，对印度来物广泛接受。在大规模的文化吸收中，印度的很多图像被大量引入中国。在此背景下，善于作画的张僧繇创作出《五星及廿八宿神形图》这样有印度特色的作品，又有什么不可能的呢？

而且，《宣和画谱》记载张僧繇画作《五星二十八宿神形图》的全句是：“今御府所藏十有六：佛像一，文殊菩萨像三，大力菩萨像一，维摩菩萨像一，佛十弟子图一，十六罗汉像一，十高僧图一，九曜像一，镇星像一，天王像一，神王像一，扫象图一，摩利支天菩萨像一，五星二十八宿真形图一。”此即表明，除《五星二十八宿神形图》外，张僧繇还曾创作有《九曜像》和《镇星像》。这两种图虽已

---

[1] 孟嗣徽：《〈五星及廿八宿神形图〉图像考辨》，见《艺术史研究》第 2 辑，第 517—556 页；后收入《故宫博物院十年论文选》，第 502—522 页。

[2] 〔日〕武田和昭：《中国成立的五星二十八宿像》，见《星曼荼罗研究》，京都法藏馆 1995 年版，第 197 页。

不存[1]，无法考察，但它们肯定不会是中国传统的星象图。因为且不说非经皇家允许，一般人等不可以私制天文图，本身是画家的张僧繇，就土星——天空中的一个点，作一副值得宋徽宗收藏的绘画作品，也太不可信。[2] 所以它们应和《五星及廿八宿神形图》是一样性质的星神画像，如此一来，倘若张僧繇没有能力作《五星二十八宿神形图》，那么他又怎会有能力作《镇星像》和《九曜像》呢?

三、印度九曜神像发展概说

中土的星神画像以汉译佛经或者艺术品的形式自印度传入。为了解决这一疑点，我们必须把视线转移到印度星神画像的发展轨迹上。

画像崇拜在印度有着极悠久的传统。如尚蒂拉尔·讷格尔（Shantilal Nagar）所说："以图像的形式对神崇拜在印度有着相当古老的历史，它的起源可以追溯到印度河文明（Indus Valley Civilization）或者更通俗地认为的哈拉帕文化（Harappan Culture），相关的手工艺品从哈拉帕地区的好几个地方均有出土，比如罗塔尔（Lothal）、卡里班甘 (Kalibangan)、鲁伯尔 (Rupar)、苏柯塔达 (Surkotaḍā) 等。这些被安置的图像，在极其古老的时代，既被用于私人也被用于公众崇拜。这些对神的崇拜，受到了佛教和耆那教教徒们的青睐，并且按照他们的教义和神话发展出了各自的图像系统。"[3]

---

[1] 根据吴诗初先生的搜集整理，张僧繇的"九曜像一"和"镇星图一"首先由《宣和画谱》著录，其后由多种画史转录。参见吴诗初：《张僧繇》，上海人民美术出版社 1983 年版，第 28 页。

[2] 宋徽宗嗜画，因此广搜天下名作，并要求臣下将其所收画作编成画谱，于是有了《宣和画谱》。

[3] Shantilal Nagar, *Iconography of Jaina Deities,* vol.1. B.R.Publishing Corporation [A Division of BRPC（India）Ltd.], Delhi-110035, 1999, p. 26.

在众多受崇拜的画像中，曜神像是重要的一支。如大卫·平格里（David Pingree）所说的："印度有着众所周知的行星神图像传统，先是八个（不包括计都）后是九个。有几个《往事书》(Purānas）和若干关于《工巧论》(*śilpaśāstra*）的文献详细地描述了这些图像，并且由于有一定数量的图像存世……这些图像通常被那些相信占星术力量的印度人敬拜和安抚。"[1] 与前面诸位通过将《五星及廿八宿神形图》中的宿神像与西方十二宫图像联系起来不同，我们通过分析《五星及廿八宿神形图》中的曜神像与印度的曜神像之间的关系，或同样也可以解决其源流之问。

印度的曜神像虽传统悠久，最先却并不是印度原创的，而是由希腊—罗马地区传入。在 1 世纪前后，希腊化天文星占传至印度。正是在这次文化传播中，七日一周的星期星占术，传到了印度。据史蒂芬·马克尔（Stephen Markel）的研究，七曜星神像和星期星占术在印度几乎是同时出现的，并且随后的发展起伏状态也类似。由此他认为，七曜星神像应是随星期制度的进入而进入印度的。[2] 换言之，星期星占术和七曜星神像在最初传入印度时是一体的。

七曜直日的星期制度最早起源于埃及，起初是七曜与小时相搭配，后来逐渐形成了七曜与日数的搭配。[3] 而在古罗马，大约在公元前 1 世纪左右到公元 1 世纪，逐渐形成了七曜的形象。其中，木

---

[1] David Pingree, "Representation of the Planets in Indian Astrology", *Indo-Iranian Journal,* Vol. 8, 1965.

[2] Stephen Markel, *Origin of Indian Planetary Deities,* Printed in the United States of America, Edwin Mellen Press, 1995. pp. 83-84.

[3] G. R. Kaye, *Hindu Astronomy,* MASI, 18, Calcutta 1924, p. 36. 原文：土星是第一日中第一个小时的主神，木星是第二小时的主神，逐时类推；于是，第二十五小时，也就是第二日的第一个小时的主神将是太阳；第四十九小时，也就是第三日的第一个小时的主神将是月亮；逐日类推。而将每日分成二十四小时的做法在印度没有存在过，因此可得，七曜直日的顺序一定不是起源于印度的。

星是各种神仙的统治者，火星是军事性质的罗马神，土星是最有土地内涵的神，金星是最女性的罗马神，水星是诸神的信使和抄写员。五星神形象与星期制度在古罗马结合后，在2世纪左右传入印度。

最早按照星期顺序排列七曜的梵文文献是*Yavanajātaka*，yavana是“外来的”或者“西方的”之意；jātaka是动词jan的派生词，意思是“出生”。显而易见，整本书说明的是生辰星占学。此书在149—150年翻译成梵文，但该版本已经不存，269年的一个版本传到了今天。[1]在*Yavanajātaka*一书中，太阳、月亮和其他五星均被人格化，他们的心理特点被突出强调，进而地，出生在他们统治之下（即各曜直日）的人的心理特点也被强调了。这可能正是每个曜日宜忌事或者出生人之命况的最初理论根据。

在*Yavanajātaka*等书中，并没有希腊—罗马行星神的画像，而是只有对这些星神形象的一些解释性文字。因此，当这些文本进入印度后，印度画家们必须根据他们自己的理解来画出他们认为的行星神画像。[2]这些“理解”就包含了对印度神话人物等印度本土角色的附会加入。所以，五星神形象虽然最早是希腊—罗马、埃及星占术的融合产物，但印度的五星神的形象特点却是印度人按照印度神的特点建构的。正如平格里所说：这些行星神画像不是源于行星神的希腊传统图像本身，而是源自于星占论著中对当地那些在这些神影响下出生之人身体和心理特征的描述。[3]

---

[1] *The Yavanajātaka of Sphujidhvaja II,* edited, translated, and commented on by D. Pingree, Harvard Oriental Series 48, 1978, p. 3.

[2] D. Pingree, “Representation of the Planets in Indian Astrology”, *Indo-Iranian Journal,* Vol. 8, 1965.

[3] David Pingree, “Indian Planetary Images and the Tradition of Astral Magic”, *Journal of the Warburg and Courtauld Institutes*, Vol. 52.

七曜直日顺序，只是在 *Yavanajātaka* 的最后一章中出现。所以，按照星期顺序排列七曜的做法应该比这本书稍晚——晚于 3 世纪。[1]

到了 5 世纪的下半叶，随着印度艺术的发展和创新，行星神被创造出来。当时可能已经有人开始画行星神像了，但没有留下明显的证据。[2] 现存最早的七曜神像出自 6 世纪的前半叶。需注意的是，当时各个曜神的长相基本一致，唯有太阳和罗睺略有个性特点。原因可能是，太阳神本身在印度就有崇拜的传统，也早已具备自己的形象特点[3]；而罗睺的魔鬼本性使得其样貌与其他曜神不同。长相一致的五星神被描画成水平的一行，唯一的可变之处是可以被画成坐着的也可以是站着的。[4]

在 6 世纪的后半叶，由于对行星神崇拜的广为传播，北印度地区开始大规模地制造行星神画像。各个行星神肖像的区别和美化，也逐渐在 6 世纪的下半叶出现。[5] 最突出的变化是，将行星神都表现成站立姿态；最有特色的创新是，让行星神具备了各式各样的发式和头冠。当然，最值得注意的是，计都最终被包含在了 6 世纪末期的行星神行列当中。[6] 行星神从七曜或者加上罗睺的八曜扩充到了九

[1] MichioYano, "Planet Worship in Ancient India", *Studies in the History of the Exact Sciences in Honor of David Pingree,* Leiden/Boston, 2004.

[2] Stephen Markel, *Origin of Indian Planetary Deities,* Printed in the United States of America, Edwin Mellen Press, 1995. pp. 5-6.

[3] 参见 David Pingree, Representation of the Planets in Indian Astrology（*Indo-Iranian Journal,* Vol. 8, 1965）。原文：太阳神 Sūrya 的图像有另一种独立的传统。它被在将近公元元年时进入印度的 Zoroastrian Magi and Kusānas 带入印度。伊朗式的太阳神像深刻地影响了印度九曜神中的太阳神像，但是在双方的历史文献和石刻记载中也均可独自发现。

[4] Stephen Markel, *Origin of Indian Planetary Deities,* Printed in the United States of America, Edwin Mellen Press, 1995. p. 85.

[5] Ibid.

[6] Ibid.

曜（图 1—4）。[1]

至此，我们需要解决问题的答案已经非常明确：张僧繇确实不可能作《九曜像》。因为，张僧繇所生活的时代，梁武帝（464—549）在位时期，即便在印度，九曜像也还没有形成。由此也引申说明，《宣和画谱》中记载的张僧繇所画《镇星像》和《九曜像》均为托名之作。

图 1　500—505 年的印度七曜神像

资料来源：截图自 Stephen, *Origin of Indian Planetary Deities,* May 1995, Printed in the United States of America, Edwin Mellen Press, figure 14。

注：左一穿裙装者为太阳，其他形象相同的六位为另六曜。

图 2　550—575 年的印度八曜神像

资料来源：截图自 Stephen, *Origin of Indian Planetary Deities*, May 1995, Printed in the United States of America, Edwin Mellen Press, figure 19。

注：其中右一，最特殊者，为罗睺。

[1] 至于罗睺、计都的形象特征，参见 Willy Hartner, "The Pseudoplanetary Nodes of the Moon's Orbit in Hindu and Islamic Iconographies", *Ars islamica,* Vol. 5, No. 2（1938）, pp. 112-154。

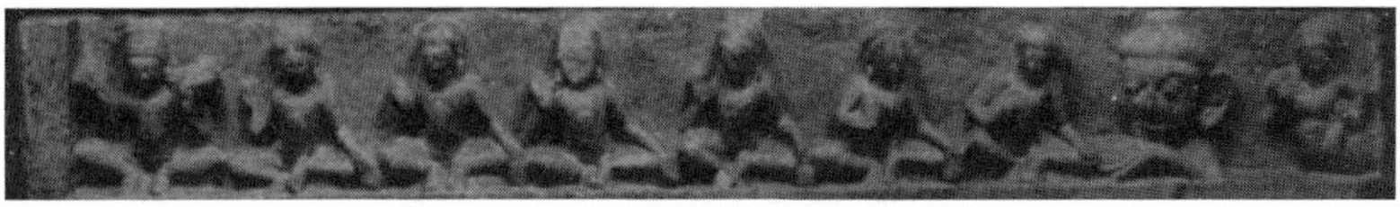

图 3 600 年或稍后的印度九曜神像

资料来源：截图自 Stephen, *Origin of Indian Planetary Deities*, May 1995, Printed in the United States of America, Edwin Mellen Press, figure 21。

注：其中右二，最特殊者，为罗睺。

图 4 700 年的印度九曜神像

资料来源：截图自 Stephen, *Origin of Indian Planetary Deities*, May 1995, Printed in the United States of America, Edwin Mellen Press, figure 28。

注：其中右二，最特殊者，为罗睺。

四、《五星及廿八宿神形图》流传轨迹

那么《五星及廿八宿神形图》的作者究竟是何人？孟嗣徽认为应该是梁令瓒。因为活动于开元年间的梁令瓒，“曾与密教僧人一行合作设计黄道游仪和浑天仪，在天文学上有一定贡献。同时他还是一位人物画家。《国绘宝鉴》说他‘工画人物’，‘甚似吴生’，《五星及廿八宿神形图》卷前梁令瓒署款的职位为‘太史’，与《开元占经》的译著者瞿昙悉达同职”。所以，“推定这一图卷的绘制者为梁令瓒是有一定根据的”，“无论从哪一方面讲，梁令瓒与《五星及廿八宿神形图》卷的关系是密不可分的”。[1] 这一观点，如前已提及，

[1] 孟嗣徽：《〈五星及廿八宿神形图〉图像考辨》，见《艺术史研究》第 2 辑，第 517—556 页。

也是《国绘宝鉴补遗》和《中国书画鉴定》中认可的观点。

作为行星神崇拜急剧扩展的年代，6 世纪下半叶行星神的肖像开始变得更加复杂。[1]6 世纪晚期的史诗《鱼往世书》（*Matsyapurāṇa*）和《阿耆尼往事书》（*Agnipurāṇa*）中，对行星神的描述，就完全地融合了七曜直日的星期制度和印度本土的星神宗教神话。表现在：第一，所有九曜神在诗歌中均按照星期的顺序；第二，早期希腊—罗马描述行星神的身体生理特点的文字，被替换成对虔诚姿势的肖像的描述，而这些东西，都是从佛教和泛印度苦行修炼的意象中得来的[2]；第三，源于希腊—罗马的心理或精神特点，还保留在诸神的基本属性当中。后期的文本虽然偶尔还借用最早期的 *Yavanajātaka* 中的诗句，但大部分的文学和宗教作品采用（沿用）了《鱼往世书》和《阿耆尼往事书》中的说法，画像概念也更加印度化了。[3]

而在 6 世纪印度行星神成型之际，正是古代中国对外开放高峰的隋唐时期开端，印度文化随着佛教大规模进入中国。行星神也不例外，我们所发现的行星神画像、艺术品和佛经中的九曜神像，大都也是从唐代初期开始出现的。所以，从印度源头的发展轨迹而言，梁令瓒是《五星及廿八宿神形图》作者之说是站得住脚的。

历史上存在的“五星二十八宿神形图”并不仅仅大阪藏本一种。根据孟嗣徽分析，画史中记录的“五星二十八宿神形图”至少有两种版本。[4]吴诗初认为：“各家著录的《五星二十八宿真形图》或《五星

[1] Stephen Markel, *Origin of Indian Planetary Deities,* Printed in the United States of America, Edwin Mellen Press, 1995. p. 92.

[2] Ibid., p. 175.

[3] Ibid.

[4] 孟嗣徽：《〈五星及廿八宿神形图〉图像考辨》，见《艺术史研究》第 2 辑，第 517—556 页，后收入《故宫博物院十年论文选》，第 502—522 页。

二十八宿神形图》，标题相近，但实际内容却不尽相同。”[1] 由此可见，现存大阪藏本只是过去多种“五星二十八宿神形图”中的一种而已。

大阪藏本前隔绫题识中提到“安仪周定为令瓒作”，其理由“此卷设色古艳，人物如生，非唐人不能办”若成立，说明大阪藏本这一幅画确有可能是梁令瓒所作。在大阪藏本中危星神形图的左下方有“安仪周家珍藏”一印，安仪周为《墨缘汇观》作者，因此该藏本应是《墨缘汇观》的著录本。至于此图怎会最终被大阪市立美术馆收藏，大致的故事梗概在林树中《海外藏中国历代名画》的自序中略有揭示：

> 一九三〇年阿部房次郎编辑出版了巨型图录《爽籁馆欣赏》第一辑。德富苏峰对此图录曾提到一件往事：“大正六年（一九一七年）晚秋，余游禹域（按：指中国），因赴北京半亩园完颜景贤府邸之雅集，于玲珑池馆欣赏了其书法名画，并在云荫堂共进归时晚餐。回想起来，当时所欣赏的名画，又重见于本集。”完颜景贤是清末贵族大收藏家，在阿部藏品中，传为张僧繇《五星二十八宿神形图》、王维《伏生授经图》、燕文贵《江山楼观图》、宫素然《明妃出塞图》、龚开《骏骨图》都是完颜景贤收藏的我国古代绘画的瑰宝。[2]

德富苏峰所看到的《爽籁馆欣赏》第一辑（1930）中并没有《五星及廿八宿神形图》，但他的言论证实阿部房次郎确实从完颜景贤处获取不少画作。1939 年，阿部房次郎的嗣子孝次郎出版了《爽籁馆欣赏》续辑，其中就包含了“传”由完颜景贤收藏的《五星

[1] 吴诗初：《张僧繇》，第 31 页。

[2] 林树中总主编：《海外藏中国历代名画》之林树中“序言”，湖南美术出版社 1998 年版。

二十八宿神形图》。因此可大致推论，《五星及廿八宿神形图》先是从安仪周家，辗转到完颜景贤手中（如何辗转的？笔者尚未发现史料），再后被阿部房次郎带往日本。1942年，阿部房次郎后人按照他的遗愿将他的全部藏品捐赠给大阪市立博物馆，即《五星及廿八宿神形图》现在的所藏地。

据以上，我们可简单勾勒出大阪《五星及廿八宿神形图》的如下线路：

唐梁令瓒作《五星及廿八宿神形图》→……→清安仪周收藏（《墨缘汇观》著录）→……→完颜景贤收藏→阿部房次郎收藏→大阪市立美术馆收藏。

至于另外曾经存在的版本（至少一种），则有可能是其他的临摹作。不过现今都已不存，很难考察了。而除了以《五星二十八宿神形图》或《五星二十八宿真形图》命名之外，历史上还有同样内容（或者内容稍加修改了的）但不同画名的摹作，如故宫博物院藏《宋人星宿图卷》、《元紫霜道士星宿真形图》，美国大都会艺术博物馆藏《仇英款星宿神形图》，等等，都算是稍微晚期的摹作，或者摹作的摹作抑或改编作了。

附录：五种“五星二十八宿神形图”史料整理

1.《五星及廿八宿神形图》

（1）基本画况。

藏地：日本大阪市立美术馆。[1] 此图卷绢本，设色，高28.4厘

---

[1] 此图卷现藏于日本大阪市立美术馆，网址：http://www.city.osaka.lg.jp/contents/wdu020/museum/english/selection_e/e_sel_ccal.html。影印本最初见于阿部房次郎、阿部孝次郎父子编：《爽籁馆欣赏》第2辑，1939年，后世所编的多种画集中对此图均有收录。本文图片来源于武田和昭：《中国成立五星二十八宿像》，《星曼荼罗研究》，附图32。

米，长 491.2 厘米。[1] 此画卷前画五星神，后画二十八宿星神。现在仅存五星及从“角”至“危”十二宿神形。五星神顺次为：岁星神、荧惑星神、镇星神、太白星神、辰星神。十二宿神顺次为：角星神、亢星神、氐星神、房星神、心星神、尾星神、风（箕）星神、斗星神、牛星神、女星神、虚星神、危星神。

题签：“南朝梁张僧繇五星二十八宿神形图真迹卷”。前隔绫题识：“梁令瓒，蜀人，开元时率兵府曹参军，画人物似吴道子，精天文数术，工篆书。见《唐书·天文志》、《南阳名画表》。此卷设色古艳，人物如生，非唐人不能办。安仪周定为令瓒作，信不诬也。”图首篆书款题“五星及廿八宿神形图”。此下方隶书：“奉义郎、龙州别驾、集贤院……”款尾数字破损不辨。

此后每星宿作一图，或作女像，或作老人，或作兽首人身。其右逐段篆书题其星神姓名、性情、属性及祭用方法。

（2）诸神图文。

岁星神，豪侠势利，立庙可于君门，祭用白币，器用银，食上白鲜，讳彩色，忌哭泣，岁星为君王。

[1] 关于这些图的物理特征、基本数据，均引自孟嗣徽的论文。

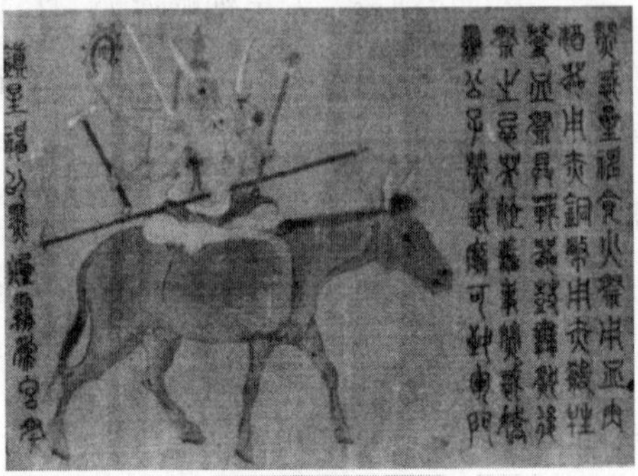

荧惑星神，食火，祭用血肉酒，器用赤铜，币用赤，杀牲吸血，祭具战器。鼓舞然后祭之，忌哭泣，善事。荧惑娇暴公子，荧惑庙可致军门。

镇星神，以黑烟雾为宫，祭用乌麻油蔬食饮水，币用故黑，器用铁，戒在奢淫，镇星是御使，宜水土事，立祠农畴水渚傍。

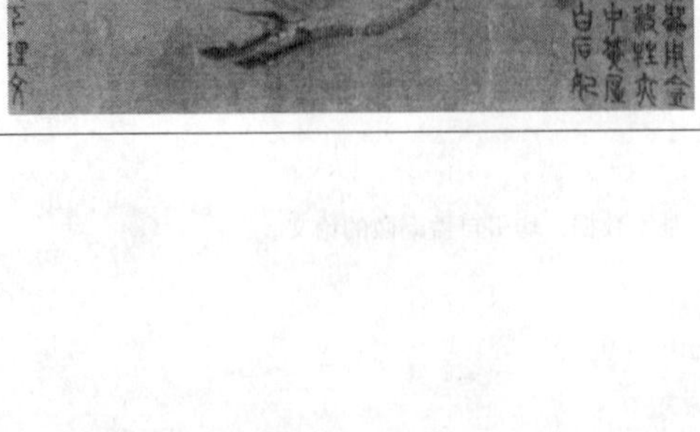

太白星神，祭用女乐，器用金，币用黄，食用血肉，不杀牲，亦忌哭泣，太白庙女宫中黄屋，饰皆黄，仍被五采，太白后妃也。

辰星神，功曹也，知天下理，文墨历术，典吏传送，执天下纲纪，辰星日御也，常不离日，祭用碧，器用碧玉，币用碧色，祭用蔬水类，鳜，庙可致于相府也。

角星神，聪睿勇知，受快乐，通律历。名抾芳，一名先率，姓炽振。

	亢星神，性淳质清平，通于战阵，名贤战。
	氐星神，庙有九万里，通于数纪之会。名枌评，姓为翟卫。

	房星神，性毒雄，多淫多子，妖讹咒咀淫祀，两形，与丈夫妇人更为雌雄，庙一十万余里，庙欹邪广。名含孙，姓为管纪践。

	心星神，性多毒，多淫多子，妖讹咒咀淫祀。两形，与丈夫妇人更为雄雌，庙十万里，庙欹邪广。名招贵，姓房馆。

尾星神，能刻众神而不受众神刻，名阊当，姓为张凶。	
风星神，吼如母大虫，不受人制，独用能害物，通于兵。名士常，姓为谈涅（汪）云土，或为吐。	
斗星神，能起伏阴阳，其庙无定准里数。名□□拒堵终。（最后一句，《秘殿珠林》记的是"名壮□姓拒堵"）	

	牛星神，善医多病，受占候阴阳，谄邪妄说祸福，能以谄辞扇动人。名略绪炽，姓斸徐。
	女星神，淫乱贪馋，善医多病，受占候阴阳，谄邪妄说祸福，能以谄辞扇动人，庙广五万六千里。名为色舒。
	虚星神，明历术。名阊阳，姓明辟疆。

	危星神，好哭泣，刚腹（愎）嫉恶，好乱好杀，庙广五万六千里。名推长，姓吕贾生。

2.《宋人星宿图卷》

藏地：故宫博物院。此图卷绢本设色，高 30 厘米，长 485.5 厘米。

此图卷经故宫博物院院方特许，由孟嗣徽首发于《〈五星及廿八宿神形图〉图像考辨》[1] 一文中。

图中有五星神和二十八宿中之十二星神。画工精细，人物尺寸和画法与大阪藏本不差毫厘，篆书星宿神名及占辞内容与大阪藏本相同，甚至误笔亦完全一致，应为大阪藏本的摹绘本。[2]

3.《元紫霜道士星宿真形图》[3]

（1）基本画况。

藏地：故宫博物院。此图 27.1 厘米 ×28.2 厘米（纵）。纸本册

[1] 孟嗣徽：《〈五星及廿八宿神形图〉图像考辨》，见《艺术史研究》第 2 辑，第 517—556 页，后收入《故宫博物院十年论文选》，第 502—522 页。

[2] 根据孟嗣徽的描述，《宋人星宿图卷》中还有以下信息：此卷本无款题，起首处下端有后加小正书“秋月”二字，当为元代画家颜辉之字号，显系伪作。“岁星神”上端有“宣和中秘”印一方，疑伪。起首处上端与“危星神”左下方分别有“双林书屋”、“司礼太监双林冯保收藏书画印”两方收藏印。图卷后拖尾有陈启先、樊增祥二跋。

[3] 此图册故宫定名《明人画五星廿八宿图册》。

页，设色。

题签：“星宿真形图”。首页篆书：“星宿真形，紫霜道士”，左下“宋祖舜印”、“丙辰进士”两印。第二页小篆：“五星及廿八宿神形图”，楷书：“五星及二十八宿图，此元人临唐人本，唐本已归日本爽籁馆，其中已有缺失，此尤完本也，画与题字均依唐人，惟无唐画飘逸，殆出自寺观道士笔耳，任侠记”。

以下每星、宿作一页，左页为图像，右页为篆书。前十七页与大阪藏卷本大致相同。后十六页为剩余十六宿神的图像、篆书。

（2）诸神图文（由于图像暂未公布，因此只录入篆书文字）。

室星神

篆书：营室星神，声如雷，通于八纲卦变之萌始。名玄耀，姓陀难邪□，祭用切月（肉）食。

壁星神

篆书：壁星神，多妓乐，性谄多诡词，好博戏，庙广六万四千里，通于刑德之纲，名膽（瞻）工，姓为刑孙王。

奎星神

篆书：奎星神，惨毒，其庙七万四千（里）。名引（列）常，姓均刘方。祭用月（肉）食等物。

娄星神

篆书：娄星神，敬好文武术，有王德，名及方，姓为台衡（衞）之。

胃星神

篆书：胃星神，雄食血肉，贪而宜暴，见利忘义，与前三神同庙，通水□四渎之流，名稽览，姓研之□白。

昴星神

篆书：昴星神，信邪好乱，谄谀好变，其庙六万里，通□拒宪之明。名为敖今，姓宋赵藤（胜）。

毕星神

纂书：毕星神，通于表数。名为扶前胥，姓傅儿侯。祭用鹿肉等。庙广六千里。

觜星神

纂书：觜星神，有词笔，其庙八万里。姓婆罗隋阇多，（名）为质。

参星神

纂书：参星神，圣睿口柔心，利天下巧功无不能者，通于祁衡。名为柜灵图，姓为祖伋郑□。

井星神

纂书：井星神，两心翻覆多变多谋，好色好乱，多才，难禁御奸伪之，英雄者心。名为奉光，姓周史许李朱。

鬼星神

纂书：鬼星神，沉静多奸伪计，性毒审而且巧，通于四六节枢。名为翕司扶，姓为潘成雄已。

柳星神

纂书：柳星神，性刚猛凌，断伐逆除凶。姓曼陀月，名利伤。祭用□心肉。

星星神

纂书：星宿神，乐情善行，自乐佗宽，柔口辨利，其庙六万八千里，通于天文地理。名陈羽其，姓浩新郱□芊。

张星神

纂书：张星神，侠气贡傲，食血多忿怒，庙七万里，通于衡。名为绎含诗，一名闿舒，姓为司马李。

翼星神

纂书：翼星神，高心好杀，侠气贡傲，庙有五万九千里，通于元，精明于王衡。名为汁馀，姓为郝庆。

轸星神

篆书：轸星神，多学多词，通于人情。名为给流，姓午女吕郎。祭用乳䴵及作荠稗饭等。

4.《仇英款星宿神形图》[1]

藏地：美国大都会艺术博物馆。此图纸本设色，高 19 厘米，长 396.2 厘米。

迎首处隶书“五星二十八宿神形图”，行书“道光丁酉春二月敬题于绿荫轩，铜山小庄赵福”，后画五星神与二十八宿星神。

五星顺序为：岁星、太白星、镇星、荧惑星、辰星，以后顺次为二十八宿星神。每星神上部楷书题写星名，无占辞内容。

卷尾有朱砂色画符“五岳真形图”，依次楷书题名：“东岳泰山”、“南岳衡山”、“中岳嵩山”、“北岳恒山”、“西岳华山”，之后楷书款：“仇实父摹五峰，文伯仁赞”，下有仇英“十州”葫芦形印鉴。

5. 清《秘殿珠林》中著录“五星二十八宿神形图”占辞

据《秘殿珠林》著录，清代入宫的“五星二十八宿神形图”有二卷，一卷为《明·朱元久仿梁令瓒五星二十八宿神形图》，另一卷名为《梁·张僧繇五星二十八宿神形图》（应为摹本）。入宫时为十七图（五星 + 十二宿）。

清高宗乾隆重命画院仿画，补齐为三十三图，由大学士汪由敦补篆星说，并命丁观鹏摹绘全图。丁观鹏所摹绘的《五星二十八宿神形图》现已不复存在，大学士汪由敦补篆的星说占辞内容还在。《秘殿珠林》补充的后十六宿占辞如下：

室星神，蝎天之子，属蛇头天，祭用血肉。

壁星神，祭用肉，属林天，婆娄那之子，姓陀难阇。

[1] 此卷在大都会艺术博物馆的档案里定名为《仇英款星宿神形图》（*Ch'iu Ying, Divinities of the Planets and Constellations*）。

奎星神，属富河天，祭以酪，姓阿虱叱排尼。

娄星神，形如马头。祭以大麦饭并肉，属乾闼婆天，姓阿舍婆。

胃星神，形如鼎。性纵恶自在，如首罗，能护四方皆得安稳。属阎摩罗天。祭用秔米胡麻及野枣。姓跋伽昆。

昴星神，好作善事，性速疾，大威德妹之子，形如剃刀。一日一夜历四天下。祭用酪，姓鞞耶尼。

毕星神，属水天，形如立义，祭用鹿，姓颇罗堕。

参星神，属日天，性大恶，多瞋忿，形如妇女。祭用醍醐。姓婆私失絺。

觜星神，属月天，即是月子，祭用果，姓毘梨伽尼。

井星神，祭用秔米，以华和蜜，形如脚迹，属日天。姓婆私失絺。

鬼星神，属岁星天，岁星之子，形如诸佛胸前满相。性温和。乐修善法。姓炮波那毗。

> 柳星神，属于蛇天，形如妇女，祭用乳糜。姓蛇。
>
> 星星神，属火天，形如河岸，用秔米乌麻作粥祭之，姓宾伽耶尼。
>
> 张星神，属福德天，形如脚迹，祭用昆罗婆果。姓瞿昙弥。
>
> 翼星神，属林天，形如脚迹，祭用煮熟青黑豆，姓憍陈如。
>
> 轸星神，蝎仙之子，形如人手，祭用莠稗饭，属沙毗梨帝天。姓迦遮延。[1]

以上俱补作，俱高八寸有奇，广一尺一寸。

---

[1] 《秘殿珠林》，见故宫博物院编：《秘殿珠林及续编三编》，海南出版社 2001 年版，第 188 页。细心阅读不难发现，在这段占辞中，参宿和觜宿的顺序并不是觜前参后，而

（接上页）是相反。要解释这一改动，必须首先对当时激荡变革的天文学大环境做一说明。整体宏观的情况黄一农已有详细说明，参见黄一农：《清前期对觜、参两宿先后次序的争执——社会天文学史之一个案研究》，见杨翠华、黄一农编：《近代中国科技史论集》，“中研院”近代史研究所 1991 年版，第 71—94 页，以下是对其文章中于本文有用的内容的选择性重述，故中间所至引文出处略去，有意者可参考其原文。

> 明清鼎革之际，传教士汤若望率奉教中国天文家获得清朝钦天监的领导权，并自顺治元年开始正式以西法为清政府制历。根据新的觜和参的距星，他们的新法把传统的“觜前参后”次序更改为了“参前觜后”（此一改动，是由于岁差造成参、觜两宿的距星位置发生了变化）。此一改动在当时立即引起了相当大的反对。保守派认为，二十八宿在数术学中的应用颇广，若更改觜、参两宿次序，意味着参（觜）宿所值之时日需变动为觜（参）宿值，而觜、参的吉凶意义相差较大，因此采用新的参觜次序，意味着局部颠覆传统数术体系。比如杨光先就曾质疑说，如果将“参水猿”置于“觜火猴”之前，不仅将导致“水火颠倒”，而且十二生肖中的“猴”亦将因此变成“猿”。双方争论不休，来来往往地持续了长达一个世纪的拉锯战。

根据黄一农的整理，至少发生了以下几番反复斗争。第一次，顺治十四年十一月，回回天文家吴明炫疏言新法有误，其中即提及颠倒觜参一事。第二次，被南怀仁讥为“算命看风水之徒”的杨光先，在顺治十六年五月所著的《摘谬论》中，亦强烈批评新法误将“参水猿”置于“觜火猴”之前，他以为如此不仅将导致“水火颠倒”，且十二生肖中的“猴”亦将因此变成“猿”，杨氏曰：“使参果当在先，则《时宪历》凡遇申年当言蜀猿，今历书丙申年仍云属猴（按，指顺治十三年），何其自说而不自相照应也！”参见杨光先：《距西集·摘谬论》，台北图书馆善本书第 6277 号。经查台北图书馆藏《顺治十五年时宪历》中所记，当时由天主教天文家所编制的历书中确仍依往例定丙申年的生肖属猴。第三次，杨氏在康熙三年七月上《请诛邪教状》控诉汤若望等时，即将“私将觜参二宿改调前后”作为抨击的内容之一，参见《圣祖仁皇帝实录》卷 14，台湾华文书局 1968 年版，第 27 页。第四次，康熙八年，南怀仁替“历狱”翻案后，西法复行，故官历自康熙十年起，又将参宿的次序订在觜宿之前。

乾隆四年，钦天监监正进爱，因“阴阳选择书籍繁多，彼此参差”，故上奏请旨重修《选择通书》及《万年书》，奉旨由当时负责“增修时宪算书馆”的庄亲王允禄担任此事的总裁，并由梅瑴成、何国宗以及各相关的监员协助考订，乾隆五年八月修成《钦定协记辨方书》一书。允禄等在奉旨编修《钦定协记辨方书》的过程中，曾主张将参、觜的顺序依古法还原，理由是：二十八宿次宿，《星经》、《天官书》原系觜宿在前，参宿在后，选择家以酉日值觜宿，为伏段日，星命家二十八宿分配七政，以日、月、火、水、木、金、土为序，觜宿属火，参属水，皆依古宿次舍而定

（接上页）者也。《新法算书》（乃明大学士徐光启、太仆寺少卿李之藻、光禄卿李天经及西洋人龙华民、邓玉函、罗雅谷、汤若望等所修西洋新历）以参宿前一星为距星，参在前，觜在后，则觜宿与酉日不得相值，星命家以为水火颠倒，查宿之距星惟人所指，与算法疏密全无关碍。不过乾隆五年（1740）七月，大学士鄂尔泰等奉旨定议时，认为既然“距星惟人所指，与算法疏密全无关碍”，那么今亦不必更改。于是“参前觜后”的新次序终成定论。《秘殿珠林》始编于乾隆八年（1743），汪由敦为《五星二十八宿神形图》篆书残缺的十六宿占辞之时，显然是在“参前觜后”已成定论之后了。

值得玩味的是，引起保守人士对新历法种种不满的，是已经深入人心的“参”、“觜”宿所具有的各种神性，而“五星二十八宿神形图”，又正是构建这些星宿属性的最早期奠基性作品之一。当“星宿神体系”（星占术中建构的）与“星宿体系”（天文学中构建的）混为一谈时，争论就不可避免地发生了。

清朝这一番将两者混在一起争论的结果，体现在重画“五星二十八宿神形图”这一事件上，就是“星宿神体系”不得不依据“星宿体系”的改动而改动。但实际上，前者可以随后者的变动而变动，当然也可以独立地运行——两者本来发挥作用的领域就不相同。

唐令复原献疑二札*

——以唐、日令式移植为中心

赵　晶（中国政法大学法律古籍整理研究所）

日本自推古天皇朝“大化改新”（645）之际开始继受我国唐代律令制度，此点自是不刊之论。然而无论唐、日，彼时法源约有律、令、格、式等类，虽然律令继受并无疑议，但有关日本格、式是否一承唐制，中日学界颇有争论。[1]20世纪50年代，泷川政次郎以唐代“烽燧”制度为切入点，指出仁井田陞所复原的部分《军防令》实为唐式，这就建立起了日本《养老令·军防令》与唐式之间的继承关系[2]；仁井田陞在回应中指出，式中出现与相关律令文同一、同义或类似的文字，并非不可思议之事，而且在唐日法律移植的过程中，日本令同样受到唐式的影响[3]。这便说明，唐、日之间的

* 本文为2013年度教育部人文社会科学研究青年基金项目“唐令的复原与研究”（13YJC820110）的阶段性成果，曾作为《唐令复原所据史料检证——以令式分辨为线索》一文的第四部分，于2014年3月27日宣读于台湾“中研院”历史语言研究所主办的“史料与法史学”国际学术研讨会；后单独成文，于2014年8月11日宣读于华中师范大学历史文化学院主办的第二届中国中古史前沿论坛。

[1] 相关学术史的梳理，参见吴海航：《唐代格式东传日本嬗变考》，《法学研究》2007年第5期，第150—160页；《唐户部系统式与日本民部系统式的关系》，《北京师范大学学报（社会科学版）》2011年第5期，第83—92页。

[2] 〔日〕泷川政次郎：《唐兵部式与日本军防令》，《法制史研究》1952年第2期，第73—80页。

[3] 〔日〕仁井田陞：《唐军防令与烽燧制度——回答泷川博士的批评》，《法制史研究》

法律移植，并非在唐令—日令、唐式—日式这般单线向的路径中进行，“有的可能将唐《格》、《式》中的条文改入日《令》中，或将唐《令》中条文改入日《格》、《式》”[1]，“有唐令内容分别或交错地进入日本令、格、式之中，也有唐格、式内容分别或交错地进入日本令、格、式之中”[2]。学界虽然对此有所认识，但在考虑单条唐令或唐式复原时，又往往以日本“令沿唐令，式用唐式，均各自成系统”[3]为据，以《养老令》为唐令、以《延喜式》为唐式存在的唯一理据。这种复原思路存在较大风险，笔者不揣冒昧，拟厘析二例以献疑。

一、唐令入日式——以《天圣令·厩牧令》宋9复原唐令为中心

《天圣令·厩牧令》宋9载：

> 诸应给递马出使者，使相给马十匹，节度观察等使、翰林学士各给五疋，枢蜜（密）直学士至知制诰、防御、四方馆、阁（閤）门等使各四尺（疋），员外即（郎）以上、三院御史、及带馆阁省职京朝官、武臣带閤门祇候以上各二匹，太常慱（博）士以下并三班使臣各一匹。尚尽（书）侍郎、卿、盐

（接上页）1954年第4期；后收入氏著，〔日〕池田温编集代表：《唐令拾遗补》，东京大学出版会1997年版，第175—179页。

[1] 宋家钰：《唐〈厩牧令〉驿传条文的复原及与日本〈令〉、〈式〉的比较》，见刘后滨、荣新江主编：《唐研究》第14卷，北京大学出版社2008年版，第164—167页。

[2] 吴海航：《唐户部系统式与日本民部系统式的关系》，《北京师范大学学报（社会科学版）》2011年第5期，第83页。

[3] 参见霍存福：《令式分辨与唐令的复原——〈唐令拾遗〉编译墨余录》，《当代法学》1990年第3期，第48—49页。

（监）、诸卫将军及内臣奉使宣召，不限匹数多少，临时听旨。其马逐铺交赞（替）。无递马处，即于所过州县，差私马充，转相给替。[1]

与该条宋令相关的唐令复原依据史料有如下5条：

A.《唐律疏议》卷26《杂律》“应给传送剩取”条疏议：

“应给传送”，依《厩牧令》：“官爵一品，给马八疋；嗣王、郡王及二品以上，给马六疋。”三品以下，各有等差。[2]

B.《唐六典》卷3《尚书户部》“户部郎中员外郎”条：

内外百官家口应合递送者，皆给人力、车牛。（一品，手力三十人，车七乘，马十匹，驴十五头；二品，手力二十四人，车五乘，马六匹，驴十头；三品，手力二十人，车四乘，马四匹，驴六头；四品、五品，手力十二人，车二乘，马三匹，驴四头；六品、七品，手力八人，车一乘，马二匹，驴三头；八品、九品，手力五人，车一乘，马一匹，驴二头。若别敕给递者，三分加一。家口少者，不要满此数。无车牛处，以马、驴代。）[3]

---

[1] 天一阁博物馆、中国社会科学院历史研究所天圣令整理课题组校证：《天一阁藏明钞本天圣令校证·附唐令复原研究》（以下简称《天圣令校证》，又录文皆参考“校录本”），中华书局2006年版，第291页。此处录文有所修订，参见中国社会科学院历史研究所《天圣令》读书班：《〈天圣令·厩牧令〉译注稿》，见徐世虹主编：《中国古代法律文献研究》第8辑，社科文献出版社2014年版，第307—308页。

[2] 长孙无忌等撰，刘俊文点校：《唐律疏议》卷26《杂律》，中华书局1983年版，第491页。

[3] 李林甫等撰，陈仲夫点校：《唐六典》卷3《尚书户部》，中华书局1992年版，第79页。

C.《唐律疏议》卷 10《职制》“增乘驿马”条疏议：

依《公式令》：给驿：“职事三品以上若王，四疋；四品及国公以上，三疋；五品及爵三品以上，二疋；散官、前官各递减职事官一疋；余官爵及无品人，各一疋。皆数外别给驿子。此外须将典吏者，临时量给。”[1]

D.《资治通鉴》卷 203《唐纪一九》“垂拱二年三月”胡三省注：

唐制：乘传日四驿，乘驿日六驿。a. 凡给马者，一品八匹，二品六匹，三品五匹，四品、五品四匹，六品三匹，七品以下二匹。b. 给传乘者，一品十马，二品九马，三品八马，四品、五品四马，六品、七品二马，八品、九品一马。c. 三品已上敕召者，给四马，五品三马，六品已下有差。[2]

E.《延喜式·杂式》“国司给夫马”条载：

凡国司迁代者。皆给夫马。长官夫卅人。马廿疋。六位以下长官并次官夫廿人。马十二疋。判官夫十五人。马九疋。主典夫十二人。马七疋。史生以下夫六人。马四疋。其取海路者。水手之数准陆道夫。太宰帅七十人以下。少贰以上五十人以下。判官以下卅人（史）以下。史生十人以下。并量事给之。不必

[1]《唐律疏议》卷 10《职制》，第 210 页。
[2]《资治通鉴》卷 203，“唐则天后垂拱二年”条，中华书局 1956 年版，第 6438 页。

满数。但依犯解任之辈。不在给限。[1]

宋家钰根据史料 A 与 D-a，复原《厩牧令》第 41 条；根据史料 C 与 D-c，复原一条《公式令》；根据史料 B、D-b 与 E，复原一条《杂式》。[2] 对于此说，令人生疑者有三。

第一，从 A、C 两条史料可知，唐代《厩牧令》与《公式令》分别规定了传马与驿马配给的数量标准，此点并无问题。唯《唐律疏议》所引多为节文，如何借此复原唐令以及处理其与史料 D 之间的关系，便是问题所在。尤其是史料 C 与 D-c 之间，仅“三品以上四马”一项相同，后皆有别。宋家钰认为史料 D-c 中“五品三马”应是“四品三马”之误[3]，若从宋说，则史料 D-c 中缺少五品给马之数，除非“六品已下有差”为“五品已下皆有差”之误。事实上，史料 B 与 D-b 之间亦不完全相合，宋说推测或为记载有误，或为不同时期的规定。[4] 若是考虑到不同时期令文规定有别，则史料 A、B、C 与 D 之间的关系便未必如宋说所示般井然有序。

第二，从字面意义上看，史料 D-c 规定的是“敕召”情况下，品官配给马匹的数量标准，究竟是给驿马还是传马，并无确指。若将史料 C 与之等同，那么是否意味着，在《新唐书》作者与胡三省的理解中，唐代官员只有在被敕召的情况下，才能配给驿马？若非，则将二者等同的理据何在？事实上，D-c 所涉“敕召”给马，可能仅是给驿马或传马的一种特殊情况，与《天圣令》宋 9“奉使宣召，不

[1] 〔日〕黑板胜美编辑：《延喜式》，见《新订增补国史大系》第 26 卷，吉川弘文馆 2000 年版，第 997 页。

[2] 宋家钰：《唐〈厩牧令〉驿传条文的复原及与日本〈令〉、〈式〉的比较》，第 164—167 页。

[3] 同上书，第 166 页。

[4] 同上书，第 165 页。

限匹数多少，临时听旨”的法意相近。因此，它未必是一条独立的令文，其对史料D-a、b皆可起到补充作用，若a、b分属两个条文，则就其在史料D中所处位置看，c与b很可能属于同一条文。

第三，且不论史料D-b与B是否出自同一条文，宋氏所论史料B与D-b为唐《式·杂式》的观点，亦可商榷：

（1）即便B与D-b为式文，也不会属于《杂式》。如前所述，《唐六典》所载唐式三十三篇，并无名为“杂式”之篇。而《唐六典》卷5《尚书兵部》“驾部郎中员外郎”条载：

> 驾部郎中、员外郎掌邦国之舆辇、车乘，及天下之传、驿、厩、牧官私马、牛、杂畜之簿籍，辨其出入阑逸之政令，司其名数。[1]

又，《唐律疏议》卷10《职制》“增乘驿马”条疏议载：

> 又准《驾部式》：“六品以下前官、散官、卫官，省司差使急速者，给马。使回及余使，并给驴。”[2]

由此可见，驾部掌管牛马车乘，且《驾部式》中亦存在给马、驴的条文，如果史料B与D-b确为唐式，则应为《驾部式》的条文。

（2）宋说推测B与D-b为唐式的唯一理据，是它们在规范旨趣上与史料E《延喜式·杂式》的条文相似，其推测的前提便是日本式继受了唐式。这样的复原面临一个重大风险，即日本式有可能直

[1]《唐六典》卷5《尚书兵部》，第162—163页。

[2]《唐律疏议》卷10《职制》，第210页。

接继受自唐令。早在20世纪30年代，泷川政次郎便已指出，《延喜式》所载“五位以上位记式”和“僧纲位记式”一改《养老令》“位记式”区别于唐令的独特性，转而采用唐令“告身式”的格式，体现了当时日本嵯峨天皇追慕唐风的文化心态，以及为便唐人理解日本遣唐使、遣唐僧在其本国的社会地位的立法意图。[1]《天圣令》残卷问世以后，三上喜孝又以《天圣令·杂令》唐7、《营缮令》宋11为例，检讨了唐令未被《养老令》继受，却直接进入到《延喜式》中的情况，由此展现了日本继受唐代律令法的阶段性与复杂性。[2]除了泷川氏、三上氏所讨论的这些关系外，还有一种值得注意的现象，即日本令、式将唐令一分为二，各取一部分。如《天圣令·厩牧令》唐6、7分别规定：

> 诸放（牧），牝马四岁游牝，五岁责课；牝驼四岁责课（游牝），六岁责课；牝牛、驴三岁游牝，四岁责课；牝羊三岁游牝，当年责课。
>
> 诸牧，牝马一百匹，牝牛、驴各一头百（百头），每年课驹、犊各六十，（其二十岁以上，不在课限。三岁游牝而生驹者，仍别簿申省。）骡驹减半。……[3]

而《养老令·厩牧令》第6条将唐令合二为一：

[1]〔日〕泷川政次郎：《唐代告身与王朝的位记》（1—3），《社会经济史学》1932年第2—4、5、6期；后收入氏著：《支那法制史研究》，有斐阁1940年版，第213—220页。

[2]〔日〕三上喜孝：《从唐令到延喜式——唐令继受的诸相》，见〔日〕大津透编：《日唐律令比较研究新阶段》，山川出版社2008年版，第257—275页。

[3] 天一阁博物馆、中国社会科学院历史研究所天圣令整理课题组校证：《天圣令校证》，第295页。

凡牧牝马，四岁游牝，五岁责课；牝牛三岁游牝，四岁责课。各一百每年课驹犊各六十。其马三岁游牝而生驹者，仍别簿申。[1]

在《养老令》中，《厩牧令》唐7“其二十岁以上，不在课限”的规定已被删除。而《令义解》卷8《厩牧令》“牧马牛死耗”条的义解载：

其老马、牛死及责课者，并依别式。[2]

亦即，《令义解》的撰写者指出，与唐7“不在课限”相应的针对“老马、牛”课责的条文在“别式”之中。《令义解》自日本天长六年（829）起修，成书于天长十年（833）[3]；而在此前的弘仁十一年（820），《弘仁式》便被奏进，并于天长七年（830）付诸实施[4]。由此可以推测，《令义解》所指“别式”，应为《弘仁式》，换言之，与唐7“不在课限”相关的规定，最迟在《弘仁式》中已经出现。奏进于延长五年（927）、施行于康保四年（967）的《延喜式》则“取舍《弘仁》、《贞观》之弛张，因修《永徽》、《开元》之沿革”，“准据《开元》、《永徽式》例，并省两式，削成一部”[5]，继承了此前《贞观式》、《弘仁式》的立法成果，与唐7“不在课限”相应之文便是《延

---

[1] 〔日〕井上光贞等校注：《律令》，见《日本思想大系》3，岩波书店1977年版，第414页。

[2] 〔日〕黑板胜美编辑：《令义解》，见《新订增补国史大系》第22卷，吉川弘文馆2000年版，第273页。

[3] 〔日〕石上英一：《令义解》，见皆川完一、山本信吉编：《国史大系书目解题》下卷，吉川弘文馆2001年版，第542—543页。

[4] 〔日〕虎尾俊哉：《弘仁式》，见坂本太郎、黑板昌夫编：《国史大系书目解题》上卷，吉川弘文馆1971年版，第423—424页。

[5] 分别引自《上延喜格式表》、《延喜式序》，〔日〕黑板胜美编辑：《延喜式》，见《新订增补国史大系》第26卷，吉川弘文馆2000年版，第1、4页。

喜式》卷48《左右马寮》“不课”条：

> 凡牝马，岁廿已上，不在责课之限。[1]

综上可知，日本《延喜式》的部分条文越过《养老令》，直承唐令，因此仅以唐代史籍中存在与《延喜式》类似之记载，而径直判定该记载为唐式之文，恐怕失之武断。

二、唐式入日令——从《天圣令·杂令》是否存在唐24“给衣服”条说起

《天圣令·杂令》唐23仅存半条，其下付之阙如。该条虽可由《唐六典》卷6《尚书刑部》“都官郎中员外郎”条补足[2]，但衍生的问题是：唐23之后是否还有其他唐令条文？由于《唐六典》中还有相当于《养老令·杂令》第34条的文字，因此戴建国、黄正建皆推断唐23之后必有唐24“给衣服条”。[3]换言之，《杂令》唐24的复原依据是《养老令》对应之条与《唐六典》的记载：

> 《养老令·杂令》第34条：凡官户奴婢，三岁以上，每年给衣服。春，布衫、袴、衫、裙各一具；冬，布袄、袴、襦、

[1]〔日〕黑板胜美编辑：《延喜式》，第973页。

[2] 天一阁博物馆、中国社会科学院历史研究所天圣令整理课题组校证：《天圣令校证》，第379页。

[3] 戴建国：《唐〈开元二十五年·杂令〉复原研究》，《文史》2006年第3辑，第121—122页；黄正建：《天圣杂令复原唐令研究》，见天一阁博物馆、中国社会科学院历史研究所天圣令整理课题组校证：《天圣令校证》，第723页。

裙各一具，皆随长短量给。[1]

《唐六典》卷6《尚书刑部》“都官郎中员外郎”条注：春衣每岁一给，冬衣二岁一给……丁奴春头巾一，布衫、袴各一，牛皮鞾一量并毡。官婢春给裙、衫各一，绢裈一，鞵二量；冬给襦、复袴各一，牛皮鞾一量并毡。十歳已下男春给布衫一、鞋一量，女给布衫一、布裙一、鞵一量；冬，男女各给布襦一、鞵靺一量。官户长上者准此。[2]

从唐代史籍中寻找《养老令》的对应文字，本是唐令复原的基本手法，只是这一“不证自明”的复原原则也存在极大风险，因为《养老令》制定时参考的蓝本并非仅限于唐令。如榎本淳一曾经论断：“在唐，为《都官式》所规定的官贱民管理、待遇相关的细则，在日本则由式改令，被收载于没有刑罚色彩的《户令》与《杂令》中。”[3]若然，《养老令·杂令》“给衣服”条应源自唐《都官式》，《唐令》唐23之后并无所谓的“唐24”。榎本氏此说并非无根之论，如《养老令·户令》第36条规定：

凡官户奴婢，每年正月，本司色别，各造籍二通，一通送太政官，一通留本司，有工能者，色别具注。[4]

仁井田陞、池田温等皆未复原此条所对应的唐令，而《唐会要》卷

[1]〔日〕井上光贞等校注：《律令》，见《日本思想大系》3，第483页。

[2]《唐六典》卷6《尚书刑部》，第193—194页。

[3]〔日〕榎本淳一：《律令贱民制的构造与特质——附：关于〈新唐书〉刑法志中的贞观刑狱记事》，见〔日〕池田温编：《中国礼法与日本律令制》，东方书店1992年版，第289页。

[4]〔日〕井上光贞等校注：《律令》，第237页。

86《奴婢》载：

（大历十四年）八月，都官奏："伏准格式：官奴婢，诸司每年正月造籍二通，一通送尚书，一通留本司，并每年置簿，点身团貌，然后关金、仓部给衣粮。又准格式：官户受有勋及入老者，并从良。[1]

比来因循，省司不立文案。伏恐日月滋深，官户逃散，其受勋及入老者无定数。伏请令诸司准式造籍送省，并孳生及死亡者，每季申报，庶凭勘会。"敕旨："宜并准式处分。自今已后，有违阙者，委所司奏闻，准法科罪。"[2]

从"伏请令诸司准式造籍送省"之语可知，"官奴婢，诸司每年正月造籍二通，一通送尚书，一通留本司，并每年置簿，点身团貌，然后关金、仓部给衣粮"应是式文。因其为都官所奏，且《唐六典》卷6《尚书刑部》"都官郎中员外郎"条中有大量与官奴婢相应的记载，所以榎本淳一、霍存福将其定为《都官式》。[3] 这便是唐式成为

---

[1] 《唐律疏议》卷25《诈伪》，"诈除去死免官户奴婢"条疏议，第468页，载："'免'者，谓加年入六十及废疾，各得免本色之类"；《唐六典》卷6《尚书刑部》，"都官郎中员外郎"条，第193页，载："官奴婢……年六十及废疾，虽赦令不该，并免为番户；七十则免为良人，任所居乐处而编附之"；王溥：《唐会要》卷86《奴婢》，上海古籍出版社2006年版，第1862页，载："大和二年（828）十月……奏：'当司应管诸司所有官户奴婢等，据要典及令文，有免贱从良条……今请诸司诸使，各勘官户奴婢，有废疾及年近七十者，请准各令处分。'"仁井田陞据此复原《户令》第41甲、乙条，可知官户、奴婢因年老而放良的规定为唐令。然而此处"格式"有官户因受勋而放良的条款，未见于唐令及上述各条史料，言其在"格式"之中，应是实指《都官格》或《都官式》，而非泛指"准法"。参见〔日〕仁井田陞：《唐令拾遗》，东方文化学院东京研究所1933年版，第259—260页

[2] 《唐会要》卷86《奴婢》，第1860—1861页。

[3] 〔日〕榎本淳一：《律令贱民制的构造与特质——附：关于〈新唐书〉刑法志中的贞观刑狱记事》，见〔日〕池田温编：《中国礼法与日本律令制》，第302页注25；霍存福：《唐式辑佚》，社会科学文献出版社2009年版，第480页。

日令的一个例子。

只不过，榎本淳一对于另外两条唐式转为日令的推测便有待商榷了。其一，上引《唐会要》卷86“奴婢”载有“并孳生及死亡者，每季申报”之句，与《养老令·杂令》第31条相似：“凡官户奴婢死，所司检校，年终惣申。”[1]由此榎本氏判定，《唐会要》此句亦为唐式。[2]其实，此段史料中，“伏请”以下至“勘会”为止的这段文字为都官奏言的内容，并非条文，且《天圣令·杂令》唐21规定：“诸官奴婢死，官司检验申牒，判计埋藏，年终緫申。”[3]由此便知《养老令·杂令》第31条并非源于唐式。

其二，《唐六典》卷3《尚书户部》“仓部郎中员外郎”条载：“诸官奴婢皆给公粮，其官户上番充役者亦如之。”[4]同书卷6《尚书刑部》“都官郎中员外郎”条注载：“其粮则季一给。……其粮：丁口日给二升，中口一升五合，小口六合；诸〔官〕[5]户留长上者，丁口日给三升五合，中男给三升。”[6]仁井田陞将这两段文字复原为《仓库令》第7条[7]，榎本氏认为前半句（即“仓部郎中员外郎”条）并非唐令而是《都官式》[8]，并且与《养老令·杂令》第33条相对应：“凡官户

[1]〔日〕井上光贞等校注：《律令》，第482页。

[2]〔日〕榎本淳一：《律令贱民制的构造与特质——附：关于〈新唐书〉刑法志中的贞观刑狱记事》，见〔日〕池田温编：《中国礼法与日本律令制》，第302页注25。

[3]天一阁博物馆、中国社会科学院历史研究所天圣令整理课题组校证：《天圣令校证》，第378页。

[4]《唐六典》卷3《尚书户部》，第84页。

[5]李锦绣补“官”字，可从。参见李锦绣：《唐代财政史稿》第3册，社科文献出版社2007年版，第102页。

[6]《唐六典》卷6《尚书刑部》，第193—194页。

[7]〔日〕仁井田陞：《唐令拾遗》，第695页。

[8]〔日〕榎本淳一：《律令贱民制的构造与特质——附：关于〈新唐书〉刑法志中的贞观刑狱记事》，见〔日〕池田温编：《中国礼法与日本律令制》，第300页注11。

奴婢充役者，本司明立功课案记，不得虚费公粮。”[1]

以文意看，《唐六典》所载“给公粮”一句与《养老令·杂令》第33条相去甚远，现据《天圣令》可知，上述“给公粮”一句并非《都官式》，而是《仓库令》唐8：“诸官奴婢皆给公粮。其官户上番充后（役）者亦如之。并季别一给，有剩随季折。”[2]至于《养老令·杂令》第33条，则有《天圣令·杂令》唐23与之对应：“诸官奴婢及杂户、官户给粮充役者，本司名（明）立功课案记，不得虚费公粮。其丁奴每三人当二丁役；中〔奴若丁婢，二当一役；中婢，三当一役〕。”[3]

由此亦可追问，《唐六典》所载“丁口日给二升”条中，除首段“其粮则季别一给”为《仓库令》唐8的取意文外，后段给粮标准又来自于何种法源？

其一，“丁口日给二升”一句可从《天圣令·仓库令》唐3中觅得原型：

> 诸给粮，皆承省符。丁男一人，日给二升米，盐二勺五撮。妻、妾及中男、女，（谓年十八以上者。）米一升五合，盐二勺。老、小男，（谓十一以上者。）中女，（谓年十七以下者。）米一升一合，盐一勺五撮。小男、女，（男谓年七岁以上者，女谓年十五以下。）米九合，盐一勺。小男、女年六岁以下，米六合，盐五撮。老、中、小男任官见驱使者，依成丁男给，兼国子监

[1] 〔日〕井上光贞等校注：《律令》，第483页。

[2] 天一阁博物馆、中国社会科学院历史研究所天圣令整理课题组校证：《天圣令校证》，第284页。

[3] 天一阁博物馆、中国社会科学院历史研究所天圣令整理课题组校证：《天圣令校证》，第379页。

学生、针·医生，虽未成丁，依丁例给。[1]

将二者略加比较，便不难发现，《仓库令》唐 3 的给粮标准并未明言给付对象，而《唐六典》专就官奴婢立法，前者虽较后者为详、杂，然二者所定主要标准并无不同[2]，可见《唐六典》此文源自《仓库令》，只不过改变了《仓库令》原本不分良贱的本意，而将之限定于官奴婢给粮一项上。

其二，"诸〔官〕户留长上者"一句接近于《天圣令·仓库令》唐 6：

诸在京流外官长上者，身外别给两口粮，每季一给。牧尉给五口粮，牧长四口粮。（两口准丁，余准中男给。）[3]

对于唐 6"身外别给两口粮"，一般理解为"自身粮禄之外再多给两人的口粮"[4]，换言之，在京流外官长上者可以获得三口粮。若是此一

[1] 此录文参见中国社会科学院历史研究所《天圣令》读书班：《〈天圣令·仓库令〉译注稿》，见徐世虹主编：《中国古代法律文献研究》第 7 辑，社科文献出版社 2013 年版，第 268—269 页。又，原录文见天一阁博物馆、中国社会科学院历史研究所天圣令整理课题组校证：《天圣令校证》，第 282 页。

[2] 李锦绣指出，给粮标准虽同，但《唐六典》注文中"丁、中的年龄与唐代令式不合"。参见李锦绣：《唐开元二十五年〈仓库令〉所载给粮标准考——兼论唐代的年龄划分》，见《传统中国研究集刊》第 4 辑，上海人民出版社 2008 年版，第 305 页；后收入黄正建主编：《〈天圣令〉与唐宋制度研究》，中国社会科学出版社 2011 年版，第 236 页。

[3] 天一阁博物馆、中国社会科学院历史研究所天圣令整理课题组校证：《天圣令校证》，第 283 页。

[4] 〔日〕渡边信一郎：《天圣令仓库令译注初稿》，《唐宋变革研究通讯》2010 年第 1 期，第 27 页；中国社会科学院历史研究所《天圣令》读书班：《〈天圣令·仓库令〉译注稿》，见徐世虹主编：《中国古代法律文献研究》第 7 辑，第 272 页。

适用于“在京流外官长上者”的规定，乃是《唐六典》“诸〔官〕户留长上者”的来源，那么“丁口”给粮标准是每日六升，“中口”为四升五合，这与《唐六典》“丁口日给三升五合，中男给三升”的记载相去甚远，亦即依据《唐六典》所载，不论丁口、中男，除本身应合得之份外，皆额外多给一升五合，这是中男所得日粮。

由此可知，在制度规定层面（实际操作层面暂且不论），《仓库令》唐3所定给粮标准不分良贱，一体适用于各个阶层[1]，而唐6所定“身外别给两口粮”的标准，仅适用于“在京流外官长上者”[2]，并不适用于官户、官奴婢等，《唐六典》“诸〔官〕户留长上者”一句并非来自唐令，应该是《仓部式》（或《仓部格》）的内容。至于之所以在这一标准上体现良贱之别，可能是因为对于长上者多给口粮，只是一种福利待遇而非基本生活需求，官户、官奴婢不必享受普通人的福利。

三、小结

唐代史料如《唐六典》，本身杂糅令式，且无明确法源区分的标记。因此，既不能因《唐六典》与《养老令》存在契合度颇高的文句，便径直判定该句为唐令，毕竟唐式成为日令的例子并非寡见[3]，

[1] 李锦绣亦认为“据唐令，诸色人给粮标准一致”。参见李锦绣：《唐开元二十五年〈仓库令〉所载给粮标准考——兼论唐代的年龄划分》，第238页。

[2] 李锦绣以《吐鲁番出土文书》所载“唐开元十八年请付夏季粮文书”（73TAM 506：4/1）所见“夏季粮九石”等记载推断，府史这类并非流外官者也被支给三口粮。参见李锦绣：《唐代财政史稿》第3册，第96页。

[3] 除本文所述《都官式》、泷川政次郎与仁井田陞所论《职方式》外，如《监门式》“分街”条、“殿门有敕夜开”条与日本《养老令·宫卫令》亦存源流关系。分别参见〔日〕笹山晴生：《补注·宫卫令》；〔日〕井上光贞等校注：《律令》，第619页；霍存福：《唐式辑佚》，第576页。

也不能因某些唐式被日令继受，便径直推断与该式规范内容相近的规范群皆为唐式，并最终成为日令。

自中田薰以降，唐令复原事业已逾百年。目前所复原的唐令大略分为两种，其一是文献中明确标记为“令”的条款，其二是对照日本《养老令》而在唐代史籍中找到的规范意义相当的“取意文”。就第二种复原而言，其暗含了一个先验的“理据”，即唐令与《养老令》之间属于封闭的继承关系，凡是与《养老令》的条文、字句乃至于旨趣相近或相同者，即为其移植所参照的母法——唐令。然而，唐式经移植而成为《养老令》立法之参考者亦有其例，这便使得上述“理据”面临相当风险。虽然通过比勘《天圣令》残卷与《养老令》可知，唐令与日本令之间的契合度相当之高，但唐令复原、唐式辑佚的目的之一便是区别唐代令、式两种法源，借此解明律令关系、提炼其中的法律原理与立法技术，若然因此“理据”之缺陷而导致令、式混淆，则复原也好、辑佚也罢，可谓功败垂成。

自《天圣令》残卷公布以来，以大津透为首的日本学术团队又再次启动了《新唐令拾遗》的编集计划，试图吸收《天圣令》带来的新知，重新检证既往的复原成果。以笔者愚见，虽然此项工程对于唐令复原本身而言，学术空间并不宽阔，然而若能逐一审视既往复原所依赖的“理据”、“原则”，进而重新思考唐代法源关系、法律史料编纂过程、唐日法律移植，乃至于东亚律令制之型构等命题，则更加令人期待。

唐前期西北的交通运输*
——以西州为中心

古怡青（淡江大学历史系）

一、研究缘起及目的

唐代牧马对国防、经济与外交都具有重要的地位，《新唐书》卷50《兵志》“监牧”条载：“议谓秦、汉以来，唐马最盛，天子又锐志武事，遂弱西北蕃。”唐代前期的马政，因官营牧场的“监牧制度”，成为历代牧马最成功的时代，可见唐代马政与帝国兴衰息息相关。无论研究唐代政治、军事、经济，或中西交通与丝绸之路，都必须涉及唐朝的马政与传驿制度。

唐朝在全国建立完备的交通体系——传驿制度，包含由主要干道与支线组织成的纵横交错的传驿路线，星罗棋布的驿馆与马坊，

* 本文为笔者2015年度台湾科技主管部门研究计划（编号MOST104—2410—H—032—001）补助专题研究计划成果之一。拙稿撰写期间获“中研院”历史语言研究所访问学人，并曾以“马政与传驿——以唐代西北交通运输命脉为重心的考察”为题，宣读于2014年8月23—24日中国人民大学主办的第八届中国中古史青年学者联谊会，承蒙评论人李芳瑶，及孟宪实、雷闻、罗彤华、赵璐璐、常彧、黄玫茵等诸位学者的宝贵意见及本刊张达志主编细心校阅，据此增补修改撰写而成，特此致谢！

及穿梭其中的马匹为主要交通与通讯工具，确保唐朝国家体制的正常运转，也建立了唐朝中原地区与周边民族间的联系，奠定唐朝版图与统一的稳固。

唐代“监牧制度”仰赖广大的牧地，牧场尤其集中于西北地区。唐中期吐蕃趁安史之乱，首先侵扰陇右，唐代丧失西北陇右监牧的广大牧场，失去战马，又因藩镇之乱使国家对交通贸易的统一管理日渐式微。8世纪后半叶，迫于军费开支压力，国家财政转变，开始出现贸易垄断，使得唐代在军事、财政上面临窘迫的困境。众所周知，安史之乱为唐代由盛而衰的转折点，前后期历经政治、经济、社会等重大变化。

本文探讨年代以唐朝立国至天宝十四载安史之乱（618—755）为限。安史之乱以前，唐政府以西北地区作为政治经济中心之一，此处也是陆上丝绸之路的必经之地，更是馆驿网络最密集地区和交通用马最活跃地区，值得深入研究。甘肃敦煌和新疆吐鲁番发现大量唐前期馆驿文书，为最宝贵的第一手资料，反映唐代前期西北地区馆驿与交通用马的情况。

唐代马、驴等牲畜交易地点在哪里？目前学界缺乏深入论述，为拙稿探讨重点之一。斯坦因所获塔里木盆地遗址所出汉文写本，均为唐代文书。新疆地区所出汉文文书包含社会经济生活、行政管理、军政事务、交通运输、馆驿制度与宗教文化等方面，内容涉及层面甚广，为拙稿提供了不可或缺的重要信息。

中国幅员广阔，交通运输占有重要地位。历代水路运输较发达，史料记载也较详尽，学界研究成果较丰富[1]；但史籍记载陆路运

[1] 相关研究参见〔日〕外山军治：《〈学界展望〉关于漕运的诸研究》，《东洋史研究》第3卷第2期，1937年，第142—155页；〔日〕清木场东：《关于唐代漕运里程与脚直》，《产

输较简略，学界研究也相对较少[1]。拙稿希冀在学界研究基础上[2]，从马政与传驿、监牧制度等面向着手，进一步论述唐代西州成为维系西北地区交通运输与政权运行的关键命脉，及其重要的价值地位。

二、西北地区的交通运输

唐代的公共交通网络，基本上是由首都与各州所建立的“驿道”及各州管辖下诸县联系的“县道”所组成[3]，不只用于公使往来的官方交通事务，亦可使用驿马与长行马，兼具私人经商贸易的交通路线性质。沿线设置驿馆，为官人、公使、商旅提供运输传递和供给饮食、休憩与住宿。

唐代的驿以首都长安的都亭驿为中心，向全国设置主要干线。《新唐书·地理志》记载隋唐驿道的交通布局可分为七条路线：

> 其入四夷之路与关戍走集最要者七：一曰营州入安东道，二曰登州海行入高丽渤海道，三曰夏州塞外通大同云中道，四曰中受降城入回鹘道，五曰安西入西域道，六曰安南通天竺道，七曰广州通海夷道。[4]

（接上页）业经济研究》26-3，1985 年，第 512—489 页；〔日〕清木场东：《唐代东南漕运路》，《产业经济研究》29-3，1988 年，第 490—459 页；〔日〕清木场东：《关于唐代水运》，《中国水利史研究》35，1991 年；张晓东：《汉唐漕运与军事》，上海书店出版社 2010 年版。

[1] 相关研究参见：郭平梁：《唐朝王奉仙被捉案文书考释——唐代西域陆路交通运输初探》，《中国史研究》1986 年第 1 期，第 136—145 页；孟彦弘：《唐代的驿、传送与转运——以交通与运输之关系为中心》，《唐研究》2006 年第 12 期，第 27—52 页。

[2] 有关传驿制度研究参见拙稿：《唐前期马政的管理机构——以西州为重心的考察》，《淡江史学》第 27 期，2015 年，第 165—167 页。

[3] 〔日〕荒川正晴：《唐朝交通系统》，《大阪大学大学院文学研究科纪要》第 40 卷，2000 年，第 262—268 页。

[4] 《新唐书》卷 43《地理志下》，“羁縻州”条，中华书局 1975 年版，第 1146 页。

这七条干线中，除两条为水路外，其余五条均为陆上交通。以长安都亭驿为主的七条路线中，尤以中受降城入回鹘道、安西入西域道的西北线为唐代政治经济军事命脉的要道。

唐朝首都长安，面临突厥、回纥等北方强邻，及吐蕃的西方强邻，首当其冲之地为河套与西域地区，唐朝防御以黄河与西北方的驿道为重心，调配兵力与牧养军马才能形成长安西北方有力的防护网。

唐代在碛西地区创置最高军政长官为碛西节度使，有权调动安西大都护府、北庭都护府的兵力。但此职多为亲王并不赴任，形同虚衔，实际主管边防的军政长官为安西大都护或安西副大都护、北庭都护。唐玄宗后期安西副大都护与北庭都护，几乎都兼加节度使衔，故安西道实指安西节度使，北庭道实指北庭节度使。[1] 此外，还有因紧急任务而临时调集的行军部队，如疏勒军、玉河军、金牙军、萧乡军、金山军、昆丘军等。

唐朝的军是道下辖区最高军事单位，也是保卫西陲疆域的主力兵团，统辖数千至数万名汉军，屯驻于天山南北的各城重镇。开元二十一年（733）西北地区部署重兵与战马，如安西节度使在安西都护府，管戍兵 24000 人，马 2700 匹；北庭节度使在北庭都护府，管兵 20000 人，马 5000 匹；河西节度使在凉州武威郡，管兵 73000 人，马 19400 匹；陇右节度使在鄯州，管兵 75000 人，马 10600 匹。[2] 四镇共计兵 192000 人，马 37700 匹，远超过安禄山身兼三镇兵 183500

---

[1] 薛宗正：《安西与北庭——唐代西陲边政研究》第 7 章“唐代碛西的军政建置与交通开辟”，黑龙江教育出版社 1998 年版，第 348—350 页。

[2] 《旧唐书》卷 40《地理志》，“河西道条”，中华书局 1975 年版，第 1645 页。《通典》卷 172《州郡典》，“序目 · 大唐”条，中华书局 1988 年版，第 4479—4482 页。

人、马2600匹，更超过关中招募彍骑十二万兵力。可谓唐代精兵猛将、精良战马全聚集于西北地区。

本文所指的西州为北朝的高昌国，源于十六国高昌郡，即今新疆吐鲁番地区。隋炀帝时曾派裴矩驻张掖，主持西域联系及商业交通往来。隋末吐谷浑控制河西走廊，后来伊犁河下游、楚河、锡尔河、阿姆河流域一带被西突厥制约，通往西域商路一度被阻断。

唐太宗为重新开通西域商路，贞观九年（635）派大将李靖、侯君集、李道宗等率兵攻打吐谷浑，打通河西走廊。唐朝又挥军西进，平服高昌、焉耆、龟兹，恢复巴尔喀什湖以南及以东地区与内陆联系，达到控制西域、保护商路的目的。

隋唐击退西突厥后，丝绸之路发展达到鼎盛，在天山南北地区，先后设置北庭、安西都护府及都督府和州县，因保卫地方的军事需要，在军、镇、守捉驻扎军队，保护往来丝路客商的安全。

唐朝为积极地控制天山南北，贞观十四年（640）八月平高昌后，始置西州为边镇[1]，下辖高昌、交河、蒲昌、柳中和天山五县。[2]同年九月二十一日置安西都护府于西州交河城[3]，但仅维持两年，贞

[1] 以往史籍关于设置西州都督府记载混乱，但西州非西州都督府，两者为不同组织，《通典》卷174《州郡典》，第4558页："至大唐贞观十四年，讨平之，以其地为西州，本高昌国界，东西八百里，南北五百里，垦田九百顷。置都督府，后改为金山都护府，或为交河郡。"《旧唐书》卷40《地理志》，第1644—1645页："西州中都督府本高昌国。贞观十三年，平高昌，置西州都督府，仍立五县。显庆三年，改为都督府。天宝元年，改为交河郡。乾元元年，复为西州。……高昌……贞观十四年，讨平之，以其地为西州。"相关论证，参见柳洪亮：《新出吐鲁番文书及其研究》，新疆人民出版社1997年版，第365—367页。

[2] 《旧唐书》卷3《太宗本纪》，第51页："（贞观十四年）八月庚午，……交河道行军大总管侯君集平高昌，以其地置西州。"

[3] 王永兴考证贞观十四年九月乙未朔，乙卯为二十一日，《唐会要》卷73《安西都护府》作二十二日为误，应从《资治通鉴》卷195，"唐太宗贞观十四年"条，以及《旧唐书》卷3《太宗本纪》。参见王永兴：《唐代前期安西都护府与四镇研究》，见氏著：《唐代经营西北研究》，兰州大学出版社2010年版，第93页。

观十六年（642）九月，安西都护府由交河迁至高昌县。贞观二十二年（648），攻下龟兹（今库车），同时在龟兹、焉耆、于阗、疏勒四地设置军镇，称“安西四镇”。高宗显庆三年（658），将安西都护府移至龟兹。为弥补安西都护府西迁后所造成的西州空虚，将西州升为中都督府，以加强防卫。唐朝在西州地区设置折冲府，为府兵的军府；高昌县设前庭府，属上等府，有1200人；交河县设岸头府，属中等府，有1000人；蒲昌县、柳中县设蒲昌府；天山县设天山府[1]，与蒲昌府均属下等府，有800人。

唐代藉由西州得以进军西域。天宝元年（742）改西州为交河郡都督府，乾元元年（758）复为西州都督府。自此，除咸亨元年（670）至长寿元年（692）共22年西域被吐蕃所占以外，至天宝十四载（755）安史之乱前，唐朝一直有效控制西域，内地与西域交通畅通无阻。[2]直到贞元七年（791）或八年陷于吐蕃后，唐朝才不能再控制西州。

三、西州为西北的交通转运站

西州地处天山东部南麓，气候温和，土地肥沃，有隐蔽的山谷草地，种植苜蓿、秋茭等粮草，兼有灌溉之利的绿洲盆地，可谓宜耕宜牧。

西州具有居中的地理位置，成为天山东部交通的总枢纽，交通路线四通八达。西州向东，进入河西走廊，经陇右达长安；向北穿越天山，进入北疆，达庭州、轮台，至弓月等民族地区；向西南，

[1] 参见拙著：《唐代府兵制度兴衰研究——从卫士负担谈起》附表二《唐十道折冲府数表》，台北新文丰出版股份有限公司2002年版，第541页。

[2] 孙晓林：《唐代的西北交通》，《文史知识》1997年第3期，第11—12页。

经焉耆、龟兹、疏勒，可达中亚各国。[1]其地处中亚经济交流的要冲，也是丝绸之路的重要据点。

西州的交通线，东接伊州、瓜州、沙州与长安相通，西南接焉耆、龟兹，为东西丝绸之路的枢纽，北通庭州、北庭都护府，东南接敦煌。由斯坦因第三次中亚探险所获汉文文书 Ma.No.301—Ast. Ⅲ.4.095 号记录长行马最大活动范围以西州为中心，分为东线、西线、北线与南线四条大道（图 1）。

（一）东线：西州—伊州—凉州

由西州向东至伊州至长安路线如下：

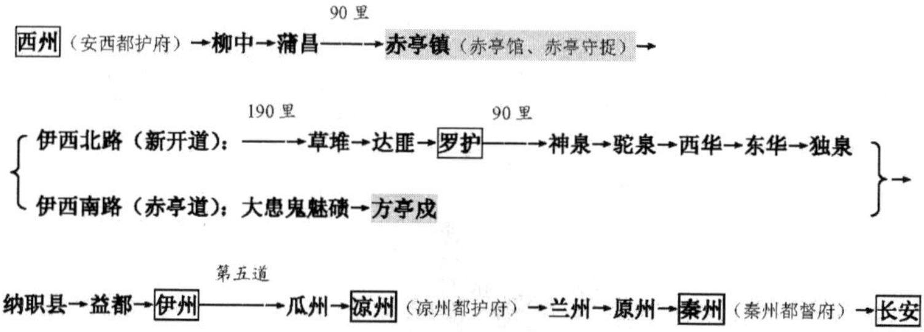

西州往伊州的驿道有两条南北路径：一是伊西北路，即新开道；二是伊西南路，即赤亭道。此外，西州往东南至沙州有大海道，伊州至沙州有稍竿道，伊州至瓜州有第五道。

[1] 程喜霖考证 P2009《西州图经》记载西州的东、西、北三条道路是丝路西段最重要的一段，其中以中道为长安通西域的主要干道。参见程喜霖：《唐〈西州图经〉残卷道路考》，见唐长孺主编：《敦煌吐鲁番文书初探二编》，武汉大学出版社 1990 年版，第 533—554 页。

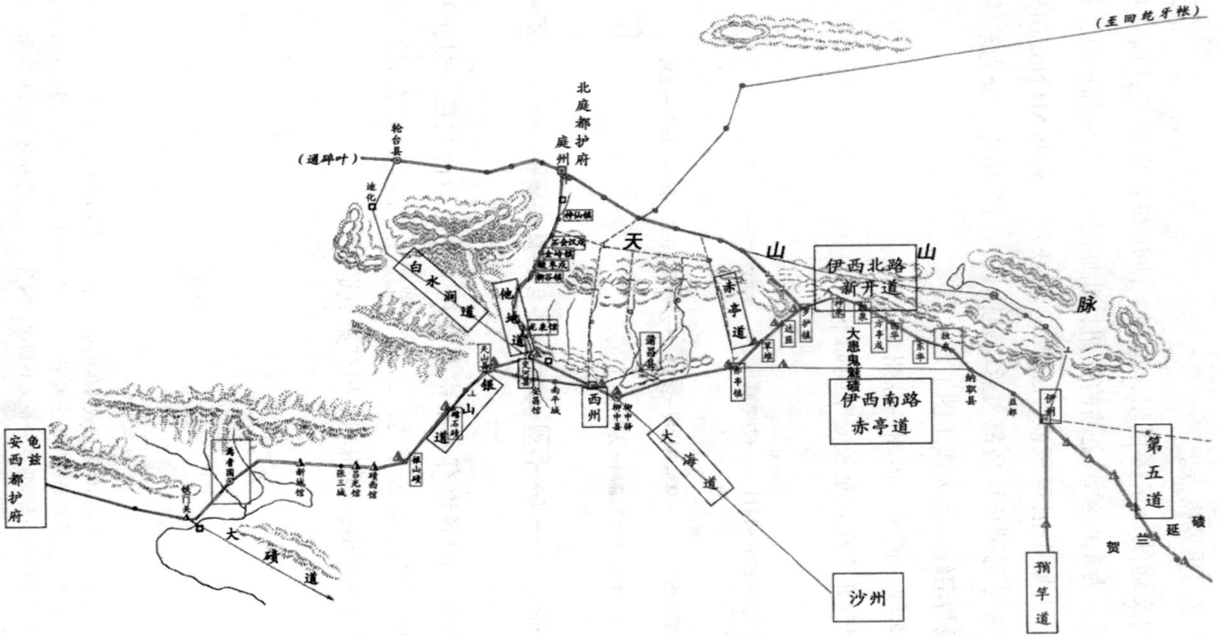

图 1　唐代西州交通路线图

资料来源：本图绘制，根据严耕望：《唐代交通图考》第 2 卷《河陇碛西区》，图九“唐代瓜、沙、伊、西、安西、北庭交通图”修改而成，亦增补荒川正晴：《欧亚交通·交易与唐帝国》，名古屋大学出版会 2010 年版，第 594—595 页，付图 3“8 世纪敦煌·吐鲁番周边的馆·镇戍分布图”。

1. 伊西北路（新开道）

唐代前期西州长行坊送迎客使常走伊西北路，见《西州图经》载[1]：

5 新开道

6　右道出蒲□

7　观十六年□

8　有泉井□

9　之阨，今见阻贼不通。

伊西北路（新开道）为贞观十六年（642）以后常用的新道，此条道路傍天山南麓而行，沿途多有泉水，另见《唐光启元年书写沙州伊州地志残卷》记载[2]：

41 伊吾县。在郭下。公廨三百一千一十五，户一千六百一十三，乡四。……

53 时罗漫山与柔远县分管。源泉水县北十里。第二水县东北五里。

54 第三水，县东北九里。凡三水接临崖涌出，南流入碛即绝。火……

61 纳职县。下。东去州一百廿。公廨二百一十五千，户六百三十二，乡七。……

66 城北泉，去县廿里，在坎下涌出，成湍流，入蒲昌海也。……

[1] 唐耕耦、陆宏碁编：《敦煌社会经济文献真迹释录》第 1 辑，全国图书馆文献缩微复制中心 1990 年版，第 54 页。

[2] 同上书，第 40—41 页。

又见《新唐书》卷40《地理志》“陇右道·陇右采访使·伊州·纳职”条注详细记载此道具体走向：

> 贞观四年以鄯善故城置，开元六年省，十五年复置。南六十里有陆盐池。自县西经独泉、东华、西华、驼泉，渡茨萁水，过神泉，三百九十里有罗护守捉；又西南经达匪、草堆，百九十里至赤亭守捉，与伊西路合。

伊西北路的新开道路线是由伊州西行，经过益都、纳职县，经独泉、东华、西华、驼泉，过神泉，390里有罗护守捉，又西南行经达匪、草堆，过190里至赤亭守捉，与伊西南路（即赤亭道）会合。可见罗护守捉、达匪、草堆不在伊西南道的大患鬼魅碛内。此道里程比伊西南路（赤亭道）多160里，但水草充沛，便于行旅。

罗护是唐朝西州东线往伊州的要隘，地理位置关键。据编号Ast. Ⅶ. 2号墓出土《唐天宝八载罗通牒为检见在仓粮事》及《唐天宝八载罗通牒尾判》文书[1]，可知罗护设有镇，镇有仓，仓粮由西州调拨供给。

吐鲁番阿斯塔纳506号墓出土《唐天宝十三载交河郡长行坊具一至九月踖料破用帐请处分牒》文书[2]，透露出唐天宝十三载（754）交河郡长行坊给罗护馆的马踖料纪录。《唐天宝十四载柳中县具属馆私供马料帐历上郡长行坊牒》文书[3]，柳中县上郡长行坊的帐历，报告诸馆坊马料，除由郡支供外，还因用支不够，向私家踖子李福儿

---

[1] 陈国灿：《斯坦因所获吐鲁番文书研究》，武汉大学出版社1995年版，第312—313页。

[2] 中国文物研究所、新疆维吾尔自治区博物馆、武汉大学历史系编：《吐鲁番出土文书》第四册，文物出版社1996年版，第480—488页。

[3] 同上书，第436—443页。

贷便供给的明细账。

唐朝设立传驿制度，一方面为了战争防御的需要，另一方面也为供应驿使人马而设有馆驿。如《唐天宝十四载柳中县具属馆私供马料帐历上郡长行坊牒》文书记载[1]：

86 ▭别将朱承泰状称：在馆客使繁闹，准牒每季支帖马料参拾硕，并已食尽，季终

罗护除有镇、馆外，还有规模较大的马坊，马多达100匹。可见罗护馆应为大馆驿，供给往来客使非常繁忙。罗护不仅设馆驿，也设镇所，有伊州负责的烽戍，还有马坊、仓库。

2. 伊西南路（赤亭道）

由西州向东先抵达柳中、蒲昌，约再向东90里，到达赤亭镇，并建赤亭馆驿，穿越大患鬼魅碛，先经过方亭戍（今名十三间房），至纳职县（今名拉布楚克），抵达伊州。《西州图经》载[2]：

2 赤亭道

3 右道出蒲▭

4 碛卤杂沙▭

此条交通路线为唐代赤亭道，又名伊西南路，通往伊州与西州的南道。[3]《宋史》卷490《高昌国传》记载王延德《使高昌记》所走的

[1] 中国文物研究所、新疆维吾尔自治区博物馆、武汉大学历史系编：《吐鲁番出土文书》第四册，第436—443页。

[2] 唐耕耦、陆宏碁编：《敦煌社会经济文献真迹释录》第1辑，第54页。

[3] 相关考证，参见〔日〕日比野丈夫：《唐代蒲昌府文书研究》，《东方学报》33，1963

路线：

> 次历纳职城，城在大患鬼魅碛之东南，望玉门关甚近。地无水草，载粮以行，凡三日，至鬼谷口避风驿，用本国法设祭，出诏神御风，风乃息。

此条路径虽走直线，里程近，但因是沙碛地，既无水草，又多热风，行旅多不行此道，而是循有水草的北路往来。伊西南路因道路平坦，里程近，尽管有风险，使者、马子、商旅仍常取此路通行或运送货物。如玄奘西行至伊州后往高昌，就是走伊西南路。[1]

伊西南路上赤亭镇之所以成为“赤亭口”，在于其是伊州往西州南、北二道的交汇点，形成要冲关口，设有赤亭馆，馆内有长行马坊。[2]据上述《唐天宝十四载柳中县具属馆私供马料帐历上郡长行坊牒》文书[3]，赤亭长行马坊常备有马100匹，马坊总管为张景□，马踖料不足时，也从柳中县私家借贷。

据《唐神龙元年高昌县贾才敏等牒为长行马死方亭戍东事》编

（接上页）年，第267—314页；严耕望：《唐代交通图考》第2卷《河陇碛西区》篇02《长安西通安西驿道下——凉州西通安西驿道》，“中研院”历史语言研究所1985年版，第455页；程喜霖：《唐〈西州图经〉残卷道路考》，见唐长孺主编：《敦煌吐鲁番文书初探二编》，第538页。

[1] 慧立、彦悰：《大慈恩寺三藏法师传》，中华书局1983年版，第18页：“涉南碛，经六日至高昌界白力城”。陈国灿考证伊州城与蒲昌城在同一纬度上，由伊州往西，以六天时间穿大沙碛南部，直达蒲昌城，只能走伊西南路。参见陈国灿：《唐西州在丝绸之路上的地位和作用》，见《唐史论丛》第9辑，2007年，第137—138页。

[2] 唐高宗、武周时期，馆驿多称“驿”，如达匪驿、狼泉驿；唐玄宗时改称“馆”，如狼井馆、赤亭馆。参见陈国灿：《唐西州蒲昌府防区内的镇戍与馆驿》，见《魏晋南北朝隋唐史资料》第17辑，2000年，第85—106页。

[3] 中国文物研究所、新疆维吾尔自治区博物馆、武汉大学历史系编：《吐鲁番出土文书》第四册，第436—443页。

号 Ast. Ⅲ. 4.083、084、089 Ma303 文书[1]，神龙元年（705）四月，高昌县人贾才敏被差逐长行马六匹送往伊州，回至方亭戍东 30 里时，一匹马忽患急黄致死，当地为枯碛，马肉无人买，只领马皮交付公验，其余五匹马安全送到伊州。可见伊州往西州途中先经过方亭戍，才到达赤亭镇。[2]

据斯坦因所获吐鲁番编号 Ast. Ⅲ.4 号墓出土《唐神龙三年赤亭镇牒为长行马在镇界内困死事》文书[3]，马子赵某送押长行使阴质至伊州，回至赤亭镇东 35 里，长行马荡乏困死营内，主帅白文悊检校马确实为乏困致死，但沙碛之地马肉无人可卖，故弃掷不收，唯能剥马皮及印听从镇将梨月裁示，镇将判马子将马皮向州输纳，由史郭斌向伊州勾录事李文惠上呈牒文。

3. 大海道：西州—沙州—瓜州—凉州

由西州往柳中，东南通沙州，至敦煌的道路称为“大海道”。《西州图经》载[4]：

> 22 大海道
> 23 右道出柳中县界，东南向沙州一千三百六十
> 24 里，常流沙，人行迷误，有泉井咸苦，无草，行
> 25 旅负水担粮，履践沙石，往来困弊。

---

[1] 陈国灿：《斯坦因所获吐鲁番文书研究》，第 37、264 页。

[2] 在此驿道上另有“方亭戍”，但未见有“赤亭戍”的记载，可能位在赤亭镇以东，应为两地，不应混为一谈。陈国灿认为马伯乐（H. Maspero, *Les Documents Chinois*, p.143 Ma303）误将“方亭戍”释为“赤亭戍”，相关考证，参见陈国灿：《斯坦因所获吐鲁番文书研究》，第 37、264 页。

[3] 陈国灿：《斯坦因所获吐鲁番文书研究》，第 261—263 页。

[4] 唐耕耦、陆宏基编：《敦煌社会经济文献真迹释录》第 1 辑，第 54 页。

十六国时期此道仍有人马通行，但因穿越沙漠，缺水草，行旅必备饮水与粮食，途中又常遇流沙而迷路，此道艰辛如此，故人烟罕至，唐代多已废弃。因此由西州通往瓜州、沙州、甘州、凉州等地，均由伊州为转运站。

唐前期西北地区，除西州以外，伊州、凉州亦为重要转运站。凉州（今武威），西控西域，北阻回纥，南遏吐蕃，为唐朝西北重镇，地处中西交通安西入西域道的要冲，逐渐取代甘州，成为河西地区商业核心城市。[1] 由凉州至安西都护府相去5000里，有道通达，为唐代西通西域中亚的交通孔道，也是唐代前期控制西域中亚的工具，故此道路为唐代国际交通的第一重要路线，全程皆置驿。[2]

凉州武威郡设河西都护府，为盛唐时期西北地区政治军事经济文化的中心，极为繁荣。张籍《凉州词》："无数铃声遥过碛，应驮白练到安西。"[3] 西州市场中能见到内地出产的纺织品，可知当时长安与西域间交通频繁、商贸发达。

凉州也是西州东线的重要运输转运点。据大津透等学者恢复的《仪凤三年度支奏抄、四年金部旨符》，其内容记载了西州都督府接到中央尚书省发给金部旨符后所施行的度支奏抄。其中记载由剑南诸州所收的庸调送至凉州都督府管辖，每年伊州贮物3万段、瓜州贮物2万段，此或许为针对西域军事紧张形势所制订的军物运输规定。秦州也是凉州至长安之间的重要转运站，文书H17—19记载陇右道的秦州都督府及凉州都督府送纳绢等规定，F′1—E′1是长川镇

[1] 相关研究，参见〔日〕前田正名：《河西历史地理学研究》，吉川弘文馆1964年版；宁欣：《隋唐五代的城市与交通》，见氏著：《唐史识见录》，商务印书馆2009年版，第273页。

[2] 严耕望：《唐代交通图考》第2卷《河陇碛西区》篇10《长安西通安西驿道下——凉州西通安西驿道》，第421页。

[3] 《全唐诗》卷386张籍《凉州词》，中华书局1992年版，第4357页。

一年所需物料由秦州计算贮纳，物资先送至秦州，再送到原州。[1] 伊州再将收到物资送往西州。可见唐代军需物资不是由两京运送，而是由度支主掌财政指示邻近各州直接送往边境。

凉州亦为西北运送马匹与流人的重要转运站，《唐六典·刑部》与《天圣·狱官令》“唐 5 条”均记载唐代将流移人集中在凉州都督府，再送至西州、伊州。[2] 由凉州都督府为主要转运点，派专使送至安西四镇、北庭地区，再分批运送至各地州县配所。安史之乱后，陇右没于吐蕃，所以不再流配西州、伊州。

（二）西线：西州—龟兹

由西州向西，经焉耆至龟兹的路线如下：

银山道　220 里

西州（安西都护府）→**交河县**→**天山县**———→**礌石碛**———→**银山碛**→**焉耆镇**→

铁门关→**龟兹镇**（库车）（安西都护府）

由西州向西行经交河县、天山县，通焉耆、龟兹往西南行的道路称为“银山道”。《西州图经》载[3]：

35 银山道

36　右道出天山县界，西南向焉耆国七百里，多

37　沙碛卤，唯近峰足水草，通车马行。

---

[1] 〔日〕大津透：《日唐律令制的财政构造》第一章“关于唐律令国家预算”，岩波书店 2006 年版，第 36、58 页。

[2] 《唐六典》卷 6《刑部》，“郎中员外郎”条，第 190 页，注云：“若妻子在远，预为追唤，待至同发。配西州、伊州者，送凉府；江北人配岭南者，送桂、广府；非剑南人配姚、嶲州者，送付益府，取领即还。其凉府等各差专使领送。所领送人皆有程限，不得稽留迟滞。”《天一阁藏明钞本天圣令校证》卷 24《狱官令》（校录本），附唐 5 条，第 340 页。

[3] 唐耕耦、陆宏碁编：《敦煌社会经济文献真迹释录》第 1 辑，第 55 页。

银山道虽有沙碛，但水草足，车马仍可通行。《新唐书》卷 40《地理志》“陇右道 · 陇右采访使 · 西州交河郡”条注记载较详细：

> 自州西南有南平、安昌两城，百二十里至天山西南入谷，经礌石碛，二百二十里至银山碛，又四十里至焉耆界吕光馆。又经盘石百里，有张三城守捉。又西南百四十五里经新城馆，渡淡河，至焉耆镇城。

可知银山道沿途馆驿是西州城—南平城—安昌馆—天山馆—礌石馆—碛西馆—吕光馆—张三城守捉—新城馆—焉耆。

唐代西北边州的长行坊为直接归州县管辖的交通机构。以西州为转运站，马匹与草料先运到交河县，再依次送往天山县馆、礌石碛馆、银山碛馆。《唐开元十九年正月至三月西州天山县到来符帖目》记载各县也设有长行坊和长行马。

（三）北线：西州—庭州（北庭都护府）

由西州向北至庭州（北庭都护府）路线如下：

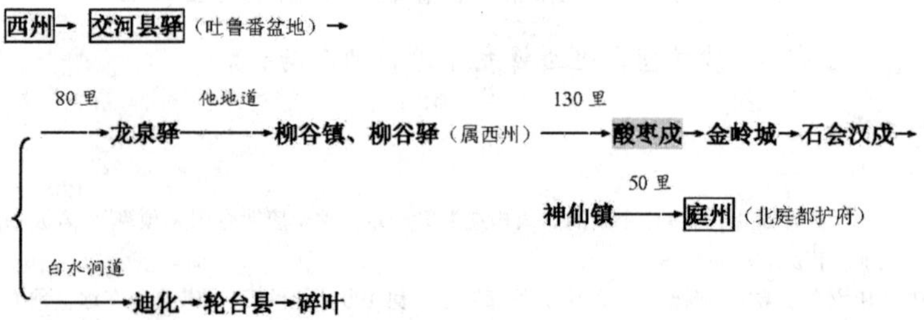

西州往北的驿道有两条路径：一是他地道，二是白水涧道。

1．他地道

他地道由西州往北通庭州，交河县驿北行 80 里至龙泉驿，向北行 130 里至金岭城，为戍守重地。《西州图经》载[1]：

29 他地道

30 右道出交河县界，至西北，向柳谷，通庭州西

31 百五十里，足水草，唯通人马。

他地道出交河县界，向西北途中经属西州的柳谷镇，北行 180 里至庭州，庭州南 50 里为神仙镇，此道 450 里，足水草、通人马。[2] 由西州至庭州的交通要道，沿途设有馆驿，见《新唐书》卷 40《地理志》"陇右道·陇右采访使·西州交河郡"条注云：

自县北八十里有龙泉馆，又北入谷百三十里，经柳谷，渡金沙岭，百六十里，经石会汉戍，至北庭都护府城。

由上述陈国灿考证他地道沿途馆驿：交河馆—石舍馆（龙泉馆）—酸枣馆—柳谷馆—金娑馆—石会汉戍—北庭。[3]

据阿斯塔那 3 区 4 号墓编号 Ast. Ⅲ. 4.094 Ma302《唐神龙元年西州都督府兵曹处分死马案卷》文书[4]，马子高怀从西州领得长行回马，将送往北庭道上，经柳谷镇停留三日发向酸枣戍途中，长行马在柳谷镇南 5 里忽然急黄致死。因此请差典孙怀俊、高庆检校，确定长

[1] 唐耕耦、陆宏碁编：《敦煌社会经济文献真迹释录》第 1 辑，第 55 页。

[2] 严耕望：《唐代交通图考》第 2 卷《河陇碛西区》篇 14《北庭都护府通伊西碎叶诸道》，第 594 页。

[3] 陈国灿：《唐西州在丝绸之路上的地位和作用》，见《唐史论丛》第 9 辑，第 140—141 页。

[4] 陈国灿：《斯坦因所获吐鲁番文书研究》，第 249—253 页。

行马病死属实，但勒令马子将死马剥皮肉收执，由柳谷镇状上西州听裁，牒文末有主帅胡元广、槽头翟德义、兽医车智隆、兵曹参军程待訔画押。

可知柳谷镇在防务、具体军事作战上，为基层军事机构，具体调度上，完全听命于西州都督府的兵曹参军或都督指挥。

2. 白水涧道

由西州至交河县、天山县往西，进山谷路，称白水涧道。《西州图经》载[1]：

> 32 白水涧道
> 33 右道出交河县界，西北向处月已西诸蕃，
> 34 足水草，通车马。

白水涧道是沿着白杨河河谷穿越天山山谷，途经白水镇，达天山北麓的道路。此道水草充足，可通车马，但因直抵鹰娑川草原及突厥牧地，沿途设置烽铺，由于西域外患环伺，不设置馆驿，为西州面对西方的重要军事交通路线。

四、西州为西北的交通运输中心

唐代前期积极向西北开疆拓土，战争的军需品是由江南和剑南各州的庸调等赋税而来，以凉州、秦州为转运站，通过西北地区的驿道，运送到西北边境各军事要塞。由西北往内陆的交通路线中，西州为交通运输的转运中心，连接凉州、秦州与边塞驿道，具有重

[1] 唐耕耦、陆宏碁编：《敦煌社会经济文献真迹释录》第 11 辑，第 55 页。

要的军事功能，与江南、剑南各州的税赋运输路线连在一起，成为支撑唐帝国的重要交通运输动脉。[1]

以西州为中心的交通运输，可分为讯息传递、物资运输与人员传递三方面。

（一）讯息传递

由官府的公文书和官员、商旅往来的过所记录，可知西州为唐代讯息传递的转运中心。

1. 西州的官府文书

吐鲁番文书发现“西州都督府之印”、“高昌县之印”、“天山县之印”、“蒲昌县之印”、“柳中县之印”、“安西都护府之印”，印鉴款式大小相同，“均约五厘米见方，篆书阳文两行”[2]，都是地方政府的正式官印，见图2“吐鲁番出土文书中已发现印鉴”。

图2中“安西都护府之印”为贞观二十三年（649）文书，安西都护府已迁至高昌县。由于安西都护各自行文，西州刺史行文各县，同时期文书中并存“安西都护府之印”与“西州之印”，亦可证明西州与安西都护府隶属不同的组织。

此外，1981年8月初，吐鲁番地区鄯善县吐峪沟千佛洞出土81SAT：2《唐西州下宁戎、丁谷等寺帖为供车牛事》文书，唐代西州治所的高昌故城北面十余公里的柏孜克里克千佛洞，和东北十余公里的吐峪沟千佛洞就是文书中的“宁戎寺”和“丁谷寺”。文书具体年代为贞观十四年（640）至显庆三年（658）期间，文书大意为西州官府下宁戎寺、丁谷寺各征用一辆车牛的一件帖，钤有方形朱

---

[1] 〔日〕荒川正晴：《唐过所与贸易通道》，欧阳晖译、朱新校，《吐鲁番学研究》2005年第1期，第45页。

[2] 新疆维吾尔自治区博物馆、西北大学历史系考古专业：《1973年吐鲁番阿斯塔纳古墓群发掘简报》，《文物》1975年第7期，第8—26页。

西州都督府之印（据开元二十一年《为孟怀福请归行粮关仓曹》摹制，509号墓出土）

高昌县之印（据《高昌县为麹嘉琰请过所状》摹制，509号墓出土）

天山县之印（据《天山县上都督府状》摹制，509号墓出土）

蒲昌县之印（据开元二十一年《蒲昌县注定户等申州状》摹制，509号墓出土）

柳中县之印（据残户籍摹制，508号墓出土）

安西都护府之印（据贞观二十三年残文书摹制，210号墓出土）

图2　吐鲁番出土文书中已发现印鉴

资料来源：新疆维吾尔自治区博物馆、西北大学历史系考古专业：《1973年吐鲁番阿斯塔纳古墓群发掘简报》，《文物》1975年第7期，第13页。

泥“西州之印”印鉴一方，为现存西州唯一的印鉴。[1]《唐西州下宁戎、丁谷等寺帖为供车牛事》为唐代西州的正式官方文书，证实西州行使地方政府征发徭役的职务。

由于西州在军政经济上亦具有重要地位，而唐武德七年（624）已改革行政机构，都护府设都护，都督府设都督，州设刺史。[2]上述贞观十四年九月二十一日安西都护府设在西州交河城的两年期间，乔师望为安西都护府第一任都护。贞观十六年（642）九月，安

[1] 柳洪亮按照方位、道里推算高昌故城附近，就是文书中“宁戎寺”和“丁谷寺”，并指出“西州之印”为目前存世唯一的一件印鉴，具有极高文物价值，参见氏著：《新出吐鲁番文书及其研究》，新疆人民出版社1997年版，第123、364、370页。

[2] 《通典》卷172《州郡典二》，第4478页：“大唐武德初，改郡为州，太守为刺史，其边镇及襟带之地，置总管府以领军戎。至七年，改总管府为都督府。”

西都护府由交河迁至高昌县后，郭孝恪以凉州都督行安西都护、西州刺史，督西州、伊州、庭州诸军事，亦为安西都护府第二任都护。[1]

唐代安西都护府初设时，辖西、伊、庭三州。贞观十八年（644）郭孝恪率兵出银山道，攻取焉耆。贞观二十年继续向西进军龟兹，都是履行安西都护的职责。唐代制度中，安西都护府与西州属不同层级的机构，职能分明[2]，可知安西都护府不可能亲躬西州事务，郭孝恪以安西都护身兼西州刺史，兼领军、镇两种不同身份，两单位合署办公，当为特殊情况。[3] 由于西域地广人稀、运输困难，边疆用兵多依靠当地物产，安西都护远征长达一年之久，表示西州自身必须有一套完善的管理机构，以便在安西都护府迁离后，从容应付多变的形势。

2. 西州的过所与公验

唐朝在首都和各州间形成发达的交通网络，由州发放的“过所”与“公验”（即官方认可行牒）成为政府管理公私行旅的措施，取消运输税和交易税，建立官方认可离开“本贯”的行商和“兴胡”的登记制度[4]，以便统一管理全国的商业活动。

藉由敦煌吐鲁番存世的公验过所文书记载行客路经的道路，可

[1] 参见《资治通鉴》卷196，“唐太宗贞观十六年”条；《旧唐书》卷83《郭孝恪传》；《册府元龟》卷398《将帅部·抚士卒》。

[2] 《新唐书》卷49《百官志》，“外官·都护府”条，第1317页：“都护掌统诸蕃，抚慰、征讨、叙功、罚过，总判府事。”《旧唐书》卷44《职官志》，“州县官员·京兆河南太原等府”条，第1919页：“刺史掌清肃邦畿，考核官吏，宣布德化，抚和齐人，劝课农桑，敦敷五教。”

[3] 陈国灿亦论证永徽时期，安西都护府与西州合署办公，参见陈国灿：《吐鲁番出土汉文文书与唐史研究》，见黄约瑟、刘健明合编：《隋唐史论集》，香港大学亚洲研究中心1993年版，第295—296页。

[4] 〔日〕荒川正晴：《唐过所与贸易通道》，欧阳晖译、朱新校，《吐鲁番学研究》2005年第1期，第43页。

以了解唐代的交通情况，更可从中得知西州成为西北地区的交通枢纽，情况详见表 1。

表 1 中，唐代七件公验过所记载行客皆以陆上丝绸之路中道西段的西州为枢纽站，作为转换公验过所的中心[1]，向东、西、北都可走。西州向东沿伊西路经伊州、沙州、瓜州，过玉门关、凉州、兰州通长安；向西走银山道经焉耆，渡铁门关至龟兹；向北走安西路北道上的庭州（北庭都护府），经轮台，通碎叶。

由表 1 唐代过所中申请人的身份及所经路线可知，西州不仅是军事重镇，也是民间的交通贸易路线。表 1 中《唐开元二十年瓜州都督府给石染典过所》[2] 文书中有五处朱印，文件首印为“瓜州都督府之印”，中间三印为“沙州之印”，尾部有“伊州之印”。开元二十年（732）石染典运驴十头欲往安西交易，希望通过铁门关镇、戍、守捉获准判给过所，但必先得到瓜州发给石染典的过所，其次是瓜州和伊州之间关防依次勘验，三月十九日得悬泉守捉高宾、常乐守捉官果毅孟进勘过的押印、三月二十日苦水守捉押官年五用勘验准予通过、三月二十一日盐池守捉押官健儿吕楚珪勘过押印，进而得到沙州与伊州的过所，直到四月六日伊州刺史张宾发给石染典在伊州的过所。由石染典所经的路径可知，他并未由瓜州穿越沙漠走第五道至伊州，而是绕道沙州略做停留再经稍竿道至伊州。再由伊州至西州，通过铁门关抵达安西。

由石染典过所可知，每经过一州，都得请求得到通往下一州的过所许可，持有过所便可脱离主驿道，在连通各州的官道上交易或旅行，可见过所不仅是单纯交易旅行的驿道，也具有紧密联系各州

[1] 程喜霖：《唐代过所研究》，第 219—221 页。

[2] 中国文物研究所、新疆维吾尔自治区博物馆、武汉大学历史系编：《吐鲁番出土文书》第九册，文物出版社 1990 年版，第 40—43 页。

表 1　唐前期西州的公验、过所与交通贸易表

项目 / 公验过所	年代	审批机关	文书性质	申请人	交通路线	出处
唐贞观二十二年庭州给米巡职公验	贞观二十二年（648）	庭州	公验（副本）	兴胡米巡职	庭州—西州	《吐鲁番出土文书》第七册 73TAM221：5
唐垂拱元年康尾义罗施请过所案卷	垂拱元年（685）	西州	请过所案卷	兴胡康尾义罗施等	安西四镇—西州—长安	《吐鲁番出土文书》第七册 64TAM29：17（a），95（a），108（a），107，24，25
唐开元二十年瓜州都督府给石染典过所	开元二十年（732）	瓜州	过所（正本）	兴胡石染典	瓜州—沙州—伊州—西州—安西	《吐鲁番出土文书》第九册 73TAM509：8/13
唐开元二十一年西州都督府给石染典公验	开元二十一年（733）	西州	公验（副本）	兴胡石染典	西州—伊州	《吐鲁番出土文书》第九册 73TAM509：8/（a）
唐开元二十一年康益谦、薛光泚、康大之请给过所案卷	开元二十一年（733）	西州	请过所案卷	唐益谦、薛十五娘	安西—西州—长安—福州	《吐鲁番出土文书》第九册 73TAM509：8/4-1（a），23（a），4-2（a）
				薛光泚	西州—陇右甘州	
				康大之	西州—轮台	
唐开元二十一年西州都督府案卷为勘给过所事	开元二十一年（733）	西州	请勘给过所案卷	曲嘉琰	西州—陇右临洮军	《吐鲁番出土文书》第九册 73TAM509：8/8（a），16（a），14（a），21（a），15（a）
				孟怀福	安西—西州—坊州	
				王奉仙	安西—西州—京兆府	
				蒋化明	西州—庭州	
				兴胡史计思等	轮台—西州	
唐年某往京兆府过所	开元末至天宝之初	西州	过所（副本）	年某	西州—京兆府	《吐鲁番出土文书》第八册 72TAM228：9

资料来源：改自程喜霖：《唐代过所研究》附表二“唐公验过所文书一览表”，中华书局 2000 年版，第 219—220 页、308—309 页。

郡的作用。[1]

（二）物资运输

唐代中央交通运输的最高长官为尚书省户部中度支郎中、员外郎[2]，其下官方运输的指挥者“行纲”或简称“纲”、“典”，一般由州县官充任。雇佣劳动者，称“作人”，运输工具为车、牛等驮畜。

唐代出土文书中，常见北来、西来或东来的各地胡商或民间运输商队称如胡商史计思、作人史胡煞带羊 200 头、牛 6 头，别奏石阿六、作人罗伏解带驴 2 头，均从白水路至西州。[3] 文书中“白水路”当指“白水涧道”，胡商自轮台县经白水涧道至交河县，抵西州。《唐垂拱元年康义罗施等请过所案卷》记载康尾义罗施年三十，带着作人曹伏磨、婢可婢支、驴 3 头、马 1 匹，从西来往东方京城的吐火罗西域商队，路途中经过西州。[4] 胡商或商队在西州过境停留，目的是为了取得赴内地交易的过所，可见西州是丝路商队的贸易中心。

唐代西北地区由节度使兼管陆路运输，如伊州、西州及安西、北庭都护府立节度使管理交通运输，有时由河西节度使兼长行转运使管辖[5]，如吐鲁番出土文书《检校长行使牒》[6]：

---

[1] 〔日〕荒川正晴：《唐朝交通系统》，第 312—316 页。

[2] 有关唐代前期马政管理机构，参见拙稿：《唐前期马政的管理机构——以西州为重心的考察》，第 168—182 页。

[3] 中国文物研究所、新疆维吾尔自治区博物馆、武汉大学历史系编：《吐鲁番出土文书》第九册，第 68 页。

[4] 中国文物研究所、新疆维吾尔自治区博物馆、武汉大学历史系编：《吐鲁番出土文书》第七册，文物出版社 1986 年版，第 88—94 页。

[5] 相关研究参见郭平梁：《唐朝王奉仙被捉案文书考释——唐代西域陆路交通运输初探》，《中国史研究》1986 年第 1 期，第 139—141 页。

[6] 〔日〕池田温：《中国古代籍帐研究——概观·录文》，东京大学东洋文化研究所 1979 年版，第 347 页。

1 勅检校长行使　　　　牒西州都督府
2 　　粟参拾肆硕
3 牒，得西州长行坊牒，称上件粟，准使牒，每
4 ▯合饲三百疋马。当为一十九日，马出使
5 饲不满三百疋。每日计征上件粟，合征
6 所由典张感　魏及　王素　泛洪　曹行，主帅卫
　　（　后　　　　　　　　欠　）

此牒文内容是征调西州长行坊出使马饲料粟，上有“左豹韬卫弱水府之印”，因西州属陇右道，所以由弱水府主管兼任陇右道长行使。

西州设有长行坊与馆驿，提供陇右道后勤的供给基地，由兵曹参军管理。至于西州长行坊所畜养马匹及驴、牛等，西州都督府设立有关军政事务、官史往来及通讯交通的马坊机构，负责供给和调配西州境内的驿马。[1] 如《唐天宝十三载长行坊申勘十至闰十一月支牛驴马料帐历》记载牲畜的数量[2]：

……

162 廿二日两槽马。二百廿六疋，各七升；驴六十五头，各二升；牛一十二头，各四升。计壹拾柒硕六斗。

……

上引闰十一月二十二日为西州长行坊在两槽的马、驴、牛匹数量最

[1] 乜小红：《吐鲁番所出唐代文书中的官营畜牧业》，《敦煌研究》2005 年第 6 期，第 70 页。

[2] 中国文物研究所、新疆维吾尔自治区博物馆、武汉大学历史系编：《吐鲁番出土文书》第四册，第 467—479 页。

多的记录，总计牲畜有 303 头。畜养在长行坊的牲畜，是储备给官员、使人随时乘骑所用。估计若加上派往各驿的马匹数量，约在千匹以上，这全由西州长行坊负责调度。[1]

除马匹等牲畜运输外，马料也是供给马匹食用的重要粮草，唐代西北地区军粮来源分为三种，第一是由农民（课户、编户、主户、土户）负担课赋，伊州、西州、北庭、安西地区占全国约 1/18。[2] 第二是各郡县屯田，陇右道总计屯田数 172 处，占全国总屯田数 1039 处的 16.6%。[3] 天宝八年陇右道屯田收 440902 石，占全国 1913960 石的 23%。第三是和籴，中原的麻、丝等织品，通过军资、赏赐、货币流通等途径到达陇右道的新疆地区，此地设置安西大都护府、北庭都护府、伊州、西州等。

如阿斯塔纳 506 号墓出土《唐天宝十三至十四载交河郡长行坊支贮马料文卷》共 22 件[4]，都是长行坊支付给各馆驿马料的帐历，除包括西州都督府管辖的高昌县、柳中郡、交河郡外，东至罗护馆、神泉馆，西至天山馆、礌石馆、银山馆。可见交河郡长行坊的马料运输是通过西州东线伊西北路达神泉馆，和西线银山道达银山馆。

又如《唐天宝十三载交河郡长行坊具一至九月蹃料破用帐请处

[1] 陈国灿：《唐西州在丝绸之路上的地位和作用》，见《唐史论丛》第 9 辑，2007 年，第 145 页。

[2] 《通典》卷 6《食货典》，“赋税条”，第 111 页：“自开元中及于天宝，开拓边境，多立功勋，每岁军用日增。其费籴米粟则三百六十万疋段（注云：朔方、河西各八十万，陇右百万，伊西、北庭八万，安西十二万，河东节度及群牧使各四十万）。”

[3] 《唐六典》卷 7《尚书工部》，“屯田郎中条”，第 223 页，注云：“诸道屯田总数实有一千零三十九屯。……陇右道渭州四屯，秦州四屯，成州三屯，武州一屯，岷州二屯，军器四屯，莫门军六屯，临洮军三十屯，河原二十八屯，安人一十一屯，白水十屯，积石一十二屯，富平九屯，平夷八屯，绥和三屯，平戎一屯，河州六屯，鄯州六屯，廓州四屯，兰州四屯，南使六屯，西使一十屯。”

[4] 中国文物研究所、新疆维吾尔自治区博物馆、武汉大学历史系编：《吐鲁番出土文书》第四册，第 421—548 页。

分牒》[1]，天宝十三载（754）正月一日至九月三十日整九个月，共支2785.48硕麦粟，上述《唐天宝十三载长行坊申勘十至闰十一月支牛驴马料帐历》[2]，此文书完整记载自十月一日至闰十一月二十九日整三个月，共支牛驴马料1456.77硕。两文书数量相加正好是天宝十三载正月至十一月马料共4242.25硕。如此庞大的马料运输，都需透过西州的交通网络来运送。

西州是丝绸之路上交通贸易的大市场，交易商品种类繁多，包括税物、军用物资、官用物资、民间物资买卖等。从《天宝二年交河郡市估案》可知，西州市场有谷麦行、米面行、帛练行、果子行、□布行、彩帛行、凡器行、铛釜行、菜子行等。[3]其中米面行的北庭面应是通过西州北线的他地道运至西州交易的。帛练行中有梓州小练、河南府的生絁、蒲州和陕州的絁；□布行中常州布、益州半臂段都是产自中原的商品，应自西州东线的伊西北路（新开道）或伊西南路（赤亭道）运至西州。此外，还有突厥敦马、草马，波斯敦父驼应是产自西域，自西州西线银山道输入西州，可见西州是东西方商品的交流、集散地。

西州是唐前期重要的马匹交易市场，唐朝派市马使到西州买马，维持战备。如《唐开元十九年康福等领用充料钱勿等抄》记载西州市马官天山县尉留聿典、伊吾军市马使权戡、陇右市马使傔三人等[4]，来自各地市马使都驻守于西州，可见西州是供应马匹的重要市场。

---

[1] 中国文物研究所、新疆维吾尔自治区博物馆、武汉大学历史系编：《吐鲁番出土文书》第四册，第480—488页。

[2] 同上书，第467—479页。

[3] 〔日〕池田温：《中国古代籍帐研究——概观·录文》，第447—462页。

[4] 中国文物研究所、新疆维吾尔自治区博物馆、武汉大学历史系编：《吐鲁番出土文书》第四册，第402—405页。

又如唐神龙元年（705）郭元振任凉州都督、陇右诸军州大使，派甘州刺史李汉通率市马使团到西州市马。[1] 由河西地方官员组成大使、副使、判官等使团成员，说明市马可能是为了解决河西地区用马问题，或与久视元年（700）东突厥曾掠夺陇右诸牧监马万余匹，唐朝急需增补河西地区的军备有关。[2] 卖马者如突骑施首领多亥达干透过译语人何德力进行交易，以马3匹卖得20贯400文。[3] 突骑施首领多亥达干、胡禄达干属胡禄屋部，三姓首领都担萨屈[4]、延莫达干、禄俟斤[5]等均为西突厥十姓部落的首领，可见西州是西突厥各部马匹的交易市场。

据阿斯塔纳509号墓所出三件有关石染典的文书，可知西州马驴等牲畜的市易经过。开元二十一年（733）正月五日石染典在西州以大练18疋，和三十四岁马主康思礼买骝敦六岁马1匹，文书中还有四十岁罗世那、四十五岁安达汉、西州百姓五十岁石早寒三位保人画指为记。[6] 同年二月二十日石染典以大练17疋，于西州市从西归人杨荆琬买青草五岁驴1头，此驴特征是近人膊有蕃印并私印，远人膊损，可见胡商杨荆琬将西域的蕃驴运至西州市易给石染典。[7]

---

[1] 中国文物研究所、新疆维吾尔自治区博物馆、武汉大学历史系编：《吐鲁番出土文书》第四册《唐残牒》，第25页。

[2] 相关论证参见刘安志：《唐初的陇右诸军州大使与西北边防》，见氏著：《敦煌吐鲁番文书与唐代西域史研究》，商务印书馆2011年版，第110—113页。

[3] 中国文物研究所、新疆维吾尔自治区博物馆、武汉大学历史系编：《吐鲁番出土文书》第四册《唐译语人何德力代书突骑施首领多亥达干收领马价抄》，第41页。

[4] 中国文物研究所、新疆维吾尔自治区博物馆、武汉大学历史系编：《吐鲁番出土文书》第四册《唐上李大使牒为三姓首领纳马酬价事》，第40页。

[5] 中国文物研究所、新疆维吾尔自治区博物馆、武汉大学历史系编：《吐鲁番出土文书》第四册《唐市马残牒》，第42页。

[6] 中国文物研究所、新疆维吾尔自治区博物馆、武汉大学历史系编：《吐鲁番出土文书》第九册《唐开元二十一年石染典买马契》，第48—49页。

[7] 同上。

西州百姓、游击将军石染典，在西州“见有家宅及妻儿亲等”，石染典有马 1 匹、驴 11 头，开元二十一年元月二十三日得到过所，请往伊州市易。[1] 可知石染典以西州为集散地，在瓜州、沙州、伊州、西州及安西等地经商，从事牲畜贩卖。

（三）人员运输

西州长行坊馆驿，主要满足官府、军事需要，民间商贩也依靠此交通线，也是人员运输的交通要道，包括客使、军队、官员、商旅、民间行人、奴婢买卖等。前述“唐前期西州的公验、过所与交通贸易表”中，阿斯塔纳 221 号墓出土《唐贞观廿二年庭州人米巡职辞为请给公验事》[2] 记载，庭州根民三十岁米巡职，为了将奴哥多弥施年十五、婢婆匍年十二、駞黄铁勤蹲八岁 1 头、羊 15 口至西州市易，而向庭州“请乞公验”，此交易的人畜应走西州北线他地道至庭州。

阿斯塔纳 509 号墓出土《唐开元二十一年西州都督府案卷为勘给过所事》[3]，孟怀福年四十八由安西镇发给过所，满放归兵回本贯坊州，但开元二十年（732）十月至柳中县时突患瘮疾，不得不在柳中安置，每日随市乞食，仓曹参军李克勤判十月四日起由交河县递送程粮，户曹参军梁元璟十月七日下牒责保过所。

同件文书中，前镇副使曲嘉琰，将男子清十六、奴乌鸡年十二、婢千年年十三、作人王贞子年二十六、骆敬仙年二十三、驴十头（八青黄、二乌）、马一匹骝，由于高昌县隶属西州，因此由西州都

[1] 中国文物研究所、新疆维吾尔自治区博物馆、武汉大学历史系编：《吐鲁番出土文书》第九册《唐开元二十一年染勿等保石染典往伊州市易辩辞》，第 44—47 页。

[2] 中国文物研究所、新疆维吾尔自治区博物馆、武汉大学历史系编：《吐鲁番出土文书》第七册，第 8—9 页。

[3] 中国文物研究所、新疆维吾尔自治区博物馆、武汉大学历史系编：《吐鲁番出土文书》第九册，第 51—70 页。

督府发给曲嘉琰过所，才得以从高昌县将人畜送往陇右临洮军。

吐鲁番阿斯塔纳73TAM509号墓出土《唐开元二十一年岸头府界都游奕所为查获无过所人王奉仙等解州状》文书[1]，提到开元二十年八月二十九日安西大都护府发给京兆府华源县人王奉仙回京的过所，受雇为行纲李承胤、驮主徐忠的作人运军需品到安西。同年十一月十日西州都督府勘验押过放王奉仙向东行，但至同月十四日赤亭镇官却勘过检无此人，行文至北庭都护府，王奉仙回程中因故被拘，审讯中详述原委。由西州都督府勘审后，得知王奉仙行经赤亭镇突然染病，因他为送军赐行纲的作人，得以受车坊接待休养15天。同月二十九日随同乡任元祥到蒲昌县，住在姓王的傔人家中超过50天以上。随后得知欠他3000文钱的张思忠来到西州境内，开元二十一年正月二十一日王奉仙从蒲昌县追赶张思忠，至二十五日到酸枣戍。[2]王奉仙没有追上张思忠，自己却在酸枣被戍家捉来，后来行文才得知王奉仙不是从诸军镇逃走。

而王奉仙之所以被拘，是因从安西返京，应走银山道往东至西州，接着走西州东线伊西路至伊州，再往东返回本贯京兆府华源县。王奉仙返乡路程应一路由西往东行，但却在西州北线往北庭途中的酸枣戍被捉获，没有向北庭行文，而勘无过所。

西州也是买卖胡人奴婢的重要市场，各地官员和商人常在西州

---

[1] 新疆维吾尔自治区博物馆、西北大学历史系考古专业：《1973年吐鲁番阿斯塔纳古墓群发掘简报》，《文物》1975年第7期，第19页图版12、13。中国文物研究所、新疆维吾尔自治区博物馆、武汉大学历史系编：《吐鲁番出土文书》第九册，第58—61页、第63—65页。

[2] 学界对此文书多有论述，参见王炳华：《吐鲁番出土唐代庸调布研究》，《文物》1981年第1期，第61页；〔日〕荒川正晴：《关于唐对西域布帛轮送与客商活动》，《东洋学报》第73卷第3、4号，1992年，第44页；郭平梁：《唐朝王奉仙被捉案文书考释——唐代西域陆路交通运输初探》，《中国史研究》1986年第1期，第136—138页。

买奴婢，如阿斯塔纳509号墓《唐开元十九年唐荣买婢市券》[1]中米禄山身份是“兴胡”，即为了兴生利而贸易贩卖的胡商，米姓应属昭武九姓的胡人。米禄山带着年十二的婢失满儿，于西州市场以练40疋卖给京兆府金城县人唐荣后，请求西州都督府给市券，证明买卖的合法性。同墓另有《开元二十年薛十五娘买婢市券》[2]，汉人田元瑜得到官方认证的“行牒”，将年十三胡婢绿珠，于西州市以大练40疋转手卖给妇女薛十五娘，可见西州常有奴婢的买卖交易。

五、结论

马匹为唐朝主要交通与通信工具，马政管理与调度是确保国家体制正常运转的关键。

唐代积极经营西域，贞观十四年（640）唐朝灭高昌，进击焉耆、龟兹，统一西北地区，并设置安西都护府作为唐代前期中央政府控制西域的总部。西州都督府经常负责征集、管理、调度的任务，西州在军事上，不论人畜运输都具有极重要的需求与地位。

因此，马匹对维持唐代前期西域地区安定的政治形势，保证唐代中央与西域之间政令信息的传递与军政官员往来，具有重大的功用。

新疆出土文书出现长行马坊的交通组织，在没有驿传的边境地区，设置长行马的管理所，作为驿传网络的辅助组织。从吐鲁番文书中发现唐代前期有长行马文书，反映出唐代前期活跃在西域地区的长行马为当时西域官方迎送使命最重要的交通工具。

唐代在西北马场集中牧养与管理马匹，再将马匹运送至中央或

[1] 中国文物研究所、新疆维吾尔自治区博物馆、武汉大学历史系编：《吐鲁番出土文书》第四册，第264—265页。

[2] 同上书，第266—267页。

地方各单位。从出土文书看来，西州为唐代运送物资的集中地，主要分布在长安西北部，形成长安西北方的防护网。

西州为唐朝西北马匹的集中地，再运送到安西、北庭都督府的集散地。东线从长安出发经原州—秦州（秦州都督府）—兰州—凉州（凉州都护府）—瓜州—沙州—伊州—西州（安西都护府），西线为西州（安西都护府）—焉耆—龟兹镇（安西都护府），北线为西州（安西都护府）—庭州（北庭都护府），共三条大道。西州特殊的地理位置，决定了它在丝绸之路上的重要地位。

唐朝传驿制度得以顺利运转，除了有中央政府以律令制统筹管理的公文书及过所外，各州县也集结在地社会的力量，形成行政体系中的基层单位。此外，不同阶层的公使、行旅或胡商递送税物、军物、粮食、人马等物资，也是传驿制度形成的基础。

唐代宪宗朝官僚集团的矛盾及其党派分野

黄　楼（武汉大学历史学院，新疆吐鲁番学研究院）

官僚集团的朋党之争是中晚唐政治的一个热门问题。绵亘穆、敬、文、武、宣等数朝的牛李党争是研究的重点。[1] 研究牛李党争的恩怨起源，往往要上溯至宪宗元和时期。宪宗朝号为中兴之朝，宪宗对全局有较强的驭制能力，官僚集团朋党倾轧未能形成气候，但是围绕主战、主和等军国大事产生一系列分歧，并初步形成了不同的政治派别，毫无疑问，这些政治派别及其主张对紧随其后的牛李党争产生千丝万缕的影响。以往学界对宪宗朝主战派与主和派官僚之间的矛盾虽然多有涉及[2]，但是对宪宗朝官僚集团缺乏全面系统的研究，对穆、敬、文、武诸朝官僚集团政治走向的影响亦缺乏较为明晰的认识。随着唐史研究的深入，要进一步廓清中晚唐官僚集团分化的轨迹，厘清牛李党争产生的原因及性质等，则宪宗元和朝官僚集团党争及其分野是一个不容回避的重要问题。本文拟在现有研究基础上对此问题展开进一步的探讨，不足之处，敬请方家指正。

---

[1] 关于牛李党争问题的相关研究，参见胡戟、张弓等主编：《二十世纪唐研究》第 1 章“朋党之争”，中国社会科学出版社 2002 年版，第 67 页；〔日〕渡边孝：《牛李党争研究的现状与展望》，《中国史研究动态》1997 年第 5 期；周建国：《李德裕与牛李党争考述》，见《唐研究》第 5 卷，北京大学出版社 1999 年版。均对牛李党争的研究现状有着非常精辟的概括。

[2] 王炎平：《牛李党争》，西北大学出版社 1996 年版。

一、翰林学士与宰相群体的分化

官僚集团的权力争斗主要围绕中枢决策而展开。宪宗朝皇权比较强大，在中枢决策中有一显著的特点即军国大事，除了宰相、枢密外，具有皇帝私臣顾问色彩的翰林学士亦参与其中。翰林学士特别是承旨学士成为宪宗朝宰相的渊薮，李吉甫、裴垍、李绛等皆由翰林承旨拜相，因此元和时期的党派分野可以从翰林学士入手分析。

德宗以后，翰林学士有草拟奏状、顾问侍从等职掌。但是，学士们的特长和政治阅历差异很大。有些以文辞见长，有些则善谋韬略，有些由在朝清望官入院，有些则征自方镇。大体而言，翰林学士可分为三类：一类单纯以拟诏为职任，诏敕之外事罕有参与，例如梁肃、归崇敬、韦弘景等；第二类参谋时政，但以劝谏时政之失为主，比如李绛、白居易等，其身份类于谏官，政治立场倾向保守；还有一类则政治经验丰富，多有谋略，锐意进取，此类学士以李吉甫、裴垍等为代表。后两类学士颇预时政，参决机密，出院后先后拜相，成为百僚之首。但是拜相之后，其在学士院所形成的思维模式很大程度上被沿袭至外朝，表现为一些宰相喜欢进言劝谏，另外一些则善于军国谋谟。翰林学士与宰相在身份上存在一个转化的问题。翰林学士拜相出院后，与君王或同僚的关系可能发生微妙的变化，甚至会走向决裂，此点在德宗朝陆贽身上有着非常典型的体现。[1] 宪宗重用的翰林学士群体亦因执政风格不同而产生分化，促成

---

[1] 参见〔英〕崔瑞德：《陆贽：君之顾问与国之大臣》，见〔美〕芮沃寿、〔英〕崔瑞德主编：《儒家人格》（Denis Twitchett, *Lu Chih: Imperial Advisor and Court Official, Confucian Personalities,* Stanford: Stanford University Press, 1962），崔文认为陆贽担任

了中唐官僚集团党派分野的雏形。

《新唐书》卷152《李绛传》：

> 教坊使称密诏阅良家子及别宅妇人内禁中，京师嚣然。绛将入言于帝，吉甫曰："此谏官所论列。"绛曰："公尝病谏官论事，此难言者，欲移之耶？"吉甫乃欲讽诏使止之，绛以吉甫畏不敢谏，遂独上疏。[1]

《旧唐书·李绛传》亦载此事，不过隐去李吉甫之名。简言之，李绛、李吉甫同朝为相，但却是两种迥然不同的执政风格。李绛事无巨细，皆自问之，有过必谏；李吉甫关注军国大事，余事委百官，不屑过问所谓谏官之事。不仅如此，二人在政治上也时常对立。在藩镇问题上，李吉甫坚决维护中央权威，力主未雨绸缪，预作筹划，李绛则寄望于藩镇节帅感恩归顺，主张用厚赐绢帛等办法收买河朔人心。今以魏博田弘正归降一事为例，试加说明。

《新唐书》卷152《李绛传》：

> 魏博田季安死，子怀谏弱，军中请袭节度，吉甫议讨之，绛曰："不然，两河所惧者，部将以兵图己也，故委诸将总兵，皆使力敌任均，以相维制，不得为变。若主帅强，则足以制其命。今怀谏乳方臭，不能事，必假权于人，权重则怨生，向之权力均者，将起事生患矣。众所归必在宽厚简易、军中素所爱者，彼得立，不倚朝廷亦不能安。惟陛下蓄威以俟之。"俄而田

（接上页）翰林学士和宰相时有着不同的政治立场，德宗无法适应陆贽这种角色上的转换，导致二人关系的最终破裂。

[1]《新唐书》卷152《李绛传》，中华书局1975年版，第4842页。

> 兴果立，以魏博听命，帝大悦。
>
> 吉甫复请命中人宣尉（慰），因刺其变，徐议所宜。绛独谓："不如推诚抚纳，即假旄节。它日使者持三军表来，请与兴，则制在彼，不在此，可奏与特授，安得同哉？"然帝重违吉甫，故诏张忠顺持节往，而授兴留后。绛固请曰："如兴万有一不受命，即姑息，复如向时矣。"由是即拜兴节度使。绛复曰："王化不及魏博久矣，一日挈六州来归，不大犒赏，人心不激。请斥禁钱百五十万缗赐其军。"有言太过者，绛曰："假令举十五万众，期岁而得六州，计所转给三倍于费。今兴天挺忠义，首变污俗，破两河之胆，可啬小费隳机事哉？"从之。[1]

以上文可知，李吉甫已做好备战准备，倾向于对河朔用兵。田兴归顺后，李吉甫复议"请命中人宣慰，因刺其变，徐议所宜"，主张以拖待变、相机而动。而李绛为感化藩镇，主张径授旌节。比较而言，李吉甫较为持重，李绛则完全建立在藩镇归顺的预设之下。武宗会昌元年幽州军乱，大将陈行泰杀节度使史元忠，遣使求旌节，不久再度军乱，乱兵立张绛，再次遣使求节钺，朝廷两次都故意拖延，直至雄武军使张仲武请发兵进击张绛，才恩准张仲武为留后，妥善处理此事。当时主政的是李吉甫之子李德裕，做法与其父如出一辙。而李绛纵容藩镇，用厚赏换取苟安的主张则与后世牛党基本一致。

在对待宦官的态度上，李绛、李吉甫二人也有重大差别。李绛嫉宦官如仇雠，屡谏宪宗不纳进奉，且因为收买河朔归顺需要赏

[1]《新唐书》卷152《李绛传》，第4840—4841页。

赐巨额财赋，屡次奏请从宦官主掌的内库支出“禁帛”。元和七年（813），吐蕃内扰，李绛主张罢京西神策军诸行营，以兵分隶诸镇。此议似乎专为削弱宦官势力而发，实际上削弱了中央对边州的控制，致使朝廷京西北屏障尽失，故未为宪宗采纳。[1]同年振武军河溢，毁受降城。李吉甫请徙于天德故城，李绛、卢坦以受降城水草丰美，天德故城烽候不相应接为由加以反对，最终宪宗用吉甫策，以受降城骑士隶天德军。又元和九年，李吉甫、李绛各献应对回鹘之策。李吉甫奏请复置宥州以领降户，备回鹘，抚党项，李绛主张以和亲换取回鹘的恭顺，最终也是宪宗从李吉甫之议。从上面诸事例看，李绛缺乏政治家的胸襟和远略。关涉到军国大事的决策，宪宗则多取李吉甫之议而不从李绛。《旧唐书·李绛传》却称：“同列李吉甫便僻，善逢迎上意，绛梗直，多所规谏，故与吉甫不协……每与吉甫争论，人多直绛。宪宗察绛忠正自立，故绛论奏，多所允从。”[2]《旧唐书》这一颠倒事实的评论，唐长孺先生认为出自牛党所修《宪宗实录》[3]，所论可谓精到。

李绛、李吉甫之对立，其实就是改革派与保守派的对立。因宦官集团是皇权的代表，李吉甫对宦官持容忍和利用的态度，而李绛则尖锐排斥，屡请以内库“禁钱”犒军，用牺牲宦官集团的经济利益来维护官僚集团的利益。当然，不论是李绛，还是李吉甫，主要

[1] 《资治通鉴》，本条云：“上曰：‘朕不知旧事如此，当亟行之。’既而神策军骄恣日久，不乐隶节度使，竟为宦者所沮而止。”据此似为宪宗本已采纳李绛之议，只是由于宦官阻挠而未执行。按，宪宗元和二年，即李吉甫入相之初，朝廷以范希朝为朔方、灵盐节度使，以距长安较远的盐州、怀远二镇，神策兵改隶范希朝。《资治通鉴》云“以革旧弊，任边将也”，则宪宗元和初本已知其事，并曾有所处置，此处岂能翻谓“朕不知旧事如此”？盖李绛之议宪宗不纳，牛党文人故为托辞。

[2] 《旧唐书》卷164《李绛传》，中华书局1975年版，第4287—4288页。

[3] 唐长孺：《唐修宪穆敬文四朝实录与牛李党争》，见氏著：《山居存稿》，中华书局2011年版。

还是个人政见上的不同，与穆宗以后官僚士大夫集团各立朋党还有很大的差别。

二、裴垍、李吉甫宿“嫌说”辨析

元和初，由翰林学士入相的还有裴垍。裴垍有宰相之器，善于择人，所荐裴度、陈夷行等人后皆位至宰相，任内对两税法进行改革。元和时官僚集团还未形成文宗时期水火不容的对垒局势，裴垍与李吉甫在翰林时为同僚，与李绛关系亦较为融洽。但是，由于《宪宗实录》等史书修撰时受到牛李党争的严重干扰，相关人物传记中充斥大量不实记载。《新唐书》卷169《裴垍传》：

> 垍之进，李吉甫荐颇力，及居中，多变更吉甫时约束，吉甫复用，衔之。会垍与史官蒋武等上《德宗实录》，吉甫以垍引疾解史任，不宜冒奏，乃徙垍太子宾客，罢武等史官。会卒，不加赠，给事中刘伯刍表其忠，帝乃赠太子太傅。[1]

此处记载谬误处至少有三。其一，据《旧唐书·宪宗纪》，裴垍进《德宗实录》在元和五年十月，而李吉甫自淮南入相在元和六年正月。时李吉甫尚在淮南，何得借《德宗实录》打击裴垍？其二，《册府元龟》卷333《宰辅部·罢免门二》：“（元和）五年九月，中书侍郎平章事、监修国史裴垍以疾请告，十一月罢为银青光禄大夫、兵部尚书。”裴垍十月份进书时并未落“监修国史”之衔，所谓“引疾解史任”亦与史实不符。其三，《旧唐书·宪宗纪》载，裴垍进书

[1]《新唐书》卷169《裴垍传》，第5150页。

后，“赐垍锦彩三百匹、银器等，史官蒋武、韦处厚等颁赐有差”。《册府元龟》亦载，《德宗实录》进献后，修史官蒋武、林宝、韦处厚、樊绅等“既颁宠赐，又皆命进秩”[1]，所谓“罢武等史官”云云，与史显然不合。检《新唐书》卷149《蒋乂传》：“明年（元和六年），监修国史裴垍罢相，李吉甫再入，以乂垍之修撰，改授太常少卿。”蒋乂即蒋武，朝廷罢讨王承宗时，为讽劝宪宗偃武修文，改名蒋乂[2]，则蒋乂罢史官确有其事，不过是在李吉甫入相之后。由于李吉甫入相时即带“监修国史”之兼衔，推测事由，或许蒋乂曾对《德宗实录》有修订，但与李吉甫政见不合，于是越过李吉甫这个新任主官，仍私署裴垍之名进献，故李吉甫罢其史职。时裴垍重病在床，早已不堪朝问，岂有精力过问此等杂事。又《新唐书·裴垍传》所谓“徙垍太子宾客”，其实，太子宾客为高宗朝置，正三品，但职事清闲，多为朝廷重臣养老之官，元和初宰相郑余庆即以太子宾客身份罢相。故裴垍罢为太子宾客，一方面是出于健康因素，另一方面也是遵循元和旧事。在中使不断登门探望的前提下，《新唐书》仍将之作为李吉甫排挤裴垍一大罪状，理由极为牵强。文宗朝牛党改撰《元和实录》时，主要参与者蒋系即蒋乂之子，盖其追怨李吉甫，兼为先人开脱，遂将裴、李二人交恶的私货塞入《宪宗实录》，而此种挟私伪史，又被《新唐书》、《资治通鉴》等所采纳，给后人造成极大的干扰。[3]

---

[1] 王钦若：《册府元龟》卷556《国史部·采撰门二》，凤凰出版传媒集团2006年版，第6379页。

[2] 《册府元龟》卷825《总录部·名字门二》，第9594页。

[3] 《宪宗实录》曾遭牛党李党多次篡改，掺入大量不实记载。《旧唐书》卷165《柳公绰传》记：“公绰素与裴垍厚，李吉甫出镇淮南，深怨垍。六年，吉甫复辅政，以公绰为潭州刺史、兼御史中丞，充湖南观察使。”事实上，除裴垍外，柳公绰与主战派大臣武元衡、裴度等人都交情笃厚。柳公绰湖南任上很短，不久调任鄂岳观察。此前，

《新唐书·裴垍传》复称裴垍卒后受抑制，不加赠官。此事又见于《旧唐书》卷153《刘伯刍传》，云："裴垍罢相，为太子宾客，未几而卒。李吉甫复入相，与垍宿嫌，不加赠官，伯刍上疏论之，赠垍太子少傅。伯刍妻，垍从姨也。或谗于吉甫，以此论奏。伯刍惧，亟请散地，因出为虢州刺史。"刘伯刍与李吉甫交恶之事，另见其本人墓志。《大唐西市博物馆藏墓志》368《刘伯刍墓志》云：

> 拜给事中、集贤学士如故。公既居密近，知无不为，论驳王言，四方风动……未几，皇太子薨，命公定谥，公遵考行易名之典，拟曰惠昭，上可其奏，加朝议大夫。公直道而行，举不失正，履历台阁廿余年。凡所与游，无非壮士。会当权者恶不附己，每凿空飞语，阴欲中祸。公曰："虽明君在上，终不能以颊舌自明，故于陵灌园、范蠡逃位，只求远祸耳。"遂移疾请告，数月，除虢州刺史……三年而讴歌之声洋溢于道路……至阙四日，拜尚书刑部侍郎。[1]

刘伯刍，德宗建中末忠臣刘迺之子，出身文学世家。[2] 宪宗长子惠昭太子李宁卒于元和六年闰十二月二十一日，刘伯刍与当权者交恶在其后，检严耕望《唐仆尚丞郎表》，刘伯刍拜刑部侍郎在元和十年，以此逆推三年，其出任虢州刺史应在元和七年。刘伯刍出刺虢州的缘由，墓志、《旧唐书》口吻基本一致，或许史官参考了墓志的记

（接上页）柳公绰在地方上只做过开州刺史，此番出镇，恐有磨砺之意，武元衡等亦无异辞。将之归于李吉甫排挤，恐失公允。

[1] 胡戟、荣新江主编：《大唐西市博物馆藏墓志》，北京大学出版社2012年版，第793页。

[2] 《旧唐书》卷18《武宗纪》武宗会昌五年（845）科场弊案中，刘伯刍是被覆落的七人之一，按刘伯刍元和年间卒，若非同名，便属讹误。

述。但是墓志只记载其给太子定谥号，无一字提及为裴垍求赠官事。《旧唐书》多出的这部分内容，有没有可能是牛党史官穿凿附会，故意塞入了裴、李"宿嫌"的记载呢？

欲探讨此事，首先要明确当日与裴垍交恶的当权者究竟是谁。虽然传世文献多遭牛党篡改，但是相关出土墓志仍然可以提供某些线索。《唐代墓志汇编续集》咸通094《裴氏墓志》：

> 烈祖垍，以德行文学擢进士第，升贤良科；当元和朝，天子以武定河塞之猘吠者，且急于自辅，故擢公于宰相之任。方是权臣怙宠，封事者多背驰，虽耆儒巨德，角角焉尚何敢指斥言。独公抗疏以理其曲直。天子感悟，褒公爵而用其策。[1]

李吉甫出镇淮南时，举荐裴垍自代，裴垍因病罢，李吉甫征入复相。裴、李二人未能同朝为相。这里的"权臣"与李吉甫无关。《刘伯刍墓志》记刘伯刍因"当权者恶不附己"而自求外任在元和七年，是年宰相为权德舆、李吉甫、李绛三人，其中李吉甫为元和六年二月拜相，若"当权者"即指宰相，应即李吉甫无疑。但是如此一来，就与裴垍后人墓志相抵牾。宪宗元和时期是宦官权势膨胀的重要时期，除了宰相外，神策中尉、枢密使等也都在"权臣"之列。我们大胆推断，此处"权臣"并非宰相，而是当时炙手可热的宦官。裴垍为官刚正，为相期间屡抑宦官权势，与左军中尉吐突承璀等结有仇怨。"天子以武定河塞之猘吠者"即元和初讨成德王承宗之役，《旧唐书·裴垍传》亦载："吐突承璀恃恩，谋挠垍权，遂伺君意，

[1] 周绍良、赵超主编：《唐代墓志汇编续集》，上海古籍出版社2001年版，第1107页。

请自征讨。”[1] 当日朝臣皆不欲兴兵，“封事者多背驰”，上封谏言者均被宪宗拒绝，最后战事不利，“天子感悟”，采用裴垍之策，命吐突承璀诱捕首鼠两端的卢从史，结束河北战事。吐突承璀兴师动众，最终无功而返，裴垍屡请宪宗惩处吐突承璀以安民心，二人矛盾激化。如果有人作梗阻挠裴垍赠官，很可能即是吐突承璀。元和三年对策案，皇甫湜所抨击者本为吐突承璀等权宦，却被牛党史官移花接木，归罪于李吉甫。此番谰言应是沿用同一套路，将与裴垍交恶者由吐突承璀改换为李吉甫，却忽略元和三年后二人几乎没有同朝为官的基本史实。

除《新唐书》外，牛党构陷李吉甫、裴垍交恶的文字在唐人笔记小说中尚有一些。《唐语林》卷 6“补遗”：

> 李安邑之为淮海也，树置裴光德，及去则除授不同。李再入相，对宪宗曰：“臣路逢中人送节与吴少阳，不胜愤愤。”圣颜赧然。翌日，罢李丞相蕃为太子詹事，盖与节是蕃之谋也。又论：征元济时馈运使皆不得其人，数日，罢光德为太子客宾；主馈运者，裴之所除也。刘禹锡曰：“宰相皆用此势，自公孙弘始而增稳妙焉。但看其传，当自知之。萧曹之时，未有斯作。”[2]

《唐语林校证》以其出自韦绚《刘宾客嘉话录》。本条云“李安邑之为淮海也，树置裴光德，及去，则除授不同”，此或即《新唐书·裴垍传》“及居中，多变更吉甫时约束”的依据。按，元和九年讨吴

[1] 《旧唐书》卷 148《裴垍传》，第 3991 页。

[2] 王谠撰，周勋初校证：《唐语林校证》卷 6《补遗》，中华书局 2008 年版，第 581—582 页。

元济时，裴垍、李吉甫二人早已去世，所指当即元和五年讨成德王承宗之事。宪宗追罚讨成德“主馈运者”也是轰动一时的大事。据《册府元龟》卷511《邦计部·贪污门》所载，元和六年五月，粮料使于皋謩、董溪贪赃事发，各计赃四千余贯，以正税冒充羡余四万余贯，二人得罪贬放岭南，宪宗以惩处过轻，复遣中使半道赐死。[1]宰相权德舆曾有论救。[2]元和六年五月，时距裴垍罢为太子宾客已有半年之久，二者自然没有直接关系。此段记载大概亦是牛党诋毁李吉甫所编造的谰言，而被记录入《刘宾客嘉话录》。

李吉甫、裴垍为“宿嫌”之说于史无征，二人非但不是“宿嫌”，还是“宿交”。元和初，李、裴是宪宗最信赖的两位翰林学士。宪宗平定西川刘辟之乱，裴、李同立大功，又先后以翰林承旨拜相出院。《翰林志》云：

> 初姜公辅行在命相，及就第而拜之。至李吉甫除中书侍郎平章事，适与裴垍同直，垍草吉甫制，吉甫草武元衡制，垂帘挥翰，两不相知。至暮，吉甫有叹惋之声，垍终不言，书麻尾之后乃相庆贺，礼绝之敬主于座中。[3]

又《旧唐书》卷148《裴垍传》：

> 元和初，召入翰林为学士，转考功郎中、知制诰，寻迁中书舍人。李吉甫自翰林承旨拜平章事，诏将下之夕，感出涕，

[1] 半道赐死还有一层原因。薛巽，董溪判官，据《唐代墓志汇编续集》元和077《薛巽墓志》：“兵乱，触粮料府。府使与其佐惧逼，迸去。军食万计，委弃不顾。”由此可知，宪宗除了追究贪渎之外，或有追究其丧弃军资之意。

[2] 参见《旧唐书》卷148《权德舆传》，第4004页。

[3] 李肇：《翰林志》，左氏百川学海本。

谓垍曰："吉甫自尚书郎流落远地，十余年方归，便入禁署，今才满岁，后进人物，罕所接识。宰相之职，宜选擢贤俊，今则懵然莫知能否。卿多精鉴，今之才杰，为我言之。"垍取笔疏其名氏，得三十余人。数月之内，选用略尽，当时翕然称吉甫有得人之称。[1]

李吉甫、裴垍二人在翰林院情意相得，互相咨以政事。李吉甫拜相后对裴垍亦多有擢用，甚至所用人才亦出于裴垍举荐。例如穆宗朝宰相段文昌即由李吉甫、裴垍二人共同奖擢而步入仕途。[2]吐突承璀讨河北失败后，裴垍主持财赋改革，对两税分配方案进行重新调整，以观察使所在州租调充送使额，支郡送使部分悉输京师。新税法起到强干弱枝的作用，与李吉甫不谋而合。二人实为宪宗朝前期主战派大臣，只是侧重点不同。裴垍因兼修国史的缘故，与主和派蒋乂等交往较深，在河北战事陷入困境后，及时中止战争，在竭力主和的牛党看来，裴垍与积极备战的李吉甫不同。因而，裴、李二人关系遭到牛党的蜚语构陷。

除裴垍外，唐宋文人笔记中尚有影射李吉甫与武元衡不协之传闻。《北梦琐言》卷6"李太尉请修狄梁公庙事"条：

吉甫相与武相元衡同列，事多不叶，每退，公词色不怿，掌武启白曰："此出之何难？"乃请修狄梁公庙，于是武相渐求出镇。[3]

---

[1]《旧唐书》卷148《裴垍传》，第3989—3990页。

[2]《旧唐书》卷167《段文昌传》，第4368页。

[3] 孙光宪：《北梦琐言》卷6，"李太尉请修狄梁公庙事"条，中华书局2002年版，第126页。

武元衡与李吉甫同为主战派，武元衡两度入相，皆与李吉甫同朝。第一次是元和二年（807）正月至十月，时浙西观察使李琦诈疾，请缓入朝，属于主和派的宰相郑絪奏请准李锜之奏，武元衡坚决反对。如果武元衡第一次罢相为受排挤，所指应是郑絪，而非李吉甫。武元衡二次入相在元和八年（813）三月，此番入相即缘于李吉甫的大力举荐。[1] 次年六月，讨淮西前夕，李吉甫病逝，武元衡遂主大局。《旧唐书》卷158《武元衡传》称："李吉甫、李绛情不相叶，各以事理曲直于上前。元衡居中，无所违附，上称为长者。"[2] 武元衡第二次入相后与李吉甫本无直接矛盾。元和末，宰相令狐楚忌武儒衡大用，草制时引武后革命事，盛推仁杰功，以此讥讽儒衡。[3] 李德裕事或许由此演绎而来。

概而言之，元和前期，在藩镇问题上，李吉甫与裴垍、武元衡等同属主战派，而李绛、李藩、郑絪等则属于主抚派。宪宗大权独揽，根据主战或主和的需要择相，宰臣之间并没有形成激烈的朋党对立。元和初，朝廷在西川、浙西取得连续胜利，但是其后讨王承宗则进展不顺，诸道兵屯聚两河战场者常达数十万之众，朝廷千里馈饷，不胜其弊。战争一旦拖延下去，极有可能陷入德宗建中末年天下大乱的混乱局面。担心自身利益受到影响的主和派官员纠合起来，向主战派大臣发起舆论攻击。主战、主和的争议逐渐蔓延开来。

三、科举制与朋党范围的扩大

元和九年，讨伐淮西吴元济之役正式爆发。此役历时五年，是

[1] 《新唐书》卷146《李吉甫传》，第4743页。

[2] 《旧唐书》卷158《武元衡传》，第4160页。

[3] 《新唐书》卷152《武儒衡传》，第4835页。

宪宗朝用兵最久、耗费最多的战争。李吉甫虽在讨伐前夕病逝，却是平淮西之役的实际倡导者，主和派常将怨恨归于李吉甫。此一情形，早在李吉甫第一次罢相时即有端倪。元和三年，文人窦群、吕温、羊士谔三人党比，借李吉甫出镇淮南之机，诬告李吉甫交通术士，被宪宗察知，三人皆遭远贬，吕温门生张仲方也被牵连，出为金州刺史。元和六年李吉甫卒，太常谥“恭懿”，博士尉迟汾请谥“敬宪”，张仲方挟前怨上议驳云：“今内有贼辅臣之盗，外有怀毒虿之臣，师徒暴野，农不得在晦，妇不得在桑，耗赋殚畜，尸僵血流……阶祸之发，实始吉甫。”[1]此论集中代表了主和派的意见。有传言张仲方此议为吏部郎中韦弘景、右司郎中严公衡所教唆。宪宗方用兵淮西，怒张仲方动摇人心，敕谥“忠懿”，贬张仲方开州司马，严公衡和州刺史，韦弘景绵州刺史。这次事件中，张仲方、韦弘景等已经向朋党迈进。

随着官僚集团内部的分歧逐渐扩大，呈现出纠结派系、共同进退的态势，朋党问题浮出水面。元和七年又有元义方诉李绛朋党案。

《李相国论事集》卷5《论元义方事》载：

> 元和七年春，元义方自福建观察使拜京兆尹。是时贵人吐突承璀特承恩宠，义方由径小人也。以承璀闽越人，因为廉使，厚结其党里亲族，悉署军中右职，令厚加请受，中贵人深荷之。宰臣李吉甫自淮南重入，托身于承璀，为不易之契，与义方同与通结，特除京兆尹。户部侍郎李绛素恶其为人，及拜相后，遂出义方为鄜坊观察使，且令出朝廷，免有关通津梁尔。

[1]《新唐书》卷126《张仲方传》，第4427页。

而义方内恃通结力，外凭吉甫援，因谢对见，盛奏李绛情故，党庇同年及第人许季同，自兵部郎中数月便授京兆尹，臣乃被黜鄜坊。上罔圣德，自行威德。上曰："朕谙李绛为人，不合有此，待朕对日问之。"义方不准拟，不信其言，惶遽述于吉甫，以祈旁救。吉甫谓义方曰："此人劲硬，必不得位头，便已大须作意。"及翌日，延英对见，奏事了，上发言曰："朕不知同年之称，便有情故，除授之际，遽有偏颇，何也？"对曰："李吉甫、权德舆并非科第，唯臣一人是进士及第。有同年者，是四海之人，悉非亲族，亦有放出身然后始相识，谓同此出身，何得便有情故。每年明经进士及第一百余人，每年春同年吏部得官一千五百人，亦是同年。言事者知陛下不亲小事，敢以此罔上。兵部郎中许季同与臣同年及第，为韦皋判官，刘辟作乱，季同弃妻子，归朝廷，吉甫赏其忠节，手自为制词，除监察御史，岂是同年？今为兵部郎中四五个月，未合转迁，缘亲兄许孟容授吏部侍郎，准敕兄弟不合同省，所以转授京兆少尹。他人亦须如此处置，岂得为同年？臣闻忠臣事君，不以私害公，如亲故才行，实堪举用，即合陈奏，使各当其才，为身避嫌，使亲故有才不用，是徇私也。于公道何有哉？为臣下私计，则免悔尤，为朝廷叙官则非至公矣。小人之言，不可不察。"上曰："朕知卿不疑，向者如卿所奏，虽是亲兄弟侄子孙，但当才进用，更不须缕陈，浮言岂可信也。卿所分析，方知至公。"明日遂宣令义方即赴本任。[1]

---

[1] 李绛著，蒋偕编：《李相国论事集》卷5，中华书局丛书集成初编本1985年版，第37页。

《李相国论事集》，陈寅恪先生言“其书专诋李吉甫，固出于牛党之手”[1]。是书编者蒋偕出身于中晚唐著名的史官世家。蒋偕父蒋乂属主和派，其兄蒋系为牛党要员李汉之婿，蒋偕本人曾与牛僧孺之子牛丛等撰《文宗实录》。蒋氏一门与牛党关系极为密切，故《李相国论事集》口吻多偏袒李绛，讥讽李吉甫。材料所记李吉甫与元义方秘语私对，外人何从得知？此类明显诬陷之语姑置不论，其余记载亦多处与史不合。其一，《李相国论事集》以元和七年吐突承璀特承恩宠，但元和六年闰十二月，吐突承璀由军器库使贬为淮南监军，元和七年春，承璀不在长安。其二，李绛谓许季同任兵部郎中四五个月。检《册府元龟》卷153《帝王部·明罚门二》载，元和六年十二月敕“万年县令杜羔、长安县令许季同并宜停见任”[2]，则元和七年正月，元义方出鄜坊时许季同不可能已为兵部郎中四五个月。其三，《论事集》称“刘辟作乱，季同弃妻子，归朝廷，吉甫赏其忠节，手自为制词，除监察御史”，元和元年（806），李吉甫为翰林学士，许季同除监察御史属中书制诏，外制应由中书舍人拟制，似不当出现李吉甫手自为制词的情形。其四，吐突承璀为阴山人，《李相国论事集》误为闽越人。林宝《元和姓纂》明载吐突承璀为代人。今按，吐突氏本代北复姓，吐突或为鲜卑语或突厥语的音译，代北与吐突类似的复姓尚有吐奚氏、吐难氏、吐门氏、吐火氏、吐万氏等姓氏。[3] 杜牧《吐突士晔妻封邑号制》中吐突承璀之子吐突士晔爵号为“阴山县开国公”[4]，《唐代墓志汇编续集》会昌019《焦仙芝墓志》云：

---

[1] 陈寅恪：《唐代政治史述论稿》中篇《政治革命与党派分野》，生活·读书·新知三联书店2001年版，第270页。

[2] 《册府元龟》卷153《帝王部·明罚门二》，第1709页。

[3] 郑樵：《通志》卷29，“代北复姓”条，中华书局1987年版，第474页。

[4] 杜牧：《樊川文集》卷20《吐突士晔妻封邑号制》，上海古籍出版社1978年版，第304页。

"有女一人，适阴山吐突氏"，"阴山吐突氏"应即吐突承璀家族。代北之人尚武，宪宗以之率禁军东讨，实与其种族有关。如所周知，唐代闽中为宦官渊薮[1]，高力士、杨思勖等权宦皆来自闽南，元义方自福建观察使进拜京兆尹，牛党文人为了诋毁元义方，遂将吐突承璀籍贯由代北移至闽中，以此坐实元义方勾结吐突承璀之事。《新唐书》卷207《吐突承璀传》称其为闽人，特承《李相国论事集》之误耳。

元义方其人，两《唐书》无传。《册府元龟》卷716《幕府部·总序》："元义方精于吏理，贞元中为京兆府司录，时韦夏卿、李实继居尹正，府之公务，一以谘之。"卷693《牧守部·苛细门》云："元义方，宪宗元和中为福建观察，征拜京兆尹，历鄜坊观察使，皆着程能，趣办之绩然，为政稍务苛刻，人多怨之。"可见，元义方精于吏道，绝非《李相国论事集》所描述的邪佞之人。李吉甫尤重吏治，元义方于贞元中曾久任京兆司录，熟悉长安情况，李吉甫将其自福建观察使征为京兆尹，本属正常迁转，牛党却故意混淆视线，给其冠以党附吐突承璀的恶名，在厚诬元义方的同时，连带诋毁李吉甫为承璀之党。

那么，许季同是否因李绛同年而超擢，元义方又与许季同等究竟有何过节呢？检《册府元龟》卷153《帝王部·明罚门二》：

> [元和六年]十二月，敕："万年县令杜羔、长安县令许季同并宜停见任，京兆尹元义方宜罚一季俸禄。"初，义方以两县纳税逾程系县吏，二令交救抗词，辨列督责，不为之释，而献

[1] 参见唐长孺：《唐代宦官籍贯与南口进献》，见《山居存稿续编》，中华书局2011年版，第359页。

> 酬之言厉。于是，二令见执政，请移授散员，因俱辞以府政细刻，力不能奉，故两责焉。[1]

原来，元义方为京兆尹时，许季同为其属官。京畿县令、县尉“以科名者饰身之良具，因循者雅望之高标，率谓借资，耻亲吏事”[2]。许季同，贞元七年（791）进士，与李绛同年；杜羔，出自士族高门，贞元初进士。许季同亲兄许孟容为吏部侍郎，此二人进士出身，又多援引，官运前程似锦，京畿令不过是仕进的跳板而已。不料偏偏遇到以苛细著称的京兆尹元义方，许季同、杜羔不胜职任，未能在规定的时限内完成两税征纳，于是倒打一耙，称京兆尹“细刻”。此事是非曲直本不复杂，结果却出人意料。许季同等因朝中有人，被“停现任”，元义方被罚一季俸。许季同、杜羔“停现任”后不久分别转为户部郎中、兵部郎中，俱得高升。明为两罚，实际上受到处罚的仅是朝中无党的元义方。不仅如此，元和六年十二月，郑余庆等士族高门进一步对元义方进行报复。元义方以勋官前任至三品，请立门戟，此前立戟者多阶在银青光禄大夫之上，郑余庆以元义方官阶未至三品为由，不仅收回门戟，又罚其一月俸禄，为此专门颁布《条贯立戟敕》。[3]元义方请戟时遵循当时格令，而令条中对勋官、阶官并未做出明文规定，故所谓夺戟罚俸的惩处较为荒诞。元义方被李绛从京兆尹出为鄜坊节度使，正是当时长安科举士族结成朋党、排挤不附己官员的典型事例。

《李相国论事集》中所载宪宗、李绛关于科举同年的议论反映出

---

[1]《册府元龟》卷153《帝王部·明罚门二》，第1709页。

[2] 周绍良、赵超主编：《唐代墓志汇编》开成039《卢当墓志》，上海古籍出版社1992年版，第2197页。

[3] 宋敏求编：《唐大诏令集》卷109《条贯立戟敕》，商务印书馆1959年版，第566页。

科举出身者在元和末已渐成朋党之势，同时也反映了二人之间的分歧。《唐摭言》卷 7 云："贞元中，李元宾、韩愈、李绛、崔群同年进士，先是四君子定交久矣，共游梁补阙之门。"[1] 李绛本人却公然否定同年之间的情意，自然难以令宪宗满意。李绛、崔群等相继失势，应与宪宗的猜疑有直接关系。

除朋党外，在官员除授是否避亲问题上，宪宗与李绛之间也有矛盾。《新唐书》卷 152《李绛传》：

> 又言："公等得无有姻故冗食者，当为惜官。"吉甫、权德舆皆称无有。绛曰："崔祐甫为宰相，不半岁除吏八百人，德宗曰：'多公姻故，何耶？'祐甫曰：'所问当与不当耳，非臣亲旧，孰知其才？其不知者，安敢与官？'时以为名言。武后命官猥多，而开元中有名者皆出其选。古人言拔十得五，犹得其半，若情故自嫌，非圣主责成意。"帝曰："诚然，在至当而已。"[2]

李吉甫之子李德裕，为避嫌猜，游宦诸使府。权德舆为文辞进用的普通文士，朝中少有亲故援引，故二人皆奏称无有。李绛未能正面回答，却对起用姻故进行辩解，这间接说明宪宗"除官不避亲故"之问也是针对李绛的。宰相择官，当引荐四海俊杰，岂待亲旧相知始得举荐，李绛所举崔祐甫例，这一辩解是没有说服力的。由于宪宗后期，包庇科举同年、支持门生座主、引荐子弟等矛头均指向李绛，且李绛的政治主张与后来的牛党大体一致，因此被一些研究者

[1] 王定保：《唐摭言》卷 7，中华书局 1960 年版，第 81 页。
[2] 《新唐书》卷 152《李绛传》，第 4841—4842 页。

视为早期的牛党。只是宪宗时期，皇帝权威仍然较高，足以对官僚朋党加以限制，朋党问题未能成为朝政中的主要问题。但宰相李逢吉、王涯，翰林学士钱徽、萧俛等主和派官员，仍与主战派暗中角力。元和十二年，裴度以宰相身份至淮西督战。为阻止裴度立功，令狐楚草诏时故意以裴度为淮西宣慰招讨处置使，时宣武节度使韩弘为都统，意欲以此激怒韩弘，使二人不能协力。裴度识破此事，请去“招讨”二字，化解了这次危机。[1]主战、主和两派的矛盾日渐激烈。

四、近倖文人集团的形成

宪宗即位初期，顿革德宗猜忌之弊，委任宰臣，疏远宦官，此时对朋党也渐有警觉。既然对两派官僚均不能完全信任，宪宗就势必又在群臣中扶持、物色完全能为自己所控制的官僚。元和中后期在政坛上还活跃着一群依靠宪宗，与主战派和主和派同时对立的近倖文人官僚，其代表人物是张宿、皇甫镈、程异等。

《新唐书》卷169《韦贯之传》：

> 皇甫镈、张宿皆以幸进。宿使淄青，裴度欲为请银绯，贯之曰：“宿奸佞，吾等纵不能斥，奈何欲假以宠乎？”由是宿等怨，阴构之，又与度论兵帝前，议颇驳，故罢为吏部侍郎。于是翰林学士、左拾遗郭求上疏申理，诏免求学士，出贯之为湖南观察使。不三日，韦顗、李正辞、薛公幹、李宣、韦处厚、崔韶坐与贯之厚善，悉贬为州刺史。顗、正辞、处厚皆清正，

[1]《旧唐书》卷167《李逢吉传》，第4365页。

以鉤党去，由是中外始大恶宿。[1]

又《资治通鉴》卷240宪宗元和十二年（817）九月庚子条：

初，上为广陵王，布衣张宿以辩口得幸；及即位，累官至比部员外郎。宿招权受赂于外，门下侍郎、同平章事李逢吉恶之。上欲以宿为谏议大夫，逢吉曰："谏议重任，必能可否朝政，始宜为之。宿小人，岂得窃贤者之位！必欲用宿，请去臣乃可。"上由是不悦，逢吉又与裴度异议，上方倚度以平蔡；丁未，罢逢吉为东川节度使。[2]

韦贯之，"性高简，好甄别流品，又数请罢用兵"[3]，政见与穆宗以后的牛党基本一致，李逢吉属典型的主和派。张宿揭发韦顗、李正辞、韦处厚等私事，实为宪宗安插在朝臣中专以侦视群臣朋党及政治反对派的耳目，甚至连李逢吉之流都耻与为伍。

皇甫镈、程异等也属宪宗倖臣之列，但与张宿又有不同，此二人因聚敛财赋而得宠信，甚至官拜宰相。《旧唐书》卷135《皇甫镈传》：

镈虽有吏才，素无公望，特以聚敛媚上，刻削希恩。诏书既下，物情骇异，至于贾贩无识，亦相嗤诮。宰相崔群、裴度以物议上闻，宪宗怒而不听……时宪宗以世道渐平，欲肆意娱乐，池台馆宇，稍增崇饰，而异、镈探知上旨，数贡羡余，以备

[1] 《新唐书》卷169《韦贯之传》，第5154页。
[2] 《资治通鉴》卷240，"唐宪宗元和十二年九月"条，第7738—7739页。
[3] 《资治通鉴》卷239，"唐宪宗元和十一年七月"条，第7724页。

经构，故帝独排物议相之；见裴度疏，以为朋党，竟不省览。[1]

皇甫镈出身官宦家庭，贞元初进士，在元和平叛中显示出一定的吏能，但其手段刻薄，恣意克扣军资，致使军心涣散，与裴度等主战派官员紧张，甚至一度联合李逢吉等共排裴度。作为近倖，皇甫镈与内廷关系尤密，元和末引荐方士柳泌、僧大通等为宪宗炼制长生之药。与皇甫镈同时因钱谷拜相的还有程异。程异父祖无官，属庶族士人，明经及第，登开元礼科。贞元末参与王叔文革新集团，为二王八司马之一，因其晓达钱谷，为盐铁使李巽所举荐。平淮西时国用匮乏，程异以盐铁副使出巡江淮，为朝廷筹集亟需军费，得到裴度等人的默许。

张宿在宪宗为广陵王时以口辩得幸，相当于皇帝的私人谋士，身份上与顺宗时期的王叔文、王伾，以及文宗朝的李训、郑注极为相似。皇甫镈、程异为锐意进取的文士，程异本人即为王叔文集团的核心成员。从顺宗时期的二王八司马至宪宗时期的张宿、皇甫镈，再至文宗时期的训、注集团，近倖作为一个政治势力前后构成一个较为清晰的序列。这部分官员聚集在皇帝身边，仕途出于皇帝私恩，但遭到多数官僚士大夫的排斥。

五、结论

根据上文分析，我们认为，宪宗朝官僚集团分化已初现端倪，大体可以分成三个部分。其一是以李吉甫、裴度为首的主战派，注重强化中央集权，在政治上也多有改革主张。其二是以李绛、李逢

[1] 《旧唐书》卷135《皇甫镈传》，第3739—3741页。

吉、令狐楚等为首的主和派或主抚派，这一政治势力注重保护以科举制为主体的官僚集团的利益，军事上多反对用兵，表现出一定的结党倾向。其三是张宿、皇甫镈、程异等文人近倖派。宪宗察觉朝臣有朋党倾向后，有意识地利用张宿、皇甫镈等近倖制约朝臣。当然，元和时期只是初步分化，穆宗以后官僚集团进一步演化为李党、牛党和文人近倖集团。穆、敬、文、武诸朝官僚集团之间的矛盾和斗争主要在这三个集团之间展开。

元和一朝的党派分野问题，乃主战与主抚的争论、科举同年朋比问题、多用士族子弟问题等。这些争论也是穆、敬、文、武四朝牛李党争的核心问题。笔者认为，牛李党争是元和朝官僚集团党派分野的延续和扩大。而文宗朝的李训、郑注集团则是元和朝近倖派进一步登上历史舞台的政治表现。穆宗以下诸朝官僚集团的党争问题，都能从宪宗元和时期找到源头。

黄巢史事与藩镇格局*
——从王黄集团（未）占领地到黄齐政权政区的考察

胡耀飞（陕西师范大学历史文化学院）

关于王仙芝、黄巢集团占领地和黄巢所建立大齐政权政区，郭声波主编《中国行政区划通史·唐代卷》（时间范围为618—907年）已有涉及[1]，但并未就这一时期出现的非正统政权进行单独关注。其他相关论著亦有揭示王黄集团行军路线的各类地图[2]，涉及王仙芝、黄巢起事过程中所占领城池，以及黄巢建立大齐政权后所控制区域，不过并不能够具体而微。本文即欲全面整理如下两类内容：

（1）黄齐政权建立前的（未）占领地。这是指在王仙芝、黄巢起事过程中，因为流动战的制约，未能以某地为根据地建立政权组

---

* 本文为2014年度国家社科基金重大项目“五代十国历史文献的整理与研究”（编号：14ZDB032）、中国博士后科学基金第58批面上资助项目“唐末五代南方地区刺史政治研究”（编号：2015M582601）阶段性研究成果。

[1] 参见郭声波：《中国行政区划通史·唐代卷》，复旦大学出版社2012年，第66、291、326—327页，以“附新国”形式附见的非正统政权有黄巢大齐国（880—883）、史氏大燕国（759—763）、安氏大燕国（756—759）。

[2] 以国内学者为例，主要见韩国磐：《隋唐五代史纲》（修订本），人民出版社1979年版，第394页；胡如雷：《唐末农民战争》书末附图，中华书局1979年版；俞兆鹏：《黄巢起义史》书末附图，江西人民出版社1982年版；赵国华：《黄巢》，黑龙江人民出版社1982年版，第92—93页间插图；方积六：《黄巢起义考》，中国社会科学出版社1983年版，第274—275页；诸葛计：《唐末农民战争战略初探》，天津人民出版社1985年版，第73、89、97、104、140、201页。

织，故而攻克的城池失守无常，无法任命行政长官，只能形成短时期的占领，笔者称之为“占领地”；其中攻而不克或仅仅路过之地则为“未占领地”；以“（未）占领地”合称之。

（2）黄齐政权建立后的政区。这是指在以某一地为根据地建立政权之后，或委派麾下将领统治某地，或接受某地行政长官来降，从而形成固定的政区。

在此基础上，结合对唐末藩镇类型的整理，对占领地和政区分布所涉及到的藩镇格局之转变做一分析。

一、王仙芝、黄巢（未）占领地

首先得指出，王仙芝、黄巢起事之初，并非同时同地，而是在不同时间不同地方。故须对两人活动经历分别讨论。其次，所谓占领地，因旋取旋弃，不可能在一个城池停留很久，甚至有时候是否真正攻下城池，亦无确切记载，故本文只对史料特别提及且有确切证据的占领地进行梳理。第三，对于攻而不下或仅仅过境的未占领地，亦予以整理，从而全面展示王仙芝、黄巢行军轨迹。

（一）王仙芝（未）占领地

王仙芝的（未）占领地，可分两阶段整理：第一，王仙芝单独行动时期；第二，王仙芝与黄巢合兵时期。

第一阶段，王仙芝单独行动。

濮州、曹州。《旧唐书·僖宗纪》曰：乾符二年五月，“进陷濮州，俘丁壮万人”[1]。《旧唐书·黄巢传》曰：“初，里人王仙芝、尚君长聚盗，起于濮阳，攻剽城邑，陷曹、濮及郓州。先有谣言云：‘金

[1] 《旧唐书》卷 19 下《僖宗纪》，第 694 页。

色虾蟆争努眼，翻却曹州天下反。’及仙芝盗起，时议畏之。”[1]《新唐书·僖宗纪》曰，乾符二年“六月，濮州贼王仙芝、尚君长陷曹、濮二州，河南诸镇兵讨之”[2]。又据《资治通鉴》，乾符二年六月，“王仙芝及其党尚君长攻陷濮州、曹州，众至数万；天平节度使薛崇出兵击之，为仙芝所败”[3]。可见，王仙芝于五月下濮州、曹州，六月为天平节度使薛崇所败。[4]此外，《旧唐书·黄巢传》所谓“陷曹、濮及郓州”，而郓州时为天平军节度使治所州，在薛崇治下，薛崇此后三年内依然在任，则郓州并未被王仙芝攻下。

许州阳翟县、汝州郏城县。据《资治通鉴》，乾符三年“八月，王仙芝陷阳翟、郏城”[5]。时阳翟属许州，郏城属汝州。[6]可知，王仙芝此年八月下许州阳翟县、汝州郏城县。阳翟、郏城二县是王仙芝进攻汝州的前沿，故必先下此二县，方能至汝州城下。

汝州。《旧唐书·僖宗纪》曰，乾符三年七月，“下之，虏刺史王镣”[7]。《新唐书·僖宗纪》曰，乾符三年九月，“丙子，王仙芝陷汝州，执刺史王镣”。《资治通鉴》同系于九月。[8]其中《旧唐书·僖宗纪》所谓七月，当指攻汝州之始，至九月方下。

郑州阳武县。据《资治通鉴》，乾符三年九月，“仙芝陷阳武，攻郑州，昭义监军判官雷殷符屯中牟，击仙芝，破走之”[9]。阳武县时

[1]《旧唐书》卷200下《黄巢传》，第5391页。

[2]《新唐书》卷9《僖宗纪》，第265页。

[3]《资治通鉴》卷252，“唐僖宗乾符二年六月”条，第8180页。

[4] 关于王仙芝初次起事的地点，以及当时在任的天平节度使，尚有不同记载，此处取方积六的考证结果，参见方积六：《黄巢起义考》，第10—18页。

[5]《资治通鉴》卷252，“唐僖宗乾符三年八月”条，第8184页。

[6] 郭声波：《中国行程区划通史·唐代卷》，第302、318页。

[7]《旧唐书》卷19下《僖宗纪》，第696页。

[8]《新唐书》卷9《僖宗纪》，第266页；《资治通鉴》卷252，“唐僖宗乾符三年九月”条，第8185页。

[9]《资治通鉴》卷252，“唐僖宗乾符三年九月”条，第8185页。

属郑州。[1]值得考辨的是，阳武在郑州城东北方，时王仙芝方下汝州，汝州在郑州城西南方，雷殷符败王仙芝后，又南攻唐、邓，疑下阳武在下汝州之前，随后南攻郑州不利，复转攻汝州。此处系时或有误。

鄂州。据《资治通鉴》，乾符三年，“冬，十月，仙芝南攻唐、邓。……十一月，……王仙芝攻郢、复二州，陷之。……十二月，王仙芝攻申、光、庐、寿、舒、通[2]”[3]。《新唐书·僖宗纪》曰，乾符三年十二月，“王仙芝陷申、光、庐、寿、通（蕲）、舒六州”，四年二月，“王仙芝陷鄂州”[4]。又据《资治通鉴》，乾符四年二月，“王仙芝陷鄂州”[5]。可见，从乾符三年十月至乾符四年二月，四个月内，王仙芝经过唐州、邓州、郢州、复州、申州、光州、寿州、庐州、舒州、蕲州，最后“陷”鄂州。对比地图可见，王仙芝自郢州、复州开始，绕大别山北麓转了一圈，从东段转到大别山南麓，最后在鄂州止步。按行军速度，四个月内经过如此多的州城，疑未有较大攻城战，且时值冬天，王仙芝之众当沿路进行补给，而非陷于攻防之胶着状态，至乾符四年春天方才进陷鄂州，并考虑继续北上。

第二阶段，王仙芝与黄巢合兵时期。

黄巢于乾符三年二三月间起兵于郓州，事见下文关于黄巢占领地第一阶段整理。在相继攻陷了郓州和沂州之后，乾符四年夏秋，黄巢自沂州西迁入查牙山，与王仙芝合兵。乾符四年七月，与王仙

[1] 郭声波：《中国行政区划通史·唐代卷》，第316页。

[2] “通”字当“蕲”字之误，胡三省注曰：“按《唐书·地理志》，通州属山南东道，宋之达州是也。周世宗以南唐静海军置通州，今淮东之通州是也，其地在唐则为扬州海陵县之东境。唐时淮南道未有通州，此必误。参考下文，‘通’当作‘蕲’。”

[3] 《资治通鉴》卷252，“唐僖宗乾符三年十月条至十二月”条，第8185—8186页。

[4] 《旧唐书》卷9《僖宗纪》，第266页。

[5] 《资治通鉴》卷253，“唐僖宗乾符四年二月”条，第8189页。

芝合攻宋州，但未能攻下。[1] 此后，继续攻陷州县。

随州。《旧唐书·僖宗纪》曰："八月，贼陷随州，执刺史崔休征。群贼屯于白洑。"《新唐书·僖宗纪》同。[2] 又据《资治通鉴》，乾符四年九月"乙卯，王仙芝陷随州，执刺史崔休征"[3]。可知王仙芝与黄巢于乾符四年八月下随州，《资治通鉴》所谓九月乙卯日，疑为唐廷得报日。

安州。据《资治通鉴》，乾符四年八月，"王仙芝陷安州"[4]。结合前文可见，《资治通鉴》以王仙芝、黄巢攻陷安州在前，随州在后。然据地图，王仙芝自宋州南下，随州在安州北，必先下随州，再下安州。此后王仙芝、黄巢转攻复州、郢州、蕲州、黄州，皆在安州以南，可证南下之势，疑《资治通鉴》误系。

此后，据《资治通鉴》，乾符四年九月，"仙芝遂转掠复、郢"[5]。又据前引《旧唐书·僖宗纪》之"群贼屯于白洑"，白洑据《太平寰宇记》，当即宋代荆州潜江县之前身"白洑征科巡院"[6]，与复州相邻，可知所谓"屯于白洑"即"转掠复、郢"。最后，王仙芝、黄巢又转攻黄州、蕲州，并于乾符四年十月在蕲州分兵。

蕲州。关于蕲州分兵事，胡如雷、俞兆鹏、赵国华、诸葛计皆从《资治通鉴》说，系于乾符三年十二月。[7] 方积六则否定分兵

---

[1] 《旧唐书》卷19下《僖宗纪》，第700页："七月，黄巢自沂、海，其徒数万，趋颍、蔡，入查牙山，遂与王仙芝合。"对此，《资治通鉴》，第8191页，将其置于四月，待考。合攻宋州而败之事，参见《资治通鉴》卷253，"唐僖宗乾符四年七月"条，第8192页。

[2] 《旧唐书》卷19下《僖宗纪》，第700页；《新唐书》卷9《僖宗纪》，第267页。

[3] 《资治通鉴》卷253，"唐僖宗乾符四年九月"条，第8192页。

[4] 同上。

[5] 同上。

[6] 乐史：《太平寰宇记》卷146《荆州》，中华书局2007年版，第2844页。

[7] 《资治通鉴》卷252，"唐僖宗乾符三年十二月"条，第8187—8188页；胡如雷：《唐末农民战争》，第89页；俞兆鹏：《黄巢起义史》，第22—23、108页；赵国华：《黄巢》，第49—50页；诸葛计：《唐末农民战争战略初探》，第94—95页。

于蕲州，认为黄巢宋州之败后返回北方，蕲州招降事件发生于乾符四年春末夏初，此时黄巢一直在北方。王大华进一步补充王仙芝单独攻蕲州在乾符四年九月。[1] 潘子正亦赞同方积六观点。[2] 诸说纷纭，笔者认为，首先方积六引李山甫《送蕲州裴员外》一诗证《旧唐书·僖宗纪》对乾符四年三月裴渥出刺蕲州的记载之真实性，实为可从，故能就此否决乾符三年十二月裴渥任上分兵的可能性。[3] 其次，据上文，王仙芝乾符三年十二月之后转战淮南时的顺序为申、光、寿、庐、舒、蕲，即王仙芝行军路线在大别山东端转向，故随后即从蕲州下鄂州。时蕲州仅路过之一州，王仙芝目的在鄂州，不当于彼时争执于蕲州。乾符四年二月下鄂州之后，亦难再于三四月间返蕲州居之，盖目标终在北方，方有合兵查牙山及七月宋州之役。最后，王仙芝、黄巢之争执于蕲州，《新唐书·黄巢传》、《资治通鉴》如此详载，必有其事，或即乾符四年十月《资治通鉴》所载“黄巢寇掠蕲、黄，曾元裕击破之，斩首四千级，巢遁去”[4] 之事，此后二人分道，黄巢遁去北归，王仙芝转攻荆州。在乾符四年十月分兵于蕲州。

分兵后，黄巢北返，详见下文。王仙芝因乾符四年十二月求降失败，转而进攻荆州，惜仅能于乾符五年正月朔日攻下外郛，终为曾元裕所杀。[5]

---

[1] 方积六：《黄巢起义考》，第 33—40、44—46 页；王大华：《王仙芝攻蕲州的时间问题》，《陕西师范大学学报》1987 年第 1 期，第 113—118 页。

[2] 潘子正：《唐僖宗朝前期（873—880）的政治角力分析》，台湾师范大学硕士学位论文，2013 年，第 326—327 页。

[3] 方积六：《黄巢起义考》，第 36—37 页。

[4] 《资治通鉴》卷 253，“唐僖宗乾符四年十月”条，第 8193 页。

[5] 王仙芝攻陷荆州外郛，参见《资治通鉴》卷 253，“唐僖宗乾符五年正月”条，第 8194—8195 页；方积六：《黄巢起义考》，第 51—54 页。王仙芝战殁，参见《资治通鉴》卷 253，“唐僖宗乾符五年二月”条，第 8199 页；方积六：《黄巢起义考》，第 56—57 页。

（二）黄巢（未）占领地

黄巢单独行动大致可分四个阶段：第一，与王仙芝合兵之前；第二，与王仙芝分兵之后至南下占领广州；第三，离开广州北上至渡淮之前；第四，渡淮之后至占领长安。

第一阶段，与王仙芝合兵之前。

郓州。《旧唐书·僖宗纪》曰，乾符四年三月，“是月，冤朐贼黄巢聚万人攻郓州，陷之，逐节度使薛崇”[1]。《新唐书·僖宗纪》曰，乾符四年“三月，宛句贼黄巢陷郓、沂二州，天平军节度使薛崇死之”[2]。又据《资治通鉴》，乾符四年二月，“黄巢陷郓州，杀节度使薛崇”[3]。可见，黄巢于乾符四年二月或三月攻下郓州，天平节度使薛崇似死。至于《新唐书·僖宗纪》所提及之沂州，非天平镇属州，似非同时所能攻下。

沂州。《旧唐书·僖宗纪》曰，乾符四年五月，“黄巢贼陷沂州”[4]。又据《资治通鉴》，乾符四年“三月，黄巢陷沂州”[5]。结合上文可知，黄巢在攻下郓州后趁势攻陷沂州，然时间方面《旧唐书·僖宗纪》与《资治通鉴》稍有不同，待考。

第二阶段，与王仙芝分兵之后至南下占领广州。

滑州匡城县。黄巢自蕲州与王仙芝分兵后，返回北方。《新唐书·僖宗纪》曰，乾符五年“三月，黄巢陷濮州，寇河南”[6]。又据《资治通鉴》，乾符四年十二月，“黄巢陷匡城，遂陷濮州。诏颍州

[1]《旧唐书》卷19下《僖宗纪》，第699页。
[2]《新唐书》卷9《僖宗纪》，第266页。
[3]《资治通鉴》卷253，“唐僖宗乾符四年二月”条，第8189页。
[4]《旧唐书》卷19下《僖宗纪》，第700页。
[5]《资治通鉴》卷253，“唐僖宗乾符四年三月”条，第8190页。
[6]《新唐书》卷9《僖宗纪》，第267页。

刺史张自勉将诸道兵击之”[1]。可知先下匡城，后下濮州。时匡城县属滑州。[2]另据立于肥城县幽栖寺故址的《幽栖寺陀罗尼经幢》：“至五年正月下旬，遇黄巢草军经过。”[3]亦可知当时黄巢集团正在那一带。

濮州。说见上。此外，《新唐书·僖宗纪》所谓乾符五年三月，当是唐廷防备时间，而非黄巢下濮州的具体时间，毕竟他于此后三四月间渡江，此时不可能长途跋涉到长江边上。又据《资治通鉴》记载，乾符五年三月，“黄巢自滑州略宋、汴，乃以副使张自勉充东南面行营招讨使。黄巢攻卫南，遂攻叶、阳翟。诏发河阳兵千人赴东都，与宣武、昭义兵二千人共卫宫阙；以左神武大将军刘景仁充东都应援防遏使，并将三镇兵，仍听于东都募兵二千人”[4]。可见此后黄巢转战河南，试图再次进攻洛阳，并引起唐廷连锁甚至过度反应。事实上，这些可能只是黄巢虚张声势的手段，与方积六所论黄巢伪降一样。[5]

至于黄巢渡江地点，众说纷纭。岑仲勉、杨志玖认为自和州、宣州之间渡江[6]；王永兴认为自舒州、江州之间渡江，并认为乾符四年十月即有一部分黄巢军队渡江[7]；范文澜、韩国磐等书附图则划在

[1]《资治通鉴》卷253，“唐僖宗乾符四年十二月”条，第8194页。

[2] 郭声波：《中国行政区划通史·唐代卷》，第339页。

[3] 沙门无垢：《幽栖寺陀罗尼经幢》，见姜丰荣编注：《泰山历代石刻选注》，青岛海洋大学出版社1993年版，第108页。

[4]《资治通鉴》卷253，“唐僖宗乾符五年三月”条，第8201页。

[5] 赵国华即认为是声东击西，为南下做准备，参见赵国华：《黄巢》，第59—60页。方积六的伪降说，参见方积六：《黄巢起义考》，第63页。

[6] 岑仲勉：《隋唐史》，高等教育出版社1957年版，第470、第495—496页；杨志玖：《隋唐五代史纲要》，上海人民出版社1957年版，第109页。

[7] 王永兴：《关于黄巢农民军的一些史料的考辨》，见《文史》第5辑，1978年，第46—48页。

蕲州渡江[1]。对此，方积六从司空图《纪恩门王公宣城遗事》、《新唐书·王凝传》等材料论证黄巢于乾符五年三四月间渡江，颇可信从。[2]随后，方积六又引入《南陵尉张师儒墓志铭》证黄巢在四五月间进攻宣州失利，亦可从之。[3]

不过黄巢渡江攻打宣州失利后，非如方积六所论进攻润州，而是转入歙州寻求补给。考方积六所用材料，《嘉定镇江志》卷7《祠庙·丹徒县》所引顾云《武烈公庙碑记》"孤城怀欲陷之忧"[4]，方积六谓"应是润州遭到起义军围攻"，颇为武断。盖忧虑城池被攻陷，并不表明城池外一定有围军，也许仅仅是城内之人听闻黄巢欲向这边进攻的风声而已。方积六又引陈师道《后山谈丛》卷3"黄巢解金陵"条所载故事曰："黄巢攻金陵，人说之曰：'王毋以攻也，王名巢，入金陵则锁（鏁）矣！'遂解去。"[5]其实此处的金陵虽然可以解释为润州[6]，但并非说明黄巢进攻润州，反而明白显示黄巢打消了进攻"金陵"的念头。何况这一小故事作为传闻异辞，很可能出自小说家之手，以显示讲述者的生动，恐有虚构成分。故方积六的观点颇不能成立。事实上，当时黄巢放弃润州，转入了歙州。据程淘《程都使沄世录》："乾符五年，岁在戊戌，端午日，黄巢别部入黄墩，淘之族人逃难解散，贼众遂营本宅，攻劫川谷，荡涤殆尽。"[7]可知乾符

[1] 范文澜：《中国通史简编》第3编，河北教育出版社2000年版，第341—342页；韩国磐：《隋唐五代史纲》，第390页。

[2] 方积六：《黄巢起义考》，第67—74页。

[3] 同上书，第78—79页。

[4] 史弥坚修，卢宪纂：《嘉定镇江志》卷7，见《宋元方志丛刊》第3册，中华书局1990年版，第2377页。

[5] 陈师道：《后山谈丛》卷3，"黄巢攻金陵"条，上海古籍出版社1989年版，第24页。

[6] 江慰庐：《唐代的"金陵"地名不都是指南京》，《群众论丛》1980年第1期，第147—148页。

[7] 程淘：《程都使沄世录》，见《新安文献志》卷96上，黄山书社2004年版，第2454页。

五年五月五日端午节，有黄巢别部入歙州黄墩。其将领或为毕师铎。

杭州。《新唐书·僖宗纪》曰，乾符五年八月，“黄巢陷杭州”[1]。可知，乾符五年八月，黄巢下杭州，然因继续南下而又弃之。需要讨论的是黄巢陷杭州之前的路线。据《吴兴备志》卷21《祥孽征》引《长兴志》记载：“乾符五年，黄巢破宣州，以清明前二日入长城，居民匿山谷间避之，幸脱祸。因以清明后补节一日相庆。”[2]可知乾符五年清明时节，黄巢进入湖州长城县。不过黄巢并未破宣州，也并不一定即在清明节入长城县。[3]毕竟三四月份渡江，四五月份方才进攻宣州失利。而且，把特定的节日和特定的历史事件联系在一起，是古人在传播故事时常用的手法。不过此条材料可提供路线信息，此后黄巢即从湖州进攻杭州。[4]

越州。《新唐书·僖宗纪》曰，乾符五年九月，“黄巢陷越州，执观察使崔琢。镇海军将张潾克越州”[5]。其中，崔琢当为崔璆之误，张潾当为张璘之误。由此可知，黄巢为张璘所追，既陷越州，旋又弃之。

福州。《旧唐书·僖宗纪》曰，乾符五年三月，“自宣州渡江，

---

[1] 《新唐书》卷9《僖宗纪》，第268页。

[2] 董斯张：《吴兴备志》卷21《祥孽征》，文渊阁四库全书本。

[3] 胡耀飞：《武康地区黄巢传说的方志探源》，《德清政协》2014年第2期，第50—53页。

[4] 赞宁《传载略》有一则故事曰：“湖州自李师悦薨后，高彦为代。天祐丙寅卒，武肃王以其子澧嗣之。澧性粗暴，括诸县民户，三丁抽一，立都，额为‘三丁军’。因人言三丁军思乡，图及澧，名聚，一时斩戮。初，州南有渔人，采捕至一高塘，芦苇夹道，渔者舍舟行。百余步，见一大吉宅，登堂，见一人头荷铁炉，炎炎火起，呼渔人曰：‘汝勿奔走，寄语澧，吾是黄巢，天武诛戮天下，惟不入湖州，藉汝之手速杀之。”转引自《说郛》卷32上，《说郛三种》120卷本，第1483页。此事颇有传奇色彩，虽然高澧确实因暴虐而被吴越钱氏所驱逐，但这里所载“黄巢”的话，却不可尽信。高澧被逐之事，参见胡耀飞：《试论湖州在吴越国国防中的地位》，《湖州师范学院学报》2009年第5期，第34—38页。

[5] 《新唐书》卷9《僖宗纪》，第268页。

由浙东欲趋福建，以无舟船，乃开山洞五百里，由陆趋建州，遂陷闽中诸州”[1]。《新唐书·僖宗纪》曰，乾符五年“十二月甲戌，黄巢陷福州”[2]。又据《资治通鉴》，乾符五年“十二月，甲戌，黄巢陷福州，观察使韦岫弃城走”[3]。其中，《旧唐书·僖宗纪》统系于三月，似误，当从《新唐书·僖宗纪》、《资治通鉴》，在乾符五年十二月下福州。

桂州。《旧唐书·僖宗纪》曰，乾符六年“四月，黄巢陷桂管”[4]。此条为孤证，然而从黄巢南下路线来看，似有可能。此外，陈习刚已经考证，黄巢北上时，始发于桂州，故桂州在黄巢入岭南时被占领之事，亦可得一旁证。[5]至于黄巢进入岭南的路线，各种示意图多标识从泉州、漳州、潮州一线直达广州，唯徐俊鸣认为由江西经粤北南下，曾祥委认为由湘南占领桂州，再至广州。[6]笔者此处基本赞同曾祥委的观点。

广州。《新唐书·僖宗纪》曰，乾符六年五月，“黄巢陷广州，执岭南东道节度使李迢，陷安南”[7]。又据《资治通鉴》，乾符六年“九月，黄巢得率府率告身，大怒，诟执政，急攻广州，即日陷之，执节度使李迢，转掠岭南州县”[8]。此时，黄巢在岭南等待唐廷除官，若因官告不如意而陷广州，按长安与岭南两地距离，时间不会太

[1] 《旧唐书》卷19下《僖宗纪》，第702页。

[2] 《新唐书》卷9《僖宗纪》，第268页。

[3] 《资治通鉴》卷253，“唐僖宗乾符五年十二月”条，第8209页。

[4] 《旧唐书》卷19下《僖宗纪》，第703页。

[5] 陈习刚：《黄巢起义大军自岭南北伐始发今桂林市区考》，《湖北大学学报》2001年第2期，第103—107页。

[6] 徐俊鸣：《有关黄巢进军岭南的一些资料》，《光明日报》1961年10月25日；曾祥委：《黄巢由湘入粤考》，《韶关大学学报（社会科学版）》1999年第5期，第29—34页。

[7] 《新唐书》卷9《僖宗纪》，第269页。

[8] 《资治通鉴》卷253，“唐僖宗乾符六年九月”条，第8217页。

早。然《资治通鉴》系在九月亦或太晚，盖时任镇海节度使的高骈已在八月请求出兵击广州，虽未获唐廷允许[1]，却可知八月时唐廷尚期待招安黄巢；且黄巢此后十月下潭州，若九月尚在攻打广州，亦过于紧凑。特别是《续宝运录》记载："黄巢先求广府兼使相，朝廷不与。黄巢夏初兵屯广南，屡候敕旨不下，遂恣行攻劫。黄巢夏六月上表，称'义军百万都统兼韶、广等州观察处置等使'，末云'六月十五日表'。"可知黄巢在六月当已自称"韶、广等州观察处置等使"。当然，这只是自称，尚须得到唐廷的正式承认，故《续宝运录》又曰："秋，遣内侍仇公度赍手诏并广南、邕府、安南、安东等道节度使、指挥观察使、开国公、食邑五百户官告六通，又赐节度将吏空名尚书仆射官告五十通。"直至"九月二十日，仇公度到广州"。此后，"十月一日，巢与公度杂匹段、药物等五驮、表函并所赐官告并却付公度。表末云：'广明元年十月一日上表。'"[2]这里除了"广明元年"不合外，其余月日时间，颇能对应黄巢在岭南地区的活动。因此，如果把"广明元年"换成"乾符六年"，大概与真实历史相差不远。也就是说，从乾符六年六月至九月，黄巢大概一直在广州城内。至于阿布赛德（Abū Zaid）和麻素提（Mas'ūdī）的阿拉伯文献中关于广州在乾符五年（878）被攻陷的记载，虽然有桑原骘藏的支持，但不免是一种误会而已。[3]

黄巢在岭南地区，除了在广州等待唐廷给他节钺外，是否有派遣别将占领岭南其他州县的记载，则可进一步整理。首先是两条涉

[1] 《资治通鉴》卷 253，"唐僖宗乾符六年八月"条，第 8216 页。

[2] 《资治通鉴》卷 253，"唐僖宗乾符六年六月"条考异，第 8215 页。

[3] 〔日〕桑原骘藏：《关于カンフウ问题特别是其沦陷年代问题》，《史林》第 4 卷，1919 年，第 1—13 页。张星烺早已指出 878 年为 Abū Zaid 记忆之误，见《中西交通史料汇编》第 2 册，中华书局 1977 年版，第 208—209 页。

及岭南地区土豪势力抗击黄巢的记载：

> 1. 巨昭，不知何许人。唐末为容州观察使，精天文纬候之学。黄巢入广南，巨昭括部内诸蛮得数千人，亲自选练，分屯险隘，巢寇惮之，不敢犯其境。以功加宁远军节度使。[1]
>
> 2. 昌鲁，字安国，相州邺县人。唐末明经登第，释褐项城主簿，累迁至尚书郎。乾符中，出为高州刺史。黄巢寇岭南，郡县离析，昌鲁使其居民据保障以自守，一境获安，就迁防御使。……开平初，乃致书于殷，曰："仆昔占籍邺中，受恩唐室，莅高三岁，遏黄巢之乱，收合生齿，堡于凉山。因深为堑，凭高作垒，攻苦食淡，以劝士卒。洎盗贼平定，一境独全，高凉之民，至今相戴。……"[2]

这两条材料分别来自《九国志》卷 11 的《庞巨昭传》和《刘昌鲁传》。如果黄巢从桂州向广州进军，则容州和高州是途中过境之地，故须确保不被骚扰。又鉴于岭南地区本身复杂的社会环境，黄巢似不可能以陆路向广州进发，而可能通过桂江、西江沿江而下。若如此，则容州和高州，虽处必经之地，但毕竟不是黄巢军队进攻重点。因此，两州可能是黄巢占据广州后其他部将进攻的目标。而庞巨昭和刘昌鲁凭借本地势力保持了境内安堵，成功避免了黄巢别将的进攻。

此外，黄巢在岭南地区还与三个地方有联系：

一是学界已经有定论的安南地区，岑仲勉、方积六认为黄巢并

---

[1] 路振：《九国志》卷 11《庞巨昭传》，见傅璇琮主编：《五代史书汇编》第 6 册，杭州出版社 2004 年版，第 3358 页。

[2] 《九国志》卷 11《刘昌鲁传》，第 3356 页。

未进入，确实如此。[1] 但也不排除有黄巢别将进攻或骚扰安南。

二是韶州，这个地区史籍并未记载黄巢派兵占领，但据《续宝运录》：“黄巢先求广府兼使相，朝廷不与。黄巢夏初兵屯广南，屡候敕旨不下，遂恣行攻劫。黄巢夏六月上表，称‘义军百万都统兼韶、广等州观察处置等使’，末云‘六月十五日表’。”[2] 可知黄巢于乾符六年六月上表唐廷，自称兼领韶、广，广州自然为黄巢所占，则韶州亦为黄巢或其别将所下。

三是连州，据《新唐书·僖宗纪》，广明元年（880）六月，“宿州贼鲁景仁陷连州”[3]。又据《新唐书·邓处讷传》：“是时，道州蛮酋蔡结、何庾，衡人杨师远各据州叛。宿人鲁景仁从黄巢为盗，至广州，病不能去，以千骑留连州。众饥，从蔡结求粮，乃相倚仗，与州戍将黄行存诱工商四五千人据连州。”[4] 可知鲁景仁是黄巢部众中因病留驻岭南的宿州籍将领，并在黄巢北还之后，与本地蛮酋和戍将联合攻下连州，成为地方割据势力。

不过，由于并无直接史料证明此三地在从闽入粤的过程中被占领，故此处安南、韶州、连州不列入占领地。

第三阶段，离开广州北上至渡淮之前。

潭州。据《资治通鉴》，乾符六年十月，黄巢集团“自桂州编大桄数十，乘暴水，沿湘江而下，历衡、永州，癸未，抵潭州城下。李系婴城不敢出战，巢急攻，一日，陷之，系奔朗州”[5]。

澧州。《新唐书·僖宗纪》，乾符六年“闰十月，黄巢陷潭、澧

[1] 岑仲勉：《隋唐史》，第 504—505 页；方积六：《黄巢起义考》，第 98—99 页。

[2] 《资治通鉴》卷 253，“唐僖宗乾符六年六月”条考异，第 8215 页。

[3] 《新唐书》卷 9《僖宗纪》，第 270 页。

[4] 《新唐书》卷 186《邓处讷传》，第 5422 页。

[5] 《资治通鉴》卷 253，“唐僖宗乾符六年十月”条，第 8217 页。《旧唐书·僖宗纪》时间有误，方积六已考之，参见方积六：《黄巢起义考》，第 101—102 页。

二州，澧州刺史李绚死之”[1]。《旧唐书·僖宗纪》、《资治通鉴》记载黄巢下潭州后直接进攻荆州，然潭州与荆州之间的路线或从洞庭湖东岸经岳州，或从西岸经朗州、澧州，故《新唐书·僖宗纪》尚可采信。

荆州。《新唐书·僖宗纪》，乾符六年十一月“辛酉，黄巢陷江陵。……十二月壬辰，（唐军）克江陵”[2]。可见此年十一月辛酉日（六日）至十二月壬辰日（七日）期间，江陵一度失守于黄巢军约一个月。在这期间的十一月丁丑日（二十二日），黄巢集团进攻襄州，在两州之间的荆门为唐廷山南东道节度使刘巨容所败。[3] 荆门之败后，黄巢转战江西。《旧唐书·僖宗纪》曰：“黄巢、尚让以余众徙济江。全晸方渡江袭贼，遽诏至，以段彦谟为江西节度使，全晸乃还。贼遂率舟军东下，攻鄂州，陷其郛。全晸救至，贼遂转战江西，陷江西饶、信、杭、衢、宣、歙、池等十五州。”[4] 又据《资治通鉴》，乾符六年十一月，“全晸渡江追贼，会朝廷以泰宁都将段彦谟代为招讨使，全晸亦止。由是贼势复振，攻鄂州，陷其外郭，转掠饶、信、池、宣、歙、杭十五州，众至二十万”[5]。《新唐书·僖宗纪》曰，乾符六年，“黄巢陷鄂、宣、歙、池四州”[6]。其中，《旧唐书·僖宗纪》、《资治通鉴》皆谓鄂州仅陷外郛，且此后黄巢转战江西，当不会在鄂州停留太久。然所谓十五州中，又有哪几个州为黄巢所真正攻下呢？

离开鄂州后，黄巢首先沿江而下，据《新唐书·僖宗纪》，广明

[1] 《新唐书》卷 9《僖宗纪》，第 269 页。

[2] 同上。

[3] 《旧唐书》卷 19 下《僖宗纪》，第 707—707 页；《新唐书》卷 9《僖宗纪》，第 269 页；《资治通鉴》卷 253，“唐僖宗乾符六年十一月”条，第 8219 页。

[4] 《旧唐书》卷 19 下《僖宗纪》，第 706—707 页。

[5] 《资治通鉴》卷 253，“唐僖宗乾符六年十一月”条，第 8219 页。

[6] 《新唐书》卷 9《僖宗纪》，第 269 页。

元年正月，“淮南将张潾及黄巢战于大云仓，败之”[1]。大云仓即今枞阳。据任渊《山谷外集诗注》卷17《题大云仓达观台二首》注曰：“池州泝流四十里，至北岸蒋家沙，又四十里，至大云仓。按《同安志》此诗注云：‘大云仓即今枞阳镇，去舒州一百四十里。’”[2]可知，黄巢从鄂州沿江而下，似欲直攻扬州，而为淮南将张璘败于池州附近，遂转攻江西。

饶州。黄巢何时攻下饶州，史未明言，但唐淮南将张璘收复饶州的时间尚有记载。《新唐书·僖宗纪》曰，广明元年四月，“壬寅，张潾克饶州”[3]。据《资治通鉴》，广明元年四月，“张璘渡江击贼帅王重霸，降之；屡破黄巢军，巢退保饶州，别将常宏以其众数万降。璘攻饶州，克之，巢走”[4]。可知，广明元年四月，张璘收复饶州。在此之前，黄巢“退保饶州”，当即从大云仓退还进入江西境内。

信州。《旧唐书·僖宗纪》曰：“是岁春末，贼在信州疫疠，其徒多丧。淮南将张璘急击之，……为贼所败，临阵杀璘。”[5]《新唐书·僖宗纪》、《资治通鉴》皆同。黄巢在信州能够打败张璘，或亦攻下城池，然因疾疫，亦不会留太久时间。

婺州、睦州。《新唐书·僖宗纪》曰，广明元年“六月，巢陷睦、婺、宣三州”[6]。《资治通鉴》曰，广明元年六月，“黄巢别将陷睦

---

[1] 《新唐书》卷9《僖宗纪》，第269页。

[2] 黄庭坚撰，任渊等注，刘尚荣校点：《黄庭坚诗集注》，中华书局2003年版，第1385页。方积六误以大云仓在饶州一带，对于大云仓之役的时间考证亦有误，参见方积六：《黄巢起义考》，第114—115页。

[3] 《新唐书》卷9《僖宗纪》，第270页。

[4] 《资治通鉴》卷253，“唐僖宗广明元年四月”条，第8224页。

[5] 《旧唐书》卷19下《僖宗纪》，第708页；《新唐书》卷9《僖宗纪》，第270页；《资治通鉴》卷25，“唐僖宗广明元年五月”条，第8225页。

[6] 《新唐书》卷9《僖宗纪》，第270页。

州、婺州”[1]。从信州至宣州，或沿江而下，或经钱塘江北上，然长江为淮南所控，故方积六疑黄巢经衢州、婺州、睦州、杭州、湖州北上至宣州，其中睦州、婺州为别将所下。[2] 对此尚可做一补充。事实上，黄巢若从信州出发，经过杭州再到宣州，必当在到杭州之前经过睦州或婺州。信州到杭州，基本有两条路径：第一是沿钱塘江而下，经睦州至杭州；第二是沿钱塘江南山区陆路，经婺州至越州再渡江到杭州。其中第一条比第二条要便捷。即黄巢必定经过婺州、睦州中一地，方能抵达杭州。考虑到下文引《资治通鉴》记载黄巢于六月庚戌日（二十八日）下宣州，即从信州到宣州仅用了一个多月的时间，则黄巢应当会选择睦州一路。那么，婺州若亦为黄巢所下，或即黄巢别将所为。[3] 当然，另一种可能即黄巢经过睦州而不攻城，正如经过杭州亦不攻城[4]。那么，睦州、婺州可能皆为黄巢别将所占。

宣州。《资治通鉴》曰，广明元年六月“庚戌，黄巢攻宣州，陷之”[5]。又据前文所引《新唐书·僖宗纪》“六月，巢陷睦、婺、宣三州”，可知下睦州、婺州与下宣州时间相距不远，可证黄巢志在渡江。然这次所谓“陷”宣州，具体是否攻陷城池，亦颇可疑。据《全唐文》所收许棠《唐故浙江道五部兵马大元帅平南节度使银青光禄大夫检校尚书令戴公墓志铭并序》载：“况又顷岁，黄巢之众，

---

[1] 《资治通鉴》卷 253，“唐僖宗广明元年六月”条，第 8226 页。

[2] 方积六：《黄巢起义考》，第 118 页。

[3] 郁贤皓：《唐刺史考全编》卷 145《婺州》，安徽大学出版社 2000 年版，第 2070 页，考证婺州刺史时，据贯休诗《避地毗陵上王慥使君》，认定王慥在乾符、广明间刺婺，罹黄巢“陷东阳”之祸，然而贯休另一诗作《闻前王使君在泽潞居》则曰“乾符初刺婺”，注曰“两年后果有黄贼来”，又据《旧唐书》卷 19 下《僖宗纪》，第 696 页，王慥于乾符三年七月任户部郎中，则当在乾符三年（876）之后刺婺，两年后即黄巢于乾符五年由越州南下经过婺州，抵达福州之时。则王慥所经历之黄贼，当是黄巢南下时，从越州经婺州向衢州，再转福建之部队。故不取。

[4] 方积六：《黄巢起义考》，第 117—119 页。

[5] 《资治通鉴》卷 253，“唐僖宗广明元年六月”条，第 8227 页。

鼓噪惊天，云旗蔽野。巨魁既攻邻郡，轻骑复剽兹邦。宣歙观察使崔玹，知府君负三略之材，蕴六韬之术。遂遣简练精旅，防虞浣溪。才展征车，俄奔困兽。”[1]吴廷燮以此志为基础，把志中提及的崔玹列入宣歙节度使行列，时间系于乾符五年、六年。[2]不过此志颇有可疑之处，劳格曾怀疑其为伪志，但并未给出理由。[3]在笔者看来，首先是其出自《全唐文》，而未见于唐宋以来的载籍，颇疑《全唐文》采自地方志书；其次，此志题中的“浙江道”、“五部兵马大元帅”、“平南节度使”，都不可能在唐末出现。当然，抛开伪志的看法，志文中的内容不一定全都是杜撰。毕竟从王凝于乾符五年八月七日去世[4]之后，直到广明元年十一月裴虔余出任宣歙节度使，这期间没有相关宣歙观察使在任的信息，而《戴公墓志铭》正可补充这一史料之缺口。不过若真有崔玹其人，其在宣歙观察使任上抗御黄巢之事，应当系于广明元年六月黄巢北上之时，而非吴廷燮所系的乾符五年、六年。

滁州、和州。《新唐书·僖宗纪》曰，广明元年“七月，黄巢陷滁、和二州”[5]。此外，黄巢进入江北，攻下和州、滁州之后，即开始围攻扬州附近六合、天长二县，然淮南节度使高骈闭门不出[6]，黄巢

---

[1] 许棠：《唐故浙江道五部兵马大元帅平南节度使银青光禄大夫检校尚书令戴公墓志铭并序》，见董诰等编：《全唐文》卷812，中华书局1983年版，第8546页。

[2] 吴廷燮：《唐方镇年表》卷5《宣歙》，中华书局1980年版，第818—819页。王寿南对崔玹并无考证，仅标其出镇时间在乾符五年，参见王寿南：《唐代藩镇与中央关系研究》，大化书局1978年版，第856页。

[3] 劳格：《读书杂识》卷8《读全唐文札记》，见《续修四库全书》第1163册“子部·杂家类”，上海古籍出版社2002年版，第288页。

[4] 司空图：《司空表圣文集》卷7《唐故宣州观察使检校礼部王公行状》，见祖保泉、陶礼天笺校：《司空表圣诗文集笺校》，安徽大学出版社2002年版，第268—271页。

[5] 《新唐书》卷9《僖宗纪》，第270页。

[6] 《旧唐书》卷19下《僖宗纪》，第708页；《旧唐书》卷182《高骈传》，第4704—4705页；《旧唐书》卷200下《黄巢传》，第5392页；《资治通鉴》卷253，“唐僖宗广明元年七月”条，第8228—8230页。

亦无意于占领扬州，乃继续北上渡淮。

第四阶段，黄巢渡淮之后。

申州。《旧唐书·僖宗纪》曰："溵水诸军皆散，贼闻之，十月，乃悉众渡淮。"[1]又据《新唐书·僖宗纪》曰，广明元年"十月，黄巢陷申州"[2]。又据《资治通鉴》，广明元年十月，"黄巢陷申州，遂入颍、宋、徐、兖之境，所至吏民逃溃"[3]。申州在淮水南岸，黄巢先在扬州，及闻淮北溵水诸军散，乃由申州渡淮。

汝州。《新唐书·僖宗纪》曰，广明元年十一月，"黄巢陷汝州"[4]。《资治通鉴》曰，广明元年十一月"庚申，东都奏黄巢入汝州境"[5]。可知，黄巢于十一月庚申日（十日）下汝州。

东都洛阳。《旧唐书·黄巢传》曰："十一月十七日，陷洛阳，留守刘允章率分司官迎之。"[6]《新唐书·僖宗纪》曰，广明元年十一月"丁卯，东都留守刘允章叛附于黄巢"[7]。《资治通鉴》曰，广明元年十一月"丁卯，黄巢陷东都，留守刘允章帅百官迎谒；巢入城，劳问而已，闾里晏然"[8]。又据《旧唐书·僖宗纪》曰，"十一月辛亥朔。己巳，贼陷东都，留守刘允章率分司官属迎谒之，贼供顿而去，坊市晏然"[9]。可知，黄巢在十一月丁卯日（十七日）下洛阳，又于己巳日（十九日）离开。

虢州。《旧唐书·僖宗纪》曰："壬申，陷虢州。"《新唐书·僖

[1]《旧唐书》卷19下《僖宗纪》，第708页。

[2]《新唐书》卷9《僖宗纪》，第270页。

[3]《资治通鉴》卷253，"唐僖宗广明元年十月"条，第8233页。

[4]《新唐书》卷9《僖宗纪》，第270页。

[5]《资治通鉴》卷254，"唐僖宗广明元年十一月"条，第8235页。

[6]《旧唐书》卷200下《黄巢传》，第5392页。

[7]《新唐书》卷9《僖宗纪》，第270页。

[8]《资治通鉴》卷254，"唐僖宗广明元年十一月"条，第8236页。

[9]《旧唐书》卷19下《僖宗纪》，第708页。

宗纪》和《资治通鉴》同。[1]《旧唐书·黄巢传》曰："继攻陕、虢。"[2]可知，黄巢于十一月壬申日（二十二日）下虢州。然未知是否下陕州。

华州。《旧唐书·僖宗纪》曰："十二月庚辰朔。辛巳，贼据潼关。"[3]《旧唐书·黄巢传》曰："陷华州，留将乔钤守之。河中节度使李都诈进表于贼。朝廷以田令孜率神策、博野等军十万守潼关。……及贼至，官军但守潼关，不防禁谷，以为谷既官禁，贼无得而踰也。尚让、林言率前锋由禁谷而入，夹攻潼关，官军大溃，博野都径还京师，燔掠西市。"[4]《资治通鉴》曰，广明元年十二月，"黄巢入华州，留其将乔钤守之"[5]。可知十二月辛巳日（二日）黄巢下潼关，潼关属华州华阴县，则黄巢不久即下华州，又以乔钤守华州。郭著亦以广明元年华州直属黄齐。[6]

京兆府昭应县。《旧唐书·黄巢传》曰："四日，贼至昭应。"[7]可知十二月四日黄巢已至昭应县。

长安城。广明元年十二月甲申日（五日），长安城被黄巢攻陷。《旧唐书·僖宗纪》曰，甲申，"是日晡晚，贼入京城，时右骁卫大将张直方率武官十余迎黄巢于坡头"[8]。同书《黄巢传》曰："五日，贼陷京师。时巢众累年为盗，行伍不胜其富，遇穷民于路，争行施

[1] 《旧唐书》卷19下《僖宗纪》，第708页；《新唐书》卷9《僖宗纪》，第270页；《资治通鉴》卷254，"唐僖宗广明元年十一月壬申"条，第8237页。

[2] 《旧唐书》卷200下《黄巢传》，第5392页。

[3] 《旧唐书》卷19下《僖宗纪》，第708页。

[4] 《旧唐书》卷200下《黄巢传》，第5393页。《新唐书》卷9《僖宗纪》，第271页，曰："十二月壬午，黄巢陷潼关。"疑即唐廷接报之日。

[5] 《资治通鉴》卷254，"唐僖宗广明元年十二月"条，第8239页。

[6] 郭声波：《中国行政区划通史·唐代卷》，第50页。

[7] 《旧唐书》卷200下《黄巢传》，第5393页。

[8] 《旧唐书》卷19下《僖宗纪》，第709页。

遗。既入春明门，坊市聚观。”[1]《资治通鉴》曰，广明元年十二月甲申“晡时，黄巢前锋将柴存入长安，金吾大将军张直方帅文武数十人迎巢于霸上。巢乘金装肩舆，其徒皆被发，约以红缯，衣锦绣，执兵以从，甲骑如流，辎重塞涂，千里络绎不绝”[2]。可知此日之后，黄巢已经控制长安。

至此，黄巢结束流动作战，开始以长安为据点，建立政权。

二、黄齐政权政区

广明元年十二月十三日（881 年 1 月 16 日），黄巢称帝于长安，国号大齐，年号金统。从此，黄齐政权成立，相应的占领地也成为政区。

根据前文，黄巢称帝时所实际控制的区域包括洛阳、虢州、华州、京兆府昭应县、长安城等地，这些不仅仅是途经时所攻陷的地方。其中洛阳的唐朝东都留守刘允章“叛附”黄巢，后者又命乔钤守华州。但洛阳与华州还不一样，黄巢攻下洛阳后，“供顿而去”，似未任命守将。而在华州，明确以乔钤为守将。当然，限于史料，尚不清楚洛阳到长安之间其他城池的情况。但基本上可以说，从攻下华州开始，黄巢已经意识到需要建立长久的政权，从而通过任命守将的方式来巩固已经拿下的地方。因此，黄巢称帝之后的大齐政权，实际的行政区域大致包括京兆府、华州。

当时京兆府包括长安、万年、昭应等 23 个县。[3] 华州包括郑、

[1] 《旧唐书》卷 200 下《黄巢传》，第 5393 页。
[2] 《资治通鉴》卷 254，“唐僖宗广明元年十二月甲申”条，第 8240 页。
[3] 郭声波：《中国行政区划通史 · 唐代卷》，第 38 页。

华阴、下邽等3个县。[1]其中具体可以确认由黄齐政权控制的，有京兆府的长安、万年、昭应等县，和华州的郑、华阴二县。当然，在黄巢占领长安之后，由于受到周围诸藩镇的围攻，辖区范围时大时小。

此后，黄齐政权陆续接受唐朝节度使的投诚，从而扩大政区。但又分前后两期：前期即黄齐政权以长安为首都时期；后期即黄巢逃出长安进入河南道直至身死狼虎谷时期。后期政区相当于占领地，但因有黄齐政权的名义，暂且列入政区。前期政区则又分为两种情况，即直接政区和间接政区，前者基本由黄齐政权的将领直接占领，后者多是主动投降或不得已接受黄齐政权统治的藩镇，但不久之后又归顺唐廷，并未能够得到黄齐政权的直接统治。此外，后期的奉国军节度使秦宗权与黄巢连兵，亦属间接政区。以下分别予以揭示：

（一）前期政区

1. 直接政区

京兆府长安、万年二县（广明元年十二月至中和三年四月）。黄齐政权对长安城的占领已如前述，在广明元年十二月。此后，黄齐政权又一度失守，《新唐书·僖宗纪》曰，中和元年四月，“程宗楚、朔方军节度使唐弘夫及黄巢战于咸阳，败之。壬午，巢遁于灞上”[2]。又据《资治通鉴》，“弘夫乘龙尾之捷，进薄长安。壬午，黄巢帅众东走，程宗楚先自延秋门入，弘夫继至，处存帅锐卒五千夜入城”[3]。可知，广明二年（881）四月壬午日（五日）（唐尚未改元中和），在唐军的攻势下，黄巢一度出奔灞上。但不久又返回长安，《新唐

[1] 同上书，第50页。

[2] 《新唐书》卷9《僖宗纪》，第271—272页。

[3] 《资治通鉴》卷254，“唐僖宗中和元年四月”条，第8250页。

书·僖宗纪》曰，中和元年四月，“丁亥，复入于京师，弘夫、宗楚死之”[1]。又据《资治通鉴》，“丁亥，巢复入长安……于是诸军皆退，贼势愈炽”[2]。可知，广明二年四月丁亥日（十日），黄巢复入长安。此后，黄巢一直居于长安，直至中和三年（883）四月乙巳日（九日）最终撤离长安。[3]

华州（广明元年十二月至广明二年五月，中和元年八月至中和二年十一月，中和三年二月至三月）。如前所述，华州是黄齐政权第一个欲实现长久占领的政区。在乔钤之后，据《资治通鉴》记载，广明元年十二月，“巢遣其将朱温自同州，弟黄邺自华州，合兵击河中，重荣与战，大破之”[4]。不过据下文对于黄齐政权河中节度使辖区的考察，王重荣败黄邺当在广明二年正月，则此战当在广明二年正月之后。又据《资治通鉴》，中和元年四月，“贼所署同州刺史王溥、华州刺史乔谦、商州刺史宋岩闻巢弃长安，皆率众奔邓州，朱温斩溥、谦，释岩，使还商州”[5]。郁贤皓疑乔谦当即乔钤，则乔钤广明二年四月尚在华州刺史任上。[6]再据《旧唐书·王重荣传》：“既而贼将朱温舟师自同州至，黄邺之兵自华阴至，数万攻之。重荣戒励士众，大败之，获其兵仗，军声益振。朝廷遂授节钺，检校司空。时中和元年夏也。”[7]可见，王重荣败黄邺之战当在广明二年夏。其具体时间，据《资治通鉴》，在中和元年五月，“昭义节度使高浔会王重荣攻华州，

[1]《新唐书》卷9《僖宗纪》，第272页。

[2]《资治通鉴》卷254，“唐僖宗中和元年四月”条，第8250页。

[3] 关于黄巢撤离长安的日期，诸书各异，经过笔者考证，在中和三年四月乙巳日（九日）。见拙编：《黄巢年谱》，未刊稿。

[4]《资治通鉴》卷254，“唐僖宗广明元年十二月”条，第8244页。

[5]《资治通鉴》卷254，“唐僖宗中和元年四月”条，第8250页。

[6] 郁贤皓：《唐刺史考全编》卷3《华州》，第102—103页。

[7]《旧唐书》卷182《王重荣传》，第4695—4696页。此处对朱温记载有误，见下文同州。

克之"[1]。此后，据《资治通鉴》，中和元年八月，"高浔与黄巢将李详战于石桥，浔败，奔河中，详乘胜复取华州。巢以详为华州刺史"[2]。可知李详再次夺回华州。此后，《旧唐书·僖宗纪》曰："九月，贼以黄邺为华州刺史。"[3]《资治通鉴》曰，中和二年九月，"李详以重荣待温厚，亦欲归之，为监军所告；黄巢杀之，以其弟思邺为华州刺史"[4]。《资治通鉴》此处"思邺"或为"黄邺"之误，可知黄邺在中和二年九月再次出任华州，避免了华州落入唐军之手。但不久，中和二年十一月，华州再次丢失。[5] 直至中和三年二月再取之，"巢将王璠、黄揆袭华州，据之；王遇亡去"[6]。此后，华州一直处于李克用的包围之中[7]，直至中和三年三月最后一次失守，据《资治通鉴》，中和三年三月"癸巳，李克用等拔华州，黄揆弃城走"[8]。

---

[1] 《资治通鉴》卷 254，"唐僖宗中和元年五月"条，第 8252 页。郁贤皓把黄邺系于中和二年，然中和元年黄邺亦有可能在华州。参见郁贤皓：《唐刺史考全编》卷 3《华州》，第 103 页。

[2] 《资治通鉴》卷 254，"唐僖宗中和元年八月"条，第 8257 页。《旧唐书》卷 19 下《僖宗纪》，第 711 页，误乘胜所取为同州。

[3] 《旧唐书》卷 19 下《僖宗纪》，第 713 页。

[4] 《资治通鉴》卷 255，"唐僖宗中和二年九月"条，第 8274 页。

[5] 《旧唐书》卷 19 下《僖宗纪》，第 714 页，中和三年"二月，沙陀攻华州，刺史黄邺出奔至石堤谷，追擒之"。郁贤皓不取此条史料，而取《资治通鉴》，"中和二年十一月"，第 8278 页："李详旧卒共逐黄思邺，推华阴镇使王遇为主，以华州降于王重荣，王铎承制以遇为刺史。"当得其实。参见郁贤皓：《唐刺史考全编》卷 3《华州》，第 103 页。然《旧唐书》卷 19 下《僖宗纪》，第 713 页，尚有一条史料曰，中和二年十一月，"贼将李详下牙队斩华州守将归明，王铎用其部将王遇为华州刺史"。此条当可对应《资治通鉴》的记载，不过所谓"斩"似非其实，黄邺日后尚出现于华州，与黄揆共守。

[6] 《资治通鉴》卷 255，"唐僖宗中和三年二月"条，第 8288 页。

[7] 《旧唐书》卷 200《黄巢传》，第 5395 页；《资治通鉴》卷 255，"唐僖宗中和三年二月"条，第 8289 页。

[8] 《资治通鉴》卷 255，"唐僖宗中和三年三月"条，第 8291 页。此一时期，与黄揆共守华州者，尚有黄邺，如前引《旧唐书》卷 19 下《僖宗纪》，第 714 页，中和三年二月"沙陀攻华州，刺史黄邺出奔至石堤谷，追擒之"。亦见《旧五代史新辑会证》卷 25

同州（广明元年十二月至广明二年四月，中和二年二月至九月）。黄巢进入关中占领华州之后，何时攻占同州，史书未详。前引《资治通鉴》所述中和元年四月有“贼所署同州刺史王溥”。但因为同州和华州在关中地区有同等重要的军事地位，疑黄齐政权在开国后亦必很快控制了同州。[1] 不过广明二年四月，同州刺史王溥误判黄巢将败，擅自逃离同州，为朱温所杀。此后同州可能已经为唐军收复。直到中和二年二月，黄齐政权再次得到同州，《新唐书·僖宗纪》曰，中和二年“二月甲戌，黄巢陷同州”[2]。又据《资治通鉴》，中和二年，“黄巢以朱温为同州刺史，令温自取之。二月，同州刺史米诚奔河中，温遂据之”[3]。此后，同州一直由朱温占据，直到中和二年九月丙戌日（十七日），朱温以同州降唐。[4]

商州（约广明元年十二月至广明二年五月，中和三年二月至四月）。终南山中的商州，一度为唐廷官员避难之所。[5] 但因位于商州的蓝田道是关中出入河南道的交通要道之一，黄齐政权为保障长安，须确保对商州的控制。因此，虽不知黄齐政权具体何时占领商

（接上页）《武皇纪上》，第 646 页，“武皇进军围之，巢弟黄邺、黄揆固守”；《新五代史》卷 4《后唐庄宗纪上》，第 33 页，“二月，败巢将黄邺于石堤谷”；《资治通鉴》，第 8289 页，中和三年二月“甲子，李克用进围华州，黄思邺、黄揆婴城固守”。惜郁贤皓未系黄揆，直接以王重简接续王遇，参见郁贤皓：《唐刺史考全编》卷 3《华州》，第 104 页。

[1] 郁贤皓仅列出王溥离任时间，参见郁贤皓：《唐刺史考全编》卷 4《同州》，第 140—141 页。

[2] 《新唐书》卷 9《僖宗纪》，第 273 页。

[3] 《资治通鉴》卷 254，“唐僖宗中和二年二月”条，第 8263 页。

[4] 《旧唐书》卷 200《黄巢传》，第 5395 页；《新唐书》卷 9《僖宗纪》，第 274 页；《资治通鉴》卷 255，“唐僖宗中和二年九月”条，第 8274 页。郁贤皓所据为《旧唐书》卷 19 下《僖宗纪》，第 713 页，所载“八月庚子，贼同州防御使朱温杀其监军严实，与大将胡真、谢瞳等来降”，然而或八月朱温杀严实，至九月方正式投降。参见郁贤皓：《唐刺史考全编》卷 4《同州》，第 141 页。

[5] 《旧唐书》卷 179《张浚传》，第 4656 页：“黄巢将逼关辅，浚托疾请告，侍其母，挈族避乱商州。”

州，但在广明二年四月之前，商州一直处于黄齐政权控制之下，前引《资治通鉴》中和元年四月条即有“商州刺史宋岩”的记载，此后朱温释归宋岩，“使还商州”，即商州依然在黄齐政权控制之下。但据《资治通鉴》中和元年五月条：“（杨）复光帅八都与朱温战，败之，遂克邓州，逐北至蓝桥而还。”[1]其中蓝桥在蓝田关南，而商州城又在蓝桥之南，则杨复光当亦占领商州。此后，商州似未为黄齐政权所占。中和三年，战局急转直下，据《资治通鉴》，中和三年二月，“黄巢兵数败，食复尽，阴为遁计，发兵三万搤蓝田道”[2]。又据《资治通鉴》中和三年四月，“巢自蓝田入商山”[3]。可知，此时黄巢尚须发兵三万开通蓝田道，方能使其畅通无阻。因此，中和三年二月至四月，对于蓝田关的再次占领保障了黄巢安全撤退至河南道。虽然此处并未提及占领商州，亦无商州刺史的任命，但三万余人恐不可能露宿于野，商州在三万大军压境之下，亦无保全之理。当然，由于是撤退，所以黄巢不会在商州停留太久，故以四月为行政终结。

邓州（广明二年三月至五月）。《新唐书·僖宗纪》曰：“三月辛亥，黄巢陷邓州，执刺史赵戎。”[4]又据《资治通鉴》，中和元年，“黄巢以朱温为东南面行营都虞候，将兵攻邓州；三月，辛亥，陷之，执刺史赵戒（戎），因戍邓州以扼荆、襄”[5]。可见，黄齐政权通过对商州的控制，进一步占领邓州，以便“扼荆、襄”，防止山南东道的唐军来袭。但好景不长，《新唐书·僖宗纪》曰，中和元年五月，“杨复光克邓州”[6]。又据《资治通鉴》中和元年五月，“复光帅八都与朱温

[1] 《资治通鉴》卷 254，“唐僖宗中和元年五月”条，第 8252 页。
[2] 《资治通鉴》卷 255，“唐僖宗中和三年二月”条，第 8290 页。
[3] 《资治通鉴》卷 255，“唐僖宗中和三年四月”条，第 8294 页。
[4] 《新唐书》卷 9《僖宗纪》，第 271 页。
[5] 《资治通鉴》卷 254，“唐僖宗中和元年三月”条，第 8247 页。
[6] 《新唐书》卷 9《僖宗纪》，第 272 页。

战，败之，遂克邓州，逐北至蓝桥而还。”[1]可知，朱温在邓州仅两个月时间。

2. 间接政区

东都留守辖区（广明元年十二月至广明二年三月）。《新唐书·刘允章传》曰：“后为东都留守。黄巢至，分司李磎挈尚书印走河阳，允章寄治河清。巢僭号，辄受伪官，文书尽用金统。遣取印磎所，磎不与。更悔愧，移檄近镇起兵扞贼，磎持印还之。后废于家。”[2]可见，虽然黄巢进军关中途中并未以自己人为东都留守，但在开国之后，依然控制着东都。不过刘允章似又悔愧，其时间从李磎投靠河阳来看，似与诸葛爽归唐同时。总之，东都留守辖区的洛阳、汝州，在黄齐政权的控制下持续了三四月。此外也能看出，在黄齐政权控制洛阳时期，同时占据了长安和洛阳，从而承袭了唐朝两都制。但由于控制时间十分短暂，黄齐政权两都制并无实际意义。

河中节度使辖区（广明元年十二月至广明二年正月）。《旧唐书·僖宗纪》曰：正月，“河中马步都虞候王重荣逐其帅李都，自称留后。”[3]《旧唐书·王重荣传》曰：“广明初，重荣为河中马步军都虞候。巢贼据长安，蒲帅李都不能拒，称臣于贼，贼伪授重荣节度副使。河中密迩京师，贼征求无已，军府疲于供亿，贼使百辈，填委传舍。……重荣知留后事，乃斩贼使，求援邻藩。”[4]《旧唐书·黄巢传》曰：“河中节度使李都诈进表于贼。”[5]又据《资治通鉴》，广明元年十二月，“黄巢遣使调发河中，前后数百人，吏民不胜其苦。王

[1] 《资治通鉴》卷254，“唐僖宗中和元年五月”条，第8252页。

[2] 《新唐书》卷160《刘允章传》，第4970页。

[3] 《旧唐书》卷19下《僖宗纪》，第710页。

[4] 《旧唐书》卷182《王重荣传》，第4695页。

[5] 《旧唐书》卷200下《黄巢传》，第5392页。

重荣谓众曰：‘始吾屈节以纾军府之患，今调财不已，又将征兵，吾亡无日矣！不如发兵拒之。’众皆以为然，乃悉驱巢使者杀之”[1]。关于李都而非王重荣降贼，方积六已考辨之。[2] 李都降贼当在十二月，王重荣据河中时间当依《旧唐书·僖宗纪》之广明二年正月左右，而非《资治通鉴》所谓黄巢初称帝之元年十二月，盖过速也。可见，河中节度使辖区蒲州、绛州、晋州、慈州、隰州，在黄齐政权时期仅一月时间在其治下。

忠武节度使辖区（广明元年十二月至广明二年五月之前）。据《资治通鉴》中和元年五月，“黄巢之克长安也，忠武节度使周岌降之。岌尝夜宴，急召监军杨复光，左右曰：‘周公臣贼，将不利于内侍，不可往。’复光曰：‘事已如此，义不图全。’即诣之。酒酣，岌言及本朝，复光泣下，良久曰：‘丈夫所感者恩义耳！公自匹夫为公侯，奈何舍十八叶天子而臣贼乎！’岌亦流涕曰：‘吾不能独拒贼，故貌奉而心图之。今日召公，正为此耳。’因沥酒为盟。是夕，复光遣其养子守亮杀贼使者于驿”[3]。可见，自黄巢攻克长安后，忠武节度使周岌即因黄齐政权招谕而归降，但中和元年五月时，因监军杨复光劝说而复归唐。则忠武节度使辖区许州、陈州、蔡州，在黄齐政权治下约半年时间。

凤翔节度使辖区（广明元年十二月至广明二年正月）。据《资治通鉴》，广明元年十二月，“郑畋还凤翔，召将佐议拒贼，皆曰：‘贼势方炽，宜且从容以俟兵集，乃图收复。’畋曰：‘诸君劝畋臣贼乎！’因闷绝仆地，甃伤其面，自午至明旦，尚未能言。会巢使者

---

[1] 《资治通鉴》卷 254，“唐僖宗广明元年十二月”条，第 8244 页。

[2] 方积六：《黄巢起义考》，第 146—149 页。

[3] 《资治通鉴》卷 254，“唐僖宗中和元年五月”条，第 8252 页；《旧唐书》卷 184《杨复光传》，第 4773 页。

以赦书至，监军袁敬柔与将佐序立宣示，代畋草表署名以谢巢。监军与巢使者宴，乐奏，将佐以下皆哭；使者怪之，幕客孙储曰：'以相公风痹不能来，故悲耳。'民间闻者无不泣。畋闻之曰：'吾固知人心尚未厌唐，贼授首无日矣！'乃刺指血为表，遣所亲间道诣行在，召将佐谕以逆顺，皆听命，复刺血与盟，然后完城堑，缮器械，训士卒，密约邻道合兵讨贼，邻道皆许诺发兵，会于凤翔。时禁兵分镇关中者尚数万，闻天子幸蜀，无所归，畋使人招之，皆往从畋，畋分财以结其心，军势大振"[1]。又据《资治通鉴》中和元年正月条："郑畋约前朔方节度使唐弘夫、泾原节度使程宗楚同讨黄巢。巢遣其将王晖赍诏召畋，畋斩之。"[2]可见，凤翔节度使郑畋虽然并未直接接受黄巢任命，但其监军袁敬柔依然接受黄齐政权赦书并宴请了黄齐政权使者。但一个月后，郑畋经过一番密谋，即直接拒绝了黄齐政权的诏书并斩杀使者王晖，从而"叛黄王"[3]。因此，凤翔节度使辖区的岐州、陇州，归顺一月后脱离黄齐政权。

河阳节度使辖区（广明二年正月至广明二年三月）。《旧唐

[1]《资治通鉴》卷254，"唐僖宗广明元年十二月"条，第8242—8243页。此事《资治通鉴》或取自康骈《剧谈录》卷下，"凤翔府举兵讨贼"条，后者记载更为详细，其中黄齐政权的使者即王怀顺，幕客孙储则被记载为"吏部孙侍郎"，参见《唐五代笔记小说大观》，上海古籍出版社2000年版，第1487—1488页。

[2]《资治通鉴》卷254，"唐僖宗中和元年正月"条，第8245页。

[3] 王晖召畋事，或即康骈《剧谈录》卷下"凤翔府举兵讨贼"条所载之事："一旦，贼中遣千余人，大索粮糗。于时烽堠已严，侦逻殊密，云旗霜刃，森罗于百里之内。贼入界大惊，俱就擒戮。有后殿者，奔以状告，凶党无不夺魄。陷京黔庶，亦思奋勇。初，有走还京中者云：'凤翔郑相公已叛黄王，兵士甚众。'巢闻之殊不介意，言：'我行却半天下，所至无不收克，直至高令公犹不敢出军敌我，郑相国拟作何计？'唯赵张王潘闻之，已为奔轶之备也。"这里提及"赵张王潘"四字，或以为四姓，然而当释读为赵璋、王播两人。赵璋时为黄齐宰相，王播则是龙尾坡之役被郑畋打败的黄齐将领。此条史料指二人"为奔轶之备"，或指二人受遣去凤翔镇"大索粮糗"时，已经做好了撤逃的准备，因此能够免于像王晖那样被"擒戮"。参见《唐五代笔记小说大观》，第1487页。

书·僖宗纪》曰，中和元年八月，“代北行营兵马使诸葛爽、朱玫、拓跋思恭等军屯渭桥。……诸葛爽降贼，伪署爽河阳节度使”[1]。《旧唐书·诸葛爽传》曰：“潼关不守，车驾出幸，爽乃降贼，巢以爽为河阳节度使。巢贼败，复表归国，进位检校司徒。”[2]《新唐书·僖宗纪》曰，广明元年十二月“丙申，河阳节度使诸葛爽叛附于黄巢。”[3]《资治通鉴》亦以广明元年十二月，“诸葛爽以代北行营兵屯栎阳，黄巢将砀山朱温屯东渭桥，巢使温诱说之，爽遂降于巢”[4]。以上两种看法，或曰中和元年八月诸葛爽降黄巢，或曰广明元年十二月。不过这还涉及唐僖宗诏郑从谠派诸葛爽南下之事，《旧唐书·僖宗纪》曰，中和元年正月，“诏太原节度使郑从谠发本道之师，与北面行营招讨副使诸葛爽、代州刺史北面行营马步都虞候朱玫、夏州将李思恭等行营诸军，并赴京师讨贼”[5]。《资治通鉴》为与十二月诸葛爽降黄巢配合，系于十一月“诏河东节度使郑从谠以本道兵授诸葛爽及代州刺史朱玫，使南讨黄巢”[6]。以当时情势而言，虽然代北沙陀人已经在广明元年七月被逐出云州，郑从谠有足够时间准备南下，但直到唐僖宗下诏方才出兵。据《旧唐书·郑从谠传》，广明元年十二月，唐僖宗在兴元传诏谓郑从谠曰，十二月“十六日，驻跸梁、汉。上惭九庙，下愧万方。藩阃乍闻，痛愤应切。专差供奉官刘全及往彼慰喻。卿宜差点本道兵士，酌量多少，付北面副招讨使诸葛爽，俾令入援”[7]。可知唐僖宗实在十二月即已诏郑从谠发兵。而等到诸

[1] 《旧唐书》卷19下《僖宗纪》，第711页。

[2] 《旧唐书》卷182《诸葛爽传》，第4702页。

[3] 《新唐书》卷9《僖宗纪》，第271页。

[4] 《资治通鉴》卷254，“唐僖宗广明元年十二月”条，第8242页。

[5] 《旧唐书》卷19下《僖宗纪》，第710页。

[6] 《资治通鉴》卷254，第8234页，则系于广明元年十一月。

[7] 《旧唐书》卷158《郑从谠传》，第4171页。此传文又曰：“从谠承诏雪涕，团结戎伍，遣牙将论安、后院军使朱玫率步骑五千，从诸葛爽入关赴难。时中和元年五月也。”五月方才派兵入关，似过晚，或为正月之误。

葛爽南下，当已在广明二年正月之时，则其降巢也应该在这个时候。此后，《新唐书・僖宗纪》曰，中和元年三月，“诸葛爽以河阳降”[1]。又据《资治通鉴》，中和元年三月，“前夏绥节度使诸葛爽复自河阳奉表自归，即以为河阳节度使”[2]。可见，广明二年三月时，诸葛爽自河阳奉表唐廷表示归朝。然据前引《旧唐书・诸葛爽传》曰，“巢贼败，复表归国”，似非于中和元年三月归唐。但《新唐书・僖宗纪》既有具体时间，当有依据，很有可能是诸葛爽并非明确与黄巢隔绝，综观黄巢在长安期间，诸葛爽并未派兵加入唐廷的围剿联盟[3]，黄巢失败出逃至河南后的中和四年（884）二月，面对李克用率领沙陀军欲从河阳渡河，诸葛爽也发兵拒之[4]。总之，河阳节度使辖区孟州、怀州，在黄齐政权时期属于间接政区。

邠宁节度使辖区（广明二年二月至四月）。《新唐书・僖宗纪》曰，中和元年二月，“邠宁将王玫陷邠州。……四月戊寅，王玫伏诛”[5]。《资治通鉴》“中和元年四月戊寅”条曰：“黄巢以其将王玫为邠宁节度使，邠州通塞镇将朱玫起兵诛之，让别将李重古为节度使，自将兵讨巢。”[6]可知王玫于中和元年二月以邠宁将据邠州降齐，又于四月为朱玫所杀。邠宁节度使辖区邠州、宁州、庆州，在黄齐政权内存在两月。

平卢节度使辖区（中和元年十月）。《旧唐书・僖宗纪》曰，中

[1]《新唐书》卷9《僖宗纪》，第271页。

[2]《资治通鉴》卷254，“唐僖宗中和元年三月”条，第8249页。

[3] 诸葛爽曾被任命为左先锋使，参见《资治通鉴》卷254，“唐僖宗中和二年正月”条，第8263页。不过并无派兵入关中的迹象。

[4]《旧唐书》卷19下《僖宗纪》，第718页；《资治通鉴》卷255，“唐僖宗中和四年二月”条，第8301—8302页。

[5]《新唐书》卷9《僖宗纪》，第271页。

[6]《资治通鉴》卷254，“唐僖宗中和元年四月戊寅”条，第8249页。

和元年“十月，青州军乱，逐节度使安师儒，立其行营将王敬武为留后”[1]。《旧唐书·张濬传》曰：“时王敬武初破弘霸郎，军威大振，累诏征平卢兵，敬武独不赴援。铎遣濬往说之，敬武已受伪命，复怙强不迎诏使。濬至，谒见，责之曰：‘公为天子守藩，王臣赍诏宣谕，而侮慢诏使，既未识君臣礼分，复何颜以御军民哉？’敬武愕然谢咎。既宣诏，军士按兵默然，濬并召将佐集于鞠场面谕之曰：‘人生效忠仗义，所冀粗分顺逆，悬知利害。黄巢前日贩盐虏耳，公等舍累叶天子而臣贩盐白丁，何利害之可谕耶！今诸侯勤王，天下响应，公等独据一州，坐观成败。贼平之后，去就何安？若能此际排难解纷，陈师鞠旅，共诛寇盗，迎奉銮舆，则富贵功名，指掌可取。吾惜公辈舍安而即危也。’诸将改容引过，谓敬武曰：‘谏议之言是也。’实时出军，从濬入援京师。”[2]关于此事，《新唐书·僖宗纪》系于中和二年九月，《资治通鉴》系于中和二年九月与十月，皆稍迟。[3]且中和二年冬黄巢势已蹙，王敬武不当尚受黄齐节制，否则黄齐政令何能如下文所引《资治通鉴》中和二年四月条所言“不出同、华”？不过《旧唐书·僖宗纪》仅记载中和元年十月王敬武逐安师儒，并未记载王敬武归唐时间，然而大致在此后不久。则平卢节度使王敬武在黄齐政权内的时间似不足一月。

（二）后期政区

1. 直接政区

陈州项城县。方积六已经据《旧五代史·赵犨传》指出孟楷被

---

[1] 《旧唐书》卷19下《僖宗纪》，第712页。

[2] 《旧唐书》卷179《张濬传》，第4656—4657页。

[3] 《新唐书》卷9《僖宗纪》，第274页。《资治通鉴》卷255，“中和二年九月”条，第8274页；“中和二年十月”条，第8277页。郁贤皓：《唐刺史考全编》卷76《青州》从《新唐书》、《资治通鉴》，第1090页。

杀于其屯驻地项城县。[1] 即据《旧五代史·赵犨传》，孟楷“直入项城，犨引兵击之，贼众大溃”。此外，《旧五代史·赵昶传》亦曰：“孟楷拥众万余，据项城县，昶与兄犨领兵击破之。”[2]《资治通鉴》“中和三年五月”条取《旧五代史》之说，曰：“孟楷既下蔡州，移兵击陈，军于项城；犨先示之弱，伺其无备，袭击之，杀获殆尽，生擒楷，斩之。”[3] 项城县时属陈州[4]，孟楷军于项城，则陈州项城县即属黄齐政区。然孟楷不久即败，项城亦失。

陈州溵水县。《旧唐书·黄巢传》曰：“遂攻陈、许，营于溵水。陈州刺史赵犨迎战，败贼前锋，生擒孟楷，斩之。”[5] 又据《资治通鉴》“中和三年六月”条：“巢闻楷死，惊恐，悉众屯溵水。六月，与秦宗权合兵围陈州，掘堑五重，百道攻之。”[6]《旧唐书·黄巢传》以黄巢屯溵水在陈州刺史赵犨败孟楷之前，《资治通鉴》以屯溵水在败孟楷之后，又曰与秦宗权合兵围陈州。疑黄巢自孟楷败秦宗权后，即屯溵水，待孟楷移军项城，先行进攻陈州失败之后，再进围陈州城下。此处溵水为陈州属县[7]，则亦是黄齐政区之一。

陈州太康县、西华县。《旧唐书·僖宗纪》曰，中和四年“四月辛卯朔。甲寅，沙陀军次许州，节度使周岌、监军田从异以兵会战。贼将尚让屯太康，黄邺屯西华，稍有刍粟。己未，沙陀分兵攻太康、西华贼砦”[8]。《旧唐书·黄巢传》曰，中和四年“四月，官军败贼于

[1] 方积六：《黄巢起义考》，第 244 页。

[2]《旧五代史新辑会证》卷 14《赵犨传》，第 386 页；《旧五代史新辑会证》卷 14《赵昶传》，第 391 页。

[3]《资治通鉴》卷 255，“唐僖宗中和三年五月”条，第 8295 页。

[4] 郭声波：《中国行政区划通史·唐代卷》，第 387 页。

[5]《旧唐书》卷 200 下《黄巢传》，第 5397 页。

[6]《资治通鉴》卷 255，“唐僖宗中和三年六月”条，第 8296 页。

[7] 郭声波：《中国行政区划通史·唐代卷》，第 387 页。

[8]《旧唐书》卷 19 下《僖宗纪》，第 718 页。

太康，俘斩万计，拔其四壁。又败贼将黄邺于西华，拔其壁”[1]。又据《资治通鉴》“中和四年四月”条：“时尚让屯太康，夏，四月，癸巳，诸军进拔太康。黄思邺屯西华，诸军复攻之，思邺走。”[2]关于此处沙陀进攻太康、西华时间，癸巳日（三日）、己未日（二十九日）之差，方积六已考证为己未日。[3]则此处属于陈州的太康、西华二县[4]，作为黄齐政权的政区，一直持续至中和四年四月末。而其初始时间，或在黄巢围攻陈州之初。

亳州鹿邑县。《资治通鉴》“中和三年十二月”条：“（朱）全忠与黄巢之党战于鹿邑，败之，斩首二千余级。”[5]鹿邑县时属亳州[6]，朱温（朱全忠）既败黄齐军于鹿邑，则彼时鹿邑为黄齐政区之一。

以上诸县，为黄齐政权撤离关中后占领时间较长的几个县域，可称之为直接政区。而另有一个在后期短暂占领的汴州尉氏县，据《旧唐书·黄巢传》曰，中和四年“五月，大雨震雷，平地水深三尺，坏贼垒，贼自离散，复聚于尉氏，逼中牟”[7]。又据《资治通鉴》“中和四年五月”条：“五月，癸亥，大雨，平地三尺，黄巢营为水所漂，且闻李克用将至，遂引兵东北趣汴州。屠尉氏。”[8]可知，黄巢在撤围陈州之后，再次进入流动时期，并于中和四年五月下汴州尉氏县。[9]但不久即撤出尉氏县，进军中牟县，但为沙陀所败。[10]故尉

[1] 《旧唐书》卷200下《黄巢传》，第5397页。
[2] 《资治通鉴》卷255，“唐僖宗中和四年四月”条，第8304页。
[3] 方积六：《黄巢起义考》，第248—249页。
[4] 郭声波：《中国行政区划通史·唐代卷》，第388页。
[5] 《资治通鉴》卷255，“唐僖宗中和三年十二月”条，第8301页。
[6] 郭声波：《中国行政区划通史·唐代卷》，第382页。
[7] 《旧唐书》卷200下《黄巢传》，第5397页。
[8] 《资治通鉴》卷255，“唐僖宗中和四年五月”条，第8304页。
[9] 郭声波：《中国行政区划通史》，第336页。
[10] 《旧唐书》卷19下《僖宗纪》，第718页；《旧唐书》卷200下《黄巢传》，第5397—5398页；《资治通鉴》卷255，“唐僖宗中和四年五月”条，第8305页。

氏县被占领时间极短，仅可称之为占领地，今不予列入。

此时，距黄巢于中和四年六月败亡于泰山狼虎谷[1]仅一个月，则所谓黄齐政权已经不再有实体，最终消失于无形。

2. 间接政区

奉国节度使辖区（中和三年五月至中和四年四月）。《旧唐书·黄巢传》曰："五月，巢贼先锋将孟楷攻蔡州，节度使秦宗权以兵逆战，为贼所败。攻城急，宗权乃称臣于贼。"[2]《新唐书·僖宗纪》曰，中和三年五月，"奉国军节度使秦宗权叛附于黄巢"[3]。又据《资治通鉴》"中和三年五月"条："黄巢使其骁将孟楷将万人为前锋，击蔡州，节度使秦宗权逆战而败；贼进攻其城，宗权遂称臣于巢，与之连兵。"[4]可见，中和三年五月之后，奉国军节度使秦宗权称臣于黄巢，奉国军节度使辖区遂成为黄齐政权名义上的政区。但从中和四年四月黄巢撤围陈州之后，并未选择与秦宗权合兵一处，而是经汴州一路逃亡至泰山最终败亡来看，秦宗权在黄巢陈州之败后，似已断绝了与黄齐政权的关系。

三、（未）占领地、政区的意义

通过上文对于王仙芝、黄巢起事期间各类（未）占领地和政区的整理，可以进一步论述这些看似随机的地理单元在由黄巢史事所引发的藩镇格局转变中所具有的意义。

---

[1] 关于黄巢败亡时间的考证，参见方积六：《黄巢起义考》，第255—256页。

[2] 《旧唐书》卷200下《黄巢传》，第5397页。

[3] 《新唐书》卷9《僖宗纪》，第274页。

[4] 《资治通鉴》卷255，"唐僖宗中和三年五月"条，第8295页。

（一）（未）占领地的意义

对此，先根据上文梳理列表 1 如下（打框者为攻而不下或仅仅路过未攻州城者）：

表 1 王黄集团的（未）占领地

集团	时期	时间	（未）占领地
王仙芝	单独行动	乾符二年五月至乾符四年夏秋之际	濮州・曹州→许州阳翟县・汝州郏城县→汝州→郑州阳武县→[郑州]→[唐州]→[邓州]→[郢州]→[复州]→[申州]→[光州]→[寿州]→[庐州]→[舒州]→[蕲州]→鄂州
	与黄巢合兵	乾符四年夏秋之际至乾符四年十月左右	[宋州]→随州→安州→[复州]→[郢州]→[黄州]→蕲州→[荆州]
黄巢	第一阶段	乾符四年三月至乾符四年夏秋之际	郓州→沂州
	第二阶段	乾符四年十月至乾符六年九月	滑州匡城县→濮州→[宣州]→[歙州]→[湖州]→杭州→越州→福州→桂州→[容州]→[高州]→广州
	第三阶段	乾符六年十月至广明元年七月	潭州→澧州→荆州→[池州]→饶州→信州→婺州→睦州→[杭州]→[湖州]→宣州→滁州・和州→[扬州]
	第四阶段	广明元年十月至广明元年十二月	申州→汝州→东都洛阳→虢州→华州→京兆府昭应县→长安城

纵观表中所列（未）占领地，按照分布地域，可大致得到其分布情况。其中王仙芝集团的（未）占领地，从自然地理位置来看，大部分位于黄河流域，且分布于黄河以南；仅鄂州、随州、安州属于长江流域，且除了位于长江南岸的鄂州外，都在长江以北。黄巢集团的（未）占领地，从自然地理位置来看，先后四个阶段中，第二、三阶段在南方地区的（未）占领地多，第一、四阶段在北方地

区的（未）占领地多。这样的分布，不仅反映出王仙芝、黄巢集团流动作战的现实性，更能结合晚唐藩镇势力，显示出一些问题。

众所周知，藩镇是晚唐时期一大问题。就学界研究现状而言，对于河朔藩镇割据的讨论，以及对于藩镇与中央关系（兼及基于此的藩镇类型问题）的研究一直以来长盛不衰。但多针对安史之乱后到黄巢史事前，而黄巢史事所引起的藩镇格局转变和此后藩镇新类型与格局，多为学界所忽视，且具体研究并不多见。然就本文所关注的王黄集团（未）占领地和黄齐政权政区而言，却颇可反映这种转变。

从（未）占领地而言，王黄集团（未）占领地所涉及到的藩镇可列表 2 如下：

表 2　王黄集团（未）占领地所属晚唐藩镇类型表

集团阶段	中原一度割据（防遏）	中原长期防遏	西南一度御边（财源）	东南长期财源
王仙芝单独行动		天平：濮州、曹州 忠武：许州阳翟 都畿：汝州郏城 义成：郑州阳武、郑州 山南东道：唐州、邓州、郢州、复州		鄂岳：申州、蕲州、鄂州 淮南：光州、寿州、庐州、舒州
王仙芝与黄巢合兵	宣武：宋州	山南东道：随州、复州、郢州		鄂岳：安州、黄州、蕲州 荆南：荆州
黄巢第一阶段		天平：郓州 兖海：沂州		
黄巢第二阶段		义成：滑州匡城 天平：濮州	桂管：桂州 容管：容州	宣歙：宣州、歙州 浙西：湖州、杭州 浙东：越州 福建：福州 岭南：高州、广州

续表

集团阶段	中原一度割据（防遏）	中原长期防遏	西南一度御边（财源）	东南长期财源
黄巢 第三阶段				湖南：潭州 荆南：澧州、荆州 宣歙：池州、宣州 江西：饶州、信州 浙东：婺州 浙西：睦州、杭州、湖州 淮南：滁州、和州、扬州
黄巢 第四阶段		都畿：汝州、洛阳 陕虢：虢州 京兆：华州、昭应县、长安城		鄂岳：申州

上表中所使用的中原一度割据（防遏）、中原长期防遏、西南一度御边（财源）、东南长期财源这四种藩镇类型，以及此外的河朔长期割据、河朔一度割据、西北长期御边三种类型，来自笔者在张国刚、王援朝观点[1]基础上对晚唐藩镇类型进行的重新划分。[2]通过这一划分，再结合王黄集团（未）占领地的分布，可以看出如下两点：

首先，王仙芝集团（未）占领地主要分布在中原长期防遏型，

[1] 张国刚：《唐代藩镇的类型分析》，见氏著：《唐代藩镇研究》，第 81 页；王援朝：《唐代藩镇分类刍议》，见史念海主编《唐史论丛》第 5 辑，三秦出版社 1990 年版，第 107—111 页。

[2] 根据笔者整理，河朔长期割据型包括魏博、成德、卢龙，河朔一度割据型包括义武、义昌，中原一度割据（防遏）型包括淮西、平卢淄青、昭义、宣武、武宁，中原长期防遏型包括忠武、河阳、河中、义成、河东、大同、陕虢、山南东、东都畿汝、天平、兖海，西北长期御边型包括凤翔、邠宁、鄜延、泾原、振武、银夏、天德、朔方、天雄，西南一度御边（财源）型包括山南西、西川、东川、黔中、桂管、容管、邕管、安南，东南长期财源型包括淮南、鄂岳、宣歙、浙东、浙西、江西、湖南、福建、岭南、荆南。参见胡耀飞：《黄巢之变与藩镇格局的转变（875—884）》，复旦大学博士学位论文，2015 年，第 176—177 页。

以及靠近中原的东南长期财源型藩镇。唯一一次围攻中原一度割据（防遏）型宣武镇的宋州之围，也以失败告终。而黄巢集团（未）占领地根据阶段的不同，呈现出从中原长期防遏型向东南长期财源型藩镇的转移，并最终回到中原长期防遏型藩镇。唯一例外的西南一度御边（财源）型藩镇，仅包括未攻下的容管和作为途径地的桂管。最终的结果则是突破潼关防线，进入防遏型藩镇所防护的京兆府。京兆府虽不是藩镇，但因被防遏型藩镇所防护，故在表中暂列之。

其次，因王仙芝集团过早败亡，故王黄集团（未）占领地，从整体上也呈现从中原长期防遏型向东南长期财源型藩镇的转移。若换一种说法，即王黄集团所进攻的目标中，无论是否被占领，大部分都是中原长期防遏型藩镇和东南长期财源型藩镇。这两类藩镇虽然数量确实较多，但之所以（未）占领地会集中在这两类藩镇，主要有两大因素：一是王黄集团作为很大程度上因天灾而起的下层武装，其主要目的在于通过武装斗争来改善自己的生活状态，故而对富庶之地颇为向往；二是作为下层民众的非正规武装，其战斗力不足以支撑起对唐王朝中央禁军和地方藩镇军的对抗，故而选择战斗力相对薄弱的藩镇区域进攻。因此，可以说王黄集团是在强藩的夹缝中求生存。

（二）政区的意义

随着王黄集团势力的慢慢扩大，这种夹缝中的生存，也慢慢得到了改善，最终造成了两个结果：一是王黄集团攻占了长安城，中断了唐王朝立足于长安的统治；二是引发了各种地方势力的兴起，摧毁了唐王朝在地方的统治基础，从而改变了全国的藩镇格局。因此，接下来要讨论的是黄齐政权建立后的政区如何反映出藩镇格局的转变。

对此，先根据上文梳理列表 3 如下：

表3 黄齐政权政区表

时间段	直接政区	间接政区
前期	京兆府长安、万年二县 （广明元年十二月至中和三年四月） 华州 （广明元年十二月至广明二年五月， 中和元年八月至中和二年十一月， 中和三年二月至三月） 同州 （广明元年十二月至广明二年四月， 中和二年二月至九月） 商州 （约广明元年十二月至广明二年五月， 中和三年二月至四月） 邓州 （广明二年三月至五月）	东都留守辖区 （广明元年十二月至广明二年三月） 河中节度使辖区 （广明元年十二月至广明二年正月） 忠武节度使辖区 （广明元年十二月至广明二年五月之前） 凤翔节度使辖区 （广明元年十二月至广明二年正月） 河阳节度使辖区 （广明二年正月至广明二年三月） 邠宁节度使辖区 （广明二年二月至四月） 平卢节度使辖区 （中和元年十月）
后期	陈州项城县 陈州溵水县 陈州太康县 陈州西华县 亳州鹿邑县	奉国节度使辖区 （中和三年五月至中和四年四月）

通过上表所列黄齐政权政区，可以得到以下两点观察：第一，从地域上来看，黄齐政权的直接政区以单个的州为主，间接政区则以藩镇为主。第二，从时间上来看，黄齐政权的直接政区统治时间比间接政区统治时间要长。

从这两点而言，一方面说明了黄齐政权对单个州的控制力比控制整个藩镇要强，对单个州的统治更为稳固；另一方面也反映出关中周围藩镇实力普遍强大，与黄齐政权并无绝对的臣属关系，独立性更强。

更值得注意的是为什么会出现这种情况？这就得考虑到黄巢史

事所牵涉的藩镇问题。通过结合黄巢史事之后的藩镇格局，可以得到如表 4 所示的对应关系：

表 4　黄齐政权政区与所对应唐末藩镇类型表

时间段	间接政区	河南型	西部型	河东型
前期	东都留守辖区	√		
	河中节度使辖区			√
	忠武节度使辖区	√		
	凤翔节度使辖区		√	
	河阳节度使辖区	√		
	邠宁节度使辖区		√	
	平卢节度使辖区	√		
后期	奉国节度使辖区	√		

上表中所使用的河南型、西部型、河东型这三种藩镇类型，加上并无黄齐政权政区分布的河朔型和南方型藩镇，为笔者在王赓武、罗伯特 · M. 索默斯、何灿浩三种唐末藩镇类型分类法[1]基础上提出的新分类。[2]通过这一分类，结合对黄齐政权间接政区的考察，可以看出以下两点：

首先，黄齐政权前期的间接政区大部分属于河南型藩镇，这一类型包括原有的中原一度割据（防遏）型和中原长期防遏型藩镇，前者包括此表中的平卢，后者包括此表中的东都、忠武和河阳。即除了原本有割据倾向的割据型藩镇，那些在黄巢史事前并

[1]　王赓武著，胡耀飞、尹承译：《五代时期北方中国的权力结构》，中西书局 2014 年版，第 14—16 页；杜希德主编：《剑桥中国隋唐史》，中国社会科学出版社 1990 年版，第 776—777 页；何灿浩：《唐末政治变化研究》，中国文联出版社 2001 年版，第 101—120 页。

[2]　胡耀飞：《黄巢之变与藩镇格局的转变》，第 186—188 页。

无明显独立倾向的长期防遏型藩镇也走上了割据道路。而那些西部型藩镇中的凤翔、邠宁，则从黄巢史事前的防御西北功能，成为了割据藩镇。至于河中镇，原本属于中原长期防遏型，在黄巢史事期间，经过王重荣家族的经营，成为了一股割据势力，并在此后依违于河东李克用和宣武朱温之间。因此，从整体上看，无论在黄巢史事之前割据与否，这些间接政区虽然一度臣属黄齐政权，但大部分在两三个月后即完全脱离黄齐政权，对唐廷也保持了独立。

其次，黄巢政权后期间接政区仅有奉国节度使，这是在黄巢史事期间新兴的一个位于河南道的藩镇，因最终被朱温所灭而归入河南型。在此前则可追溯到中唐时期的淮西镇，属于中原一度割据（防遏）型藩镇。这一藩镇在黄齐政权退出关中之后，被黄巢打败，出于自身利益的需要，一度投靠黄齐政权。但在长达一年的陈州攻防战之后，因黄齐政权被宣武、河东、感化等镇围攻而失败，又脱离了黄齐政权。此外，在当时情况下，全国各地藩镇纷纷走上割据道路，自顾不暇，黄齐政权最终没能挽回败亡的命运。

四、结语

总之，唐末波及全国大部分地区的黄巢之变，若通过（未）占领地、政区这两个视角来整理所经过并占领的州县，以及建立政权后持续进行统治的州县，则可以明确得到一幅较为详尽的行政区划图。在此基础上，结合对藩镇类型的观察，除了能看出王黄集团如何在藩镇夹缝中求生存，更能看出经过黄巢史事，全国各地的藩镇是如何转变了昔日的格局，进入一个全新的发展阶段。

通过本文对（未）占领地的揭示，在黄齐政权建立前的流动作战时期，全国藩镇中，王黄集团专门针对中原长期防遏型和东南长期财源型藩镇加以进攻，这固然是出于军事和后勤补给需要。但如果结合黄巢史事之后的藩镇格局，也能看出这些军事力量薄弱的藩镇，在此之后开始出现地方独立化的趋势，并形成割据势力。特别是后来的南方型藩镇，更是在此后造就了“十国”中的大部分政权。

在黄齐政权建立后的长安城攻防战和陈州攻防战时期，属于黄齐政权的直接政区仅包括长安城附近的同州、华州、商州等地，最远不过邓州，也仅占据数月而已。而作为间接政区的各类藩镇，也纷纷在名义上臣服黄齐政权数月之后宣告脱离。再结合唐末藩镇新类型，则可以看出，无论在黄巢史事前具有独立化倾向与否，各种类型的藩镇在黄巢史事之后皆出现割据倾向和事实。

总之，经过黄巢史事这一动荡，全国藩镇不仅因此导致文臣节度使的退出，更使得原本并无割据倾向的藩镇开始走向独立。而王黄集团（末）占领地和黄齐政权间接政区的分布，正契合这些文武转变藩镇的格局，可以说，正是黄巢史事战火的波及引发了这些藩镇的转型。

南唐二陵玄宫制度渊源与国家正统性表达

崔世平（暨南大学历史系）

南唐烈祖（先主）李昪与宋皇后合葬的钦陵及南唐元宗（中主）李璟与钟皇后合葬的顺陵合称南唐二陵，均在今南京市江宁区祖堂山南麓，坐北朝南，毗邻而立，东为钦陵，西为顺陵，相距50米。二陵都采用了因山凿圹、封土为陵的形式，平面布局大致相同。1950—1951年南京博物院等单位对南唐二陵进行了发掘，出土了陶俑以及铜、铁、漆、木器和玉哀册等文物640余件。南唐二陵的发掘资料相当丰富而完整，但对其研究并没有充分展开，除了发掘报告本身的研究成果外，后来的专门研究成果不多。本文将对南唐二陵地下空间涉及的几种墓葬因素进行分析，并对其制度渊源和象征性内涵进行探讨。

一、南唐二陵的玄宫结构

南唐烈祖李昪，原名徐知诰，昇元元年（937）十月取代杨吴自立为帝，七年（943）二月庚午崩，十一月壬寅葬于钦陵（后改名永陵）。钦陵上部为一圆形土墩，高约5米，直径30米，玄宫在土墩下（图1）。墓门南向，外有八字形挡土墙。墓门中为圆拱形门洞，左右两旁隐出砖砌矩形倚柱，上面砌柱、枋、阑额、斗栱等仿木建

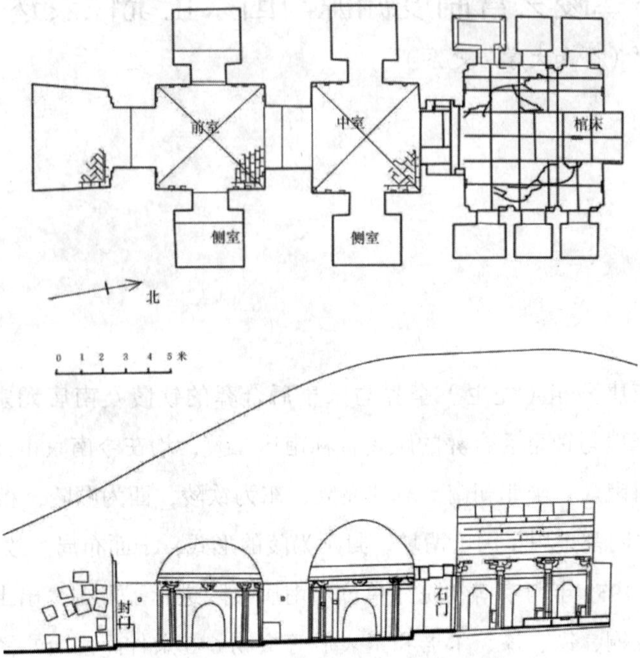

图1　李昪钦陵平剖面图

筑部件，表面均有彩绘。从墓口到墓室后壁全长21.48米，宽10.45米，分为前、中、后三室。前室、中室用砖砌筑，后室用石块砌成。前室、中室的东西两侧各附有1个侧室，后室两侧各附有3个侧室，主侧室共三进13间，互有券门相通。

前室南北长4.50米，东西宽3.85米，高4.3米。室内四角各隐出八角形转角倚柱，券门左右各隐出矩形倚柱，将前室分隔成了面阔三间、进深三间的空间。倚柱和立枋的上端隐出阑额一层。倚柱上各施转角铺作或柱头铺作一朵。东西两壁当心间阑额上正中处各施补间铺作一朵，铺作上承柱头枋一层。所有倚柱、斗栱、立枋、阑额、柱头枋等建筑构件上均彩绘柿蒂纹、蕙草云纹、缠枝牡丹纹、宝相花、海石榴花等纹样。四壁之上为穹窿顶，地面用砖横铺。

中室长 4.56 米，宽 4.45 米，高 5.30 米，东南角和西南角各隐出八角形转角倚柱一根，四角各有转角铺作。中室的北壁即后室入口两侧的立壁用巨大的青石板砌成，立壁上各高浮雕一戴盔穿甲、手握长剑、足踩云朵、贴金涂朱的守门武士。武士像上为浮雕双龙戏珠图像的青石横额。中室室顶也是穹窿顶。

后室长 6.03 米，宽 5.90 米，高 4.70 米，青石砌成，东西两壁顶上各用石条向上叠涩，再加巨石条封顶。后室四角和中间侧室的两旁，各隐出八角形倚柱一根，东西两壁倚柱上端隐出阑额一层，四角转角倚柱上各施转角铺作一朵，东西两壁倚柱上各施柱头铺作一朵。北壁正中开一大型壁龛。后室四壁共有砖砌的长方形小壁龛 12 个，每壁 3 个，北壁小壁龛位于大壁龛内，已遭破坏。后室正中置一石棺床，北端伸入大壁龛内。室顶绘有天象图，青石板铺砌的地面上凿有江河之形，即所谓的“上具天文，下具地理”，以象征帝王拥有天下江山之意。

前、中两室所附的侧室均为砖筑，大小差别不大，地面用砖横列平铺，穹窿顶。侧室内有用以陈设随葬品的砖台（图 2）。以前室东侧室为例，宽 2.30 米，西壁长 2.90 米，东壁长 2.80 米，高 3 米；砖台长度与侧室同，宽 1.80 米，高 0.35 米。后室所附六间侧室为青石砌成，靠南壁的两间较大，每间侧室内皆有砖台，其长宽与室等，高 0.20 米。[1]

中主李璟（初名景通，继位后改名璟，后避周讳改名景），943 年继位，死于 961 年，葬顺陵。顺陵全长 21.9、宽 10.12 米，形制与钦陵大体相同，有前、中、后三主室，前室与中室东西两面各附有一侧室，后室东西两面各附有两侧室，总计十一室。墓室全部用

---

[1] 南京博物院：《南唐二陵发掘报告》，文物出版社 1957 年版，第 7—22 页。

砖砌筑，室内布局与李昪陵大致相同，唯仿木构建筑细部略有差异，彩绘减少。后室有一石棺床，后段嵌入北壁龛内。后室顶绘天象图，地面没有凿刻江河图，后室前没有双龙戏珠和守门武士石刻。[1]

南唐二陵中哀册的发现证实了墓主人身份。李昪钦陵共出土哀册玉片23片，大多散乱置于后室东面偏南侧室的砖台上下，砖台上还有可能是用来盛放玉哀册的两件大小不同的无盖石函。玉哀册用浅绿色或白色玉制成，大多数正面刻着三行楷书文字，少数几片只刻一行或空白，字体填金。其中一片上刻“维保大元年岁次癸卯十月嗣皇帝臣瑶”等字。发掘报告认为这23片玉片分属李昪哀册和宋皇后哀册。李璟顺陵共出土哀册石片40片，大部分出土于棺床上下，用石灰岩制成，全部残损。每片刻字一行，没有填金。这些哀册片应分属于李璟和钟皇后。[2]

图2　钦陵仿木构建筑装饰及侧室内的砖台

[1] 南京博物院：《南唐二陵发掘报告》，文物出版社1957年版，第31—37页。

[2] 同上书，第82—90页。

二、南唐二陵玄宫的制度渊源

（一）石室玄宫制度

关于唐代帝陵玄宫形制，由于尚未发掘过“因山为陵”类型的唐陵，目前只能依靠有限的文献和其他陵墓进行推测，因此意见并不统一。多数学者认为应是前中后三室加若干侧室的形制，部分学者认为是双室制，还有学者认为不排除单室的可能。[1]也有人曾提出唐代帝陵根据埋葬方式不同，分为两种形制，一是因山为陵的唐陵，即使用前中后三室玄宫、封土为陵的唐陵，二是继承了北朝以来的帝陵形制，使用单室玄宫的唐陵。[2]近年杨晓春先生根据北朝至北宋玄宫发展的趋势，结合对文献的考证，提出了唐代帝陵为单一的石室玄宫的观点，并结合史思明墓的特征，将《新五代史·温韬传》记载的“中为正寝，东西厢列石床”的唐太宗昭陵地宫，归结为一个墓室加两个侧室的形制。综合考虑，这一观点比其他观点更有说服力。[3]墓葬制度从魏晋时期就不再以墓室的多少为等级标志，即使帝陵也多使用单室墓[4]，到宋代依然如此，唐代处于其间，帝陵玄宫使用单室的推断符合墓葬制度发展的总趋势。

唐代帝陵玄宫与普通墓葬墓室的最关键区别在于是否是石室，已有学者指出，唐代帝陵的墓室为石室，而人臣墓葬则禁止用石室

[1] 学者的不同意见，参见沈睿文：《唐陵的布局：空间与秩序》，北京大学出版社2009年版，第297—302页。

[2] 崔世平：《唐代帝陵玄宫形制探析》，《中国文物报》2008年7月18日。

[3] 杨晓春：《再论南唐二陵对唐代陵寝制度的继承问题》，见纪念南唐二陵发掘60周年活动组委会编：《纪念南唐二陵发掘60周年学术论文汇编》，2010年。

[4] 参见俞伟超：《中国魏晋墓制并非日本古坟之源》，见氏著：《古史的考古学探索》，文物出版社2002年版，第364页。

和石棺椁。[1] 从这一点来说，五代时期中原王朝的帝陵，可能也继承了唐代玄宫制度，使用石室。一直到后周太祖郭威，遗言薄葬，而变为使用砖室玄宫。[2] 砖室玄宫的形制也影响到北宋初期帝后陵。秦大树先生将北宋帝陵地宫形制和结构的演变大致分为三个阶段："第一阶段为砖砌单室墓，约包括永安、永昌、永熙三陵及祔葬于三陵的后陵；第二阶段仍为单室墓，但改为石构，包括永定、永昭二陵及祔葬后陵；第三阶段墓室分为上下层，即在石砌墓室内又建造石椁，包括永厚、永裕、永泰三陵及祔葬诸后陵。"[3]

在南方地区，各割据王朝陵墓差别比较大，但普遍使用前中后三室的玄宫形制。李昪钦陵的后室，应该是继承了唐代帝陵的石室玄宫制度。杨晓春也指出："所谓南唐二陵之继承唐制，在使用石墓室（包括侧室）、石棺床、玉册等方面仍是有所表现的；并且，南唐二陵很可能承袭的是盛唐的制度。"[4]

（二）仿木构建筑装饰

南唐二陵墓门前使用八字墙挡土，从墓门到后室，均使用砖（石）砌柱、枋、阑额、斗栱等仿木建筑部件，将整个地下空间修建成三进多开间的砖雕仿木构建筑。这种仿木构建筑墓葬装饰形式，不是江南本地传统，也不是来自关中地区的传统，而是唐、五代河北地区[5] 流行的风格。

---

[1] 王静：《唐墓石室规制及相关丧葬制度研究——复原唐〈丧葬令〉第 25 条令文释证》，见荣新江主编：《唐研究》第 14 卷，北京大学出版社 2008 年版，第 439—464 页。

[2] 参见崔世平：《从文献记载论五代帝陵玄宫问题》，《华夏考古》2011 年第 2 期。

[3] 秦大树：《宋元明考古》，文物出版社 2004 年版，第 131 页。

[4] 杨晓春：《再论南唐二陵对唐代陵寝制度的继承问题》，见纪念南唐二陵发掘 60 周年活动组委会编：《纪念南唐二陵发掘 60 周年学术论文汇编》，2010 年。

[5] 本文所指的河北地区，主要包括今河南省北部的安阳地区、山东省西北部地区、河北省、北京市、天津市、辽宁省朝阳地区等，唐代属河北道。

使用仿木建筑装饰是唐代河北地区的砖室墓的一个特征。辽宁朝阳唐贞观十七年（643）勾龙墓已经出现了仿木结构的斗栱、砖柱[1]，但唐代前期，墓内的仿木构装饰并不流行，直到天宝三载（744）朝阳韩贞墓[2]以后，尤其是晚唐时期，仿木构装饰才变得更加普遍起来。晚唐墓不但在墓门上部和两侧砌出门楼、斗栱和砖柱，在墓壁砌筑砖柱、门窗、斗栱等简单的仿木建筑，还砌出桌椅灯架等家具设施，并以影作的壁画相配合。

朝阳西大营子发现的唐代朝散大夫墓，是一座圆形砖室墓，墓室直径 12.88 米，墓室内用隔墙分成 5 个小室。墓门南向，门上正中砖砌斗栱一朵，两旁有砖砌方柱，柱中间有斗栱两朵，柱下砖砌方形柱础（图 3）。[3]

图 3　朝阳朝散大夫墓墓门正视图

[1]　朝阳市博物馆：《朝阳市郊唐墓清理简报》，《辽海文物学刊》1987 年 1 期。

[2]　朝阳地区博物馆：《辽宁朝阳唐韩贞墓》，《考古》1973 年第 6 期。韩贞墓圆形主室墓壁砖砌蜀柱六根，东西侧砌直棂窗各一。

[3]　金殿士：《辽宁朝阳西大营子唐墓》，《文物》1959 年第 5 期。

河北文安县城关镇M1，墓门两侧有翼墙，墓室西壁砌一仿木直棂小窗。[1]河北阳原县金家庄唐墓，墓门上有额墙，砖墙为仿木结构建筑，先砌门两侧券脚和横额，上为两朵一斗三升的斗栱，再上承檐椽和滴水。墓室周壁用砖砌斗栱六朵，斗栱下各柱间有门窗和家具浮雕。墓室北壁正对墓门砌大门，大门两侧浮雕椅子、直棂窗、桌子、灯架、小门，门窗家具均涂朱。[2]北京海淀区八里庄唐大中二年（848）王公淑墓，墓门两翼有隔墙，西墙上残存一砖砌直棂窗和斗栱。墓室东西壁正中各有一砖雕仿木构门，涂朱。墓室四角均有砖砌的方柱和柱础。[3]

唐代两京地区尤其是西安地区较大的墓葬一般都绘有壁画，壁画内容以表现墓主人出行仪仗、游猎、宫廷生活、家居生活为主，也绘有寺观、阙、城墙、楼阁、斗栱、柱、枋、平綦等建筑图案作为人物活动的背景和空间，但很少使用砖砌仿木结构作为墓葬装饰。河北地区唐墓虽然也有使用影作仿木结构壁画的情况，但不占重要地位，基本上以砖砌仿木结构的形制为主。这种建筑装饰表现方式的不同，也显示了两京地区和河北地区唐墓的差异。

南唐二陵使用了大量的砖（石）雕仿木结构装饰，墓门前使用了八字形挡土墙（即河北地区唐墓常用的“翼墙”），这些墓葬因素很明显来自河北地区的影响。五代时期，中原地区墓葬已经受到河北地区墓葬因素的影响，如河南伊川县后晋开运三年（946）李俊墓，墓室为十二面多边形，两壁之间折角有柱，柱头有斗栱、瓦檐及似耍头之物，两柱间每隔一壁饰竖砖窗棂，两窗之间砌为方龛或

---

[1] 廊坊市文物管理所：《河北文安县西关唐墓清理简报》，《文物春秋》1997年第3期。
[2] 张家口地区文管所：《河北阳原金家庄唐墓》，《考古》1992年第8期。
[3] 北京市海淀区文管所：《北京市海淀区八里庄唐墓》，《文物》1995年第11期。

桌椅。[1]南唐二陵的仿木构建筑装饰是直接来自河北，还是经由河南地区传入，有待进一步研究。

（三）天象图与江河图

李昪陵后室石砌叠涩顶上有一幅彩绘天象图，东面画朱红色旭日，西面画淡蓝色明月，此外满布各种星宿，室顶正中一片空白，可能象征着银河。每颗星都用朱红色线勾出轮廓，中填石青，呈淡蓝色。遥遥相对的北斗星座与南斗星座以及北斗星座旁的几个星座中的每颗星，都用朱红色线勾连。后室棺床周边有浅浮雕缠枝海石榴花纹饰，前、左、右三个侧面浮雕八条向前行进的龙，前侧两条头相对，左右两侧各三条，前后相随。后室地面从棺床地下起，向东西两侧凿刻出两道分歧的、曲折的沟槽，宽5厘米—7厘米、深3厘米，象征着有许多分支的河流，蜿蜒向前（南）流去。[2]

我国古代陵墓中以天象和江河相配合始于秦始皇陵。《史记》卷6《秦始皇本纪》载，始皇陵中，“以水银为百川江河大海，机相灌输，上具天文，下具地理”[3]。秦始皇陵为土坑木椁墓，所谓“上具天文”，应是在椁室顶部绘日、月、星象等图形；“下具地理”，则是用水银灌注，模拟江河大海之形。这种兼有天文地理之象的设施，是在墓葬中建立的宇宙模型，也是秦始皇吞并六合、统一天下功业的象征。北朝隋唐时期，天象图成为大型墓葬中装饰室顶的主要题材，这种天象图并非严格按照日月星宿的位置绘制，而是象征性的宇宙模型。据李星明研究：“关中京畿地区唐代壁画墓中的宇宙图像只画日月、星辰、银河，不再像北朝那样，于穹窿顶下部或四壁上部画四神，墓室穹窿顶上的天象图是一种近似视觉印象的星空图，成为

[1] 侯鸿钧：《伊川县窑底乡发现后晋墓一座》，《文物参考资料》1958年第2期。

[2] 南京博物院：《南唐二陵发掘报告》，第29—30页。

[3] 《史记》卷6《秦始皇本纪》，中华书局1959年版，第265页。

唐代壁画墓宇宙图像的主流式样。”[1]虽然标志“上具天文”的天象图一直沿用不辍，但标志“下具地理”的百川江河图形从秦始皇陵以后便未再出现于陵墓之中。直至南唐，江河图才以石刻形式又一次出现于钦陵玄宫中。

北朝隋唐的大型墓葬多有在墓顶绘制天象图的情况，说明天象图不是一种仅限于帝王使用的设施，而是一种具有普遍意义的宇宙模型。与天象图配合的，还有象征方位的四神、象征十二时的十二生肖。五代时期，除了南唐二陵，仍有不少大型墓葬绘制或者雕刻天象图，但这些墓葬均没有江河图。李昪钦陵出现的象征“上具天文，下具地理”的天象图和江河图，应该不仅仅是普通的宇宙模型，更是与秦始皇陵同类设施相似的象征天下统一的墓葬设施，其渊源是模仿文献记载的秦始皇陵。

如果举出两条能够象征中国疆域的河流，那无疑就是黄河和长江。李昪钦陵石刻江河图，从其流向和形状上看，均不能与黄河、长江严格对应，它们可能仅仅是国家疆域的象征，未必能具体指实为黄河、长江或其他河流。但两条河流分别从棺床的东西两侧伸出，却耐人寻味。棺床是放置李昪棺木的设施，仿佛是皇帝生前的宝座，江河从棺床下流出，象征着“普天之下，莫非王土”，也就是考古报告所说的“帝王拥有天下江山”之意。

三、南唐二陵与国家正统性表达

唐朝灭亡后，继起的五代十国诸王朝多以继承唐朝正统自居，

---

[1] 李星明：《北朝唐代壁画墓与墓志的形制和宇宙图像之比较》，《美术观察》2003 年第 6 期。

以证明自身历史传承的合法性，维持统治者的权威。在南唐之前，杨吴就号称继承了唐朝正统。《资治通鉴》卷270《后梁纪五》“均王贞明五年”载：“吴徐温帅将吏藩镇请吴王称帝，吴王不许。夏，四月，戊戌朔，即吴国王位。大赦，改元武义；建宗庙社稷，置百官，宫殿文物皆用天子礼。以金继土，腊用丑。”胡注曰：“唐，土行也。吴欲继唐，故言以金德王。”[1]而徐知诰（李昪）篡吴后，即改国号为唐，不久又改姓李氏。《资治通鉴》卷281《后晋纪二》“高祖天福二年”条载：“（九月）丙寅，吴主命江夏王璘奉玺绶于齐。冬，十月，甲申，齐王诰即皇帝位于金陵，大赦，改元昇元，国号唐。”胡注曰：“徐诰自以本李氏之子，既举大号，欲纂唐绪，故改国号为唐。为复李姓张本。”[2]《资治通鉴》卷282《后晋纪三》：“天福四年，春，正月……唐群臣江王知证等累表请唐主复姓李，立唐宗庙，乙丑，唐主许之。”[3]为了安抚徐氏旧臣，李昪还将李唐祖先和被尊为义祖的徐温合享，创造出一套不伦不类的宗庙祭祀礼仪。“诏百官议二祚合享礼。辛卯，宋齐丘等议以义祖居七室之东。唐主命居高祖于西室，太宗次之，义祖又次之，皆为不祧之主。”[4]

关于李昪的出身，史籍记载互异，或云其是唐朝皇族后裔，或云其祖先是平民。即使同为皇族后裔之说，各书记载其所出支系也不相同，如《旧五代史》载李昪为唐玄宗第六子永王璘之苗裔，《资治通鉴》载李昪选择以唐太宗第三子吴王李恪为祖先。邹劲风女史在《南唐国史》中对诸说进行了详细的梳理。[5]

---

[1] 《资治通鉴》卷270，“后梁均王贞明五年”条，第8843页。

[2] 《资治通鉴》卷281，“后晋高祖天福二年”条，第9182页。

[3] 《资治通鉴》卷282，“后晋高祖天福四年”条，第9197页。

[4] 同上书，第9198页。

[5] 邹劲风：《南唐国史》，南京大学出版社2000年版，第57—59页。

李昪是否真是李唐后裔并不重要，关键在于他附会祖宗的过程，正说明他是有意为南唐政权寻找正统性的来源。昪元六年（942），李昪诏曰："今唐祚中兴，与汉颇同。"[1]李昪视南唐的建立为唐祚中兴，犹如两汉之关系，虽然最初是受禅于杨吴，后来却跳过了杨吴，把国家的正统性直接建立在继承唐祚之上。这样，即使面对中原王朝，南唐在正统性的较量中也能保持自信。

李昪复姓李氏，还可能是有意应合"东海鲤鱼飞上天"的谶语。《资治通鉴考异》引《吴越备史》云："昪本潘氏，湖州安吉人，父为安吉砦将。吴将李神福攻衣锦军，过湖州，掳昪归，为仆隶。徐温尝过神福，爱其谨厚，求为养子。以谶云'东海鲤鱼飞上天'，昪始事神福，后归温，故冒李氏以应谶。"[2]《吴越备史》所述李昪出身未必属实，但李昪受谶语影响还是有可能的。多数史书以李昪为徐州人，而《旧五代史》、《册府元龟》以李昪为海州（海州治东海县）人。也许李昪因养父徐温为东海人，故自认东海人以应谶。"鲤"谐音"李"，"飞上天"寓意为天子。复姓李氏以应谶语，便给自己的政权蒙上了顺应天命的神秘色彩，再将血缘追溯到唐朝皇族，则从天命论和正统性两方面加强了南唐政权的权威性。

李昪自居唐皇族后裔，编造世系，宣扬唐祚中兴，将南唐的建立比拟为东汉对西汉的继承，因而有了取得政权的合法性，也掩盖了窃人之国的尴尬。与这种宣传相配合，在制度建设上，南唐也模仿唐制。如李昪以其子景遂为侍中、东都留守、江都尹，帅留司百官赴东都之事，胡三省曰："南唐仿盛唐两都之制建东、西都，置留台百司于江都。"[3]具体到陵寝制度上，钦陵玄宫后室使用了石室，东

---

[1] 马令：《南唐书》卷1《先主传》，丛书集成初编本，商务印书馆1935年版，第7页。

[2] 《资治通鉴》卷282，"后晋高祖天福四年"条，第9199页。

[3] 《资治通鉴》卷281，"后晋高祖天福二年"条，第9184页。

西设侧室，侧室内砌石床，即相当于文献记载的“中为正寝，东西厢列石床”的昭陵玄宫制度，实际上是继承了唐代陵寝制度。

李昪在位时，南唐经济繁荣、国力强盛，不少士人盼望他能开疆拓土，从而依托他实现自己建功立业的理想。北海人韩熙载投奔杨吴前曾向李谷言：“吴若用吾为相，当长驱以定中原。”[1]李昪代吴，韩熙载辈必然将希望寄托于李昪。然而李昪仅将自己定位为一个偏霸小国之君，一直奉行保境安民、与邻邦修好的政策。[2]“昪客冯延巳好论兵、大言，尝诮昪曰：‘田舍翁安能成大事！’而昪志在守吴旧地而已，无复经营之略也，然吴人亦赖以休息。”[3]

昪元七年（943）二月，李昪去世，李璟继位。李璟执政前期，南唐疆域“东暨衢、婺，南及五岭，西至湖湘，北据长淮，凡三十余州，广袤数千里，尽为其所有，近代僭窃之地，最为强盛”[4]。“元宗之初，尚守圣训，改元保大，盖有止戈之旨，三四年间，皆以为守文之良主。会元老去位，新进后生用事，争以事业自许，以为荡定天下，可以指日而就。”[5]在群臣的蛊惑下，李璟的对外政策也由保境安民变为扩张疆土。马令《南唐书·魏岑传》载：“元宗即位，锐意天下，有克复中原之志。岑请亲祀南郊，元宗曰：‘俟天下为一，然后告谢天地。’及下南闽，意以为诸国可指麾而定。岑因侍宴，自言：‘臣少游元城，好其风物，陛下平中原日，臣独乞任魏州。’元宗许之。”[6]李璟君臣扩张疆土的热情，导致了对闽、楚和中原的几场战争。

---

[1]《资治通鉴》卷 275，“后唐明宗天成元年”条，第 8992 页。

[2] 参见邹劲风：《南唐国史》，第 75—76 页。

[3]《新五代史》卷 62《南唐世家第二》，中华书局 1974 年版，第 768 页。

[4]《旧五代史》卷 134《僭伪列传·李景传》，中华书局 1976 年版，第 1787 页。

[5] 佚名：《钓矶立谈》，文津阁四库全书，商务印书馆 2008 年版，第 158 册，第 671 页。

[6]《南唐书》卷 21《魏岑传》，第 142 页。

钦陵是李昪死后，由李璟建造的，山陵制度的主要设计者是韩熙载、江文蔚。马令《南唐书》卷13《韩熙载传》载："烈祖山陵，元宗以熙载知礼，遂兼太常博士。时江文蔚判寺，所议虽同，而谥法庙号，皆成于熙载之手。"同卷《江文蔚传》载："烈祖殂，元宗以文蔚知礼，宜董治山陵事，除文蔚工部员外郎，判太常寺，以议葬礼。于是烈祖山陵制度，皆文蔚等裁定。"[1]钦陵后室所刻的江河图表现出了对疆土的渴求和天下一统的意愿，不可能是出自甘为小国之君的李昪的遗愿，而应反映了李璟君臣的理想和诉求。

保大三年（945），南唐灭闽国，同年十月，李昪皇后宋氏去世。次年，宋氏祔葬于钦陵。李璟初继位时尚能遵循李昪的政策，但一年即灭闽国，迁王延政于金陵，无疑增强了他对外扩张的信心。灭闽的次年祔葬宋氏于钦陵，重开玄宫，或许江河图并非建陵之初所刻，而是此时因李璟君臣信心膨胀才补刻的。

李璟君臣急于扩张疆土、中兴唐祚的心态在现实政治中促成了对外战争，在陵寝建造中影响了钦陵制度。钦陵主室使用石室玄宫，继承了唐代帝陵制度，这种继承和其他方面的制度建设一样，是对其政权正统性的一种表达。棺床前部石板地面上凿刻的江河图形，则是效仿秦始皇陵，模拟江河之状，象征天下疆域，代表了南唐君臣统一天下、恢复盛唐疆域的愿望。

在李璟统治的后半期，南唐在对闽、楚的战争中耗尽多年积蓄，国势衰落，而后周国势蒸蒸日上。显德二年（955），后周攻南唐的寿州，次年，又攻占滁、扬、泰、和、光等州。"交泰元年……世宗幸迎銮以临大江，景知不能支，而耻自屈身去其名号，乃遣陈觉奉表，请传国与其世子而听命。……是时扬、泰、滁、和、

[1] 《南唐书》卷13《韩熙载传》，第90页；同卷《江文蔚传》，第92页。

寿、濠、泗、楚、光、海等州，已为周得，景遂献庐、舒、蕲、黄，画江以为界。五月，景下令去帝号，称国主，奉周正朔，时显德五年也。”[1]

宋建隆二年（961）六月，李璟卒于洪州，李煜嗣位，“遣使入朝，愿复景帝号，太祖皇帝许之，乃谥曰明道崇德文宣孝皇帝，庙号元宗，陵曰顺陵”[2]。虽然北宋同意恢复李璟帝号，葬以帝礼，但顺陵的规格比之钦陵，显然有所降低，这除了国家财力衰竭的原因外，还与李煜在礼仪制度上的损降有直接关系。“（建隆）五年，煜下令贬损制度。下书称教，改中书、门下省为左、右内史府，尚书省为司会府，御史台为司宪府，翰林为文馆，枢密院为光政院，诸王皆为国公，以尊朝廷。”[3]在文物制度的使用上，李煜非常谨慎，“殿庭始去鸱吻。每遇皇朝使至，国主衣紫袍，备藩臣礼，使退，服御如初”[4]。李璟陵墓的营建虽然早于此时，但肯定也不敢太过张扬。李璟谥为皇帝，顺陵称陵，都需要经过宋太祖的允许，李璟的葬礼也应有宋朝的使者参加。此时连中原王朝帝陵使用的都是砖室玄宫，顺陵自然没有资格使用石室，更不敢凿刻象征着中兴唐祚的江河图了。

---

[1] 《新五代史》卷62《南唐世家》，第775—776页。

[2] 同上书，第777页。

[3] 同上书，第779页。

[4] 《南唐书》卷5《后主书》，第31页。

“妇人启门”构图及其意义

沈睿文（北京大学考古文博学院）

在汉代墓葬、祠堂、画像石棺、阙、神道碑的画像中常可见“一门半开，一人从门内探身”的画像，此后墓室壁画、砖雕或佛塔和经幢、石窟、铜镜多有该题材，延及明清乃至民国，其中以宋辽金时期最为流行。其启门者除少数为仙人、僧侣之外，绝大多数为世俗者，其中又以女子为多，故有“妇人启门”之谓。

1944年，王世襄在所撰《四川南溪李庄宋墓》[1]一文中，基于当时材料，初步判断其源流。1957年，宿白于所撰《白沙宋墓》中的考辨使得王氏的判断成一常识，对其功能的推测也影响至今。[2]在经历了几近四十年的沉寂之后，20世纪90年代以来，学人复加重视，多有阐发[3]，兹不赘述。

关于妇人启门题材的源流、分布，目前已经基本清晰。今知年代最早的启门图为西汉晚期，见于山东邹城卧虎山2号墓的石椁东

---

[1] 王世襄：《四川南溪李庄宋墓》，《中国营造学社汇刊》第7卷第1期，1944年，第129—136页。

[2] 宿白：《白沙宋墓》，文物出版社1957年版，第55—56页，注75。

[3] 有关学术史的梳理，参见郑岩：《民间艺术二题》，《民俗研究》1995年第2期，第92—93页；郑岩：《论“半启门”》，见氏著：《逝者的面具——汉唐墓葬艺术研究》，北京大学出版社2013年版，第379页，脚注2；韩小囡：《图像与文本的重合——读宋代铜镜上的启门图》，《美术研究》2010年第3期，第41—42页。

端外侧门扉。[1] 东汉的启门图主要集中于四川和山东、苏北地区，其中四川的启门者基本为妇人，而山东、苏北地区者则有男有女。[2] 实际上，在汉墓随葬品中尚见有一种陶楼，其门半开或可活动，但未见启门者。这表明在汉墓中存在启门题材的图与像。墓葬中的图、像原本是一种交融的状态，一般情况下，相同的题材承担着相同的功能指向。[3] 遗憾的是，汉墓此类陶楼随葬品的存在似乎尚未引起研究者足够的重视。

启门图在经历了南北朝时期的静寂之后，复见于唐代塔幢，但唐时并未见于墓葬之中。总体而言，该题材在唐代极其罕见，基本上沿袭了南北朝时期墓葬的状况。到了宋辽金时期，启门图重新流行于墓葬壁画、砖雕之中。不过，金代以后，该题材在佛教塔幢上又逐渐减少和衰落，在墓葬中到元代初年就很少见了。[4]

宋辽时期，装饰有启门图的墓葬主要分布在川贵渝地区和中原北方地区。除了少数位于后壁之外，四川地区宋墓的启门图多出现在后室正壁壁龛的龛内后壁中，而且多为妇人启门。换言之，这些题材都位于墓室后壁之处，如乐山宋墓。[5] 但是，贵州遵义杨粲墓的情况则比较特别，启门者的性别跟所在墓室死者一致，即男子墓室则用童子启门，女子墓室则用妇人启门。[6]

中原北方地区宋墓，所见启门图的位置存在两种情况。一种是在墓室后壁，另一种是分别位于墓室内对称的两侧壁，此如河南温

[1] 郑岩：《论"半启门"》，见氏著：《逝者的面具——汉唐墓葬艺术研究》，第 380 页。

[2] 吴雪杉：《汉代启门图像性别含义释读》，《文艺研究》2007 年第 2 期，第 111—120 页。

[3] 关于墓葬中图、像的转换与功能的讨论，参见沈睿文：《中国古代物质文化史 · 隋唐五代卷》，开明出版社 2015 年版，第 174—175 页。

[4] 郑滦明：《宣化辽墓"妇人启门"壁画小考》，《文物春秋》1995 年第 2 期，第 74 页。

[5] 乐山市文管所：《乐山宋墓清理简报》，《考古与文物》1993 年第 6 期，第 53—60 页。

[6] 宋世坤：《播州杨氏墓葬》，《考古与文物》1986 年第 4 期，第 22 页。

县西关 XM1 宋墓（图 1）。[1] 值得注意的是，中原北方地区启门图位置的变化和差异并未体现出较大的时代特征或地域特征，这说明该地区这种题材的使用较为灵活，而且同一墓葬中可能多次出现启门图。

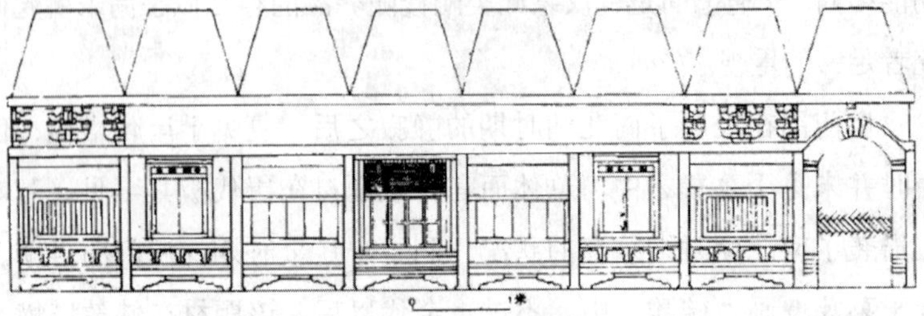

图 1　河南温县西关 XM1 墓室壁面展开图（妇人启门两侧壁对称分布）

辽墓启门图可分为女子进门图、女子出门图、男子启门图以及多人启门图。这些门有两种，其一是位于正壁正中，门左右站立门卫。其二是位于左右侧壁，呈对称分布。[2] 从启门图在墓葬中所处位置来看，跟中原北方地区宋墓中的情况类似，应该是受后者的影响所致，不同的是它们多为备茶、备酒或备经图的一部分，如张世古（图 2）、张世卿（图 3、4）等墓所见者 [3]，与场景的配合更为明确具体，画面更多地呈现出一种日常生活的情调。

就已有情况可以判断，启门图的载体多与丧葬有关，其为一种丧葬艺术题材，可成定谳。“门蔽半身之妇人，为全墓最易引人注

[1]　罗火金、王再建：《河南温县西关宋墓》，《华夏考古》1996 年第 1 期，第 17—23 页。

[2]　冯恩学：《辽墓启门图之探讨》，《北方文物》2005 年第 4 期，第 30—34 页。

[3]　河北省文物研究所：《宣化辽墓壁画》，文物出版社 2001 年版，图 66、62、63、78。

图 2 张世古墓后室东南壁启门图

图 3 张世卿墓后室东壁南端启门图

图 4 张世卿墓后室西壁南端启门图

意之点”[1]。但该题材为何以此种方式出现在墓葬之中，其用意何在？

中国传统社会有所谓“出告反面”之礼，见《礼记·曲礼上》所载：“夫为人子者，出必告，反必面，所游必有常，所习必有业。”[2]此“出告反面”又称作“倚门倚闾之望”，为事亲之礼。南宋学者卫湜在所撰《礼记集说》中便明确地阐释其意义：

> 永嘉戴氏曰：为人亲者无一念而忘其子，故有倚门倚闾之望；为人子者无一念而忘其亲，故有出告反面之礼。生则出告反面，没则告行饮至，事亡如事存也。不敢慢游以贻亲忧，不敢废业以为亲辱，不敢自老以伤亲心，此皆人子兢业恐惧之意也。[3]

由此我们便可明白，原来墓葬中的启门图最初就是来自“倚门倚闾之望”的意象，表达的是古人“出告反面”、“事亡如事存”之礼。因为墓葬里埋葬的是亡故的亲人，生者便在墓葬中用之来表现“无一念而忘其亲”。一如南宋学者卫湜所言，此举“事亡如事存”，纯属事亲之礼。于此，我们也可以体会到古人将亲人的亡故比作一种出游远行，而将陵寝视为亡者的归宿，所以才会在墓葬中以启门图来表现“倚门倚闾之望”，意在期待亡者回归陵寝。显然，这不仅是对逝者的一种思念，也是一种孝道。

---

[1] 王世襄：《四川南溪李庄宋墓》，《中国营造学社汇刊》第7卷第1期，1944年，第132页。

[2] 孙希旦撰，沈啸寰、王星贤点校：《礼记集解》卷1《曲礼上第一》，中华书局1989年版，第19页。

[3] 卫湜：《礼记集说》卷3117册，景印文渊阁四库全书，台湾商务印书馆1986年版，第71页上栏。

毋须多言，“事死如事生，事亡如事存”是传统社会丧葬活动中最为核心的观念。但是，如何在阴森漆黑的地下世界营造出如此栩栩如生的质感？显然，关键是如何最好地表现随葬品和墓葬壁面装饰的动感，即表现出它们是正在被使用着的物事。但是，墓门一闭，幽埏一掩，墓主人自兹便与世永隔，生活在另一个世界之中。地下的墓道、墓室以及地面的墓园便是营造这个世界的重要场景。在地下世界，虽然陪伴墓主人的只有随葬品和壁面装饰，但并不意味着整个墓室便是一派枯寂、毫无生机了。随葬品及壁面装饰的主要内容为表现墓主人家居、宴乐及出行，依墓主人身份等级而有不同。其中亦不乏动态的场景，只是这些动态的场景却是以其中一个动作的定格来表示，从而使得画面呈现出凝固感和程式化，因此也大大削弱其动感。可见，这些方面的努力并不成功。那又该如何来解决这个问题，并使得上述墓葬设施共同迸发出勃勃生机？

毫无疑问，如果从“倚门倚闾之望”的构图来看，其中重要的构图元素便是启门者和门。这样，我们不妨来分析该构图的不同情况。

若从构图来看门的构思，可分作关闭、洞开以及半启三种。这三种状态显然会相应地产生不同的效果和观感。

但是，假若面对一扇关闭的门，给人的第一印象便是静谧，其内的人、物都处于歇息状态，甚而给人以昔人已去、空无一人的感伤。亦即它给人一个寂静，乃至死寂、没有生气的意象。

而一扇洞开的门，因一目了然，不仅显得无趣乏味，也显得不神秘且无动感。更为重要的是，这不利于表现构图。试想要在一个洞开的小空间之内表现其后的众多物事，这显然是难以完成也是吃力不讨好的不智之举。况且因完全洞开，已至开启之最大极限，也就显得没有动感了。此所谓至动则至静之理。

半启门则通过半遮半掩的状态，不仅可表明该门处于开启的动态过程中，而且能强烈地暗示门后尚有物事，给人以无限遐想之空间。这种半藏半露的手法，曲折含蓄，极富艺术感染力。[1] 因此，宿白认为，“按此种装饰就其所处位置观察，疑其取意在于表示假门之后尚有庭院或房屋、厅堂，亦即表示墓室至此并未到尽头之意”[2]。此说不无道理。

由以上三种构图的不同效果可理解，启门题材的重点为何后来转变成启门而不在于妇人。[3] 从其相关载体来看，后来妇人可以被男子、童子或其他身份者所替代，启门者的性别及年龄、身份渐非首要，其要者在乎门的开启过程之展示。如，在辽墓中，启门图（元素）直接隶属于某种活动场景的图像系统之中，便是启门图重在开启的表现。

既如此，为何又独以妇人启门为多？这恐怕是当时现实社会生活中女子身份和地位的映射[4]，也表现出谨守礼制、不逾内外之限的女性形象，以及“正位乎内”的古代女性活动的反映。[5] 亦即这一题材某种程度上传达了男女两性在传统社会中的角色定位。实际上，表现孝道自然是跟母亲（女性）相关的，此从孝子故事可证。另外，女子显得妩媚良顺，无疑也给原本阴森的墓葬增添了几分温馨和柔美。

---

[1] 郑岩：《民间艺术二题》，《民俗研究》1995 年第 2 期，第 93 页。

[2] 宿白：《白沙宋墓》，第 55—56 页，注 75。

[3] 刘耀辉：《晋南地区宋金墓葬研究》，北京大学硕士学位论文，2002 年，第 33—34 页。

[4] 张鹏：《妇女启门试探——以宣化辽墓为中心》，《民族艺术》2006 年 3 期，第 102—107 页。

[5] 邓小南：《从考古发掘资料看唐宋时期女性在门户内外的活动——以唐代吐鲁番、宋代白沙宋墓的发掘资料为例》，见《历史、史学与性别》，江苏人民出版社 2002 年版，第 113—127 页。

由上文可知，从启门题材所处环境来看，它纯粹是将事亲之礼与营造墓葬中的动态氛围巧妙结合而创作出来的一个丧葬题材。其构图重在“半启”。唯有半启，用启门而入或启门而出的造型方更富于动态，艺术效果更强烈，也更富有感染力。[1]通过这么一个极富动态的展示，启门者或进或出所引发的生气不仅可使墓葬内被分割的装饰单元、随葬品关联成一相互呼应的整体，而且使得墓葬内诸物受其感染顿时也具有了活力和生机，由此让人觉得随葬品以及壁画装饰都是正在进行着的活生生的现实存在。此一物活，则墓葬壁面装饰及随葬品顿时全活矣。于是，墓中诸物因此物之点拨也就焕发出栩栩如生之质感，由此也就更好地达成生者“事死如事生，事亡如事存”的主观愿望。这应也是汉墓随葬半启门陶楼用意之所在。得其环中，以应无穷。足见该题材构思简单而奇巧，具象而生动。这应也是另一丧葬艺术题材“窥窗”[2]的要义之所在，真可谓是传统社会丧葬中的点睛之笔！这就是在墓葬装饰中，为何“门蔽半身之妇人，为全墓最易引人注意之点”的根本原因。

唐代墓葬制度严整，启门图题材不见于墓葬中，但仍见诸与丧葬有关的佛塔之中，这一现象恰可说明启门图是关乎丧葬的题材。今推测唐墓墓道北壁的楼阁图很可能便是整饬启门图与此前窥窗题材的结果，并依照墓主政治等级在相应的墓葬中出现。启门图表现了“倚门倚闾之望”的孝道内涵，它在唐代墓葬中的消逝，跟北朝频见的孝子（道）题材在唐墓中遁形的情况是一致的。

---

[1] 刘毅：《“妇人启门”墓饰含义管见》，《中国文物报》1993年5月6日第3版。
[2] 郑岩：《说“窥窗”》，《艺术设计研究》2012年第1期，第27—30页。

宋辽时期，启门图虽重新流行于墓葬之中。但是，相较汉代而言，又出现了新情况，即同一墓葬中可能多次出现启门图。墓葬中启门图表现手法的变化使得它的意义也随之发生变化，“事死如事生，事亡如事存”也随之增加了诸多生活的情趣。

值得注意的是，启门图题材原本是地地道道的民间艺术。[1] 到了宋代，该民间艺术题材甚而还出现在宫廷画院艺术之中，南宋画院便曾以之为题作卷轴画。宋代邓椿《画继》描述了当时画院所藏妇人启门题材的画轴：

> 画院界作最工，专以新意相尚。尝见一轴，甚可爱玩，画一殿廊，金碧熀耀，朱门半开，一宫女露半身于户外，以箕贮果皮作弃掷状，如鸭脚、荔枝、胡桃、榧、栗、榛、芡之属，一一可辨。各不相因，笔墨精微，有如此者。[2]

表现活泼生机的启门图在宋代墓葬中的流行和新形式的出现，恰是庶民社会时代风貌的自然产物。但是因为题材表现形式的变化，其强化墓室图像动态的功能也进一步加强。墓葬启门图在唐墓中的缺失以及宋墓中的复现与流行，也可成为考察唐宋时期墓葬差异的一个窗口。它在宋代的重新出现是跟该时代墓葬建制的转型相一致的，是北宋王朝政治文化、礼制文化转型下的选择。

总之，启门图最初表现的应该是传统社会的事亲之礼，在墓葬中它恰体现“事死如事生，事亡如事存”的丧葬观念。到了赵宋以后，因为墓室壁面装饰中生活场景的出现，该题材又新添了日常生

---

[1] 郑岩：《说“窥窗”》，《艺术设计研究》2012 年第 1 期，第 91 页。

[2] 邓椿：《画继》卷 10《论近》，见邓椿、庄肃：《画继·画继补遗》，人民美术出版社 1964 年版，第 124 页。

活的诸多面向。如果从启门图的构图，并将它置于墓葬的整体装饰以及随葬品组合之中，不难理解传统社会核心丧葬观念在墓葬建制中的这一点睛之笔。

是否如此，还请方家时彦指教。

“文”、“学”与“文学”：6—8世纪中国士人的文化分野
——兼反省包弼德的唐宋思想转型模式

孙英刚（复旦大学文史研究院）

将思想世界放到当时的历史语境（historical context）中去考察，可以发现，在6—8世纪的中国知识界，对“文”、“学”有着不同的定义和理解。虽然广义的“文”是自圣王和孔子传下来的全体文化遗产的统称，等同于文化，在大多数语境里，“文”仅仅表示文辞写作的文化取向，是文化的一部分。在广义的“文”之内，除了文辞写作，还有其他文化和学术价值，比如“文”经常用来跟“学”相对。“文学”作为一个复合词，代表的是两种不同的文化价值和评价体系。在这一时期的政治和社会环境中，不同文化取向间的关系，是非常值得注意的。而现行的唐宋思想转型的研究，尚未给出系统的梳理，仍需继续努力。

一、从陈子良和马嘉运说起

唐临（601？—660？）[1]《冥报记》记载了马嘉运遇鬼的故事，

[1] 关于唐临，参见〔日〕户崎哲彦：《唐临事迹考——两〈唐书·唐临传〉补正》，见荣新江主编：《唐研究》第8卷，北京大学出版社2002年版，第81—108页。唐临是太

这个故事又被唐初的高僧道世[1]（？—682）在《法苑珠林》中转引，情节大致如下：

唐魏郡马嘉运，以贞观六年正月，居家日晚，出大门忽见两人，各捉马一匹，先在门外树下立。嘉运问是何人，答云：“东海公使迎马生耳。”……嘉运即于树下上马而去。其身倒卧于树下也。俄至一官曹，……使者引入门，门者曰：“公眠未可谒，宜可就霍司刑处坐。”嘉运见司刑，乃益州行台郎中霍璋也。……俄有人来云：“公眠已起。”引嘉运入。见一人在厅事坐，肥短黑色，呼嘉运前谓曰：“闻君才学，欲屈为记室耳，能为之乎？”嘉运拜谢曰：“幸甚。但鄙夫田野，颇以经业教授后生，不足以当记室之任耳。”公曰：“识霍璋不？”答曰识之。因使召璋，问以嘉运才术。璋曰：“平生知其经学，不见作文章。”公曰：“谁有文章者。”嘉运曰：“有陈子良者解文章。”公曰：“放马生归。”即命追于子良。……其年七月绵州人姓陈名子良暴死，经宿而苏，自言见东海公。欲用为记室，辞不识文字。别有吴人陈子良卒。……至贞观中，车驾在九城宫闻之，使中书侍郎岑文本就问其事。文本录以奏云尔。嘉运后为国子博士卒官（右此一验出冥报记）。[2]

马嘉运是唐临的同时代人，是唐初的大儒。641年孔颖达领衔撰

（接上页）宗、高宗朝熟知法律的能臣，所以《冥报记》受到他对唐律知识和诉讼经验的深刻影响。在某种程度上，《冥报记》里记载和反映了唐代的法律体系和政府运作，这对后世相关的宗教写作产生了很深的影响。

[1] 关于道世，参见陈昱珍：《道世与〈法苑珠林〉》，《中华佛学学报》1992年第5期，第233—262页。

[2] 《大正藏》第53册，《法苑珠林》卷65，第781页下至第782页中。

成《五经正义》，遭到马嘉运的激烈批评。[1]上述的遇鬼“故事”，也正验证了马的学术背景。当东海公请马嘉运担任记室时，马推辞说自己只以经业教育学生，不堪担任记室这类文书工作。霍璋也作证称马“平生知其经学，不见作文章”。最后马嘉运推荐陈子良代替自己，称其“解文章”。

陈子良（575—632），并非是唐临杜撰的人物，而是隋代唐初的著名文人。《续高僧传》记载，仁寿二年，蜀中高僧僧渊和毅法师圆寂，刊石纪之于寺堂，即陈子良所撰。[2]虽然他以写作著称，但关于他的记载不多，这也许跟他的政治立场和遭遇有关。他是太子李建成的重要幕僚，武德间担任其东宫学士、右卫率府长史。[3]武德间佛道论争，牵涉入秦王李世民与太子李建成的政治纷争。佛教僧侣法琳同时向李建成的东宫势力和李世民的秦王府势力求助。为驳斥傅奕等道教知识分子反佛的立场，法琳作《辩证论》八卷。作为东宫重要谋臣的陈子良因为“才术纵横，声振寰宇”，为《辩证论》作注，并序其由来。[4]《辩证论》屡屡设定“儒生”为辩论对象，站在佛教的立场上，驳斥“儒生”的反佛立场。如第五卷描述了儒生辩论失败后的狼狈形象：“儒生肉袒叩头矫手而舐足曰：‘余请罪矣，余请罪矣。’”从这些写作来看，陈子良似乎并不将自己归类为“儒生”。这正符合了马嘉运对陈子良“解文章”，而他自己以经学为业的评价。

---

[1] 有学者将马归结为代表北方经学的学者，而《五经正义》多采南方经学而压抑北方学统，故马嘉运对《五经正义》多所批评。参见高明士：《唐代贡举对儒学的影响》，《“国立编译馆”馆刊》第2卷第1期，1973年，第79页。

[2] 《大正藏》第50册，《续高僧传》卷18，第574下页。

[3] 《旧唐书》卷190《贺德仁传》，中华书局1975年版，第4987页。

[4] 《辩正论》卷5署“唐沙门释法琳撰”，“东宫学士陈子良注”。参见《大正藏》第52册，第520下页—524下页。

玄武门之变后，李建成倒台，陈子良受到株连，于贞观元年出为蜀中相如县令。陈子良到相如县后，作《祭司马相如文》，赞颂司马相如的文采。[1] 贞观六年陈在任上去世。这与唐临记马嘉运贞观六年遇鬼事中“吴人陈子良卒”的情节完全符合。后世学者多视唐代冥报记、感通录之类的宗教写作为“小说”或者文学作品。然而文学的色彩大多是后加的理解。这些作者们，虽然抱持宣扬教义的目的，但是同时也认为自己所记载的是真实发生过的事情。由于知识的高度不同，现代人容易由于知识的傲慢，而以古人为荒诞。但是放在当时的知识水平下考察，这些记载都具有非常高的史料价值。从“文学”中抢救历史，似乎应该是历史学家非常应该做的事情。此处不再赘述，笔者另文探讨。

陈子良的“文章”与马嘉运的“经学”，是两套不同的士人文化价值，这在 6—8 世纪的中国知识界，即被广泛地认同，并且被清楚地表述出来。比马嘉运、陈子良稍晚一点的杨炯，给王勃文集作序云：“大矣哉，文之时义也。有天文焉，察时以观其变；有人文焉，立言以重其范。历年滋久，递为文质。应运以发其明，因人以通其粹。仲尼既没，游夏光洙泗之风；屈平自沈，唐宋宏汨罗之迹。文儒于焉异术，词赋所以殊源。”[2] 在杨炯看来，以孔子为宗师的“儒”和以屈原为先驱的“文”，是两套学术脉络，所以“文儒于焉异术”。高宗和武则天时，元万顷以“属文敏速”著称，是著名的文人，但是被称为“无儒者之风”。[3] 武则天时，引“文词之士”入禁中修撰，并参决朝廷疑议及百司表疏，以分外朝宰相之权，号“北门学士”。司马光记“北门学士”参议建明堂事，云：“及太后称制，独与北门

[1] 《全唐文》卷 134，上海古籍出版社 1990 年版，第 595 页。

[2] 《杨炯集·卢照邻集》，中华书局 1980 年版，第 34 页。

[3] 《旧唐书》卷 190《元万顷传》，第 5011 页。

学士议其制，不问诸儒。”[1]

贞观诸大臣的仕进，也深刻体现了当时士人文化认同的分野。与杨炯和王勃同为“初唐四杰”之一的卢照邻，在《南阳公集序》（岑文本的文集）中云：“贞观年中，太宗外厌兵革，垂衣裳于万国，舞干戚于两阶，留思政涂，内兴文事。虞、李、岑、许之俦以文章进，王、魏、来、褚之辈以材术显，咸能起自布衣，蔚为卿相，雍容侍从，朝夕献纳。”[2] 在卢照邻看来，贞观朝的大臣有两类，一类以“文章进”，一类以“材术显”。前者包括虞世南、李百药、岑文本、许敬宗等，后者代表人物为王珪、魏征、来济和褚遂良。魏征大概受到文中子王通的影响，对“缘情体物”的文学写作抱持批评态度。在《隋书》中他阐明了对“文”和“儒”的理解，即“文者，所以明言也”，“儒者，所以助人君明教化者也”。[3]

以历史主义的态度考察，“文”和“儒”代表的是不同的文化传统和文化评价标准。现在有一种观念认为，“文儒”阶层的出现，是盛唐时期“文化环境的显著特征”，葛晓音是最早提出此说的[4]，后来被广泛引用和发挥[5]。她认为“文儒”二字连接为一个名词的用法，

[1] 《资治通鉴》卷 204，“唐则天后垂拱三年正月”条，中华书局 1956 年版，第 6447 页。

[2] 《杨炯集·卢照邻集》，第 72 页。

[3] 分别出自《隋书》卷 35《经籍志四》，第 1090 页，和卷 34《经籍志三》，第 999 页，中华书局 1973 年版。

[4] 葛晓音：《盛唐“文儒”的形成和复古思潮的滥觞》，《文学遗产》1998 年第 6 期，第 30—44 页。

[5] 相关研究，参见刘顺：《中唐时期文儒的转型与宋学的开启》，《学术月刊》2009 年第 3 期，第 122—130 页；李伟：《唐前“文儒”概念的生成》，《贵州师范大学学报》2009 年第 4 期，第 105—109 页；《王通文学思想中的“文儒”特征》，《青岛大学师范学院学报》第 2009 年第 2 期，第 55—59 页；臧清：《唐代文儒的文学与历史承担——从张说到孙逖》，《郑州大学学报》2004 年第 4 期，第 115—119 页；邓芳：《“致君尧舜上，再使风俗淳”——试论盛唐后期到中唐前期的文儒思想及其文学影响》，《北京大学学报》2009 年第 2 期，第 49—56 页。

在初唐文中几乎找不到先例。到盛唐才较多见。并且列举了一些例子，比如天宝十三载玄宗《谕岭南州县听应诸色乡贡举诏》说“如闻岭南州县，近来颇习文儒”，等等。在葛晓音看来，文儒即“儒学博通及文词秀逸”者。

实际上，“文儒”作为一个名词使用，在隋代和唐初就非常广泛了。在唐初修撰的《隋书》中，就屡屡使用“文儒”一词，比如“帝崇尚文儒，躬自讲说”[1]，“陈尚书令江总引致文儒之士，徽一诣总，总甚敬之”[2]，等等。武德中为李建成东宫学士的李师政所撰之《内德论并序》曰：“华夷士庶，朝野文儒，各附所安。”[3]“文儒”在这些文字语境中的意思，跟开元天宝期间所谓的“文儒”的内涵，毫无二致，指“文”、“儒”之士，代表的是两种学术取向和文化价值。

即使根据葛晓音所列举的例子，也无法确定“文儒”指代的是一种新的文化认同或者文化价值。“文”和“儒”连用，实际上依然反映的是两种不同的士人判断标准。开元天宝间，唐代士人不太可能自称或者称呼别人为“文儒”。以“文儒”来概括当时的其中一类士人是可以的，但需要指出的是，这个称谓是后来追加的，而不是当时人所用。所谓“儒学博通及文词秀逸”，居其一即可。

二、历史背景下的“文”、“学”和“文学”

相比“文儒”，在6—8世纪，“文学”作为一个复合词指代“文”与“学”两种不同的文化价值更加普遍。崔融撰《薛元超墓志铭》，论述非常清楚。在墓志中，崔融刻画了薛元超的知识结构，其中论

[1] 《隋书》卷21《天文志》，第593页。

[2] 《隋书》卷76《潘徽传》，第1743页。

[3] 《卍新纂续藏经》，第76册，《释氏通鉴》，第76页上。

道："惟公神韵潇洒，天才磊落，陈琳许其大巫，阮籍称其王佐。立辞比事，润色太平之业；述礼正乐，歌咏先王之道。擅一时之羽仪，光百代之宗匠。天下之人谓公为文矣。惟公下帷帐，列绨缃，覃思研精，咏通博极。三皇五地之坟典，指于掌内；四海九州之图籍，吞若胸中。献替王公之言，谋猷庙堂之议。天下之人，谓公为学矣。"[1] 很明显，崔融对"文"的理解是"立辞比事，润色太平之业；述礼正乐，歌咏先王之道"。这跟魏征或者卢照邻等人没有区别。他对"学"的理解是"三皇五地之坟典"、"四海九州之图籍"，显然这个概念包括得更广，有经学、地理、谱系等学问，但并不包括"文"（即现代通常所谓之文学 literature）。

"文学"一词在唐代文献中经常出现，但鲜有对应现代 literature 的内涵的。武德中，"海内渐平，太宗乃锐意经籍，开文学馆以待四方之士。于时行台司勋郎中杜如晦等十有八人为学士，每更直阁下，降以温颜，与之讨论经义，或夜分而罢"[2]。太宗的文学馆，并非只研究现代意义上的文学，而是包括"文"与"学"。如果将其理解为现代的文学，就是误植现代概念于古人。西方杰出的隋唐史学者魏侯暐就将"文学馆"翻译为"College of Literary Studies"（文学研究院）。[3] 王才强在解读李泰文学馆的时候，又延续魏侯暐的错误。[4] 李世民的文学馆学士各有专长，并非仅仅是"文词之士"。比如姚思廉

---

[1] 《全唐文补遗》第 1 辑，三秦出版社 1994 年版，第 69—72 页。

[2] 《旧唐书》卷 2《太宗本纪》，第 28 页。

[3] Howard J. Wechsler, *Mirror to the Son of Heaven, Wei Cheng at the Court of T'ang T'ai-tsung,* Yale University Press, 1974, p. 69、154. 另外参见其文章"The Confucian impact on Early T'ang Decision-Making", *T'oung Pao,* Vol. LXVI, 1-3, 1980, pp.1-40。

[4] Heng Chye Kiang, *A Digital Reconstruction of Tang Chang'an,* Beijing: Zhongguo jianzhu gongye chubanshe, 2006, p.183, pp.236-237. 王才强还将太宗武德中设立于长安的文学馆，解释为设立在洛阳。

的主要学问是史学；李守素的主要学术兴趣是谱学，“自晋宋已降，四海士流及诸勋贵华戎阀阅，莫不详究”；孔颖达和颜相时主要治经学，与马嘉运较为接近；而杜如晦、房玄龄以谋略政能闻名。“文学馆”之“文学”概念，与崔融在《薛元超墓志》中的表述基本是一致的，反映了6—8世纪中国知识界对于“文”、“学”内涵的理解。

检唐代史料，大凡使用“文学”一词者，都采“文”与“学”两种文化认同之内涵，并非现代学术所谓文学。太宗的儿子李泰以“幼而聪令，颇好文学”著称。“太宗以泰好士爱文学，特令就府别置文学馆，任自引召学士”，后因李泰的政治待遇超过太子而引起政治恐慌，褚遂良上疏进谏，疏中言道，对魏王李泰应该“既敦之以谦俭，又劝之以文学”[1]。

“文学”作为一个复合词，清楚地反映了这一时期士人的文化分野。“文学之士”，并非仅指文士。有“文”、“儒”之分野，故有文士、儒士的区分。唐初儒学并不能于思想界占据主导之地位，故以“学”与“文”相对更加契合实际，“文学”一词使用也远较“文儒”为多。李泰的文学馆，就集中于地理之学，并非儒学。唐代中书省下设有习艺馆，本名内文学馆，选宫人有儒学者一人为学士，教习宫人。虽然该馆以“文学”命名，但是显然主要注重对宫女儒教伦理的教育。[2] 相关的证据不胜枚举。唐代形容一个士人有学问，经常用“有文学”、“以文学知名”、“文学有称”等词。比如殷峤从祖弟闻礼，“有文学”[3]；封伦子行高，“以文学知名”[4]；李淳风，“颇有文

[1] 《旧唐书》卷76《李泰传》，第2653—2655页。

[2] 《旧唐书》卷43《职官志》，第1854页。

[3] 《旧唐书》卷58《殷峤传》，第2312页。

[4] 《旧唐书》卷63《封伦传》，第2398页。

学”[1]；朱敬则，“文学有称，节行无愧”[2]；乡人因为刘知几兄弟“六人进士及第，文学知名，改其乡里为高阳乡居巢里”[3]。

“文学”时常与“政事”相对。上文提到的薛元超，其旧书本传记载：“时元超特承恩遇，常召入与诸王同预私燕。又重其文学、政理之才。”[4]显然，“政理之才”并不包括在“文学”之内。《旧唐书》称赞房玄龄“明达吏事，饰以文学”，[5]张九龄“文学政事，咸有所称”[6]。

其实“文学”与“吏治”之争，始终是唐前期的重要政治、学术话题。除了“文”和“学”分离。“文”的价值标准，在唐代前期，还受到“经世”或者“吏治”学说的攻击。在唐代前期一直存在着到底文章辞赋能否转化为吏治才能的争论。汪篯先生曾以“吏治”与“文学”之争作为玄宗朝政治史的一条主线，认为开元前期姚崇贬斥张说等政变功臣的原因“隐含着用吏治与用文学的政见不同”[7]。“吏治”与“文学”之争长期存在于唐代前半叶的思想世界，党争只是理论争辩政治表面化的结果。

“文学”，是我们现代所理解的作为literature的文学（主流的研究依然是这个意思），还是唐人自己理解的“文学”？首先有一个“文”、“学”分离的问题，然后才是“文学”作为一个知识系统与“吏治”相对。“文学”与“吏治”之争的根本关注点是：文学之才

---

[1] 《旧唐书》卷79《李淳风传》，第2717页。

[2] 《旧唐书》卷90《朱敬则传》，第2924页。

[3] 《旧唐书》卷102《刘子玄传》，第3171页。

[4] 《旧唐书》卷73《薛元超传》，第2589—2590页。

[5] 《旧唐书》卷66《房玄龄传》，第2461页。

[6] 《旧唐书》卷99史臣曰，第3107页。

[7] 汪篯：《唐玄宗朝吏治与文学之争——玄宗朝政治史发微之二》，见唐长孺等编：《汪篯隋唐史论稿》，中国社会科学出版社1981年版，第196页。

能，特别是文学写作能力，是否可以转化为有效的行政能力。唐初裴行俭（619—682）对"初唐四杰"的评论主要就集中在这里。他认为虽然四杰以文章著称，但是为人浅薄，很难在政治上有所成就。陈伟强（Tim W. Chan）认为，裴行俭对四杰的评论不涉及文学与吏治，而只是对他们悲惨命运的感叹，是比较肤浅的看法。[1] 裴行俭是作为典选官员的吏部侍郎，与他的前任刘祥道一样，对只注重文章优美的士人持批评态度。贞观朝注重将儒家思想作为官员考察标准的风气，到了高宗朝，虽然遇到了高宗和武则天重"文吏"、轻"儒生"的冲击，但依然牢固。刘祥道、李安期、魏玄同、薛谦光等，都认为当时的科举考试忽视了经学、道德和实务。这种思想潮流，有深刻的学术和思想背景。

三、"文学"与"文化"：文化本身，抑或文化形式 (cultural forms)

包弼德的《斯文：唐宋思想的转型》（以下简称《斯文》）是研究唐宋思想转型的力作。[2] 在包氏之前，郭绍虞氏就已论断，唐宋文学价值的评判标准从文才转向明理。包弼德则将这一判断从文学研究推广到整个唐宋知识界，认为从初唐到晚宋，思想变化的根本性质是，价值的最终判准从"文"转向"理"，从既成的文化传统转变为人心可以体会的道理（或者说是从"先王之道"转变为"天

[1] Tim W. Chan, "Literary criticism and the ethics of poetry: The 'Four Elites of the Early Tang' and Pei Xingjian", *T'ang Studies* 15-16（1997-1998）, pp.157-182.

[2] Peter Bol, *This Culture of Ours: Intellectual Transitions in T'ang and Sung China,* Stanford: Stanford University press, 1992. 国内翻译为《斯文：唐宋思想的转型》，刘宁译，江苏人民出版社 2001 年版。

地之道”)。在这一论断中，似乎“文”是指从先王传承下来的文化，是既成的遗产，举凡经典、文章、书籍、书法、史学都可以此称之。在这种语境下，“文”其实等同于“文化”。借这样的概念讨论由“文”入“理”，很容易让人疑惑。似乎“文”、“理”框架中的“文”，应该是比较具体的批判标准，是文学写作的意思，不应是无所不包的“文化”。古文运动强调的文以载道，也只有在此思想史脉络中得到解释。

思想转型，涉及到中国文化精英的自我价值的重整。包弼德模式的核心，就在于此。但是关键的问题是，正如我们上节所论，在大多数情况下，唐人对于“文”的定义很窄，就是 literary skills。而包弼德的“文”是个大概念，是所有从圣王时代传下来的文化的总和。在他看来，这个“文”定义了“士”。而“士”在唐宋之际从重视文学（这里又有一个文，是窄的概念）转变到重视“理”。（从包氏的书中可以清楚地读到，他将苏东坡当作旧的“文”的传统的最后一个大师。）这个模式掩盖了唐代一直存在的文—儒、文—学、文学—吏治等复杂情形。而且在这个体系里，无法纳入佛教和道教这两个重要的文化学术领域。我们通常所言的唐晚期的古文运动，通常被认为是对外来文化的反动和重新回到中国经典（韩愈的反佛也可以在这个框架下理解）。包弼德的框架，是从文化精英自身的文化认同出发进行研究的，这是个很大的贡献，也产生了新的问题。

包氏强调学术发展的内在理路和思想演进的自主性，即所谓“The autonomy of intellectual history”。的确，这样做就将唐宋变革的研究从旧的哲学史框架下解放出来。但是，思想史不可能脱离社会文化的语境来谈。从某种意义上讲，思想史即为社会文化史（social cultural history）。艾尔曼师认为思想史的研究不能忽略当时的社会存在和社会环境，主张把思想史的研究跟当时的社会史结合起来。[1] 余英时《朱熹的历史世界：宋代士大夫政治文化生活的研究》证明将思想史放在外在的政治语境里解读是非常重要的。[2] 就唐代中国而言，这一时期佛教鼎盛，道教与道家意识活跃，而经学问津者寡，已不居主导地位。在这种情况下，若忽略宗教知识精英的角色和贡献，似乎难以探讨这个时代的思想与学术。"在中国中古时期，知识阶层并不限于士人"[3]。但是显然，在《斯文》中，宗教知识人确实是不见了。

从哲学史的角度来看，中唐到北宋十分丰富的思想演变，不过是道学的滥觞。这经常使历史的丰富情态变得过于简单。包氏从文学史的角度入手，将唐宋思想转型解读为士人文化价值观（包弼德的 value）演进的历史。但是由于过分强调内在理路，是不是也导致了解读过分简单的结果呢？葛兆光认为以"文学史"为中心讨论"中国思想和文化的转型"，它仍然是精英的，而不是普遍的、社会的、整体的转变，所以它并没有根本改变哲学史或者哲学史叙事。[4] 甚至可以说，即便是在精英文化中，这样的模式也存在巨大的漏洞。

若以整个思想界来考察，正如我们前面所述，唐代宗教的光芒依然照耀着人的心灵。佛教和道教在思想世界地位却被作者略去了。

即便在非佛教的精英文化体系之内，包氏也严重低估了"文"

---

[1] 参见艾尔曼（Benjamin Elman）给《斯文》的书评，*Harvard Journal of Asiatic Studies,* Vol. 55, No. 2.（Dec., 1995）, pp. 519-535。

[2] 余英时：《朱熹的历史世界：宋代士大夫政治文化的研究》，生活·读书·新知三联书店 2004 年版。参见葛兆光：《置思想于政治史背景之中——再读余英时先生的〈朱熹的历史世界〉》，见《文化与历史的追索——余英时教授八秩寿庆论文集》，台北联经出版有限公司 2009 年版，第 371—412 页。

[3] 陈弱水：《唐代文士与中国思想的转型》，广西师范大学出版社 2009 年版，第 389 页。

[4] 葛兆光：《文学史：作为思想史还是作为思想史的背景？》，《台大中文学报》第 20 期，2004 年。另从和葛教授的讨论中获得的教益，远超这篇书评。

这一文化传统内部的多样性和矛盾。《斯文》一书中的一个重要假设，是中古中国的士人（往往与贵族的身份重合）将文化价值等同于文化形式。按照包弼德的理解，只有在安禄山之变以后，中国士人们才逐渐把文化本身与文化形式分清楚。陈弱水在讨论清河和博陵崔氏家族时发现，到9世纪中叶为止，崔氏家族成员大体呈现着双重文化性格。在行为准则上，他们强调清俭家风、恪守礼法，在知识教育上，则专注于诗文写作，大举参与科举考试，经史之学只是点缀。前者是北朝遗留的传统价值，后者是入唐后盛行的新风气。可见，这些北方士族拥抱文学写作是比较晚的，以此可对包氏的理论进行一些修订。[1]

包氏把文学（现代意义上的概念）放在价值观讨论的核心位置，将唐宋之际许多重要的思想家首先看成文学家，那么作者讨论的“文”，似乎是狭义的文学写作。但是他又强调，“文”是圣王和孔子传下来的文化遗产的统称。如果是这样，“文”又等同于文化。那么，“文”就不但包括文学写作，还包括我们讨论的“儒”、“学”所代表的文化传统。作者陷入了一个自己挖好的理论陷阱，将文化价值等同于文化形式的，似乎是他自己。

若以狭义的文学写作才能来概括唐代前期士人的价值评判标准，不符史实。唐宋思想转型中文才重要性的下降过程是非常复杂的。即使在唐代前半叶，文才作为一种士人的评判标准，地位并不稳固，一直受到儒学、经世之学的批评。甚至可以说，诗赋写作作为士人评判标准，很可能在唐代历史中不是下降，而是随着科举考试的强势而上升的。这与由“文”入“理”这一现在主流的解释模式正好

[1] Chen Jo-shui, “Culture as Identity during the T’ang-Song Transition: The Ch’ing-he Ts’uis and the Po-ling Ts’uis”, *Asia Major* (third series) 9, no.1/2 (1996), p. 137.

相反。比如贞观朝政治中，以魏征、房玄龄等重视“学”和“吏治”为首的官僚集团，垄断着主要的政治权力。而“文词之士”，多是备顾问参议之职。

近年来，陈弱水利用文学与文化的关系来讨论中古思想史，发现古文“实是以北朝的文学观打倒南朝的文学观的一种文学革命运动”。陈以历史的观点重点探讨了北方士族与文学写作的关系。西晋永嘉乱后，热衷玄学与文辞的一等士人大多南渡，留在北方的多为守旧的地方性士族，汉代儒教传统保留仍多，加上北方长期征战，汉族大家领导乡党宗族周旋于乱世，文武兼备，发展出强烈的务实经世性格。所以南北朝时期南北方的文学情态有很大差别。南方文风鼎盛，北方大体消沉。约在6世纪初，南朝文学大举向北方传播，是中古文化史上的重要事件。南风北浸之后，北方文学迅速获得很高的价值，重要作家也逐渐变成以北人居多。但是，在南北文化交互影响的过程中，南朝的文学风气也在北方士人中激起抗拒和反弹。通过讨论李谔、苏绰、王通、魏征、初唐四杰、刘知几等从北周到7世纪末的北方士人对于文学的批评，作者认为北方士族虽然享有很高的政治、社会和文化地位，但是对文学活动的价值一直抱有怀疑。从6世纪到8世纪中叶，北方士族对诗文写作，有一种很矛盾的心理。但是由于科举渐盛，而进士科尤重诗赋文才，所以北方士人为求仕进，不得不勤习诗文，旧族高门也不例外。但是他们又深受北方重政教而以文章为枝叶的传统价值感染，带着自身的传统价值和对艺术性文字的批判态度，终至儒教文学观在文人社群中影响愈趋强大。他们的价值和观念，对源于南朝的中古文学传统不断造成冲击，古文运动似乎就是这些冲击的一个结果。[1]

---

[1] 相关论述，参见陈弱水：《唐代文士与中国思想转型》，第23页、第229—244页。

这一将文学与文化相对的做法，对包氏的唐宋思想转型模式确实有补益。但文化包括文学，是士人知识结构的全体，而文学是文化的一部分，强调诗赋写作之才能。以文化与文学相对，也无不可。文化之内，文学之外，尚有儒学、史学等。显然，即便忽略了佛道等宗教因素之后，唐代思想和文化世界依然比我们想象得复杂。回到历史的脉络中去梳理思想史，或许是个必须的办法。

书评

《辐辏与秩序：汉帝国地方社会研究》

（黎明钊著，香港中文大学出版社2013年版）

林昌丈（厦门大学历史学系）

受到时代思潮的影响，对社会性质与社会结构的探讨与剖析是20世纪以来秦汉六朝史研究的重心。在这一关照下，研究形成了以下三个主要的论题：政权的经济、社会基础，中央与地方的关系，社会群体的形成与分化等。而根源于各地域范围内的豪族大姓（士族、豪强）则是以上三个论题所涉及的最重要的共同研究对象。因此，已有的研究通过聚焦于豪族大姓而形成了“豪族共同体”、贵族制社会与门阀社会等研究理路与研究范式。它们虽然以魏晋南北朝政治、社会为直接研究对象，但都溯源到两汉社会或以秦汉帝国所形成的既定社会结构作为思考的出发点。职是之故，为了阐明秦汉帝国的经济、社会基础，两汉政权建设与大姓豪族的关系以及各地大姓豪族的形成、演变过程及其在地方社会中充当的角色、地位，学者们开始以两汉豪族为直接思考方向。相关的研究成果积累至今，已是蔚为大观。不少研究思路与学术观点仍旧影响当下学者，甚至成为不可逾越的学术圭臬。

然而不可否认的是，受到研究理路的束缚与研究资料阙少的限制，有关豪族大姓的研究似乎已经成为非常陈旧的话题，也题无剩义。论题的重新关注与突破往往得益于新史料的发现和整理。令人欣慰的是，随着近数十年以来简牍资料的出土、刊布，这一论题呈现出新的面貌：既受到不少学者的持续关注，又使得相关既定的论点有进一步反思与拓展的余地。黎明钊先生新著《辐辏与秩序：汉帝国地方社会研究》应该说是近年将传世文献与出土资料相结合而试图开拓豪族大姓研究新局面的力作。

自 20 世纪 80 年中期开始研究东汉史以来，作者在秦汉史领域潜心耕耘已有三十载。[1] 从发表的论著来看，作者的专长不仅在于秦汉魏晋政治、社会史，而且对出土秦汉、三国简牍材料方面亦有颇为精到的系列成果问世。本书可谓是他利用新出土资料研究两汉史问题的多篇论文的结集。综合作者的相关论著而言，本书实际上始终贯穿着作者多年来一直追问并探研的学术思路，即“汉帝国如何控制地方社会”，也就是说，“帝国的统治权力如何从中央渗透至基层社会以及地方的权力、物质与人才资源如何辐辏至中央权力架构之内”。[2]

循着这样的研究旨趣，作者首先专辟一章综述学界有关豪族大姓的研究成果，试图理清学者聚讼不已的有关豪族的定义，并进一步对不同区域内、不同政区层级范围中的豪族进行分类。在其基础上，作者以正史文献与石刻资料为主，胪列豪族大姓的四种类别，并举例具体分析每一类豪族大姓的特点，统计汉代各州豪族大姓的比例，从空间分布上把握豪族大姓的地域特性。第三章的讨论集中

[1] 相关著作主要有以下三种。黎明钊：《晚汉政情与新思潮之萌芽》，香港中文大学硕士学位论文，1985 年；Lai Ming-chiu（黎明钊）, *Familial Morphology in Han China: 206B.C.—A.D.220*（《汉代的家庭形态》）, Ph.D. dissertation, Department of East Asian Studies, University of Toronto, 1995；黎明钊、林淑娟：《汉越和集：汉唐岭南文化与生活》，三联书店香港有限公司 2013 年版。

[2] 黎明钊：《辐辏与秩序：汉帝国地方社会研究》，香港中文大学出版社 2013 年版，第 413—414 页。相类似的观点亦见于黎明钊编：《汉帝国的制度与社会秩序》“导言”部分，Hong Kong: Oxford University Press, 2012, pp.xi-xx。

于豪强大姓、豪强与乡三老地方领袖角色的问题，指出汉帝国培植乡三老等乡官作为地方领袖，以替代豪强在地方社会中所充当的角色。接下来作者将视角转换至西汉滨海边陲地区东海郡这一具体的区域，利用《东海郡下辖长吏名籍》与《赠钱名籍》揭示东海郡的各大姓，勾勒东海郡郡、县行政层级豪族大姓的在地活动与社会网络。在研究了具体区域的个案后，作者并未按照正常的行文逻辑继续探究其他区域的豪族大姓问题，而是着意花费两章的笔墨分别选取什伍连坐制度与户律条文、户籍制度的考察视角探析秦汉帝国对地方社群与编户民的控制手段，这是站在王朝国家的观察角度来剖析制度是如何贯彻到基层并得以有效实施的。在这两章中，作者并未采取直接以豪族大姓为研究对象的方式，而是试图理清秦汉帝国为了打破国家与社会二元对立的结构而不断从上往下扩张权力的诸种措施。然而令人困惑的是，孕育出各种豪族大姓的基层乡里社会究竟是什么样的社会结构？作者在文中多处地方认为以血缘关系为基础的宗族纽带和同乡、同里关系是豪族大姓形成社会势力的起点与核心力量，因此为了阐明这一看法，也为了回应学界对“宗族聚居”的已有解释，作者在第七、八两章中通过长沙走马楼的简牍材料、马王堆帛书地图等出土文献，运用统计方法做出大量的可视化数据，阐述对宗族聚居形态的新思考以及同乡、同里是否同姓的问题。最后一章的内容与本书第三章的讨论颇有联系，重点探讨地方大姓与国家官僚系统的关系，提出以亭长、盗贼为考察对象来窥视这些群体在官僚组织中的作为与表现方式。

以上是对本书各章主要内容的简要概括。[1] 由此大体可见本书

[1] 对本书具体内容的详细介绍，参见高震寰：《评介黎明钊〈辐辏与秩序：汉帝国地方社会研究〉》，台湾《早期中国史研究》第6卷第2期，2014年，第79—90页。

所呈现出的几个鲜明的研究特色：（1）全面梳理中外学术研究成果，提炼各家观点，概括已有学术理路与问题意识。（2）综合使用材料，包括传世文献、石刻资料与出土的简牍材料。在尽可能全面地占有史料之基础上，反思或重新关注学界旧有的话题，提出自己的见解与观点。（3）善于运用统计方法提取史料中的信息，胪列表格并绘制多幅“豪族大姓分布图”，增强本书的可读性。（4）在豪族大姓的空间分布上，既有基于全国范围的综合讨论，也不乏具体区域、具体群体的个案研究，加深读者对豪族大姓的多层次理解。（5）试图通过国家制度的运行窥视地方社会的“王朝秩序”与行政组织，以制度的有效实施作为考察社会秩序的基本前提，并恰如其分地将豪族大姓置入到两汉帝国所构建的社会秩序中加以探讨。

不仅如此，本书在具体章节中阐述的若干观点与看法值得引起今后研究的重视。首先，作者重新定义了豪族，从血缘团体、同姓宗族与聚族而居几个特点对其加以阐释。其次，从空间分布上提出豪族大姓在核心区与边陲区的数量差异。再次，作者敏锐地认识到地方三老等乡官与豪族大姓、豪强间角色的不同，并认为汉帝国培植的地方力量是三老而非豪强。最后，作者以长沙走马楼吏民田家莂所见东吴长沙郡临湘县的编户与丘、里为例，反思宗族聚居的社会现象，指出“汉代的聚族里居似乎不是同一宗族的血缘团体独占一丘一里的居住形态，而是同姓族群分布于较广的地域环境的居住形态”[1]。

正如前文已提及，大量使用出土的秦汉三国时期的简牍资料是本书的一大亮点。毋庸置疑的是，简牍资料所呈现的国家制度、基层社会与编户民的诸多实况，正可弥补传世文献记载之不足。然而

[1] 黎明钊：《辐辏与秩序：汉帝国地方社会研究》，第 314 页。

正如许倬云先生在序言中指出的那样，作者所使用的这一批简牍资料，集中于湖北、湖南与江苏北部地区，用以揭示的是具体区域的人群、聚落与社会实态等问题，并不能反映全国不同区域的历史进程。进一步言之，简牍资料主要涉及地方行政、户籍与赋役文书，很少直接记载或反映地方豪族大姓的相关情况。作者意识到了这一问题，对并无简牍资料出土的其他地区则采用传世文献与部分石刻资料的记载。然而不得不提的是，作者对石刻资料并未给予充分的关注，尤其是在石刻资料较为集中而简牍资料阙如的西南地区。碑刻材料有不少与豪族大姓高度相关，以碑刻为切入点应是探究豪族大姓地方实态的一种方式。[1] 本书若能对这批材料加以利用，再结合简牍资料，或许可以使相关问题得到更为细致深入的探讨。另外，作者在第七章探析宗族聚居的情况时，所利用、统计的资料仅限于《嘉禾吏民田家莂》，而并未全面整理、统计现今所刊布的长沙走马楼三国吴简。[2] 这些是笔者认为本书在资料使用方面的一些欠缺之处。

就全书架构而言，各章内容大体符合作者在绪论中提出的主体思路。然而受限于论文集的形式，本书各章节之间的连续性较弱，尤其是第五至第八章，并非直接针对豪族大姓的研究，因此更适合将其调整至第一章之后，作为读者了解秦汉帝国地方控制方式与基层社会组织形态的背景信息。进一步言之，作者精心为整合各篇论文而写的绪论，实际上并未能在其后的各章节中得到较好的反馈。

---

[1] 刘增贵：《从碑刻史料论汉末士族》，见《中国史新论——傅乐成教授纪念论文集》，台湾学生书局 1985 年版，第 321—370 页。

[2] 如长沙市文物考古研究所、中国文物研究所、北京大学历史学系走马楼简牍整理组编著：《长沙走马楼三国吴简·竹简》（壹—叁），文物出版社 2003 年、2007 年、2008 年版；长沙市文物考古研究所、中国文化遗产研究院、北京大学历史学系编著：《长沙走马楼三国吴简·竹简》（肆），文物出版社 2011 年版。

具体说到一些章节，也存在着不少结构缺陷。如作者在第五章开头说到，“本章拟就云梦秦简及有关文献、竹书，探讨秦代什伍制度的渊源问题”[1]。但是在本章结构的安排中，作者又费了不少笔墨探究汉代的什伍制度。又如关于同乡里不一定就是同姓和同血缘的问题，作者已经在第七章中做出分析，而第八章的问题意识似乎又回到了第七章。这样的编排困扰着读者，也在一定程度上影响了本书思路的推进。

全书在论述过程中，存在着不少令人费解的地方。作者明晰了“豪族”的概念、内涵与外延，而在行文中大多使用“豪族大姓”而非“豪族”。显然，“豪族”与“大姓”二词之间还是有较大的不同之处，然而作者未做出区分。另一个被频繁使用的是“豪强”一词，作者虽然做出区分，但似乎二者有时也可通用。如作者提到，“汉代地方社会出现的豪强，其出身颇多是地方豪族大姓”[2]。换言之，作者将“豪强”看成是阻碍汉帝国巩固中央集权政治的社会势力，然而豪族大姓何尝不是？就字面上理解，“豪强”比“豪族大姓”一词更突出非法、反抗中央权威的负面形象，然而实际上无法对二者做出根本的区分，因此，这样的区分让人产生疑惑。类似的表述在文中较为常见，如第七章提到的长沙郡临湘县的“十大族姓”。作者统计出来的十个最多姓氏，只能说是在数量上排在前列的姓氏，而不能认为他们是临湘县的主要宗族群体。即使是同姓，也不一定就是同一宗族。与此相联系的是有关宗族群体、宗族共同体或者血缘团体的界定。这是笔者读罢此书之后的困惑之一。

另一处有疑虑的地方是作者对《东海郡下辖长吏名籍》与

[1] 黎明钊：《辐辏与秩序：汉帝国地方社会研究》，第 203 页。

[2] 同上书，第 117 页。

《赠钱名籍》材料的处理问题。在对长吏籍贯分区统计的基础上，作者认为这些长吏即是地方上有社会势力的豪族大姓。笔者相信这其中绝大多数人士都不是普通的民众，但将长吏的身份直接等同于豪族大姓，似乎有些草率。与之类似的问题是《赠钱名籍》中的人物，作者认为他们“大都是东海郡地方豪族大姓”。虽然这些论断的大体趋势不误，但若有其他相关材料的佐证，则更能让读者信服。

总体来说，虽然本书的研究旨趣实质仍是针对国家与地方关系的探讨，但作者所采取的研究视角却是双向的：以王朝国家如何控制地方社会的研究视角为主，辅以地方豪族大姓如何采取各种方式辐辏至国家的官僚系统、权力架构内的考察思路。它带来的启发是，豪族大姓不再纯粹是被帝国迁徙、压制与翦灭的群体，而是在面对强大的王朝权力时采用各种方式选择生存、适应、利用行政体制并进入帝国权力框架从而壮大自身的一群人。这也是秦汉区域社会史领域未来开展研究的一个新方向。

社会势力与社会力量的表现形式往往是多元的，而豪族大姓凝聚人群、形成社会势力只不过是秦汉社会的一种面貌而已。在以往的研究中，豪族大姓与国家权力、王朝政治的关系是强调较多的一点，而对这些群体在具体地方社会中发挥的作用以及与其他形式的民间力量之间的关系，学界的关注仍显不足。本书虽在强调帝国控制地方社会进而形成的王朝秩序，但我们不能忽略地方社会的复杂性与区域社会间的差异。在强大的秦汉王朝一统天下的背后，地方社会自身的演进历程与地方秩序的自我更替这一线索不仅不能被淹没，反而应该得到日后研究的重视。这是读完本书带给笔者的另一个思考。

综上而言，《辐辏与秩序：汉帝国地方社会研究》虽在全书框架编排、细节问题上带给笔者一定的疑惑，但本书对秦汉史研究的贡献亦非常明显。作者运用历史的实证考据方法，在综合占有史料尤其是简牍资料的基础上，展示了深入探究豪族大姓的新路径，开启了中古早期地方社会史研究的可能性。

《中古中国地域观念之转变》

（金发根著，兰台出版社2014年版）

吕思静（复旦大学历史学系）

有关地域文化的研究，是最近许多年来的显学。举个例子，有关荆楚文化和中原文化、吴越文化到底有没有边界，如果有，边界在哪里的问题，是从学者到普通市民都十分关注的。地缘接近的人们，自然地有了地域观念。在中古时代的中国，北方人称南方人为蛮子，南方口音叫作“蛮子音”；南方人管北方人叫作伧人，意思是脾气不好的粗鲁人。在政治分裂的南北朝时代，这种基于地域的歧见就更明显。打开《洛阳伽蓝记》，来自南朝的陈庆之在洛阳说：“正朔相承，当在江左”；而陈庆之本人却被中原旧族杨元慎称之为“吴人之鬼，住居建康”。

在地域观念趋于成熟的魏晋时代，过去统一的大帝国，按照某些固定的界线，反复裂解为几个版块。比如说，巴蜀地区，从东汉末年开始，刘备蜀汉、李雄成汉、谯纵后蜀还有稍晚些的梁武陵王萧纪，四次在这里割据。再比如北中国的两大经济区，关中和华北平原。从十六国时代开始，先后上演了前赵对后赵，前秦对前燕，后秦对后燕，大夏对北魏，东魏（北齐）对西魏（北周）五场东西对峙。尽管北方的这些政权彼此差距很大，东、西政权的强弱也没有一定之规，但它们之间裂解的界线是大致固定的。细细考察还会发现，山西南部的河东地区跟河南西部的弘农地区，每一次分裂都拥护西部关中的政权，而对抗东部华北平原的政权。

这些用以划分不同地域的界线，是早已被当时的政治家所熟知的。比如三国时代，中国历史上第一次同时有了不止一个皇帝。吴、蜀两国的政治家做了一个大的政治理论创新，那就是“二帝并尊”。吴蜀联盟在“二帝并尊”以后，同时订立了“参分天下”的协议，那就是“豫、青、徐、幽属吴，兖、冀、并、凉属蜀。其司州之土，以函谷关为界”[1]。同样的事情，二百年后再次出现，宋文帝与大夏赫连定联盟，“遥分河北，自恒山以东属义隆，恒山以西属定”[2]。恒山是太行山的屋脊，太行山正是《中古中国地域观念之转变》为我们揭示的北中国东西地理分界线。

这些划分中国的山川形胜，还有各个地区之间风俗习惯的差异，既为古人所留心推重，也为现代人所熟知。那么这些地域观念是如何产生的呢，又是什么时候产生的呢？笔者在阅读金发根《中古中国地域观念之转变》之前，甚至没有严肃地思考过这些问题。对这些基础问题的回答，突出地显示了作者在长期理论思考之后，在地域观念这一问题上的匠心独运之处。

作者既没有无限地去追溯这些古已有之的地域观念起源，也没有过多去纠结于不同地区地理环境对于地域观念的影响。作者认为，中国这些区别南北东西的地域观念，是在西周时代开始形成的，其先只有东西之别，之后随着南方的开发而又产生了南北的观念。

《中古中国地域观念之转变》认为，尽管今天中国大地上文明的产生，无愧于“满天星斗”，但中国文化的主干是华夏文明，地域观

[1]《三国志》卷47《吴志・吴主传第二》，“黄龙元年”条。
[2]《魏书》卷95《铁弗刘虎附赫连定传》。

念是华夏文明之内的观念。区分东西的地域观念的形成，便是华夏文明的一次大扩展。东西之分让位于南北之别，是华夏文明的又一次大扩展。这是作者几十年研究和智慧的结晶，也是本书区别于不少区域史研究著作的地方。

作者把西周时代的分陕而治，作为中国地域观念形成的开端。从此北中国可以以太行—崤函一线分为西区和东区。这是把重要的西周文明放在了合适的位置上。西周的诗书礼乐，正是传统中国文化的直接源头。周人从“宅兹中国”的周原和关中走出，一举克商，这是为中国文化奠基定鼎的大事件。从这个意义上说，西周初年的分陕而治，意味着西区的周礼被推广到东区，也是华夏的一次大扩展。

一些现代学者，从当今的地理环境和农业生产技术出发，认为关中地区靠近游牧民族，农业和农业文明都不发达。本书作者金发根认为，关中地区仅仅是沾染游牧民族的尚武习气，无碍于当地有着发达的农业文明。这是十分正确的。仅举一例，普通人口中常常说的“江山社稷”一词，其中“稷”就是带领周人开发周原的始祖，农业神“后稷”。因此在古人的观念里，关中平原是中国农业的发源地。

先秦时代的中国农业，与近世有着很大的不同。主要特点有两个，一是不知施肥，靠休耕（有时也休耕种植绿肥）恢复耕地肥力。二是缺少坚硬的铁制农具，耕地的开发扩展受限制。如果我们能明白中国农业发展的阶段性特点，历史上的许多问题，便能明白地理解。比如说唐以前占据华北平原的割据政权，从战国时代的燕、赵、齐，到三国曹魏，再到北齐。每一个政权都可以组织起数量庞大的骑兵，而唐以后的政权则做不到这一点。究其原因，唐以前华北平原的复种指数低，农村有着大片的休耕地，正可以养马。待到施肥技术普及，华北平原渐渐就无地养马了。

同样的道理，从先秦时代的农艺技术水平出发，中国西北的黄土地，是最适合定居农业的土质。这里的黄土松软易开垦，不需要特别坚硬的金属农具。更重要的是，黄土肥力高，堆积层厚，耕作层可以达到和黄土堆积层一样厚，可以实现连续耕作不休耕。不必休耕，显然就意味着更大的播种面积，更高的产量。这就是《禹贡》认为雍州的土地“厥田惟上上”的原因。

尽管西区的农业可称发达，但自周王室东迁以后，文化却长期落后于东方。在这里，作者再一次跳出地理环境决定论，从文化的角度阐释了“关东出相，关西出将”。汉初，军队将帅都出自淮泗功臣集团，他们都是关东人。待到西汉文化昌明，尤其是独尊儒术之后。大量关东士人可以以经术致公卿台鼎，依靠文化的优势压倒了西区人士。长安迫近汉匈边界，西区尤其是六郡的良家健儿，在保卫家乡，保卫首都，保卫帝国的战斗中历练成长，最终成为后来汉帝国军事力量的骨干。

北魏的高闾为劝阻孝文帝南征曾说：“汉之名臣，皆不以江南为中国。且三代之境，亦不能远。”[1]这大概是实情，我们常称两汉为统一的大帝国，但究其原始，刘邦和刘秀统一全国的战争，都没有波及到长江以南。北方统一了，南方自然就归附了。所以《中古中国地域观念之转变》首先告诉我们，从西周到两汉，主导中国的地域观念是有东西之分，而无南北之别。

东汉时代南方展开了蓬勃的开发，在相当于东汉吴郡和会稽郡的地区，已经出土了至少数以千计的东汉字砖，包含了永和、永寿、和平、延平、阳嘉等许多年号。正是来自中原的大量移民，带来了造砖和砖室墓的技术。这些字砖提示着我们，在远离首都的江南地

---

[1] 《魏书》卷 54《高闾传》。

区，当地的开发在润物无声中达到很高的水平。

当然，由于史料的匮乏和数据的失真，如何估计东汉时代南方开发的水平是一个难点问题。通常的历史书籍，都是根据西汉和东汉的分郡国户口数字对比，再加上一些典型性史料来说明问题。但这些史料，尤其是户口数字的对比，说服力是有限的。《后汉书（续汉志）》中关于益州的户口数字显然太夸张，而关于扬州的户口数字恐怕又有些保守。在《中古中国地域观念之转变》中，作者选取了南方人士出任守相刺史这一数据来展现南方开发的成果。一方面，这个数据有着严耕望先生前期扎实工作的基础；另一方面，有人才脱颖而出，这代表了南方文化的大发展，文化的发展则需要经济力量在背后支撑。

曾几何时，江南地区的民风以凶悍著称。项羽率领八千江东子弟兵，打平了半个中国。被刘邦视为"壮王"的吴王刘濞，因为害怕彪悍的江南人，不敢过江，而将吴国的首府定在江北。东汉时代，南方士人开始成批地走上帝国的政治舞台。江南地区也开始诵诗书，行礼乐，甚至诞生了王充这样的大学者。江南开始从无足轻重的华夏边缘，开始转变为帝国不可或缺的一部分。

当帝国再次裂解时，南方的力量显现了出来。曹操统一北方的功业，即使比不上刘邦，也是丝毫不逊色于刘秀的。但此时，南方不仅不归附于北方，反而产生了可与北方分庭抗礼数十年的吴蜀政权。

从此南北之分取代了东西之别，成为中古中国主要的地域观念。这一地域观念的产生，同样是华夏文明扩展的结果。因此，无论是区分东西，还是南北，虽然我们能为这些板块划出明确的界线，但是，这种区别是华夏之内的区别，是先有华夏文明的扩展，而后有华夏文明之内的地域观念的产生。

南北地域观念取代东西地域观念，昭示了华夏文明向南大扩展的胜利，过去曾在南中国独立发展的其他文明，现在即使不被覆盖，至少也已融入华夏文明之中了。

中国经济重心的南移，是一个长期吸引人们的有趣问题。也许魏晋南北朝的分裂时代，南方还没有完成由点到面的开发，经济上跟北方还有差距。但是仅仅从陆德明《经典释文》和孔颖达《五经注疏》所反映的情况看，南方的学术和文化，对北方取得了压倒性的胜利。唐代初年，无论经学、文学还是数学、天文学，都继承的是南朝的学脉，而北朝的经学对后世几乎没有任何影响。当帝国再次统一的时候，南方已经是帝国必须要倚靠的基本力量了。

地缘的亲近，会促使人的亲近。在外抱团是中国人的老传统，也是优良的传统。中国古代的商帮，一个个都以地名来命名，并为我们留下了一座座富丽堂皇的山陕会馆、湖广会馆、徽商会馆等。如果在帝国的中央政府中，地缘接近的人抱团在一起，毫无疑问就会左右帝国的内外政策。这就是金发根所特别关注的地域观念的转变及其对政治的影响。

这种影响是客观存在的，必须承认它，并且一到历史的紧要关头，它就会显露出来。在《中古中国地域观念之转变》中，作者为我们举了几个典型的例子，来说明地域观念对于政治的影响，分别是西汉对边防政策的讨论，东汉对建都洛阳和镇压羌乱问题的讨论，展现了关西、关东士人看待问题截然不同的本位观。而两晋之际，从排斥南方人士到依赖南方士族“寄人国土”立足江左，都展现了地域观念对于政治的影响。

但要注意的是，政治是分配利益的学问。有关政治问题的讨论、斗争和妥协，是以具体问题、实际利益为轴心展开的。中国历史上的朋党多矣，但是持久的以地域出身组成的政治集团，实际上是没有的。尤其是像汉、唐这样的大王朝，非得有开阔的心胸，否则不足以成大气象。大王朝政府的用人，一定是根据实际的才干和需要，而不是狭隘地根据出身来用人。在《中古中国地域观念之转变》中，作者引述了劳榦先生的观点，即南阳豪强主导政局的东汉初年，其开国功臣、公卿将相也并不尽是南阳人，甚至并不尽是关东人。可以这样说，东汉光武帝的用人政策，是称得上是“五湖四海”的。

前半段的中国历史研究，被人戏称为“脑力劳动”。因为研究这段历史所依据的史料，不仅数量不足，而且也都是大家所熟知的常见史料。要在这个阶段的热门领域做出研究成果，需要高超的智慧和长期的思考。作者金发根以数十年的不懈研究，凝结成这本《中古中国地域观念之转变》，在所摘引的常见史料背后，是值得我们去聆听的一位长者对历史、对生活的谆谆教诲。

《走马楼吴简采集簿书整理与研究》*

（凌文超著，广西师范大学出版社2015年版）

邓玮光（江苏第二师范学院）

《走马楼吴简采集簿书整理与研究》（后文简称《整理与研究》）一书是凌文超先生在其博士学位论文的基础上修订而成的。全书共分九章，按内容可大致分为五部分：绪论（第一章）；与户籍相关（第二至五章）；与仓库簿籍相关（第六、七章）；与陂塘相关（第八章）；方法论（第九章）。其中最精彩的无疑是第二、五两部分，最具争议的是第三部分。下面笔者将按照自己的理解以方法论的得失为中心，将本书内容进行重新拆分组合并予以简要评介，不当之处，还望方家不吝赐教。

一、关于书中的一些术语

《整理与研究》一书中涉及大量术语，为方便后文的论述以及读者对该书的阅读，先将其中一些常用的罗列如下。

* 本文得到2015年度教育部人文社会科学研究青年基金项目“走马楼吴简所见孙吴长沙地区仓储制度研究”（15YJCZH028）的资助。

因为走马楼吴简系抢救性发掘所得，故按发现地点将其分为两类：

（1）发掘简：从 J22 中经科学发掘所得。[1]

（2）采集简：从建筑垃圾倾倒场抢救所得，为本书主要研究对象。[2]

书中与考古学信息相关的术语有：

（1）揭剥图：整理者根据成坨竹简原状绘制的表示简牍相对位置关系的示意图。[3]

（2）盆号：整理者依据采集地点和批次盛装简牍的盆的序号。[4]

（3）清理号：整理者在室内清理时按盆次为简牍编排的序号。[5]

论述时所涉及的术语有[6]：

（1）簿书：与"簿籍"含义相近，多指官文书簿册，作者认为其在两汉六朝史书中较"簿籍"更为常见。作者使用"簿书"是作为集合名词使用，指同类性质简册的集合（第 1、3 页）。

（2）简册、册书：指特定的、独立的、单独的简册（第 3 页）。

（3）户口简：记录户口人名的简牍（第 12 页）。

（4）户口簿籍：书中仅将标题简记录的"吏民人名口食年纪簿"统称为户口簿籍（第 13 页）。

（5）户人简：格式为"〇〇里户人……"或"民……"的户口

---

[1] 凌文超：《走马楼吴简采集簿书整理与研究》第 1 章"绪论"，广西师范大学出版社 2015 年版，第 2 页。

[2] 同上书，第 2 页。

[3] 同上。

[4] 同上书，第 2、3 页。

[5] 同上书，第 3 页。

[6] 这里介绍的主要是一些论述中经常使用的一般名词，而对于作为论述对象的名词，这里不做介绍，如"户籍"。

简（第 72 页）。

（6）户计简：对成组家庭简的相关信息进行统计的简。（书中并未给出明确定义，根据其论述总结而得。第 137 页。）

（7）结计简：结算统计类简的统称，含总计简和分计简。

（8）总计简：对信息进行汇总统计的简。

（9）分计简：对信息进行分类统计的简。[1]

二、“二重证据分合法”与全书的关系

作者将自己的研究方法总结为“二重证据分合法”。所谓二重证据分合法，由二重证据法、分合法两个概念构成：二重证据法借鉴了王国维二重证据法的概念，即用出土文献比照传世文献；分合法中的分指“从新（出土文献）、旧（传世文献）材料中产生相对独立的认识，暂且搁置并积累差异”，合指“随着研究的推进，当条件成熟时，再在众多新、旧材料认知差异中推演出新的更有说服力的结论”（第 470、471 页）。

在笔者看来，二重证据分合法的创新在于分，其核心是尊重出土文献的独立性。传统的简牍研究往往立足于历史学的视角，将简牍视为传世文献的附庸。这导致研究容易落入三种陷阱：只注重简牍上的文字部分；根据已有的历史问题来选取材料，而忽视大量重复的一般性材料；将新发现的问题强行套入已有的知识框架中，不知其解而强作解。与之相反，承认出土文献的独立性，重视其作为考古材料的第一身份，以对其进行全面独立研究为前提，再考虑其

[1] 结计简、总计简和分计简的概念在书中都未给出明确定义，根据其论述并咨询作者后总结。

与传世文献之间的关系，就可以尽可能地避免以上的陷阱。

二重证据分合法决定了《整理与研究》一书的基本架构。全书主要研究章节（第二至八章）都先以简牍中某部分材料为独立研究对象，在对材料进行复原整理的基础上，再结合传世文献进行对比分析，得出最终的结论。当然，作者也并非一味强调分，实际上，在行文中，作者一直秉持着"'合'以'分'为基础，'分'以'合'为目的"（第 471 页）的原则，希望在两方面都有所突破。

下面笔者将尝试通过分析作者在分、合两方面的得失，来对《整理与研究》一书略述管见。

三、"分"的成果及其运用

二重证据分合法中分的最重要成果就是"吴简文书学"。所谓的吴简文书学，就是先复原再研究。复原时侧重从簿书的角度来进行，注重简册的原始状态和内部关联，复原完成后尽可能将同一简册视为独立的资料先进行研究，然后再在簿书研究的基础上对相关历史问题展开探讨。从具体操作层面来说，"吴简文书学"提倡在文书复原中综合利用各种考古学整理信息（揭剥图、盆号和清理号）和简牍遗存信息（简牍形制、笔迹、简文格式和内容等）辅助复原。

作者试图构建的吴简文书学具有两大特色：第一，就宏观方面而言，对考古学非常重视；第二，就微观方面而言，对揭剥图非常重视。

简牍研究的对象——简牍，受限于发掘条件，往往并不完整，因此，从某种意义上来说，简牍研究就是一次盲人摸象的过程。如何尽可能地搜集大象的信息，成为简牍研究的关键。在这一背景下，引入可以提供更多信息的考古学成为应有之义。

以往中外学界对我国出土简牍进行研究的方法大致可分为三种：

第一，王国维先生的二重证据法。

第二，陈梦家先生重视简册制度的研究方法。

第三，日本学者的古文书学方法。其中又可分为两类：一类以森鹿三、永田英正两位先生为代表的简牍集成研究；另一类以大庭脩先生为代表的册书复原研究。

其中二、三两种方法都开始关注考古学的作用，这已经预示了未来简牍学可能的发展方向。但限于条件，使用二、三两种方法的学者基本都没有亲身参与过简牍整理过程，他们所能利用的考古学信息大都是经过筛选后的二手信息，且更多地集中于简牍本身，对发掘信息知之甚少。这一遗憾为后续研究者留下了进一步发展的空间。

《整理与研究》一书的作者曾两度赴长沙简牍博物馆，跟随发掘者宋少华先生见习吴简考古整理的流程。亲身参与发掘整理的经验，使作者对考古学的认知程度超越了一般的历史研究者。在其方法论中，考古学被提高到与纯历史学同等的地位，一些以往被漠视的考古学发掘信息开始体现出巨大的价值，比如揭剥图。

最早使用揭剥图进行研究的是侯旭东先生，侯先生的研究证明了利用揭剥图的可行性，提供了研究范例。[1] 但侯先生利用的揭剥图相对完整，其方法要具有普适性，还须得到进一步的发展。凌书的贡献即在于一方面通过添加辅助信息如盆号、出土号等，将方法的适用性扩展到揭剥图保存较差的情况下；另一方面则通过总结，有

---

[1] 侯旭东：《长沙走马楼吴简〈竹简〉[贰]“吏民人名年纪口食簿”复原的初步研究》，《中华文史论丛》2009 年第 1 期，第 57—93 页、第 391 页、第 392 页。

意识地使研究方法模式化，增强了方法的可移植性和易学习性。打个比方的话，侯文制出了样品，而凌文则对其进行了工业化。

方法的普适将会产生规模化的效应。目前吴简研究的瓶颈还在于完整的资料过少，以上方法的成熟，无疑会大大推进吴简复原的速度，从而提升吴简研究的整体水平。

除了研究吴简以外，吴简文书学在简牍学科的发展中也具有重要的意义。首先，它为同类型简牍的研究提供了范式（在发现吴简的湖南地区还出土了大批其他的古井简牍）。其次，它的成功可以进一步加强考古学与历史学的联系，扩展双方的视野，保存和发掘出更多有用的考古学信息。

经济学家张五常曾说过："理论家可以天才绝顶，也可以把文章写得漂亮，很有艺术性的。但艺术与科学不同。科学是为解释世界而产生的。不能被验证，理论的解释力是零。"[1] 方法论创新的下一步就是检验其实用性，全书第二部分（第二至五章）即担负了这样的重任。

第二部分与户籍有关。户籍是研究中国社会经济、政治的基本术语，但对于简牍时代，究竟哪种簿籍属于户籍则学界至今莫衷一是。户籍最基本的功能无疑是记录家户人口的信息，但因为户籍同时又是赋役征派的依据，所以在严格定义上的户籍中到底包含哪些要素，其中是否存在相应的赋役注记，是学界争论的焦点。这个问题之所以至今没有标准答案，一大原因就是尚无发现明确的户籍题名简册，因此大多数讨论都习惯于围绕传世文献展开，间或选取一些出土文献作为解释的注脚。而传世文献的作者往往不具备现代学

---

[1] 张五常著，易宪容译，朱泱校：《佃农理论——应用于亚洲的农业和台湾的土地改革》，商务印书馆 2000 年版，第 24 页。

科精确定义的意识，所以即使在同一篇文献中，有时也很难保证解释的前后统一，使用这样的材料自然治丝而棼。

在确立了二重证据分合法后，本书采用了从简牍本身出发的思路。第二章“嘉禾四年南乡户籍与孙吴户籍的确认”中，通过对先行研究者分歧的梳理，作者明确提出了四个注意点：第一，根据揭剥图等考古学整理信息和简牍遗存信息复原、整理各类名簿，是分类、研究的基础；第二，标题简、签牌等是名簿分类、定名比较直接的依据；第三，各类名簿性质的分析，不在于其外在形式的不同，而在于其功能的差异；第四，孙吴户籍的确认是吴简名簿解析的关键之所在（第 15 页）。

根据以上思路，作者首先搜寻简牍中是否存在自我认定的户籍。经过搜检、比对，作者通过《竹简［肆］》中“诸郡生子授居比郡县者及方远客人（授居民）”应“占著（占上、录著）户籍”提供的线索，发现与“占上户籍”相关的是新占民的“人名口食年纪簿”。据此，作者推测：“新占民人名口食年纪简即使不是严格意义上的户籍简，也应当是为远方来人上报家户人口、在当地落户定居而制作‘户籍’‘户牒’的基础性工作，为当时户籍简的原初形态。”（第 20、21 页）明确了户籍与新占民人名口食年纪简的关系后，就可以借助后者来总结前者的基本体例，然后根据基本体例发现并整理出与其相同的乡里编户民户籍。最后通过整理出的户籍来对孙吴户籍的相关情况进行讨论。

稍有遗憾的是，由于本章所涉及的研究对象没有相关揭剥图，故无法充分展示吴简文书学的功用，不过，复原过程仍可以体现吴简文书学的大致操作过程。首先遵循同盆简牍关联性强的原则，将研究对象局限在一盆——采集简第 14 盆——当中，然后按出土号依次整理。在整理过程中，作者根据人名对应关系、出土号相近、笔迹和形制一致（尤其是编痕内侧间距大致吻合）等原则，整理出成组家庭简、标题简、家庭成员简、户计简，再根据户口簿籍、名籍等体例进行相应的调整，最后复原整理出“南乡谨列嘉禾四年吏民户数口食人名年纪簿”。

通过对南乡户籍的分析，作者总结了这一时期孙吴户籍的基本要素：第一，全面登记乡里家户人口，并有人口结计。第二，具体登记编户民的身份、姓名、年龄以及身体状况等。第三，户籍并无直接的赋役征派功能，户籍简无须赋役注记，不过，因里魁的个人书写习惯，或者是转抄征赋、派役户籍簿的缘故，有的户籍简可能也有赋役注记，但整个乡里户籍不会整齐注记某项赋役信息。第四，孙吴此时已经大规模地征调，户訾是其重要的发调依据，户訾也已经登入户籍（第 86 页）。

在户籍的概念明晰后，针对与户籍相关的簿籍，作者提出了户籍簿的概念。户籍簿是在户籍的基础上，附加赋、役注记，并进行相应的统计而成。其与户籍最大的区别之一是有无赋役之类的注记。

在明晰了户籍、户籍簿定义的基础上，第三章“户籍簿及其类型与功能”重点对户籍簿展开了讨论。本章整理出《嘉禾四年小武陵乡吏民人名妻子年纪簿》、《小武陵、南乡等吏民人名年纪口食簿》两份户簿籍。结合侯文复原的《嘉禾六年广成乡吏民人名年纪口食簿》[1]，作者将三份户簿籍进行了比较。最后作者总结道：第一，户人简格式差异不能区分户籍簿的功能；第二，户计简本身难以全面体现户籍簿的功用；第三，《嘉禾四年小武陵乡吏民人名妻子年纪簿》、《小武陵、南乡等吏民人名年纪口食簿》应是根据户籍制作的征赋、派役的簿籍，其中两份东阳里户籍簿制作的依据很可能是前

[1] 侯旭东：《长沙走马楼吴简〈竹简〉[贰]“吏民人名年纪口食簿”复原的初步研究》。

后两年的户口簿籍；第四，结计简以“凡”“右”开头并不是判断乡、里二级编制户籍簿文书的依据（第148、149页）。

在本章中，作者完整展示了其对揭剥图的使用方法。首先，利用揭剥图找出相关简，根据简文信息与简牍间的位置关系，确认揭剥图的构成和简册的收卷方式，同时注意考察不同揭剥图之间的关系，若存在关联则进行综合考虑。然后，在具体分析时，考虑到简册的保存状况，围绕简册中心将其分为上、下两部分，按从内到外的顺序分层整理。在整理过程中尽可能地通过人名、亲属对应关系寻找上、下部分的联系。在揭剥图之外，也充分发掘盆号、整理号等信息辅助复原。结合第二章的内容，二、三两章基本确立了吴简文书学的标准操作流程。

第二部分剩下的两章中，第四章“郡县吏兄弟叛走人名簿与惩处叛走者”整理了《郡县吏兄弟叛走人名簿》，进而区分出其他簿书中的“叛走”简，并在此基础上，结合吴简相关记录，对“叛走”简及其所在的簿书进行了研究。第五章“兵曹徙作部工师及妻子簿与征讨武陵蛮”则复原了两套徙作部工师簿，并对两份简册之间的关系进行了探讨。

第四部分第八章“隐核波田簿与孙吴陂塘的治理”在已有研究的基础上，先对原释文中的关键字“兼”、“贝殳”进行了校释，订正为“芜”、“败”，然后利用揭剥图、文书格式、笔迹、文书内容等信息初步复原了“隐核波田簿”。在此基础上，对《隐核波田簿》的性质、功用进行了探讨。

以上三章都遵循吴简文书学的方法，在各自的专题上做出了探索，但在方法论的意义上不如前两章经典，故这里不做赘述。

四、“合”的尝试与得失

与第二、四两部分相比，作者在第三部分更多地表现出对合进行突破的意图。相对于分主要针对单种材料（出土文献）而言，合试图统合两种材料（出土文献、传世文献），其难度大大增加，得出的结论也更容易产生争议。最突出的表现就是第六章“库布帐簿体系与孙吴户调”。

本章首先根据签牌及木牍中“品市布”的命名，将所有的采集库布简分为品布与市布两类，然后根据盆号、签牌、简文格式和内容提供的线索，复原了《品市布入受簿 I》（嘉禾元年品市布）、《品市布入受簿 II》（嘉禾二年品市布）。

接着，作者对复原结果进行了分析，认为品市布即调布，进而勾勒出一条临时性的从市场购买的市布到临时性的按户品征收的品布，再发展到常税性质的按田亩征收的田亩布的脉络。

最后，作者将孙吴按田亩收布的制度与北方魏晋的户调制进行了比较，认为双方采用不同制度的原因与地方豪族势力的大小有关。

作者论证中最关键的一步是必须证明品布即按户品征收的布。为了证明这一点，作者对《嘉禾四年小武陵乡征赋户籍簿》和《品市布入受簿 II》中嘉禾二年小武陵乡调布入受莂进行了抽样分析。文中列举了户訾与品布额的对应关系，认为“訾五十”、“訾一百”、“訾二百”分别对应着户调布“一匹”、“二匹”、“三匹”，“訾一千”、“訾一千一百”、“訾一千二百”、“訾五千”也应对不同的调布额。在此基础上，作者进一步推断了户訾与户品间的关系。因为“訾五十”家庭缴纳的“一匹”似为最低调布额，而户訾还存在少数“訾二十”的记录，它们几乎没有调布的信息，这似乎与吴简文书中“下品之下”经常被减免赋役的情况相对应，故作者推测“訾二十”可能对应着“下品之下”不用缴纳调布，“千”、“百”、“十”可能分别对应着上、中、下品。

户调制的发展过程是经济史中的重要问题。作者通过对简牍中数据的分析，梳理出一条孙吴征布的发展脉络，若其被证实，对于户调制的研究无疑具有重要意义。但仔细检查作者的论证过程，笔者认为其中有四点未安之处：

第一，作者所建立的户訾、户品、调布之间的对应关系，不是通过同时具有三种信息的一户居民记录为桥梁搭建，而是利用抽样分析的概率来推测的，这不是一种强证。

第二，作者将《品市布入受簿 II》中单枚券莂上的入布数默认为一户的入布数，这是否与实际情况相符？实际上，在吴简中有相当多的例子是同一人缴纳的产品被分几次入库，若不能明确排除这种情况，那作者所构建的户訾、户品、调布间的对应关系可能就无法成立。

第三，作者论证中最重要的出发点是品市布即调布。而证明这一点的主要论据就是一块记录品市布名称的签牌和一枚木牍。（签牌参见第 6 章“库布帐簿体系与孙吴户调”，第 285 页。木牍参见同章第 286 页。）库布出于采集简第 12、13、19、20、23 盆和发掘简第 1 盆，而签牌与木牍都不出于这些盆中，签牌和木牍与库布简间没有必然的联系。即使两者与库布简有关，但正如作者在第七章“库皮帐簿与孙吴的口筭调皮”中所言，“签牌的作用在于标识简册，重在言简意赅，省略一些要素似乎并不妨碍使用”（第 413 页），因此，两者上的品市布是全称还是简称并无法下定论。而除去这两项证据，并无其他例证能直接证明品市布即调布。

第四，作者梳理的从市布经品布最终到田亩布的过程能否成立，取决于这三种布之间的相对关系，尤其是田亩布与前两种布是否有时间上的承续关系。虽然目前田亩布出现的时间只有嘉禾四、五年，但未公布的简牍中是否有更早的田亩布，现在还无从知晓。在这种情况下，过早认定从市布经品布最终到田亩布的发展过程可能存在风险。

作者在合的尝试中引起的争议也正是这种尝试本身必然带来的结果。我们可以先回顾使用二重证据分合法的原因，就是为了避免“只注重简牍上的文字部分；根据已有的历史问题来选取材料，而忽视大量重复的一般性材料；将新发现的问题强行套入已有的知识框架中，不知其解而强作解”。虽然在分的阶段暂时避免了这些问题，但在合的阶段，这些问题立即卷土重来。通过分的实践，我们可以在很大程度上避免前两个陷阱，但对于最后一个，长时间浸润在传世文献思维模式中的我们却是无法完全避开的。本章中，作者执着于品布与户品的关系，很难说没有受到传统户调制思维的影响。在这种潜意识的影响下，所有对材料的解释都偏向于有利于这个结论的方向。虽然限于材料，我们无法确认作者结论的正误，但这种具有倾向性的论证仍然值得商榷。

如何把握“强解”与“正解”的度，可能永远没有标准答案，这也正是二重证据分合法内在的矛盾之处。但这种矛盾并非无解，通过不断地积累材料，在合的过程中逐渐寻找新、旧材料的平衡点，终究会在一些问题上形成突破。作者第六章的“尝试”以及其引起的争议都是二重证据分合法完善过程中必须付出的代价。

第三部分第七章“库皮帐簿与孙吴的口筭调皮”整理了《库吏殷连起嘉禾元年七月讫三年三月卅日所受嘉禾元年襍皮莂》。在此基础上，作者对库皮帐簿的制作流程与口筭调皮的性质进行了讨论。其结论相对简单，不容易引起争议，这里也不再赘述。

五、余论

在世界许多国家的学科分类中，考古学很早就有了独立的地位。但在中国，由于中国考古学的诞生、发展与安阳殷墟的发掘密切相关，所以从一开始中国考古学似乎便成了为历史学服务的侍女。虽然在今天的中国，考古学已经是与历史学平级的一级学科，但仍有很多历史学者习惯性地将考古学简单视为材料的提供者，而忽视考古学本身的学科方法与成果。这不仅使大量有价值的考古信息被湮没在考古报告中，也局限了历史学的视野。《整理与研究》一书的作者有幸亲身参与了考古发掘整理的过程，在书稿的写作中也充分发挥了历史学、考古学双重背景的优势，使书稿焕发出独特的魅力，这为我们做出了一个有意义的示范。“跨界”现在是一个时髦的词汇，作为新时代的历史学研究者学会这个词也许是一件不错的事。

《王融与永明时代：南朝贵族及贵族文学的个案研究》

（林晓光著，上海古籍出版社2014年版）

王　彬（清华大学人文学院）

2014 年上海古籍出版社出版了林晓光先生的《王融与永明时代：南朝贵族及贵族文学的个案研究》一书，这是一部研究王融及其文学的重要著作。虽然主标题突出了永明时代，但作者论述和思考的范畴远超于此，不仅在整个南朝的综合图景中“体认王融其人及其文学在历史中的坐标”，更有许多卓有见识的学术反思，发人深省。作者 2008—2010 年曾在日本神户大学接受博士联合培养，谙熟日本学界在东洋史学和文学上的成就，京都学派的“六朝贵族制论”更是本书的重要底色。

本书系作者在博士论文基础上增订而成，篇幅较最初增加近一倍（出版补记，第 403 页），正文分为历史篇和文学篇。正文前的绪言中，作者概括了永明时代内外安定的政治军事形势和繁盛的宫廷文化；倡导将贵族个人史置于六朝贵族社会中去理解；梳理中国文学中“贵族文学”概念及研究史，提出贵族时代的文学具有公共性、非叙事性和社会阶层的局部性三个基本性质；在评介中外文史学界对王融研究的基础上，说明本书的学术史意义和在南朝贵族时代、中世贵族文学中把握王融及其文学的研究宗旨。

历史篇中，作者勾勒了王融的家世与仕途。王融出身“七叶重光”的琅邪王氏，但由于祖父王僧达谋反，他遽然从云端跌落，失去了“平流进取”的资格。因此在经历过边地生活之后，王融按照一般士族子弟的出身途径，举秀才，起家诸王军府参军，到边境新州历练，再回到建康。此后，凭借个人才华，得到王俭、文惠太子、竟陵王子良的赏识，一跃成为高级官僚和士林交游的核心成员（第112页）。

作者在分析王融成长环境和仕宦经历的基础上，描绘了永明时代建康文坛、政坛中王融的身影，指出王融与沈昭略的冲突折射了“贵族与皇权，贵族与寒人，旧贵族与新贵族之间的矛盾”（第116页）。同时，王融的自傲不仅是自恃家门，也是源于才华及其在当时官场、士林上的锐进和领袖地位（第134页）。此外，作者又说明了王融在外交上一方面热心功名，鼓吹北伐；一方面又主张文化外交，并担任主客，与北魏使臣酬答（第152页）。

随后，作者分别从仰视、平视和俯视的角度，建立起以王融为中心的永明时代群像。站在恩主尊长的角度，竟陵王子良与王融关系十分亲厚，这源于王融本人的才华，且为他在文坛、政坛的活跃创造了条件（第160页），王俭亦对子侄辈的王融有殷切的期待（第165页）。站在同僚友好的角度，沈约、谢朓与王融的人生轨迹有同有异，而又共同创造了永明体。站在追随者的角度，王融年少得意、踌躇满志，是值得赞颂和仰慕的对象（第180页）。

对于永明十一年（493）政变，作者根据当时人的议论，发现王融试图发动政变拥竟陵王子良即位的举动被范云和袁彖认为是“安社稷”、“忧国家”，其原因需要从南齐前中期政治史中求得理解（第193页）。在萧齐的皇帝权力结构中，高帝、武帝与文惠太子、竟陵王之间虽然有务实尚俭和文雅奢侈的风尚差异，但从武帝主政、豫章王辅政向文惠太子主政、竟陵王辅政过渡的政治安排本也稳定可行，而文惠太子永明十一年的病逝却使继承人危机凸显出来（第 204 页）。政变中，后来的明帝萧鸾与萧子良、王融间的矛盾是宋齐时代贵族路线与寒门政治斗争的一次激烈爆发（第 226 页）。此外，作者还考察了关于政变的文献记载间的异同，指出《南史》记事系出多源，并推测了政变始末的真相（第 223—224 页）。

结语处，作者分析了从沈约、萧子显到明代张溥对于王融的议论和形象塑造，并说明王融同时具有南朝贵族的典型性和非典型性，他出身高贵却家道中落，这段个人际遇使他急于功名，越级晋升。他一生被时代潮流拥卷吞裹，但也以个人的行动改变着时代（第 232—233 页）。

文学篇中，作者在回顾前人对王融文学（除声律论以外）评判的基础上，另起炉灶，转而从具体的作品文本出发，重新审视王融的文学世界。

围绕宫廷礼仪中的王融文学，作者分析了《三月三日曲水诗序》和《文惠太子哀策文》，指出前者在晋至梁的宫廷“曲水诗序”谱系中达到了用典繁密化的顶峰。这种文学的重点是纯艺术的形式，而非意义内涵上的惊人之处。当贵族时代远去之后，人们便难以理解这样的贵族文学了（第 271—272 页）。后者在与谢朓《哀策文》对比后，更可见西晋至南朝逐渐形成了比形式主义更极端的文本表现，即不但追求形式，还追求文体内部完全一致的形式。这一现象也须置于六朝特殊的文学运作规则中理解（第 293—294 页）。与以上两文不同，王融的两届《策秀才文》则在注重形式的背后，充盈着对现实政治的关怀和认知。对于南朝宗教中的王融文学，作者择取《法门颂》分析其在文学史上的特殊定位；择取《法乐辞》，分析其对佛传的改造化用，并指出王融可能并非佛教徒，而只是基于社交要求创作佛教文学、使用佛教典故，扮演一个玩弄文字戏法的角色而已（第315、339页）。

作者在考察王融诗文中几种有代表性的作品后，又从渊源、用典、风貌三方面总论王融文学，认为王融的知识结构以儒为主，文学则学习颜延之、谢庄、范晔等前辈诗文家，并延续了知识主义和乐府楚辞的传统；王融诗文用典繁密，主要有“用古典而双关今事”、“用一语而双关二典”、“造一语以凝缩二语”、“反用古典”、“用古典而增入新意象”五种手法（第350页）；当具有约束力的文学主题消失时，王融文学就会显露出“烈士之英风”的底色（第364页）。

最后，作者从方法论反思的角度重新审视南朝贵族社会与永明体运动。通过对《诗品》所谓“贵公子孙”一语的解释，作者认为王融虽未完成声律理论的著作，但可能凭借其社会影响力起到了“宣言发起者”和“运动鼓吹者”的作用（第373页）。同时，作者还提出今后对永明声律和近体诗律的研究，不仅需要以特定格律进行统计，还要对规律化、格式化倾向的文本现象进行归纳（第376页）。此外，作者从阶级属性和文化风貌相互影响的角度阐释了南朝士庶之别的本质，认为永明体运动须置于宋齐贵族面对寒人来自下方挑战的社会氛围中理解（第386页）。

本书共404页，字数逾40万，篇帙不可谓单薄，然而读起来并不吃力，掩卷后且有丝丝入扣的精神满足感，这大概得益于作者使用“日本学术文库本写法”的尝试。若再进一步思考，作者之所以能将王融写得如此生动，令人难忘，除了扎实的考证、敏锐的方法自觉、流畅的笔法以外，作者重拾人文学科对人的关怀或是更深层次的原因。这种理念用作者自己的话来说，就是“历史变迁的巨大转轮，是由个体的人——尤其是历史中的杰出人物，在人与人的互相关系中一点一滴推动，而不是由所谓的‘经济’、‘人口’、‘文化’

这些冷硬的术语概念自发产生的”[1]（第 20 页）。正是这种对个体生命的体察与尊重，令作者笔下王融短暂的一生恰似日本人钟爱的樱花那样，在最绚烂的时刻凋谢。今日的读者也会有“何以慰吾怀，赖古多此贤”的戚戚然。

具体说来，在历史篇中，作者有这样两处卓有见识的讨论。首先是立足于王融生平、仕宦的个案分析，反思补正中日学界对六朝贵族制社会的既有认识。六朝贵族制在日本东洋史学界可称得上是不可绕过的第一等大问题。内藤湖南的开创贡献自不必多论，战后宫崎市定以来亦涌现出许多兼具考证与思辨的重要著作，无论是对贵族制与官僚制、皇帝制度间关系的讨论，还是对九品官人法、起家官、家格等具体制度问题的研究，抑或对基层民众和共同体的重视，均从不同侧面加深了学界对六朝时代的认识。作者留学日本，研究的出发点肇基于此，而又转益更进。

其实，近二十年来，中日学界对六朝贵族制（士族社会）的研究逐渐减少，略有退潮之势。[2]但是，冷静之后，也不断有学者提出重新思考此问题的路径：其一，是史料批判的方法，这一方法强调“根据史料书写当时的政治、社会状况，特别是史书编纂者所处的状

[1] 当然，推动历史转轮的不只是杰出的个人，还应有历史上那些不杰出甚至不知名的人的共同合力。恩格斯对此有明确阐述，见《路德维希·费尔巴哈和德国古典哲学的终结》，《马克思恩格斯选集》第 4 卷，人民出版社 1972 年版，第 243—244 页；《恩格斯致约·布洛赫（1890 年 9 月 21—22 日）》，《马克思恩格斯选集》第 4 卷，第 478—479 页。汉魏六朝史的具体实例是汉到南朝，邸从王公住所发展为谋利的商铺，与众多使用者长时间利用官方渠道免费运送货物有关，参见侯旭东：《从朝宿之舍到商铺——汉代郡国邸与六朝邸店考论》，《清华大学学报（哲学社会科学版）》2011 年第 5 期。

[2] 对于中外士族研究的成果与问题，参见仇鹿鸣：《士族研究中的问题与主义——以〈早期中华帝国的贵族家庭——博陵崔氏个案研究〉为中心》，原刊《中华文史论丛》2013 年第 4 期，后收入权家玉主编：《中国中古史集刊》第 1 辑，商务印书馆 2015 年版，第 110—138 页。

况，来重新理解史料，在由此所得新见的基础上，重新检讨过去的研究”[1]。专门研究者如安部聪一郎指出，贵族制论赖以成立的基本史料——《后汉书》杂糅了魏晋人的观念，而且作为关键证据的人物在史书中的形象也是不断被塑造形成的。[2] 这从文献的后世编纂属性上质疑了川胜义雄的贵族制社会形成论。其二，是对核心制度的再研究。如渡边信一郎否定了贵族集结起来以门下省为根据地表达意志的见解，认为驳议制度从汉代发展而来，而汉魏六朝的朝议一直是皇帝的咨问会议，具有皇帝独裁专制的运行本质。[3] 川合安则重新释读《宋书·范泰传》，指出宫崎市定据此史料证明的“门地二品”并未在南朝形成。[4]

本书无疑又提出一种可行的方法——基于个案研究修正学界对六朝贵族制社会的固有印象，利用人物有生命力的活动检验我们用各种史料拼凑而成的整体图景是否正确。不过，相比以上介绍诸说在“破”上的作用，作者似乎更着力于“立”，即试图透过王融的眼光，为读者展现一名南朝贵族是如何在官场、士林中思考和活动的。在这种内部视角的观照下，当时人不自觉而今人无法理解的潜意识和行为准则显露出来，颇具启发价值。此外，借助本书的研究，还有两个问题可以继续阐述。

---

[1] 〔日〕佐川英治等：《日本魏晋南北朝史研究的新动向》，见《中国中古史研究》编委会编：《中国中古史研究》（第 1 卷），中华书局 2011 年版，第 8 页。

[2] 〔日〕安部聪一郎：《党锢的“名士”再考：对贵族制成立过程的再检讨》，《史学杂志》111 编 10 号。同氏：《郭太列传的构成过程：作为人物批评家的郭泰像的成立》，《金泽大学文学部论集》（史学·考古学·地理学篇）28 号。

[3] 〔日〕渡边信一郎：《天空的玉座——中国古代帝国的朝政与仪礼》，柏书房 1996 年版，第 49—50 页、第 101 页。川合安曾以三省制为中心对六朝隋唐的贵族政治进行总结和反思，见〔日〕川合安：《六朝隋唐的“贵族政治”》，原刊《北大史学》39，后收入《南朝贵族制研究》，汲古书院 2015 年版，第 11—35 页。

[4] 〔日〕川合安：《关于门地二品》，原刊《集刊东洋学》94，后收入《南朝贵族制研究》，第 273—301 页。

其一，作者在讨论王融家世的时候，敏感地注意到“我是王弘之子”和“我出身琅邪王氏”这两种自述，对于一个宋齐时代的人而言是不可相提并论的（第59页）。也就是说，在南朝，即使是同一祖先的同姓子孙，他们在现实中能分享到的政治、社会资源也是绝对不均等的，不同支系、家庭成员之间对彼此的认识，个人对自己仕宦前景的预判都有很大差异。如刘宋孝武帝时，王僧虔“入为侍中，迁御史中丞，领骁骑将军。甲族向来多不居宪台，王氏以分枝居乌衣者，位官微减，僧虔为此官，乃曰：‘此是乌衣诸郎坐处，我亦可试为耳。’”[1] 这说明从当时人的心态出发，虽同为琅邪王氏，不同分支的地位也有较大差异。因此，此时有血缘关系的父族并不是一个不言而喻的社会组织。

实际上，已经有学者指出，作为“父系继嗣群体”的“宗族”是在汉代以降至宋代千余年的漫长历史中逐步形成的，汉魏六朝的“宗族”尚处在由多系“亲属群”转为“父系继嗣群体”的初始阶段，以往认为的中国父系“宗族”自先秦以来存在连续性的假设是需要修订的。[2] 所以，六朝时代的贵族（或曰士族）能不能在任何研究场合，都被当作“族”来看待？当分析某个人物的时候，可否不假思索地为其贴上“某氏”的门第标签？这些问题都值得我们进一步思考。[3]

其二，作者在讨论王融仕宦经历的时候，指出即便如王融这种“根正苗红”的贵公子孙，一旦家道中落，也失去了“平流进取”的

---

[1] 《南齐书》卷33《王僧虔传》，中华书局1972年版，第592页。

[2] 侯旭东：《汉魏六朝父系意识的成长与“宗族”》，见《北朝村民的生活世界——朝廷、州县与村里》，商务印书馆2005年版，第106—107页。

[3] 甘怀真也提出“士族作为家族说的批判”，见《再思考士族研究的下一步：从统治阶级观点出发》，见甘怀真编：《身份、文化与权力：士族研究新探》，台湾大学出版中心2012年版，第19—22页。

资格，只好经由较为一般的起家途径出仕。而之后王融在官场的迅速跃升很大程度上是依靠个人才华和皇族特殊恩宠的结果（第105页）。这启发我们思考：六朝时代，作为“冢中枯骨”的门第，在多大程度上可以保证子孙后代官运亨通？[1]综合前人研究来看，我们在六朝时代的官场秩序中，既能看到形式上代代延续的“世袭”现象，也能看到一些士人凭借自身的才华平步青云，还能看到众多士人为了宦达而努力交游[2]，同时还有不少“高门”自矜门第、藐视权贵。很多看似相互矛盾的现象在六朝汇聚一起，说明以往史书中“士庶之际，实自天隔”或者“上品无寒门，下品无势族”的概括太过简单，需要我们突破很多既定的思维框架，重新回到最基本的事实中去寻找最有力的概念[3]，来探究六朝国家运行和权力再生产的机制。

文史互通，这是本书又一引人入胜的地方。近代以来，由于学科专业化等原因，文学史与其他历史问题往往分属于文学与史学两个学科，由不同学术背景的学者完成。然而，对于汉魏六朝的士人而言，虽有七略、四部之分，但这并不构成学问上的沟壑。如果还原到具体的场景中，官场上他们作为官人处理文书案牍，士林里他们诗文酬唱，甚至很多时候他们还要面对基层的乡里秩序。因此，文、史之间的隔绝，乃至史学内社会史、思想史、政治史的区分，

[1] 何德章也注意到这个问题，他认为琅邪王氏在南朝的地位主要因为王氏子弟积极参与刘宋政权的创立，任何一个家族都不可能凭借门第或“冢中枯骨”而长盛不衰，见《读〈南齐书·王融传〉论南朝的琅邪王氏》，原刊《魏晋南北朝隋唐史资料》1994年第13辑，后收入氏著：《魏晋南北朝史丛稿》，商务印书馆2010年版，第233—262页。

[2] 郑雅如：《齐梁士人的交游：以任昉的社交网络为中心的考察》，见甘怀真编：《身份、文化与权力：士族研究新探》，第185—230页；赵立新：《南朝士人起家前的名声与交游》，见《张广达先生八十华诞祝寿论文集》，台北新文丰出版公司2010年版，第77—110页。

[3] 黄宗智：《认识中国——走向从实践出发的社会科学》，《中国社会科学》2005年第1期。

都使研究者离古人实际生活的“现场”渐行渐远。

本书的作者显然清楚地认识到突破学科分野的意义，故而在研究中提出：六朝时代的“文学家”其实并没有把自己定位为文学家，文学毋宁说只是他们作为贵族自然而然应当具备的修养而已（第23页），这或许更贴近六朝人自己的认识。同时，既然文学是贵族的修养，诗文是士人社交的工具，那么通过诗文也可以探究时人心态及士人间交往的实态。比如，本书历史篇分析范云和王融关系的段落就尤为精彩。作者结合二人在贵族官僚体系中地位的不同，辨析范云《古意赠王中书》中化用《庄子》的典故，揣度范云写诗的意图并非前人所说的规劝勉励，而是表达赞颂和谦虚（第173—185页），这种曲折辨析古典、今典的方法，使作者准确地把握了当时人的心理。陈寅恪先生对此方法有经典性的示范，而今作者又将之灵活使用。

从另一个角度说，诗文作为史料，也是我们最大程度上接近古人的一个途径。在传统文献学基础上，经后现代主义的冲击，学界已经更加清楚地意识到历史（尤其是正史）的书写往往受到史源、编纂者意图及时代观念等因素的多重影响，历史记载和历史真相需要区别看待。所以，随着近年来简牍、石刻等考古资料的大量公布，很多学者投入到对这些一手资料的研究中。然而，除了地不爱宝的发掘以外，我们是否忽视了大量古人直接创作的传世诗文其实也流露出他们未经改编的真实意识？[1]或许，在探索更多善用诗文的方法之后，我们可以经由它们对研究对象及其时代产生更进一步的“同情之理解”。

---

[1] 当然，有时后人会改造古人的诗文，借以创造他们心中的古人形象，这在使用诗文进行研究时也须警惕，参见田晓菲：《尘几录——陶渊明与手抄本文化研究》，中华书局2007年版，第1—52页。

当然，当我们抱着“同情之理解”的心态获得现场感，甚至从研究对象的眼中去审视其所处的政治环境时，亦应保持一份客观的冷静。文中继承并修正了吉川忠夫的看法，用贵族与寒门对抗的思路去剖析永明末期政治。诚然，如果我们从王融的视角去看永明政坛，以其人高傲自负的心态，或许真的会把永明十一年之变时自己的行为理解成贵族与寒门的路线之争。不过，正如仇鹿鸣指出的那样，这种“通过对政治人物不同家世背景、地域出身、文化渊源、政治立场的分析，勾勒出两个或者多个不同的政治集团，并以此作为研究某一时期政治变迁的基础”的方法（即“陈寅恪范式”），有其方便明晰、解释有力的长处，但亦有失于简单的局限性。[1]

面对南齐政治史，最初的一个难点就是《南齐书》。众所周知，《南齐书》的作者萧子显本人就是萧齐宗室，他著作南齐历史，既是写“国史”，也是写“家传”。[2]因此，与他有亲缘关系的豫章王被描绘成周公形象，并从高祖诸王列传里被分离出来单独成传，便是他依违在“儿臣”与“史臣”身份间的表现。[3]同时，萧子显兄弟又经历过齐明帝诛杀高、武宗室的恐怖时期，所以，他在《明帝纪》里

---

[1] 仇鹿鸣：《陈寅恪范式及其挑战——以魏晋之际的政治史研究为中心》，见《中国中古史研究》编委会编：《中国中古史研究》（第2卷），中华书局2011年版，第199—220页。

[2] 关于萧子显撰写《南齐书》的意图和立场，参见柴德赓：《史籍举要》，北京出版社2002年版，第87—92页；陈金城：《史臣与儿臣角色的摆荡：论萧子显〈南齐书〉的修撰立场》，《中国历史学会史学集刊》2009年第41期，第365—403页。

[3] 当然，《南齐书》“史臣曰”将豫章王萧嶷比作周公，可能来自沈约所撰《齐丞相豫章文献王碑》中“虽复以周公之亲，居周公之任，道格皇天，光被四海，而小善靡失，輶德必从”之语。陈庆元校笺：《沈约集校笺》，浙江古籍出版社1995年版，第222页。据《南齐书·豫章文献王传》记载：乐蔼原本希望由沈约为萧嶷写碑文，但沈约以“自非一世辞宗，难或与此。约闾闬鄙人，名不入第”为由推辞了。后来，“建武中，第二子子恪托约及太子詹事孔稚珪为文”。沈约之文大概即是此时完成。

对萧鸾的猜忌杀戮毫不掩饰，并总结说齐明帝“既而自树本根，枝胤孤弱，贻厥不昌，终覆宗社”，将南齐灭亡的原因追踪到此。[1]而且，从梁武帝对萧子恪兄弟称自己是“代明帝家天下耳，不取卿家天下”[2]的情况看，至少齐豫章王子孙一系是自外于明帝的。所以，在萧子显的视野中，明帝执政应当是关联着自己国仇家恨的大事，而永明十一年之变正是萧鸾崛起的枢纽。《南齐书》对这一事变牵扯各方的记载倾向不得不让研究者警惕。加之《南史》记南齐事虽然有增删，但大体是以《南齐书》为本的，这也给我们透过史书考察史实带来了难度。

此外，倘若我们仅仅从事件史的角度去看待永明十一年之变，或许可以对事变中双方势力的性质有另一番理解。如作者指出的那样，围绕在竟陵王身边的文士，他们有相近的文化修养、学术品味，而且随着永明体的流行，这些文士吟咏唱和的诗文在用典、书写模式上的规范都渐趋严密。因此，实际交往中，不具备这种文化能力的人，如萧鸾，自然无法进入西邸这类带有“贵族性”的文学交际圈。如果从构成人员的出身、教养背景来看，萧子良和萧鸾周围集结的核心势力确实有本质的区别，这是日常社交活动产生的结果。但是，在永明十一年之变爆发的时候，双方的目标都是皇位，朝臣们也会根据自己的判断抉择立场。所以，我们看到王融虽主其事，但并不是所有“西邸集团”都参与和赞同政变的做法，而徐孝嗣这样的士大夫也可能依附萧鸾。揣摩王融的心理，大概在他眼中，以竟陵王子良为中心的贵族政治集团是存在的。可是，对于被排除出去的明帝一方，即使萧鸾有执政严苛、不尚文华的一面，他们是否

[1] 《南齐书》卷6《明帝纪》，第92页。

[2] 《梁书》卷35《萧子恪传》，中华书局1973年版，第508页。

自觉认可自己是寒人政治集团，或可存疑。[1] 当然，政治史的解释本身就是多歧的，即使是身处当时的古人，也会有不同角度的观察。以上所论并不影响作者自证其说。

总之，《王融与永明时代：南朝贵族及贵族文学的个案研究》是一部整体思考深刻，细节尤有光辉的精彩佳作，无论方法还是结论都会对王融文学乃至南朝文学和贵族制社会研究有重要的启发。此外，作者通过个案对南朝贵族制和永明文学研究的反思与推进，亦提示我们在恰当的视角下，积累深厚的学界“旧问题”未必不可“老树发新枝”。

[1] 据记载，武帝时，王晏曾经以“不谙百氏”为由阻止萧鸾领选；萧谌最初深受郁林王信任，后来才依附明帝，萧坦之亦是郁林王亲信，后来“见帝不可奉，乃改计附高宗”，参见《南齐书》卷 42《王晏萧谌萧坦之江祏传》，第 742、745、748 页。因此，作者所推测的萧鸾寒人政治集团的稳定性，甚至在永明十一年是否存在的问题，或许都需要重新审视。

编后记

中国中古史前沿论坛今年将要举办第四届了，《中国中古史集刊》（第二辑）也将很快面世了。当书稿校样中最后一处红色批注标示完成时，往日的彷徨、坚忍、慎微、感恩有如泉涌，历历在目。

说白手起家都是过誉，权兄家玉与我首倡的中国中古史前沿论坛与《中国中古史集刊》从无到有，全赖学界同仁的鼎力相助，个中艰辛，实难一一，但却从未想过退缩。2014 年 8 月 10 至 13 日，由华中师范大学历史文化学院主办的第二届论坛顺利召开，来自日本，以及中国台湾、香港、北京、上海、广州、西安、武汉等地的五十余位嘉宾学者相聚一堂，就中国中古史领域的前沿议题展开了深入而热烈的讨论，产生了良好的学术反响。在此特别感谢彭南生、朱雷、冻国栋、韩昇、陆扬、熊铁基、吴琦、马良怀、周国林、董恩林、梅莉等前辈专家的深切鼓励与无私帮助。

从第二届论坛的筹备到集刊（第二辑）的出版，华中师范大学历史文化学院均给予了稳定的资助和坚定的支持，诚挚感谢吴琦、寇富安、朱英、付海晏、邢来顺等学院领导的高瞻远瞩、提携后进。在着力搭建互动交流与共同提升的论坛平台基础之上，集刊的编辑出版也逐渐向常态化、正规化的目标迈进。除遴选参会论文之外，我们开始接受公开投稿，并增设“书评”专栏，由衷感谢各位编委恪守学术至上的理念，特别是对学术公平的执着追求。坚持以传统研究为本，不媚俗，不盲从，是我们一直努力的方向。商务印书馆丁波先生扶助学术，淡泊名利，诸位编辑严谨敬业，诚恳务实，可感可佩，谨此深致谢忱。

长路漫漫，再次感谢一直以来关心、参与论坛以及为集刊赐稿、审稿的广大同仁，你们的厚爱是我们勉力前行的最大动力。

是为记。

张达志写于武昌桂子山

2016 年 2 月 22 日